国家社会科学基金项目（项目编号：17BJL005）

经管文库·经济类
前沿·学术·经典

丝绸之路经济带生产网络与生态环境协同发展研究

RESEARCH ON THE SYNERGY
DEVELOPMENT BETWEEN PRODUCTION
NETWORK AND ECOLOGICAL
ENVIRONMENT IN THE SILK ROAD
ECONOMIC BELT

薛伟贤 等著

图书在版编目（CIP）数据

丝绸之路经济带生产网络与生态环境协同发展研究/薛伟贤等著. —北京：经济管理出版社，2023.7

ISBN 978-7-5096-9131-1

Ⅰ.①丝… Ⅱ.①薛… Ⅲ.①丝绸之路—经济带—产业合作—研究 Ⅳ.①F269

中国国家版本馆 CIP 数据核字（2023）第 129323 号

组稿编辑：杨国强
责任编辑：杨国强
责任印制：黄章平
责任校对：王淑卿

出版发行：经济管理出版社
（北京市海淀区北蜂窝 8 号中雅大厦 A 座 11 层　100038）
网　　址：www.E-mp.com.cn
电　　话：（010）51915602
印　　刷：唐山玺诚印务有限公司
经　　销：新华书店
开　　本：720mm×1000mm/16
印　　张：21
字　　数：428 千字
版　　次：2023 年 7 月第 1 版　2023 年 7 月第 1 次印刷
书　　号：ISBN 978-7-5096-9131-1
定　　价：98.00 元

·版权所有　翻印必究·
凡购本社图书，如有印装错误，由本社发行部负责调换。
联系地址：北京市海淀区北蜂窝 8 号中雅大厦 11 层
电话：（010）68022974　邮编：100038

前 言

包容性全球化时代的到来，引发了改良世界经济体系的诉求，全球生产网络的发展演进更是给发展中国家和新兴经济体的经济发展及工业化进程带来了机遇。随着共建"一带一路"倡议的不断推进，丝绸之路经济带生产网络在全球生产分工格局的内在矛盾激化下应运而生。丝绸之路经济带生产网络建设有助于丝路沿线国家经济增长、提升价值链地位和统一经济政策步调等，进而减轻丝路沿线生态环境负担。其中，丝绸之路经济带生产网络深度融入全球生产分工，并与区域生态环境优化改善的协同演进，成为协同发展的核心问题。随着丝绸之路经济带建设进入务实合作、全面推进的新阶段，"创新、协调、绿色、开放、共享"成为丝绸之路经济带生产网络建设的核心理念，绿色成为丝绸之路经济带发展的主色调，丝绸之路经济带生产网络与生态环境如何协同发展亟待解决。本书在充分考察丝绸之路经济带生产网络形成与发展现状的基础上，对其发展趋势和调整方向做出判断，继而对丝绸之路经济带生态环境质量及风险进行评估，进一步论证丝绸之路经济带生产网络与生态环境的协同性，揭示二者协同机理的"过程"黑箱，提出丝绸之路经济带生产网络与生态环境协同发展的路径规划及保障措施。主要研究内容如下：

（1）在深入考察丝绸之路经济带生产网络形成与发展现状的基础上对其发展趋势和调整方向做出预判。首先，基于全球价值链理论阐释了生产网络的内涵和特征；其次，以沿线国家在生产分工中所处地位和需求多样性为出发点，分析丝绸之路经济带生产网络形成的外部条件与内在需求，考察丝绸之路经济带主要国家的价值链分布特征及其核心产业合作模式；再次，基于复杂网络模型从网络容纳度和网络支配度解析生产网络的组织结构关联特征；又次，构建"生产网络—全球价值链位置"理论模型，解析一国参与生产网络对其价值链地位提升的影响路径、影响因素及作用机制；最后，以全球经济"再平衡"为约束，解析了丝绸之路经济带生产网络的发展演进趋势。分析得到，丝绸之路经济带生产网络在增加值获取上呈现出东高西低的空间分布特征，其核心产业合作模式以探索发展型、利用完善型和资源重组型三种类型为主。在经贸往来和技术知识流动的促进作用下，丝绸之路经济带生产网络参与主体联系强度的提升最为显著，且中国的首位优势不断增强。继而实证检验了"丝绸之路经济带生产网络有助于提升沿线国家全球价值链分工地位"这一推论。丝绸之路经济带生产网络的发展演进受到核心产业、产业结构以及产业布局三方面的约束作用。

（2）在现实考察丝绸之路经济带生态环境的基础上全面评估沿线国家的生态环境质量及其生态环境风险。首先，对丝绸之路经济带生态环境质量进行测评；其次，评估丝绸之路经济带生态环境风险；最后，对丝绸之路经济带生态环境发展趋势进行预判。研究发现，丝绸之路经济带沿线国家的生态环境质量参差不齐，呈现"两头小、中间大"的分布形态。丝绸之路经济带生态环境主要存在干旱气候灾害、人口增长、区域扩张、基础设施建设、工业生产和农业生产六类风险源。其中，干旱气候灾害和人口增长是目前丝绸之路经济带沿线国家的主要生态风险源，高生态环境风险区主要分布于中亚和南亚大部分地区，而低生态环境风险区主要分布于欧洲国家。目前，丝绸之路经济带沿线国家的生态环境与经济增长仍处于不协调状态，丝绸之路经济带沿线国家实现生态现代化的目标任重而道远。

（3）在厘清丝绸之路经济带生产网络与生态环境相互作用关系的基础上解析二者的协同性。首先，厘清丝绸之路经济带嵌入全球价值链中的地位和丝路沿线生态环境风险空间分布特征；其次，深入探明二者协同的动因与条件；最后，实证测评丝绸之路经济带生产网络与生态环境的协同度。研究发现，丝绸之路经济带生产网络嵌入全球价值链的地位与生态环境风险二者的集聚具有较高的一致性。进一步研究发现，在经济全球化背景下，丝绸之路经济带生产网络的发展需要与丝路沿线区域生态环境系统的自我平衡需要互促共生而成为二者协同发展的动因，丝绸之路经济带生产网络在空间上的资本、劳动力和资源要素的流动性为二者协同发展提供了必要条件。实证分析结果表明，2010~2018年丝绸之路经济带生产网络与生态环境复合系统以中度协调类型为主，复合系统耦合协调度的提高有赖于丝绸之路经济带生产网络发展水平的提高。此外值得关注的是，丝绸之路经济带生产网络与生态环境复合系统中处于初级协调水平的国家数量仅次于处于中度协调水平的国家，而处于高级协调与濒临失调类型的国家较少。

（4）基于复杂系统理论揭示丝绸之路经济带生产网络与生态环境的协同机理。首先，双向解析生产网络对生态环境影响以及生态环境对生产网络的反馈效应；其次，对影响生产网络与生态环境协同发展的因素进行分析；再次，构建丝绸之路经济带生产网络与生态环境复合系统；最后，解析生产网络与生态环境协同发展的运行规律。研究发现，生产网络通过规模经济、资源配置、技术进步、

前言

产业转移与技术溢出以及行业属性的变化降低对环境的污染；生态环境通过产业发展，从技术、布局、治理、规模和结构五大路径带来生产网络发展演进中的产业资源供给失衡、产业生态效率降低、绿色产业需求增加以及产业技术标准的提升等影响。而且经济增长方式、产业结构、生产效率、产业集聚、贸易规模等19个因素影响丝绸之路经济带生产网络与生态环境协同发展。其中，经济增长方式、环保治理技术和产业结构是直接影响因素，贸易政策、投资政策、财税政策和环保政策是底层影响因素。进一步地，基于丝绸之路经济带生产网络分工贸易体系的环节，构建丝绸之路经济带生产网络与生态环境复合系统，解析复合系统的演进规律。研究认为，在具有开放性、非线性和远离平衡态的微涨落放大条件下，复合系统经过系统失稳、路径选择和新协同状态三个阶段形成巨涨落，实现从低级有序向高级有序的更高水平的协同状态。

（5）在厘清丝绸之路经济带生产网络与生态环境协同发展演化格局的基础上，提出二者协同发展的路径规划与政策保障。首先，解析丝绸之路经济带生产网络与生态环境协同发展的情景及演化格局；其次，提出二者协同发展的路径规划；最后，制定保障协同发展路径的具体措施。研究结果表明，丝绸之路经济带生产网络发展水平与沿线区域生态效率的关联程度存在空间异质性，二者的脱钩状态反映出生产网络中的核心区、重要区和拓展区三个子单元分别呈现出发展迟滞、低效扩张和挖潜发展三种类型的发展状况。继而从丝绸之路经济带生产网络与生态环境协同发展格局的空间异质性出发，提出适宜丝绸之路经济带生产网络不同发展状况的协同发展路径。进一步地，以丝绸之路经济带生产网络中核心区、重要区和拓展区三个子单元的发展趋势与生态环境现状为出发点：核心区以内涵发展为目标，需践行"资源依赖"情景下的协同发展路径；重要区以改善环境污染为目标，需践行"自然演进"情景下的协同发展路径；拓展区以发展生态现代化为目标，需践行"环境保护"情景下的协同发展路径。应以保障丝绸之路经济带生产网络发展演进中生态资源收益的提高为落脚点，构建形成包含拓展协同发展受益面的国际协调策略和强化内向协同增长动力的国内互补政策的全方位保障体系。其中，国际协调策略主要包括以循环经济为导向的互利合作、碳排放权交易市场、常态化气候谈判和政府间生态补偿四个主要方面；国内互补政策主要包括制定生态产业链激励政策、建立公共资源信托制度、打造生态资源公平交易平台和完善环境保护税制度体系。

目 录

第一章 绪论 …………………………………………………………………… 1
    第一节 研究背景 ………………………………………………………… 1
    第二节 研究意义 ………………………………………………………… 5
    第三节 研究目标 ………………………………………………………… 5
    第四节 总体方案 ………………………………………………………… 6

第二章 丝绸之路经济带生产网络形成及发展趋势 …………………………… 11
    第一节 生产网络的内涵与特征 ………………………………………… 11
    第二节 丝绸之路经济带生产网络的现实考察 ………………………… 15
    第三节 丝绸之路经济带生产网络组织结构的关联特征解析 ………… 58
    第四节 丝绸之路经济带生产网络主要国家价值链定位的影响分析 … 74
    第五节 丝绸之路经济带生产网络发展趋势分析 ……………………… 88
    第六节 本章小结 ………………………………………………………… 93

第三章 丝绸之路经济带生态环境质量及风险评估 …………………………… 97
    第一节 丝绸之路经济带生态环境质量综合评估 ……………………… 97
    第二节 丝绸之路经济带生态环境风险评估 …………………………… 111
    第三节 丝绸之路经济带生态环境发展趋势预判 ……………………… 123
    第四节 本章小结 ………………………………………………………… 125

第四章 丝绸之路经济带生产网络与生态环境的协同性分析 ………………… 127
    第一节 丝绸之路经济带生产网络与生态环境的空间分布 …………… 127
    第二节 丝绸之路经济带生产网络与生态环境的协同动因与条件 …… 149
    第三节 丝绸之路经济带生产网络与生态环境的协同性测评 ………… 155

丝绸之路经济带生产网络与生态环境协同发展研究

第四节 本章小结 ………………………………………………… 173

第五章 丝绸之路经济带生产网络与生态环境的协同机理研究 ……… 175
第一节 丝绸之路经济带生产网络对生态环境的影响分析 ……… 175
第二节 丝绸之路经济带生态环境对生产网络的反馈效应 ……… 191
第三节 丝绸之路经济带生产网络与生态环境协同发展的影响因素
分析 ………………………………………………………… 204
第四节 丝绸之路经济带生产网络与生态环境复合系统构建 …… 217
第五节 丝绸之路经济带生产网络与生态环境协同发展的运行规律
解析 ………………………………………………………… 237
第六节 本章小结 ………………………………………………… 248

第六章 丝绸之路经济带生产网络与生态环境协同发展的路径规划与
政策保障 …………………………………………………………… 251
第一节 丝绸之路经济带生产网络与生态环境的协同发展格局 … 251
第二节 丝绸之路经济带生产网络与生态环境协同发展的路径规划 … 266
第三节 拓展丝绸之路经济带生产网络与生态环境协同发展受益面的
国际协调策略 …………………………………………… 272
第四节 强化丝绸之路经济带生产网络与生态环境内向协同增长动力的
国内互补政策 …………………………………………… 287
第五节 本章小结 ………………………………………………… 298

第七章 研究与展望 …………………………………………………… 301
第一节 主要研究结论 …………………………………………… 301
第二节 创新之处 ………………………………………………… 304
第三节 研究不足与展望 ………………………………………… 305

参考文献 ……………………………………………………………… 307

后　记 ………………………………………………………………… 329

第一章 绪论

第一节 研究背景

一、实践背景

(一) 全球生产网络与生态环境的交互胁迫约束现象日益凸显

自20世纪90年代以来,全球价值链的兴起与拓展不仅拓宽了国际生产可能性边界,国际分工得以细化,还在一定程度上打破了传统一国资源的约束,国际分工组织方式随之产生重大转变,并带来了生产要素在世界范围内的优化配置,引起了国际产业体系的重构等,促使生产网络在全球范围内逐步形成。参与全球生产网络,不仅很好地推动了东道国企业的技术进步,同时带来了全球化产业组织领导者的技术进步,增强了全球价值链分工对一国或区域的外溢效应,促进了生产效率的提高与技术进步。在世界各国共享生产网络带来种种发展成果的同时,全球生产网络中处于不同价值链环节的国家受到全球经济体系变革中各类经济活动对生态环境系统及其功能的影响。全球生产网络发展演进所带来的新型国际分工模式、国际贸易关系以及国际产业转移等对生态环境带来的负面影响逐渐显现,包括国家间经济规模的扩大与稀缺资源无限增长的需求间的不平衡矛盾凸显,国际贸易中对资源的掠夺和污染品的进口进一步加剧,污染物的跨境转移与传输使得大气污染严重。此外,全球价值链分工导致商品生产地和消费地的分离是加剧污染产生的重要原因,尤其是高污染和高排放商品出口的环境污染效应在不同区位呈现出显著的异质性,商品链的空间分离导致污染物向邻近地区溢出与空间扩散,形成更大范围的国际性污染扩散。生态系统原有的平衡状态被打破,整体机构功能变异和丧失,导致全球气候变化,酸雨、泥石流等灾害现象频发，温室效应和臭氧层空洞日益凸显，全球范围内海平面上升速度加快等潜在生态危机，世界各国生态环境受到严重破坏。全球生态环境的恶化导致资源承载能力和环境容量降低，反向制约了全球生产网络发展的速度、规模和质量。

（二）发展中国家和新兴经济体参与全球生产网络的生态环境问题显著

全球生产网络的发展演进对全球经济体系重构产生着重大且深远的影响，给发展中国家和新兴经济体的经济发展及工业化进程带来了机遇。全球生产网络突破了传统生产组织方式中地理位置的限制，改变了国家间原有的分工形式、组织方式以及价值链体系的地理分布，使各国的生产组织在世界范围内不断扩张，并呈现出向发展中国家和新兴经济体延伸的新趋势，使发展中国家和新兴经济体获得了能够依靠自身比较优势参与到国际分工中的机会，但也产生了诸多生态环境问题。一方面，发展中国家和新兴经济体借助发达国家的产业转移迅速融入全球价值链，被动地以加工贸易为主的方式参与国际合作，长期处于全球价值链的低附加值和高污染生产环节，成为发达国家的"污染天堂"。在参与全球生产分工中，环境污染效应不断增强，包括温室气体排放在内的各种环境问题并没有得到有效控制，甚至进一步恶化，致使全球绿色治理受到阻碍。另一方面，发达国家借助不对称权力实现了全球绿色治理的规则西方化和收益非均衡化，忽视了参与全球价值链与企业实现转型升级所产生的社会责任，将污染密集型生产环节转移到位于全球价值链低端环节的国家，进口污染密集型产品，而出口环境友好型产品。通过离岸外包、价值链的结构差异和产品与服务标准的多重性，发达国家将大量污染物转移至发展中国家，导致发展中国家环境污染加剧。

（三）丝绸之路经济带生产网络与生态环境实现协同发展的迫切性

经济一体化、国际生产分割和贸易自由化使得区域生产网络对丝绸之路经济带经济发展的影响日益深远，不仅关系着沿线国家的国际生产、分工格局以及贸易利得的分配，还关乎沿线国家与所在区域生态环境的协同发展。一方面，新兴经济体和发展中国家企业通过"被俘获"的方式不断嵌入到发达国家主导的生产网络；另一方面，有实力的新兴经济体和发展中国家借助对外直接投资，着手构建自主的区域生产网络。丝绸之路经济带的生态环境作为经济发展重要的内生变量和刚性约束条件，使得减少资源消耗和环境负荷，提高资源环境效率成为丝绸之路经济带发展必须关注的重大问题。丝绸之路经济带经济与生态环境的协同发展主要面临两个方面的挑战：第一，丝绸之路经济带横跨亚、欧、非三大洲，沿线资源和生态比较脆弱，部分地区土地荒漠化和沙漠化等生态问题非常严重，使得丝绸之路经济带沿线蕴含较高的环境风险；第二，丝绸之路沿线国家和区域间需要通力合作，共同应对生态环境恶化给人类生产生活带来的影响。目前，新时期新的发展阶段的主要任务是推进丝绸之路经济带生产网络的建设，优化沿线区域的产业布局，提升中国与丝绸之路经济带沿线其他国家嵌入全球价值链的地位，掌握中国在丝绸之路经济带上的话语权，而主要挑战是丝绸之路经济带资源禀赋和敏感、脆弱的生态区所带来的环境风险。丝绸之路经济带生产网络的建设和生态环境的协同发展是现阶段不可忽视的问题。

上述现实背景表明，丝绸之路经济带生产网络的发展演进带来了丝路沿线国家经济增长模式、生产分工格局、产业合作模式、国际贸易关系等的改变，改善了各国的国际分工地位和国际贸易关系。同时，在推进丝绸之路经济带建设进程中，遵循"共商、共建、共享"原则，规避其可能带来的生态环境干扰，提高生态环境效率，加快丝绸之路经济带生产网络的发展速度。因此，如何将丝绸之路经济带生产网络与生态环境形成的制约与约束关系转变为支撑与促进的相互作用关系，实现二者协同发展成为本书出发点的现实考虑。

二、理论背景

（一）协同发展研究近年来不断兴起成为经济全球化的重要研究议题

协同发展是未来世界范围内区域经济一体化的基本趋势，也是经济全球化背景下实现区域可持续发展的创新战略。近年来，伴随经济全球化进程的迅速推进，区域经济的协同研究已然衍生至区域内贸易关系、生产分工环节的互动、产业升级、区域经济政策制度等多个层面，研究的关键在于解决经济全球化进程中区域经济增长与生态环境的相互促进，共同改善与优化，协调同步向高水平发展。随着研究深度的加强与研究范围的延伸，区域经济与生态环境协同研究的范畴不断深化，逐步成为协同研究的重点内容，在学术界备受关注。系统论认为，协同是任何系统动态与均衡存在的必要条件，任何系统和结构存在的前提都是确保其内部构成要素的一致协同，如果其内部构成要素间不相容，则系统必然分崩离析。协同是处理区域经济系统与生态环境系统共生发展关系的最佳选择，也是保证区域可持续发展目标的必由之路。目前，"协同"一词在哲学上和政治上已出现了一致性，但学术界对协同的内涵以及协同实现的目标并没有达成共识，大量研究将"经济增长与生态环境实现协同"与"生态经济一体化""生态经济协调发展""生态经济耦合发展"等同起来，这种忽略了深层次理论问题的误解进一步模糊了协同的内涵。

丝绸之路经济带生产网络与生态环境协同发展研究

（二）全球价值链理论为诠释经济全球化背景下的生态环境治理研究提供了新的视域

基于全球价值链理论研究生产网络与生态环境的协同发展规律，为经济全球化背景下的生态环境治理研究提供了新的视野。全球价值链的研究范畴不但涵盖价值链上的生产环节，还囊括了研发、物流、销售以及品牌管理等价值链的所有环节，进而衍生出区域经济增长的要素配置、生产分割等一系列更为庞杂的经济问题，对全球经济整合的发展形态、演化轨迹等复杂经济现象与规律的诠释发挥了十分重要的作用。生产网络的发展演进与生态环境改善应该在协同研究中同时考虑。一方面，关注全球价值链的治理，克服发达国家利用高附加值的生产环节抢占环境治理制度和话语权优势的弊端；另一方面，关注一国或区域的全球价值链地位，以及为维持或提升其在全球经济体系中地位所采取的策略，在向全球扩展的供应链中创造和获得价值的方式。发展中国家和新兴经济体可以充分利用生产优势，实现由发达国家消费者分担治理环境问题的社会成本，从而获取竞争优势实现升级。因此，全球价值链为探索经济全球化进程中的环境治理，尤其是为发展中国家和新兴经济体的环境治理提供了新的视域，有助于发展中国家和新兴经济体在提升自身分工地位的同时，推动全球经济的平衡、平等以及可持续发展。

（三）系统论为复杂系统的自适应演化特征研究提供了科学的方法体系

系统论的研究范式与方法体系成为揭示生产网络与生态环境协同机理的重要支撑。传统区域经济与生态环境协同研究关注于某一区域或系统内部，将研究问题聚焦于经济系统与生态环境系统的共生发展关系在时间序列上协调演进的同步性。然而生产网络演进带来的世界经济体系重构、全球化交通体系的完善、经济全球化进程的推进、数字经济与信息技术的变革，导致全球范围内的时空压缩，给"人地"系统带来的影响越来越复杂。生产网络发展演进与生态环境在时空演进轨迹上的错位与滞后反馈，协同主体的多样性及矛盾，生产网络与生态环境相互作用的间接关联性等更多问题开始出现，传统的研究框架面对复杂系统的协同关系力所不及，亟须进行适应性的变革与创新。系统论以揭示和解释复杂系统的运行规律为主要任务，能够有效揭示系统的复杂性、无序性与自适应演化特征，不仅能够实现对客观事物的认识提升到复杂整体的系统论高度，还能够形成对系统结构从整体上多维度、多层面的认知过程，有助于剖析生产网络与生态环境协同的实现过程。

上述理论背景表明，实现丝绸之路经济带生产网络与生态环境的协同发展，需要在明确二者发展状况的基础上，破解实现协同的机理，明确涨落规律。基于全球价值链理论考察丝绸之路经济带生产网络的形成与演进趋势，关注其可持续发展演进的价值创造和获得方式，能够给发展中国家和新兴经济体的环境治理与升级提供重要路径；系统论的研究视角有助于多维度剖析生产网络与生态环境协同演进的复杂性特征，克服了传统研究框架面对复杂系统协同关系及演进规律的研究困境，有助于挖掘丝绸之路经济带生产网络建设这一系统工程的发展规律。

第二节 研究意义

一、理论意义

本书通过阐释丝绸之路经济带生产网络与生态环境协同性、协同机理、协同发展的路径规划与保障措施等问题，突破以往多数研究将生产网络与生态环境作为单一主体展开的研究视角，分析丝绸之路经济带生产网络价值空间和组织结构特征及其未来演进趋势，揭示跨区域生产网络与生态环境的协同机理，解析丝绸之路经济带生产网络与生态环境的协同度及影响因素，进而实现经济发展的同时保护和改善生态环境的目标，对丰富、拓展生产网络与生态环境协同发展理论及方法体系有着重要意义。

二、实践意义

本书从"绿色"发展理念出发，基于协同视角探讨如何在维护生态环境诉求的基础上利用生产网络整合生产资源，将提升丝绸之路经济带主要国家在全球价值链上的地位作为抓手，促进丝绸之路生产网络中参与主体的有效对接和生态环境的改善，并提出相应的协同模式、路径及政策保障措施，为推动丝绸之路经济带经济一体化的可持续发展以及相关发展规划提供现实指导与支撑。

第三节 研究目标

基于上述实践与理论诉求，本书将核心研究问题贯穿于：在厘清丝绸之路经济带生产网络与生态环境的发展现状与演进趋势的基础上，解析丝绸之路经济带生产网络与生态环境的协同发展机理，进一步分析丝绸之路经济带生产网络与生态环境的协同演化格局，继而规划二者的协同发展路径及相应的政策保障措施。具体研究目标如下：

第一，以丝绸之路经济带沿线国家在生产分工中所处地位和需求多样性为出发点，基于全球价值链理论解析丝绸之路经济带生产网络的形成与发展趋势。

第二，以自然资源和环境对人类社会生存与经济发展的适宜程度为出发点，基于人为和自然双重视角对丝绸之路经济带生态环境进行现实考察。

第三，以丝绸之路经济带生产网络与生态环境的空间分布特征为出发点，分析生产网络与生态环境协同发展的动因与条件，测评丝绸之路经济带生产网络与生态环境的协同度。

第四，以"复杂系统中子系统及要素间的作用与反馈形成协同效应"这一核心观点为出发点，构建丝绸之路经济带生产网络与生态环境复合系统，进而厘清复合系统的涨落规律。

第五，以丝绸之路经济带生产网络与生态环境的协同发展格局为出发点，规划丝绸之路经济带生产网络与生态环境的协同发展路径，并提出相应的政策保障措施。

第四节 总体方案

一、研究内容

本书按照"引出主要问题→形成核心内容→提供现实指导"的研究思路，设计了五个方面的主要研究内容。

（1）丝绸之路经济带生产网络的形成及发展趋势分析。首先，基于全球价值链理论阐释生产网络的内涵和特征。其次，以沿线国家在生产分工中所处地位和需求多样性为出发点，解析丝绸之路经济带生产网络的空间分布特征。再次，基于复杂网络分析方法刻画丝绸之路经济带生产网络组织结构的拓扑结构并剖析其关联特征。又次，引入"成本发现"理论，扩展生产模型，解析一国参与生产网络对其价值链地位提升的作用机制。最后，以全球经济"再平衡"为约束，解析丝绸之路经济带生产网络的发展演进趋势。

（2）丝绸之路经济带生态环境质量及风险评估。首先，从自然和人为两个视角出发，对丝绸之路经济带生态环境进行现实考察并测评。其次，以生态环境

第一章 绪论

的受体为探究丝绸之路经济带生态环境风险评价的出发点，识别丝绸之路经济带沿线国家风险源并对生态环境风险进行评估。最后，以实现生态现代化为目标，通过解析丝绸之路经济带沿线国家经济增长与生态环境质量协调的动态演进趋势，预判丝绸之路经济带生态环境发展趋势。

（3）丝绸之路经济带生产网络与生态环境的协同性分析。首先，解析丝绸之路经济带生产网络参与全球生产分工与生态环境风险的空间分布状态。其次，以丝绸之路经济带沿线区域的生态环境承载力为约束，厘清丝绸之路经济带生产网络与生态环境协同的动因与条件。最后，从以序参量支配复合系统的协同演进状态这一协同学的核心观点出发，对丝绸之路经济带生产网络与生态环境的协同度进行测算。

（4）丝绸之路经济带生产网络与生态环境的协同机理研究。首先，从技术、布局、治理、规模和结构五个层面出发，双向解析生产网络对生态环境的影响以及生态环境对生产网络的反馈效应。其次，基于系统论的研究范式及方法解析影响生产网络与生态环境协同发展的因素，并阐释协同影响因素的关系结构及其对系统协同演进产生的影响。再次，基于系统动力学构建丝绸之路经济带生产网络与生态环境复合系统，解析复合系统的结构并绘制因果反馈环，分析影响丝绸之路经济带生产网络与生态环境协同发展的因素间相互耦合的动态演化过程。最后，基于微涨落放大机制揭示生产网络与生态环境协同发展的运行规律。

（5）丝绸之路经济带生产网络与生态环境协同的路径规划与政策保障。首先，对丝绸之路经济带生产网络与生态环境的协同发展演化格局进行预判。其次，从丝绸之路经济带生产网络与生态环境协同发展格局的空间异质性出发，提出适宜的协同发展路径。最后，以保障丝绸之路经济带生产网络发展演进中生态资源收益的提高为落脚点，构建形成包含拓展协同发展受益面国际协调策略、强化内向协同增长动力的国内互补政策的全方位保障体系。

二、研究方法与技术路线

（一）研究方法

本书的核心内容包括五个部分：①丝绸之路经济带生产网络的形成及发展趋势分析；②丝绸之路经济带生态环境质量及风险评估；③丝绸之路经济带生产网络与生态环境的协同性分析；④丝绸之路经济带生产网络与生态环境的协同机理研究；⑤丝绸之路经济带生产网络与生态环境协同发展的路径规划与政策保障。分别采用基于贸易增加值的投入产出分析法、出口相似度计算、无标度演化网络模型、成本发现模型、高斯核密度函数、相对风险模型评价法、数

·7·

丝绸之路经济带生产网络与生态环境协同发展研究

据包络分析法(Data Envelopment Analysis,DEA)、环境库兹涅茨曲线、压力—状态—响应模型、情景分析、复合系统协同度模型等方法对各部分研究内容进行分析。

第一部分主要研究内容,丝绸之路经济带生产网络的形成及发展趋势着重于解决三个方面的问题:一是基于价值维度对丝绸之路经济带生产网络进行现实考察;二是从组织维度解析丝绸之路经济带生产网络组织结构的关联特征;三是明确沿线国家参与丝绸之路经济带生产网络对其全球价值链地位的影响。基于此,首先,运用出口商品结构相似度指数与基于贸易增加值核算的全球价值链参与指数,对丝绸之路经济带生产网络的全球价值链地位进行测算,继而解析其全球价值链分布特征。进一步地,通过计算出口产品的复杂度确定丝绸之路经济带生产网络中的核心产业。其次,运用无标度网络模型及社会网络分析法对丝绸之路经济带生产网络的组织关联结构进行刻画,继而解析其组织结构的关联特征。最后,引入成本发现理论,扩展生产模型,构建生产网络—价值链位置理论模型,解析一国参与生产网络对其全球价值链地位产生的影响。

第二部分主要研究内容,丝绸之路经济带生态环境质量及发展演进趋势着重于解决三个方面的问题:一是评估丝绸之路经济带生态环境质量;二是评估沿线国家的生态环境风险;三是预判丝绸之路经济带生态环境的发展演进趋势。基于此,首先,采用层次分析法确定具有权威解释力的指标,构建丝绸之路经济带生态环境质量综合评估指标体系,在此基础上,运用熵值法确定指标权重,继而运用指数法对丝绸之路经济带生态环境质量指数进行测算。其次,采用相对风险模型的评价思路,将生态环境风险视为某一区域风险源发生的概率、风险源作用于该区域生态环境的危害程度和环境受体受到的损失三大因子的函数式,对沿线国家生态环境风险进行测评。最后,基于生态现代化理论思想,采用高斯核密度函数对丝绸之路经济带生态环境的发展演进趋势进行预判。

第三部分主要研究内容,丝绸之路经济带生产网络与生态环境的协同性分析着重于测算丝绸之路经济带生产网络与生态环境的协同度。基于此,首先,采用探索性空间数据分析的全局空间相关分析和局部空间相关分析的全局莫兰指数及局部莫兰指数,分析丝绸之路经济带生产网络与生态环境风险的空间分布及其集聚特征。进一步地,运用重心法测算丝绸之路经济带生产网络与生态环境风险空间分布的演变趋势。其次,基于复合系统协调度模型的研究思想和方法,通过研究复合系统中各子系统少数序参量以测度子系统有序程度,进而检验复合系统相对于基期的协同度的时间演化特征与变化趋势,测算丝

· 8 ·

绸之路经济带生产网络与生态环境复合系统的耦合度、协调度以及耦合协调度。

第四部分主要研究内容，丝绸之路经济带生产网络与生态环境的协同机理分析着重于解决四个方面问题：一是生产网络对生态环境的影响分析和生态环境对生产网络的反馈效应；二是生产网络与生态环境协同发展的影响因素；三是生产网络与生态环境复合系统构建；四是生产网络与生态环境协同发展的运行规律解析。基于此，首先，依次运用环境库兹涅茨曲线（Environmental Kuznets Curve，EKC）和向量自回归（Vector Autoregressive，VAR）模型实证解析丝绸之路经济带生产网络对生态环境的作用机制，并反向解析生态环境对生产网络的反馈效应。其次，以此运用文献计量法和解释结构模型解析影响丝绸之路经济带生产网络与生态环境协同发展的因素，并阐释影响因素的关系结构。再次，运用系统动力学方法构建丝绸之路经济带生产网络与生态环境复合系统，并分析系统内的因果反馈环。最后，基于压力—状态—响应模型和微涨落放大机制模型解析复合系统的动态涨落规律。

第五部分主要研究内容，丝绸之路经济带生产网络与生态环境协同发展的路径规划与政策保障着重于解决三个方面问题：一是丝绸之路经济带生产网络的发展水平评估；二是丝绸之路经济带生态效率测算；三是丝绸之路经济带生产网络与生态环境协同发展情景预判。基于此，首先，运用指数法，基于参与价值链分工的程度、价值增值能力以及网络内的经济密切程度三个维度，构建并测评丝绸之路经济带生产网络的发展演进水平。其次，运用 DEA 方法考虑非期望产出的松弛变量模型（Slack Based Model，SBM）测算丝绸之路经济带沿线国家的生态效率。最后，运用情景分析法设定丝绸之路经济带生产网络与生态环境的协同发展情景，作为规划协同路径的理论依据。

（二）技术路线

本书按照引出主要问题、构筑分析框架→明确理论基石、形成核心内容→提供现实指导、提出政策启示的研究思路展开，具体技术路线如图 1-1 所示。

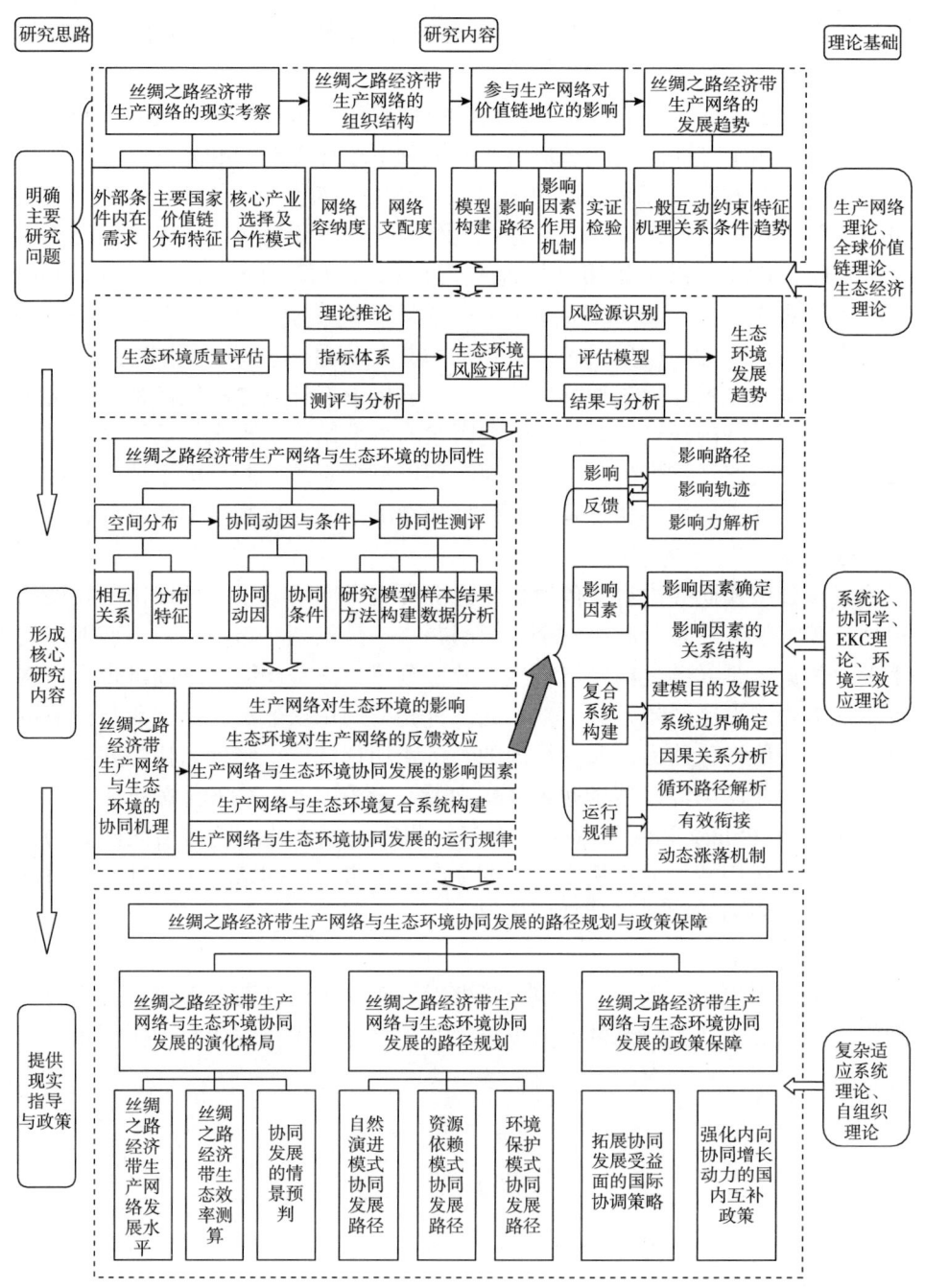

图1-1 研究的技术路线

第二章 丝绸之路经济带生产网络形成及发展趋势

丝绸之路经济带生产网络的形成可以有效地连接活跃的亚太经济圈与发达的欧洲经济圈,托起中、西、南亚塌陷区,发挥其在全球价值链中的地位与作用(孙慧和刘媛媛,2016)。近年来,学术界涌现出一批以丝绸之路经济带建设为对象的研究成果,比如丝绸之路经济带建设的定位、沿线国家间的投资贸易与产业合作等方面,但这些研究多从传统的国际分工单一视角展开,仅能够反映商品链的演进状态,并不能真实反映其在经济学意义上价值链"微笑曲线"的位置以及以全球价值链分工为基础的国际经济与贸易的实际情况。这一研究缺位限制了丝绸之路经济带沿线国家准确研判其在生产网络中的真实地位、找准丝绸之路经济带沿线各国产业结构演变和调整的合理方向以及共同探索丝绸之路经济带生产网络发展的有效路径等。本章基于全球价值链理论,界定生产网络的内涵和特征,分析丝绸之路经济带生产网络形成的内外在条件,以及沿线主要国家价值链的空间分布特征,揭示丝绸之路经济带生产网络的演进趋势,为丝绸之路经济带沿线国家共建"以我为主"的区域生产网络,向纵深化参与到全球价值链分工体系中提供理论与现实基础。

第一节 生产网络的内涵与特征

一、生产网络的内涵

生产网络对全球经济一体化的推动作用日益突出,引起了国际范围内众多学者的广泛关注与深入研究,目前已形成了较为完善的研究体系。自20世纪80年代以来,生产网络理论体系的研究维度不断扩展,涵盖了生产网络的概念、组织结构、治理模式以及生产网络与新国际贸易体系的构建、生产网络中的产业升级、产业集聚等研究内容。

生产网络理论是在价值链、价值增值链、全球商品链、全球价值链的基础上衍生并不断发展所形成的。Porter（1985）第一次以企业为研究对象提出了"价值链"（Value Chain）理论，认为单个企业的产品设计、生产、销售、物流等一系列活动均为价值创造的过程，通过价值链的增值过程可以阐释企业的价值创造过程。Kogut（1985）将企业价值链的研究范围扩展至国家和区域层面，提出了"价值增值链"（Value Added Chain），认为企业通过劳动力、要素和技术等的投入会形成价值增值，并且通过在一国或区域内的交易和消费等行为，依据自身所具有的竞争优势参与到价值链中某一特定的环节。Gereffi（1994）从价值链角度分析了经济全球化的发展过程，提出了全球商品链的概念，从价值链和组织治理角度阐释经济全球化进程中的价值创造过程及其产生的影响，继而衍生出国际供应链、跨境生产网络、国际生产网络等相关概念。Ernst 和 Guerrieri（1997）在分析东亚的贸易模式时，首次提出了区域生产网络的概念，认为在区域生产网络的组织形式下，商品生产的全过程划分成不同的生产环节，并将这些环节分别部署于世界各个国家和地区，各个环节可能由一个企业完成，也可能由多个企业共同完成。联合国工业发展组织（United Nations Industrial Development Organization，UNIDO）在 2003 年提出"全球价值链"（Global Value Chains）这一概念，认为全球价值链是以企业为载体的全球范围内跨越国界的网络组织，为实现商品的生产过程和价值增值，将设计、生产、销售、运输、回收等全部生产环节联结在这一网络组织中。在国际化大生产趋势下，以往某一产品的全部生产环节完全在一个国家或地区中独立完成的生产组织方式，逐渐演化发展并最终形成全球生产网络的组织形式。通过这一演化过程，国际分工逐渐形成由跨国公司主导的全球价值链。在跨国旗舰企业的组织下，将一个最终产品的生产过程按照工序切割，不同国家和地区的不同企业密切合作、梯次发展，依靠国家与国家、国家与区域的契约协作，最终形成了同一产品由不同国家的厂商共同参与完成的生产网络。概言之，生产网络的概念包括这样的特征，既涉及由全球价值链解构与重组所引起的不同工序间的纵向联系，也涉及同一工序所引发的企业间全球价值链的横向联系，以及全球价值链纵横交错形成的网络状结构。

关于生产网络的概念，目前学术界尚未达成统一，但核心观点一致，即生产网络在本质上是分工问题，以分工为基础，生产网络中的各类主体形成网络的节点，在分工中形成的竞合关系和双赢局面是网络的线索（朱妮娜和叶春明，2011）。Emst 是较早使用国际生产网络概念的学者，他和其支持者认为，国际生产网络实际上是跨国公司的企业内部和企业间一种以实现价值为目的的分工合作

第二章 丝绸之路经济带生产网络形成及发展趋势

关系,通过该关系,跨国公司组织其分支机构和子公司能更有效地开展其整个系列的商业活动,从产品研发、设计和定位,到投入要素的供给、产品各环节的制造(或服务的供给)以及销售和售后服务支持(Borrus et al., 2002)。区域生产网络是研究跨境生产体系的文献中使用最多的一个术语,类似的术语还有生产分工、生产外包、跨境(国际)生产分割、分散制造、工序分工、分散化生产和国际分离生产等。具体地,区域生产网络指厂商为组织生产经营活动而建立的厂商内部及与其他厂商的分工合作关系(Athukorala and Yamashita, 2006)。

对于生产网络的内涵,国内外诸多学者从企业视角出发,进行各种深入而有益的探讨,然而将生产网络作为一国或区域参与和组织全球生产分工活动的平台,以协调和组织全球生产活动为出发点和落脚点展开的研究鲜见。基于此,本书从空间维度和组织维度相结合的双重视角出发,认为生产网络是指全球范围内的不同国家或区域,以企业为主要载体,在共同参与特定产品与服务的生产与制造过程中,所形成的网络型分工与组织平台。其中,产品或服务的制造过程以产品内分工为主要模式被分解在全球价值链的不同环节,并根据生产要素在不同生产环节中需求、成本、技术、市场和物流的差别,在全球范围内实现最有效率的区位配置。空间维度上表现为生产分工的分散化,组织维度上表现为跨越不同区域范围的生产活动的组织形式。顺承上述,本书认为:丝绸之路经济带沿线各国凭借劳动力、资源禀赋、技术水平等要素参与国际分工,嵌入全球价值链的不同生产环节,将参与国家从事的各生产环节连接起来,构成了丝绸之路经济带生产网络。合作基础、"外围陷阱""大国威胁"与合作模式是丝绸之路经济带建设与发展中面临的举足轻重的现实问题。作为经济全球化背景下的解决方案,丝绸之路经济带生产网络的形成与发展,使沿线国家构成的生产系统对异质产品产生巨大需求,沿线经济发展水平各异的国家均能纳入这一网络化发展体系中,依托于各国内外公共服务的供给,形成自主的转型升级系统,继而提升沿线国家的分工地位,摆脱价值链低端锁定的困境,为沿线各国实现共赢提供了可能。

生产网络作为一国或区域参与全球生产分工与组织生产活动最主要的平台,对其内涵的理解包括两个方面:第一,大卫·李嘉图的比较优势理论、赫克歇尔—俄林提出的要素禀赋理论以及迈克尔·波特所阐述的竞争优势理论,三大理论共同揭示了一国或区域凭借劳动力、资本、资源禀赋、技术水平等要素参与国际生产分工和国际贸易,与不同参与国家或区域各生产及贸易环节连接起来,共同嵌入全球价值链,依据一国或区域自身所具有的竞争优势占据不同价值环节,构成生产网络这一过程的本质(Gereffi, 1999;张杰和刘志彪,2007;洪俊杰和商辉,2019)。第二,生产网络不仅涵盖了全球价值链从纵向维度研究经济组织,强调产业内部由概念到生产再至最终使用实现的价值增值过程,而且全面地刻画了更大规模经济群落及其经济关系网络的多水平、多层次和多维度特征，关注于经济活动中行动者与组织关系及其多维度的作用结果（鞠建东和余心玎，2014；荆林波和袁平红，2019），表现在增加值获取能力、生产效率、技术水平、资源利用、要素流动、生态环境、全球治理等多个方面（赵增耀和沈能，2014；郑智等，2019）。

二、生产网络的特征

生产分工环节在空间上离散的组织方式是不同尺度下生产网络的共同特征。国际分工理论在对不同尺度下生产网络的投资流向、产业体系和企业间网络关系进行刻画时认为，生产网络有三个方面的显著特征。

首先，组织治理方式灵活高效。生产网络的组织治理指价值链的组织结构、权力分配以及价值链中各经济主体之间的关系协调。生产网络以不同企业间的领导、合作关系为组织基础，组织治理方式较为灵活，富有效率（Sturgeon et al.，2008）。苏桂富等（2005）指出，从生产网络中各主体关系和契约类型看，领导厂商与其他厂商（合作伙伴）不是上下等级关系，也不是通过松散的产权买卖的市场方式组织在一起，而是以互补性分工为基础，以互惠互利为原则，通过相互依存的关系往来，以一定正式的规则（契约）相互联系，所形成的一种生产组织治理模式。这种模式是一种稳定的双边交易契约（关系型契约），能将不确定性降至最低，既可以遏制市场治理模式中较强的机会主义倾向带来的欺诈行为，又可以防止企业科层管理中的体制僵化与委托代理问题，它更像是一种建立在信任基础上的、着眼于未来收益的开放性契约，对长期利益的追逐使得各参与主体抛弃了短期的机会主义行为。另外，生产网络中基于互补性分工基础建立的合作关系，必然要求相应的网络决策权和控制权等的安排，让所有相关利益主体（合作伙伴）都参与到生产网络的相关决策与安排中。这样，生产网络中各利益主体在一定程度上实现了共同决策和共同治理，从而突破企业规制下的"股东至上"的单边治理逻辑，即网络化生产方式对治理结构的最优安排（Humphrey and Schmitz，2002）。

其次，空间布局的分散化。生产网络的另一个重要特征是产品的生产过程在不同国家（地区）之间分散开来。Jones 和 Kierzkowski（2005）把产品价值链和生产过程分割开来并散布到不同空间区位的分工形态称为"生产过程分散化"。Ando 和 Kimura 的一系列论文（Kimura and Ando，2003，2005，2012；Ando，2006）都将"生产过程分散化"作为生产网络形成的前提条件进行研究。Kimura 和 Ando（2005）指出，企业初始阶段主要在国内发展，一段时间后开始发展国外业务，在国外寻求原材料或低成本劳动，或者是渗入重要的市场。故在地理空间上是先在本地区扩张，然后到国内其他地区扩张，继而跨过疆界到海外去发展。这种由国内的分散生产（Domestic Fragmentation）到跨境生产（Cross-border Fragmentation）所产生的空间距离（Physical Distance），体现了生产网络的空间跨界特征。

最后，地方产业集群呈现趋向性。生产网络既能够表现出生产活动空间布局的分散化，也呈现了地方产业的集群性特征，由此构成了全球生产网络中重要的生产节点（陶锋等，2018）。大型旗舰企业通过国内投资、对外投资或外包等方式，使原有的企业网络越出地区或国家的限制，在更大的地理空间范围内进行重组，在这一过程中形成了众多小企业的集聚。Schmitz（1995）研究表明，集聚本身不能给企业带来太多的好处，但由于当地劳动分工和贸易网络的存在，并且当这种贸易网络延伸到区域外部时，集聚变得充满活力，逐渐演化成产业集群。集群与集聚的区别就在于，集群不仅仅是中小企业的扎堆聚集，同时也呈现出企业间的网络联系。从某种意义上说，企业网络是产业集群的骨架，产业集群是企业在本地结网的空间表现形式（李二玲和李小建，2007）。可以认为，企业间的网络联系是产业集群的本质特征，产业集群构成了生产网络上的生产节点，与生产网络之间的联系是其存活和发展的动力。

第二节　丝绸之路经济带生产网络的现实考察

丝绸之路经济带生产网络的形成，不仅为沿线国家如何利用比较优势提升自身在全球价值链分工中的地位指明了方向，也为丝绸之路经济带整体在全球生产网络中的升级提供了平台。

一、丝绸之路经济带生产网络的形成条件

外部条件和内在需求两个方面促使丝绸之路经济带生产网络形成。外在条件指国际市场竞争激烈、经济自由化进程加快和国际科技发展日新月异的环境对丝绸之路经济带沿线国家提出了参与国际新经济体系的要求；内在需求主要体现在丝绸之路经济带沿线各国充分发挥比较优势、利用产品差异性和互补性以及规模经济的形成、交易费用的降低，参与到国际生产分工，实现升级的强烈诉求。

（一）外部条件

国家间积极实行经济自由化、发展科技以及国际市场竞争的日益激烈是丝绸之路经济带生产网络形成的三个重要外部条件（李丹和崔日明，2015）。

1. 经济制度的自由化

在生产网络的分工模式下，生产工序和区段依据不同国家或地区的比较优势分散配置，产生了大量零部件和中间产品的跨境交易。经济制度自由化政策促使跨境交易成本大幅缩减，有助于推动国际分工的发展，进而促使生产网络形成。具体就丝绸之路经济带沿线国家而言，为了融入世界经济体系，实现自身经济的增长，各国主观上采取的市场体制改革和自由化进程对丝绸之路经济带生产网络的形成发挥了重要的作用。同时，伴随着区域经济一体化的浪潮，丝绸之路经济带沿线各国通过不同途径推进的投资和贸易自由化改革，大大缩减了丝绸之路经济带生产网络国际分工的交易成本。另外，上海合作组织（Shanghai Cooperation Organisation，SCO，简称上合组织）、亚洲基础设施投资银行（Asian Infrastructure Investment Bank，AIIB，简称亚投行）等国际经济组织支持丝绸之路经济带沿线的基础设施建设，对区域内贸易和投资自由化及经济技术合作起到了重要的作用，为丝绸之路经济带以及世界范围全球价值链分工体系的形成提供了金融支持，推动了丝绸之路经济带生产网络的形成。

（1）丝绸之路经济带沿线国家积极推行开放发展的体制改革，为丝绸之路经济带生产网络的形成奠定了基础。丝绸之路经济带沿线国家虽然政治、经济制度不尽相同，但在经济全球化、区域经济一体化的历史进程中，积极推行开放发展的体制改革。例如，孟加拉国从 2014 年以来抓住"最不发达国家"享有的市场优惠待遇，改变原有严格限制进出口的贸易政策，采用外向型发展模式，充分利用其廉价充足的劳动力优势，成功将孟加拉国打造为新兴的国际纺织业基地；韩国自 2017 年推行"新北方政策"，根据这一战略决策，韩国希望通过与中国建立合作关系，形成东北亚经济共同体。俄罗斯经济正在由内向型向外向型、出口型转变，同时在关税、贸易、市场准入和相关法律制度等方面进行了一系列国际化的改革。蒙古国和朝鲜两国尽管经济发展水平相对较低，但随着东亚经济一体化进程的加快，两国也采取了对外开放的政策，通过与丝绸之路经济带沿线各国的交流和合作，日益扩大国际合作范围，朝鲜在其自由贸易区内，蒙古国在其东部地区，制定了一些吸引外资的优惠政策，同时不断完善对外开放的法律法规。

（2）贸易自由化和多边贸易体制的建立，为丝绸之路经济带生产网络的形成提供了制度保障。制度安排对交易费用的大小也具有决定性的作用，有效的制度安排会降低交易费用，促进分工的发展和国际生产网络的建立。国家间关税和非关税壁垒的降低会使交易成本下降，从而降低产品生产的总成本。自 20 世纪 80 年代以来，丝绸之路经济带沿线部分国家进口的关税水平都有大幅度的下降。尤其是 1994 年以来，丝绸之路经济带沿线地区的关税降低了 50% 以上，目前仅占进口价值的 5% 左右。同时，沿线一些发展中国家实行了以鼓励出口加工为目标的经济政策，所采取的激励政策有助于鼓励本国参与国际生产网络的制度创新。具体表现在：广泛运用出口退税的贸易政策，对用于出口加工和进口的中间产品及零部件间接地实行减税和免税等财政政策，建立各种形态的出口加工区，促进本国参与加工贸易和产品内分工；丝绸之路沿线国家实行了多种不同的投资便利化措施吸引外国企业的投资，这些措施主要致力于建立和完善道路、机场、水电供应、电子通信等基础配套设施。对外商直接投资实行便利化服务，减少行政程序，其中特别是对于中小企业投资的吸引政策更加积极，从而有效形成了产业集聚。例如，2017年中国与摩尔多瓦启动了贸易自由协定谈判，旨在进一步密切双边关系，挖掘经贸合作潜力，促进两国经济发展。

（3）上合组织、亚投行等国际经济组织的成立，为丝绸之路经济带生产网络的形成起到了助推作用。首先，从上合组织的作用来看，其不仅在国内政策上给予成员国相互理解与支持，而且在国际上积极地维护成员国间的利益。道路连通上，上合组织发挥其在丝绸之路经济带上的协调作用，致力于积极推动中亚地区乃至欧亚大陆交通运输网的整合；贸易畅通上，上合组织先后签署各种有关区域经济合作的文件，旨在推进成员国间投资贸易合作的贸易便利化进程；货币流通上，上合组织致力于推动各国在跨境贸易本币结算、货币互换、人民币和卢布的区域化等方面展开货币合作，与此同时，建立与发展上合组织开发银行，为丝绸之路经济带沿线国家之间的金融合作提供资金支持和新的动力；民心相通上，上合组织致力于发展文化产业，推进上海合作组织大学的建设，弘扬"上海精神"，培养继承和创新传统文化的高素质人才，推进丝绸之路经济带的建设。其次，就亚投行的作用看，中国主导下亚投行将业务领域明确定位在基础设施融资领域，助益于加快推进亚洲基础设施建设和互联互通建设，这对缩小亚洲国家经济发展差异、促进各国经济融合以及加快区域一体化发展进程至关重要。从各国看，基础设施建设能够促进投资所在国的经济发展，提高其经济效率，特别是刺激其制造业和交通运输业等相关产业的迅速发展，并带动农业和第三产业发展；从加强各国间经济联系的角度看，铁路、公路、港口、机场、电力以及通信领域的基础设施领域投资有利于加强各国的互联互通，降低运输成本，便利通信往来，从而促进区域内货物贸易和产业分工细化，进而以贸易带动金融和投资的跨国往来，促进各国金融市场发育并逐步加强各国在货币金融领域的合作，提高亚洲经济体在现行国际经济、金融体系中的地位。

2. 科学技术的快速发展

从内生增长理论的观点看，技术进步始终是保持经济增长的决定因素。科技进步促使经济组织形式不断革新，丝绸之路经济带生产网络正是在科学技术推动下由旗舰企业组织形成的新的经济组织形式（闵宏，2018）。自20世纪80年代以来，世界范围内信息技术、生物技术、材料技术等都发生了革命性的变化，降低了跨国公司组织跨国生产交易活动的成本，为国际分工向价值链分工深化发展提供了可能，产品的生产过程越来越容易被依照价值增加环节分解成一系列生产环节而进行分散化生产。科技进步不仅影响了决定生产网络分工的广度和深度的生产因素，如产品的技术特点、工艺上的可分性等，而且改变了运输费用、信息交换成本等分工组织成本。

首先，生产技术的发展和标准化加速了丝绸之路经济带生产网络的形成。科学技术进步改变了工艺可分性和技术可行性，促使模块化生产方式可以在更多的产品种类和更深层次的产品内分工中展开。一方面，生产技术的发展促使产品生产环节不断分割、分离，这是实现生产网络分工的前提条件。产品本身的技术和工艺特点决定了企业生产组织形式的选择。随着科学技术的进步，产品的生产过程会发生改变，企业分工合作模式也会随之发生改变。如果产品生产的各环节在技术工艺上具有较强的不可分离性，而且必须将各个生产环节集中在一个企业内进行，那么这个产品的生产过程便是垂直一体化；如果生产过程的各个环节在技术工艺上具有一定的可分离性，产品生产的不同工序可以分布于不同的企业，那么就形成了产品内国际分工。另一方面，科技进步促使技术可行性改变，这也是实现生产网络分工的一个必要条件。随着生产技术的发展，跨国公司所掌握的成熟技术、标准化技术不断淘汰，东道国不断吸收核心技术，促使发展中国家的制造能力不断提升（张屹，2018）。生产技术的发展促使设备及其设计不断改进和标准化，使其操作简单化，从而降低了技术难度。这些使得许多发展中国家都有机会进入门槛降低的制造业生产环节，特别是劳动密集型的生产环节，甚至在引进技术和设备的基础上从事低技术密集型环节生产，从而降低了发展中国家参与生产网络分工的门槛。

其次，信息和通信技术的快速发展降低了丝绸之路经济带生产网络的组织成本。随着信息化社会的快速发展，通信技术发生了百年未有的巨大变化，信息和通信技术已由原先单纯的信息传递功能逐步深入到对信息的综合处理，如信息的获取、传递、加工等各个领域。特别是随着通信技术的迅速发展，如卫星通信、光纤通信、数字程控交换技术等不断进步，以及卫星电视广播网、分组交换网、用户电话网、国际互联网络等通信技术不断革新，加上信息技术带来了互联网的普及，使得虚拟市场的规模不断扩大，有效地缓解和消除了由距离问题给交易带来的阻碍，促进了跨区域合作水平，使得生产网络中不同地区和国家间的合作交流更加方便快捷（胡辉，2011）。

最后，运输技术革新降低了丝绸之路经济带生产网络各国的运输成本。Hanson等（2005）运用美国跨国公司企业层面数据考察了母公司和海外分公司间中间投入品贸易的状况，认为当交易费用下降到一个很显著的水平时，公司才会进行生产流程分割并利用不同地方的比较优势。任何一种中间商品在从一个国家转移到另一个国家时都会产生关税和运输成本，转移次数越多，产生的关税和运输成本越大。因此，降低运输成本将会产生交易成本的多重降低效应。日本的新干线早已著名，中国的高铁正在蓬勃发展，其他丝绸之路经济带经济体也积极发展运输与物流业。当前，丝绸之路经济带沿线海运业和航空业非常繁忙、发达，区域内部及中国和沿线国家间的互联互通正在积极规划、推进中。这些都增强了丝绸之路经济带沿线国家或地区间的经贸联系，为丝绸之路经济带生产网络的发展奠定了良好基础。

3. 国际市场竞争的日益激烈

国际市场竞争的日益激烈加速了丝绸之路经济带生产网络形成的进程。随着国际市场竞争形式的多样化，为了积极应对国际市场的"优胜劣汰"，区域间的合作不断加深。同时，伴随着国际分工模式的不断深化，传统的产业间分工和产业内分工正在向产品内分工转变，这是丝绸之路经济带生产网络形成和发展的必然条件。发达经济体拥有技术和资金优势，占据价值链上游环节，从事设计、开发和关键零部件的生产；发展中国家具有劳动力和原材料优势，多从事劳动密集型的装配加工行业，处于价值链下游环节。不管是发达国家、发展中国家，还是欠发达国家，面对日益激烈的市场竞争和国际规则，同时参与产品的整个生产环节会增加生产成本和生产时间，不利于其全球价值链地位的攀升。随着科技的进步和世界经济的不断发展，市场竞争不断加剧，产品的生命周期不断缩短，最终产品用户和资本市场需求呈现多样化，并且对产品档次的要求不断提高，这使得企业在进行大规模成批量生产时要注重实现范围经济，而且在大规模生产下，常有技术锁定、产能过剩、劳动力成本较高的情况。因此，国际市场激烈竞争的背后是生产技术的创新和生产过程的合作。企业专注于核心业务，分工合作，彼此间交易成本大为节省，在全球生产分工体系中的竞争力不断提升，继而实现了企业能够以集聚化的竞争优势面对变化多端的市场竞争和不断更新的需求。这取决于两个方面：一方面，企业集中产品各环节供应商的力量实现规模化生产；另一方面，实行多样化生产获得范围经济，形成学习型组织形式，不断提高集体学习能力和创新能力。在技术快速发展的今天，网络化生产分工模式（包括企业网络），而非巨无霸式的垂直一体化企业，才是应对国际市场的激烈竞争的最优组织形式（卡斯特等，2001）。并且随着世界各国经济发展水平的变化，其比较优势也在发生动态变化。丝绸之路经济带在世界各国产业转移过程中，逐渐形成了产业间分工、产业内分工和产品内分工并存的复合型网络化分工体系，这为丝绸之路经济带生产网络的进一步演进创造了条件。

(二) 内在需求

沿线国家充分发挥比较优势参与全球生产分工、国家间产品的差异性和互补性、规模经济的形成以及交易费用降低的实现等是丝绸之路经济带生产网络形成的内在需求。

1. 比较优势的存在

丝绸之路经济带沿线经济体的发展水平不同，在"一带一路"倡议的推进下，各国凭借劳动力、要素禀赋、技术水平等比较优势参与全球生产分工，嵌入全球价值链中不同环节，丝绸之路经济带生产网络应运而生（洪俊杰和商辉，2019）。根据丝绸之路经济带的战略性地缘经济特征，沿线国家在参与生产分工中所承担的角色不同，将沿线区域所覆盖的国家分为核心区、重要区和拓展区（薛伟贤等，2017），具体如表 2-1 所示。一方面，沿线国家比较优势决定了其参与全球价值链分工中的地位，国家间要素禀赋的不同实现了生产环节的有效连接及成本的降低；另一方面，市场、技术进步、制度支持、人口结构等优势要素表现出的差异性对生产网络的演进产生重要影响，实现了生产环节中价值的增值。

表 2-1　丝绸之路经济带沿线国家的区域划分

区域划分	国家	地理分布
核心区	中国	东亚
	哈萨克斯坦、吉尔吉斯斯坦、塔吉克斯坦、乌兹别克斯坦、土库曼斯坦	中亚
重要区	俄罗斯	欧洲
	尼泊尔、不丹、印度、巴基斯坦、斯里兰卡、马尔代夫、孟加拉国	南亚
	阿富汗、伊朗、伊拉克、阿塞拜疆、土耳其、叙利亚、约旦、以色列、巴勒斯坦、沙特阿拉伯、巴林、卡塔尔、也门、阿曼、阿联酋、科威特、黎巴嫩、格鲁吉亚、亚美尼亚、塞浦路斯	西亚
	蒙古国、韩国、日本	东亚
拓展区	塞尔维亚、黑山、克罗地亚、斯洛文尼亚、波黑、马其顿、罗马尼亚、保加利亚、阿尔巴尼亚、意大利、西班牙、葡萄牙、希腊、波兰、捷克、斯洛伐克、匈牙利、德国、爱沙尼亚、拉脱维亚、立陶宛、白俄罗斯、乌克兰、摩尔多瓦、英国、爱尔兰、荷兰、比利时、法国、瑞典、丹麦、芬兰	欧洲
	埃及、利比亚、阿尔及利亚	北非

资料来源：根据中国"一带一路"官网（https://www.yidaiyilu.gov.cn/）、"一带一路"研究与决策支撑平台（http://www.drcnet.com.cn）整理获得。

第二章　丝绸之路经济带生产网络形成及发展趋势

首先，要素禀赋的不同降低了沿线国家生产分工中各环节的成本。原材料和零部件成本、制造成本（固定和可变成本）、交通和物流成本、库存成本、税收和关税等，还涉及产品质量、知识产权保护、上市时间、产能基础等要素，构成了跨国企业实现生产分工的基础。当丝绸之路经济带生产网络形成时，各环节重新布局，涉及产业在不同地区的转移。丝绸之路经济带沿线国家对跨国企业来说，其优势包括开放而稳定的政策体系、质优价廉的劳动力和有阶梯性差距的制造业基础、较好的基础设施等。

其次，优势要素的差异实现了丝绸之路经济带生产网络的价值增值。一方面，较低的劳动力工资促使跨国企业用人成本大幅下降。丝绸之路经济带沿线国家工资水平一直较低，尽管2007年以来提升速度很快，但与发达国家相比仍存在较大的差距。国际劳工组织（International Labour Organization，ILO）2020年4月24日在日内瓦发布的分析报告显示，丝绸之路经济带经济体工资水平远低于美国、德国等西方发达国家。例如，2014年，拉脱维亚、黑山的小时工资仅为4美元，保加利亚的小时工资仅为5美元，同年美国、英国和德国的小时工资则分别为23美元、17美元和20美元。较低的劳动力工资促使跨国企业能够以较低的筹建成本将企业转移至丝绸之路经济带各经济体，成为提高价值增值的主要因素之一。另一方面，相对较高的教育水平保证了跨国企业的用人需求。相对于其他地区的发展中国家，丝绸之路经济带沿线多数国家劳动力受教育水平更高一些，中国、哈萨克斯坦、俄罗斯、爱沙尼亚、阿塞拜疆、保加利亚等都比较重视学历教育，2016年高等院校入学率分别为53.26%、51.10%、96.41%、86.45%、28.13%和79.28%。这为跨国企业的生产转移提供了人力支持，促进了沿线国家的产业合作，实现了全球价值链环节的提升。

2. 各国生产与贸易产品的差异性和互补性

首先，对各国生产与贸易产品的差异性进行分析。在 Krugman（1980）、Lancaster（1980）和 Helpman（1981）等的理论研究模型中，产品差异被视作垂直专业化的前提条件。产业内贸易理论认为，追求差异性消费的消费者偏好和基于差异性生产的规模经济、不完全竞争等因素的存在，促成了全球产业内贸易的快速发展，并成为生产网络形成的一个重要诱因（王虎，2013）。

根据要素禀赋、资本含量和技术水平的不同体现产品的异质性，将进出口产品划分为资源密集型、劳动密集型、资本密集型、技术密集型和其他五类（杨汝岱和朱诗娥，2007）。资源密集型产品主要指没有经过任何加工过程的原材料以及经过简单加工用作直接消费或工业中间品的产品；劳动密集型产品的附加值低而且人力耗费较多，包括农业、林业及纺织、服装、玩具、食品、皮革、家具等制造业生产的产品；资本密集型产品指在单位产品成本中资本成本占比较大，产品生产中每个劳动者所占用的固定资产和流动资本金额较高的产业，包括钢铁业、一般电子与通信设备制造业、运输设备和制造业、石油化工、重型机械工业、电力工业等产业生产的产品；技术密集型产品介于劳动密集型和资本密集型产品之间，包括微电子与信息产品制造业、航空航天工业、原子能工业、现代制药工业、精密仪器和光学器具制造业等产业生产的产品；其他产品是部分无法界定的产品类别。

进出口产品中资源密集型、劳动密集型、资本密集型、技术密集型和其他产品占比可以体现各国生产与贸易产品的差异性。2018年，丝绸之路经济带沿线72个国家和地区的进出口数据中，缺失南亚4国（尼泊尔、不丹、斯里兰卡、孟加拉国）、中亚2国（塔吉克斯坦、土库曼斯坦）、西亚北非6国（伊朗、伊拉克、叙利亚、也门、利比亚、阿尔及利亚）和欧洲1国（斯洛伐克）共13国的数据。丝绸之路经济带生产网络59个国家进出口产品的差异性测算结果如表2-2所示。

表2-2　2018年丝绸之路经济带生产网络部分国家进出口产品差异性测度结果　　　　　单位：%

区域	国家	资源密集型		劳动密集型		资本密集型		技术密集型		其他	
		出口	进口	出口	进口	出口	进口	出口	进口	出口	进口
东亚	中国	3.06	6.37	26.69	5.43	16.13	40.43	53.87	44.22	0.25	3.55
	日本	1.17	10.46	6.44	12.89	20.33	43.27	64.87	31.72	7.19	1.66
	韩国	1.37	6.75	6.52	8.57	29.79	48.60	62.11	35.82	0.21	0.26
	蒙古国	2.94	11.51	6.18	10.74	88.04	38.80	0.76	38.93	2.08	0.02
南亚	阿富汗	77.41	34.25	2.84	17.33	15.12	24.09	0.37	16.85	4.26	7.48
	印度	10.42	4.94	29.89	10.54	40.86	54.19	18.74	23.59	0.09	6.74
	巴基斯坦	20.53	8.78	65.63	10.67	10.42	55.14	3.40	25.30	0.02	0.11
	马尔代夫	98.20	19.23	0.02	18.88	1.48	34.55	0.30	27.34	0.00	0.00
中亚	哈萨克斯坦	4.60	10.87	0.84	14.45	93.20	34.14	1.32	40.42	0.04	0.12
	吉尔吉斯斯坦	10.83	11.34	19.08	30.83	25.37	37.15	7.80	20.60	36.92	0.08
	乌兹别克斯坦	10.14	11.72	16.17	10.62	42.84	31.15	2.00	46.36	28.85	0.15
西亚北非	阿塞拜疆	3.61	15.80	0.95	14.37	94.01	28.68	0.62	32.86	0.81	8.29
	土耳其	10.38	5.88	30.01	10.44	24.20	38.54	32.29	29.28	3.12	15.86
	约旦	15.70	19.50	31.04	14.86	41.29	38.56	11.66	24.14	0.31	2.94
	以色列	3.41	8.69	30.41	20.87	30.83	30.95	34.09	38.59	1.26	0.90
	巴勒斯坦	24.16	28.46	46.80	15.88	25.01	38.68	4.02	16.97	0.01	0.01
	沙特阿拉伯	1.35	14.84	1.13	13.22	15.87	23.87	2.77	39.41	78.88	8.66

续表

区域	国家	资源密集型 出口	资源密集型 进口	劳动密集型 出口	劳动密集型 进口	资本密集型 出口	资本密集型 进口	技术密集型 出口	技术密集型 进口	其他 出口	其他 进口
西亚北非	巴林	4.19	9.69	5.95	10.05	82.72	49.94	6.71	28.98	0.43	1.34
	卡塔尔	0.03	11.31	0.18	16.73	95.40	23.30	1.92	44.97	2.47	3.69
	阿曼	4.50	15.19	2.66	11.91	85.30	34.37	7.24	37.00	0.30	1.53
	阿联酋	3.27	7.47	11.49	19.93	39.00	21.46	17.15	39.80	29.09	11.34
	科威特	0.86	15.20	0.65	16.85	95.88	23.16	2.36	42.66	0.25	2.13
	黎巴嫩	21.82	17.46	25.18	15.94	30.56	41.08	12.48	21.98	9.96	3.54
	格鲁吉亚	29.05	14.59	6.93	17.27	42.86	37.99	18.74	28.73	2.42	1.42
	亚美尼亚	28.10	16.51	17.21	24.26	41.33	31.36	5.59	25.96	7.77	1.91
	塞浦路斯	10.65	13.31	1.87	11.86	34.53	33.43	47.97	40.31	4.98	1.09
	埃及	16.26	18.41	20.03	11.79	52.25	45.53	6.42	23.80	57.29	12.26
欧洲	塞尔维亚	17.40	8.41	23.18	15.27	27.54	36.67	29.51	27.95	2.37	11.70
	黑山	19.10	21.28	4.74	20.61	66.22	30.41	9.80	27.56	0.14	0.14
	克罗地亚	17.50	13.36	21.41	20.06	33.52	36.72	26.09	29.74	1.48	0.12
	斯洛文尼亚	4.00	6.26	14.50	13.91	18.08	27.37	62.96	52.07	0.46	0.39
	波黑	11.77	16.42	29.60	20.34	41.17	40.26	15.81	22.95	1.65	0.03
	马其顿	9.34	10.50	16.81	21.12	41.70	44.54	32.08	23.78	0.07	0.06
	罗马尼亚	8.84	9.43	19.02	17.23	19.37	31.62	51.91	41.27	0.86	0.45
	保加利亚	13.62	9.48	17.30	14.00	40.80	43.63	24.39	28.16	3.89	4.73
	阿尔巴尼亚	7.14	12.22	29.20	19.82	15.88	17.88	0.21	14.24	47.57	35.84
	意大利	9.18	11.03	23.17	15.40	26.24	40.40	38.98	31.30	2.43	1.87
	西班牙	17.28	11.49	16.54	15.69	30.39	38.57	35.24	33.93	0.55	0.32
	葡萄牙	13.93	14.68	29.58	16.50	24.51	34.84	31.50	33.85	0.48	0.13
	希腊	18.24	12.52	10.44	12.84	58.04	50.85	10.49	21.20	2.79	2.59
	波兰	13.77	9.26	24.20	17.12	21.51	33.82	40.29	38.16	0.24	1.64
	捷克	4.99	5.97	15.76	14.85	16.52	27.97	62.33	50.92	0.40	0.29
	匈牙利	7.59	5.90	11.13	12.43	20.44	29.90	59.48	49.11	1.36	2.66
	德国	5.80	8.20	11.63	13.95	25.01	32.44	53.33	39.79	4.23	5.62
	爱沙尼亚	14.70	12.22	20.26	13.25	28.18	33.76	33.33	34.84	3.53	5.93
	拉脱维亚	28.99	17.86	19.59	13.95	22.96	29.73	26.33	34.49	2.13	3.97
	立陶宛	18.51	13.33	20.61	13.61	35.96	41.19	22.95	28.76	1.97	3.11
	白俄罗斯	17.10	10.79	13.95	11.89	48.68	50.88	16.56	24.65	3.71	1.79

续表

区域	国家	资源密集型 出口	资源密集型 进口	劳动密集型 出口	劳动密集型 进口	资本密集型 出口	资本密集型 进口	技术密集型 出口	技术密集型 进口	其他 出口	其他 进口
欧洲	乌克兰	37.05	8.58	8.54	12.99	42.19	47.09	11.81	30.36	0.41	0.98
	摩尔多瓦	33.64	13.39	27.19	21.98	16.47	33.94	22.66	25.35	0.04	5.34
	俄罗斯	7.14	11.87	4.24	14.67	69.24	24.45	5.09	47.88	14.29	1.13
	英国	6.61	10.58	12.05	16.41	30.26	27.92	40.14	39.04	10.94	6.05
	爱尔兰	9.21	10.37	6.46	9.48	63.64	31.83	19.89	45.78	0.80	2.54
	荷兰	18.33	13.65	11.42	13.57	34.54	35.32	35.15	37.29	0.56	0.17
	比利时	10.25	9.35	15.40	14.31	48.74	48.22	24.57	27.52	1.04	0.60
	法国	12.53	10.22	14.17	17.77	27.70	31.97	42.97	39.77	2.63	0.27
	瑞典	10.13	11.53	13.20	13.18	30.28	30.95	41.66	39.47	4.73	4.87
	丹麦	20.03	15.84	15.20	18.74	31.53	26.25	30.55	37.29	2.69	1.58
	芬兰	9.99	9.49	17.22	10.83	28.25	35.20	34.86	34.64	9.68	9.84

资料来源：各国进出口数据来源于2018年联合国商品贸易统计数据库（UN Comtrade）（https://comtrade.un.org/），笔者整理计算得到。

从丝绸之路经济带生产网络次级区域出口产品的情况看，东亚地区在丝绸之路经济带中经济发展水平较高，出口产品主要是资本密集型和技术密集型产品；南亚地区经济发展水平比较落后，劳动力价格水平较低，出口产品主要为资源密集型和劳动密集型产品；中亚地区出口产品主要是资本密集型产品；西亚北非地区自然资源丰富，特别是石油资源储量大，出口产品主要是资本密集型产品；欧洲地区经济发展水平和产业发展水平均较高，出口产品中资源密集型、劳动密集型、资本密集型和技术密集型产品所占的比例较均衡。其中，印度、巴基斯坦等出口产品主要为劳动密集型，阿富汗和马尔代夫主要为资源密集型产品，这些国家的工业发展水平较低，资本密集型和技术密集型产业发展缓慢，劳动密集型产业是其发展的优势产业；阿塞拜疆、卡塔尔、科威特、阿曼、巴林、吉尔吉斯斯坦和乌兹别克斯坦等国家石油化工和机械工业等资本密集型产品占据主要地位；中国、日本、韩国、捷克和德国等国家科学技术发展水平较高，出口产品多为技术密集型产品。

从丝绸之路经济带生产网络次级区域进口产品的情况看，东亚地区和南亚地区进口产品主要是资本密集型和技术密集型产品；中亚地区进口产品主要是劳动密集型、资本密集型和技术密集型产品；西亚北非地区进口产品中劳动密集型、资本密集型和技术密集型产品均占一定比例；欧洲地区进口产品中资源密集型、劳动密集型、资本密集型和技术密集型产品分布较均衡。其中，阿富汗、巴勒斯坦和黑山等国对资源密集型产品进口需求较大，吉尔吉斯斯坦、以色列等对劳动密集型产品进口需求较大，印度、巴基斯坦、巴林、黎巴嫩、埃及、马其顿、希腊和乌克兰等国对资本密集型产品进口需求较大，哈萨克斯坦、乌兹别克斯坦、卡塔尔、科威特、塞浦路斯、斯洛文尼亚、捷克、匈牙利、俄罗斯和爱尔兰等国对技术密集型产品进口需求较大。

其次，对各国生产与贸易产品的互补性进行分析。经济全球化背景下，贸易双方依据自身要素禀赋、产业结构、消费需求等情况互通有无，两国之间的贸易互补性越大，通过贸易提升的本国社会福利越大，生产网络的形成才有一定的可能性（张伟等，2016）。

这里采用 Drysdale（1969）提出的贸易互补性指数（Trade Complementarity Index，TCI），选取丝绸之路经济带样本国家 i，将丝绸之路经济带除样本国以外的国家看作 j，测算丝绸之路经济带样本国家与丝绸之路经济带其他国家的产品贸易互补性。计算公式如下：

$$\mathrm{TCI} = \mathrm{RCA}_{xi}^{k} \times \mathrm{RCA}_{mj}^{k} \qquad (2-1)$$

式中，$\mathrm{RCA}_{xi}^{k} = (X_i^k / X_i)/(X_w^k / X_w)$，即以出口额衡量 i 国 k 类产品的显示比较优势指数（Revealed Comparative Advantage，RCA）；X_i^k 和 X_i 分别为 i 国 k 产品的出口额和全部产品的出口总额，X_w^k 和 X_w 分别为世界 k 产品出口额和世界全部产品出口总额；$\mathrm{RCA}_{mj}^{k} = (M_j^k / M_j)/(M_w^k / M_w)$，即以进口额衡量 j 国 k 类产品的显示性比较劣势指数，M_j^k 和 M_j 分别为 j 国 k 产品进口额和全部产品进口额，M_w^k 和 M_w 分别为世界 k 产品进口额和全部产品进口总额。

TCI ∈ [0，+∞)，当 TCI>1 时，表示贸易双方互补性较强，且其数值越大，互补性程度越高；当 TCI<1 时，表示双方贸易互补性较弱，且其数值越小，互补性程度越低。

利用 2019 年国际通用的海关（HS）编码前两位数字（2-digit level）表示一类商品，对照国家统计局公布的《统计用产品分类目录》，将行业分为 15 个大类。同前面差异性测算一样，由于数据缺失，丝绸之路经济带生产网络 59 个国家和地区进出口产品的互补性指数测算结果如表 2-3 所示。

丝绸之路经济带沿线国家间贸易互补性在产品类别上呈现出多样化和全面化的特征。东亚各国在纺织原料及纺织制品、服装制品、机械电子设备、交通运输设备和家居、玩具等杂项制品与丝绸之路经济带沿线其他国家表现出了较强的贸易互补性；南亚在动植物产品、纺织原料及纺织制品、服装制品和金属及其制品产业中与丝绸之路经济带沿线其他国家表现出较强的贸易互补性；中亚在动植物产品、纺织原料及纺织制品、服装制品、矿产品、能源和金属及其制品与丝绸之路经济带沿线其他国家表现出较强的贸易互补性；西亚北非动植物产品、纺织原

表2-3 2018年丝绸之路经济带生产网络部分国家的贸易互补性指数

国家	动植物产品	纺织原料及纺织制品	服装制品	化工产品	机械电子设备	家居、玩具等杂项制品	交通运输设备	金属及其制品	精密仪器及设备	矿产品	能源	食品	武器	药品	艺术品、收藏品及古物
中国	0.70	2.60	3.48	1.04	1.36	3.01	0.45	0.85	0.79	0.12	0.17	0.48	0.08	0.13	0.03
日本	0.16	0.69	0.04	1.23	1.19	0.41	2.12	0.96	1.62	0.13	0.16	0.18	0.28	0.25	0.17
韩国	0.18	1.29	0.17	1.38	1.47	0.18	1.25	0.88	1.29	0.14	0.72	0.29	1.04	0.19	0.06
蒙古国	11.38	3.64	0.21	0.00	0.01	0.01	0.03	0.33	0.02	44.08	4.34	0.42	0.00	0.00	0.01
阿富汗	1.56	4.56	0.00	0.03	0.01	0.00	0.02	0.05	0.02	1.29	0.96	0.24	0.00	0.00	0.00
印度	3.19	3.51	2.41	1.25	0.34	0.32	0.68	1.91	0.30	1.32	1.35	0.68	0.36	1.51	0.13
巴基斯坦	10.55	11.80	12.73	0.21	0.05	0.54	0.03	0.21	0.49	2.44	0.20	1.64	0.16	0.28	0.00
马尔代夫	0.64	0.00	0.00	0.00	0.01	0.00	0.01	0.14	0.00	0.00	0.00	7.69	0.00	0.00	0.00
哈萨克斯坦	1.28	0.17	0.02	0.37	0.03	0.02	0.02	1.42	0.01	4.86	6.65	0.22	0.00	0.02	0.00
吉尔吉斯斯坦	1.57	1.57	2.98	0.48	0.11	0.08	0.38	4.55	0.05	9.03	0.72	0.97	0.00	0.01	0.03
乌兹别克斯坦	0.47	7.81	0.97	0.57	0.04	0.03	0.06	3.76	0.02	0.40	2.32	0.22	0.00	0.03	0.00
阿塞拜疆	1.17	0.40	0.04	0.09	0.01	0.00	0.00	0.20	0.02	0.25	8.71	0.15	0.00	0.00	0.00
土耳其	1.85	4.17	3.44	0.96	0.50	0.94	1.49	1.79	0.16	2.57	0.25	1.40	1.61	0.23	0.04
约旦	0.40	0.42	7.11	2.15	0.23	0.40	0.34	0.58	0.29	6.24	0.15	1.54	0.00	2.82	0.02
以色列	0.92	0.11	1.64	0.74	0.25	0.36	2.72	2.47	0.23	0.22	0.41	10.98	2.99	0.38
巴勒斯坦	3.02	0.37	1.24	2.79	0.09	3.84	0.08	1.52	0.17	3.37	0.01	2.67	0.00	0.49	0.01

· 26 ·

续表

国家	动植物产品	纺织原料及纺织制品	服装制品	化工产品	机械电子设备	家居、玩具等杂项制品	交通运输设备	金属及其制品	精密仪器及设备	矿产品	能源	食品	武器	药品	艺术品、收藏品及古物
沙特阿拉伯	0.15	0.09	0.02	1.26	0.04	0.06	0.14	0.21	0.03	0.34	7.53	0.16	0.00	0.05	0.00
巴林	0.33	0.30	0.41	0.61	0.09	0.32	0.29	2.33	0.16	7.46	4.57	0.80	0.00	0.00	0.01
卡塔尔	0.01	0.00	0.01	0.73	0.01	0.01	0.18	0.27	0.03	0.10	8.18	0.00	0.84	0.00	0.01
阿曼	0.42	0.04	0.09	0.70	0.10	0.11	0.33	0.66	0.11	3.19	6.59	0.61	0.23	0.07	0.00
阿联酋	0.25	0.26	0.33	0.35	0.39	0.17	0.40	1.51	0.23	0.39	3.01	0.66	0.02	0.12	0.45
科威特	0.10	0.01	0.03	0.42	0.02	0.05	0.13	0.05	0.06	0.03	8.65	0.10	0.04	0.02	0.00
黎巴嫩	2.03	0.34	0.49	1.54	0.37	1.09	0.07	3.41	0.16	0.23	0.08	4.13	0.10	0.63	1.15
格鲁吉亚	1.27	0.32	0.81	0.64	0.13	0.21	1.20	1.73	0.38	16.74	0.20	6.69	0.00	1.57	0.01
亚美尼亚	0.80	0.40	2.82	0.17	0.06	0.34	0.09	2.48	0.62	25.55	0.32	7.40	0.00	0.29	0.00
塞浦路斯	1.10	0.01	0.15	0.20	0.29	0.17	3.30	0.53	0.34	0.61	2.25	0.99	1.45	2.31	0.01
埃及	1.89	3.10	1.99	2.01	0.20	0.74	0.04	1.26	0.08	1.68	2.32	1.60	0.00	0.28	0.00
塞尔维亚	2.20	0.68	1.84	1.42	0.70	1.30	0.66	1.42	0.29	0.63	0.29	2.40	2.13	0.47	0.03
黑山	2.01	0.02	0.16	0.32	0.18	0.15	0.31	2.95	0.24	8.46	1.97	2.32	1.37	1.77	0.01
克罗地亚	2.26	0.77	2.13	0.96	0.57	1.25	0.61	0.90	0.60	1.64	1.00	2.37	7.99	2.02	0.01
斯洛文尼亚	0.74	0.41	0.89	0.80	1.06	1.17	2.66	1.04	0.32	0.43	0.29	0.49	1.16	0.16	0.01

续表

国家	动植物产品	纺织原料及纺织制品	服装制品	化工产品	机械电子设备	家居、玩具等杂项制品	交通运输设备	金属及其制品	精密仪器及设备	矿产品	能源	食品	武器	药品	艺术品、收藏品及古物
波黑	2.18	0.44	3.43	1.01	0.41	3.88	0.27	1.89	0.08	1.24	0.93	0.86	16.43	0.41	0.00
马其顿	0.52	0.52	2.80	2.18	0.89	1.62	0.48	1.16	0.07	4.75	0.16	2.04	0.00	0.49	0.00
罗马尼亚	1.52	1.08	1.99	0.76	0.98	1.54	1.64	0.87	1.01	0.20	0.39	0.84	0.00	0.37	0.00
保加利亚	1.79	1.20	1.91	1.03	0.65	1.37	0.32	1.75	0.41	2.57	0.84	1.66	0.00	1.04	0.01
阿尔巴尼亚	1.52	0.13	12.35	0.23	0.17	0.73	0.06	1.64	0.09	5.23	1.26	1.19	0.00	0.04	0.07
意大利	1.21	1.54	2.06	1.14	0.89	1.26	0.90	1.15	0.77	0.27	0.32	1.71	2.17	1.61	0.23
西班牙	2.11	0.89	1.72	1.32	0.46	0.75	1.73	0.93	0.34	1.52	0.63	1.68	1.75	1.18	0.11
葡萄牙	2.09	1.74	3.16	1.23	0.49	1.37	1.25	0.81	0.68	1.55	0.66	1.78	0.72	0.50	0.04
希腊	1.77	1.59	0.75	0.75	0.26	0.60	0.09	1.17	0.29	2.37	3.24	2.43	0.37	1.43	0.04
波兰	1.70	0.53	1.22	1.28	0.82	2.71	1.19	1.02	0.55	0.24	0.25	2.16	0.38	0.48	0.02
捷克	0.72	0.85	0.62	0.90	1.28	1.94	1.82	0.89	0.61	0.16	0.19	0.75	2.31	0.46	0.02
匈牙利	0.98	0.42	0.43	1.09	1.31	0.97	1.50	0.52	0.96	0.08	0.27	1.18	0.28	1.60	0.01
德国	0.77	0.58	0.70	1.17	0.95	0.67	1.72	0.83	1.49	0.22	0.21	0.95	0.35	1.94	0.21
爱沙尼亚	2.49	0.58	0.72	0.81	0.84	3.04	0.53	0.83	0.83	0.19	1.40	1.38	0.30	0.21	0.06
拉脱维亚	4.24	0.58	0.65	0.84	0.63	1.27	0.55	0.92	0.54	0.50	0.51	2.83	0.13	1.14	0.02
立陶宛	2.18	1.29	1.01	1.44	0.52	3.08	0.44	0.64	0.77	0.17	1.39	2.50	0.38	0.84	0.04

第二章 丝绸之路经济带生产网络形成及发展趋势

续表

国家	动植物产品	纺织原料及纺织制品	服装制品	化工产品	机械电子设备	家居、玩具等杂项制品	交通运输设备	金属及其制品	精密仪器及设备	矿产品	能源	食品	武器	药品	艺术品、收藏品及古物
白俄罗斯	2.36	1.55	0.72	1.69	0.25	0.80	0.72	0.70	0.30	0.86	2.38	1.24	0.00	0.23	0.00
乌克兰	5.36	0.24	0.59	0.52	0.34	0.66	0.12	2.42	0.09	7.95	0.17	2.03	0.00	0.15	0.01
摩尔多瓦	4.50	0.93	4.25	0.42	0.71	2.50	0.07	0.18	0.32	0.55	0.06	4.34	0.00	0.87	0.01
俄罗斯	1.07	0.07	0.05	0.52	0.11	0.08	0.13	1.17	0.11	1.16	5.10	0.35	0.22	0.06	0.01
英国	0.62	0.46	0.75	0.94	0.71	0.54	1.31	1.42	1.17	0.22	0.92	1.29	0.27	1.96	2.98
爱尔兰	0.82	0.10	0.08	2.71	0.37	0.15	0.32	0.11	2.65	0.37	0.08	1.28	0.00	10.24	0.05
荷兰	1.92	0.48	0.89	1.36	0.84	0.64	0.51	0.63	1.63	0.50	1.07	2.16	0.07	1.31	0.08
比利时	1.01	0.88	1.19	2.04	0.36	0.47	1.00	1.18	0.84	0.69	0.90	1.72	0.19	3.09	0.14
法国	1.38	0.57	0.93	1.45	0.68	0.50	1.68	0.84	1.00	0.29	0.32	2.16	0.22	1.93	0.73
瑞典	2.00	0.27	0.49	0.77	0.82	0.92	1.28	0.98	0.72	2.21	0.71	0.75	0.49	1.71	0.08
丹麦	2.26	0.65	1.65	0.95	0.75	1.48	0.38	0.62	1.12	0.30	0.48	2.06	0.31	4.35	0.19
芬兰	3.25	0.26	0.22	0.97	0.71	0.34	0.82	1.53	1.28	1.05	0.80	0.30	1.17	0.38	0.03

资料来源：2018年各国进出口商品的贸易数据来源于联合国商品贸易统计数据库（UN Comtrade）（https://comtrade.un.org/），笔者整理计算得到。

料及纺织制品、服装制品、金属及其制品、矿产品、化工产品和能源产品与丝绸之路经济带沿线其他国家表现出较强的贸易互补性；欧洲在动植物产品、食品、化工产品、机械电子设备、交通运输设备、精密仪器及设备、药品和武器中与丝绸之路经济带沿线其他国家表现出较强的互补性。总体来说，丝绸之路经济带沿线国家间的贸易产品存在着错综复杂的互补性关系，有利于沿线国家产业结构转型升级和过剩产能输出，也在很大程度上促进了区域内生产分工的深化，推动了丝绸之路经济带生产网络的形成与演进。

3. 规模经济的形成

丝绸之路经济带沿线国家在地理邻近性、要素禀赋多样化和发展水平差异化三个要素的共同驱使下形成区域规模经济（刘德伟和李连芬，2016）。规模经济包括内部规模经济和外部规模经济两种模式，内部规模经济表现在丝绸之路经济带沿线国家通过强化本国比较优势，推动丝绸之路经济带生产网络融入全球价值链分工中；外部规模经济则强调沿线国家之间通过形成大量从事相关产业的企业集聚，增强一国的产业竞争力，实现生产环节中全球价值链的攀升与价值增值。然而，不论是内部规模经济还是外部规模经济，其本质都是通过满足丝绸之路经济带生产网络融入全球价值链分工体系，实现升级的内在需要的体现。

一方面，内部规模经济是企业降低生产成本、提高资源配置效率的前提。丝绸之路经济带各次级区域之间产业虽然存在一定的差异，但区域内各国地理位置邻近，具备迎接新一轮国际分工的显著规模经济。从国际分工理论看，大量工业化国家之间的贸易并不是反映比较优势的产业间贸易，而是产业内部存在专业化分工和双向国际贸易的现象（Grubel and Lloyd，1975）。价值链分工作为一种深化的分工形式，分工基础依然是比较优势和规模经济，专业化分工的形成是在比较优势的条件下，发生在同一产业的不同分支之间（Robinson，1960）。同时，一国的贸易增长大部分发生在国际贸易商品标准分类的商品组内，而不是在商品组之间，由此可见规模经济的形成要求产业之间具有一定相关性（Balassa，1966）。此外，一国专注一种产品的某一环节并融入国际生产体系，企业规模的扩张将进一步降低生产成本，从而提高资源配置效率。如果两个国家的劳动生产率和要素禀赋相似，在规模报酬递增和不完全竞争市场的前提下，两国依然可以通过国际分工和国际贸易获得福利改善（Krugman，1979）。

另一方面，外部规模经济是产业集聚区形成的内在动力。丝绸之路经济带生产网络的形成是产业集聚区不断分化与国际化的结果。首先，处于产业集聚区的企业比单个企业更有效率，大量相关产业的企业共同聚集于同一区域，形成具有专业化技术工人共享的劳动力市场以降低企业挖掘人才的成本；其次，产业集聚可以产生庞大的中间品市场，培育大量专业化供应商，这不仅能促进生产效率的提高，而且能加强企业间的关联；最后，产业聚集使得信息的传递更为便捷，可以产生较强的技术外溢效应（Marshall，2004）。随着国际分工的不断深化和企业间竞争的不断加剧，集聚区的产业将面临动态调整，处于价值链高端的企业可以通过创新进一步巩固自身的核心竞争力，处于价值链低端的企业需要重新选择成本更低的区位，动态变化的区位布局推动了新的产业集聚区的形成。

丝绸之路经济带生产网络中各个生产环节或工序在某一地方集聚，形成外部规模经济和技术溢出效应，有助于提高地方供应商的生产能力以及在国际生产网络的经济效率与竞争力；同时，内部规模经济效应对比较优势产生的强化影响，使得沿线各国对规模经济的追求有助于生产网络在全球范围内分散、延伸，实现其集聚性及发展演进。

4. 交易费用的降低

交易费用的降低是丝绸之路经济带沿线国家在参与全球生产分工中实现价值增值，以及构建自主价值链体系继而促进区域生产网络形成的内在条件。在市场组织、网络组织、企业组织并存的生产分工体系中，交易费用在不同的环节中发挥作用，并通过相互联结深化沿线国家间的生产分工，促进整个丝绸之路经济带生产网络的形成与演化。

一方面，生产网络是连接生产、销售、回收处理等全生产过程的全球性跨企业网络组织，而专业化分工模式下，组织（企业）存在的根本原因是追求交易费用的降低。交易费用是市场价格机制运行的成本，主要包括发现相对价格的成本、发生每一笔交易的谈判和签约费用等方面的成本（Coase，1991）。专业化分工下交易费用的降低是由企业获利性造就的，企业可以通过减少合约的数量，长期合约代替短期合约，节省市场交易环节的销售税等手段节约成本。丝绸之路经济带沿线国家根据技术水平、要素禀赋结构等参与国际分工并实现价值增值，组织（企业）通过贸易投资等交易制度的完善而降低生产分工各个环节的交易费用，提升专业化水平，在生产、销售及价值实现过程中延长价值链上的产品种类数，推动沿线国家企业组织网络和生产网络的形成。

另一方面，市场与企业在价值链增值过程中并不是完全隔绝的，而是存在于许多渐变的中间性组织——网络组织中，网络组织的存在是交易费用降低的必要条件（Williamson，1975）。在网络组织中，某一生产环节是否应保留在企业内部，取决于交易费用的大小。在丝绸之路经济带这一特定地理区域内，基于交易费用降低而存在的网络组织演变会驱动丝绸之路经济带生产网络的形成与演化。丝绸之路经济带沿线国家在价值链分工合作过程中，中间组织（网络）是企业与市场相互渗透并且相互作用的一种制度安排，是一种效率较高的企业合作制度，主要依靠关系、信任和承诺协调降低交易费用。

此外，国际分工与贸易的交易费用还与制度、政策、文化、机会成本相关，具体包括国际贸易规则、制度（包括各种关税、非关税壁垒等）、各国或区域性的对外贸易制度、政策等。在经济全球化背景下，随着通信、运输、金融等技术的飞速发展，以及丝绸之路经济带沿线国家贸易制度和政策的不断完善，使参与生产网络内分工的交易成本不断降低。

二、丝绸之路经济带主要国家价值链的分布特征

丝绸之路经济带生产网络的定位和发展方向，既要着眼于全球视角，强调丝绸之路经济带生产网络整体在全球价值链中的地位，同时要考虑丝绸之路经济带沿线国家在国际生产、分工、投资和贸易中所处地位和需求的多样性。从丝绸之路经济带沿线国家的全球价值链位置和参与程度两个方面，考察其在全球价值链中的分布特征，旨在推动丝绸之路经济带沿线国家充分发挥比较优势，形成分工合作、优势互补的生产网络。

（一）丝绸之路经济带主要国家价值链位置分析

在产品内国际分工模式下，一国的竞争优势已不再体现在某个特定产业或某项特定产品上，而体现在产品内国际分工链条中所占据的环节或工序上。产品的技术层次与该国整体的全球价值链位置密切相关。例如，原材料和普通部件对应于产品价值链中低端的生产环节，而核心部件对应于高端的研发和生产环节（唐海燕和张会清，2009）。正如 Lall 等（1991）所指出的，一国的出口商品体现了劳动技能、科学技术和在加工价值链中的状况，出口商品越复杂，意味着该国所处的价值链位置也越高，考察一国的出口商品构成可以给出该国所处价值链位置的间接证据。为此，这里借鉴 Wang 和 Wei（2008）提出的研究方法，以出口商品结构的相似度指数（Export Similarity Index，ESI）作为衡量指标，通过对比分析丝绸之路经济带沿线国家与先进国家的出口结构，反映该国与全球价值链高端环节的相对距离。

采用 ESI 指标具有两大优势：一是 ESI 指标的原理清晰，计算简便；二是 ESI 指标属于相对合成指标，该指标度量的整体价值链位置并不受单个产品价值链属性的差异影响，也不需要对最终产品及其组成部分的技术含量进行划分。其数学表达式如下：

$$\text{ESI}_{i,t} = \sum_{j=1}^{n} \text{Min}(S_{i,j,t}, S_{r,j,t}) \tag{2-2}$$

式中，S 为某一商品在出口总量中的比例；i 为丝绸之路经济带沿线国家；r 为参照体；j 为出口商品；t 为年份。

ESI 指标的值域范围是 0~1，指数值越接近于 1，表明一国与参照体的出口结构越相似，越靠近全球价值链的高端环节；反之，指数值越接近于 0，表明该

国所处的全球价值链位置越低。值得注意的是，出口商品的统计口径会对 ESI 指标值产生较大影响，商品统计的加总程度越高，与实际情况的偏差越大，这在产品内国际分工模式下尤为突出。因为出口商品由不同技术含量的部件所组成，而加总的统计数据忽视了部件差异的影响，由此高估了发展中国家出口产品的技术含量。利用 2019 年国际通用的海关 6 位（HS6）编码将商品细分为 5225 种，基于此商品分类测算丝绸之路经济带沿线国家的 ESI 指标值，可以减少或消除部件差异对计算结果的影响，有助于准确研判一国在价值链上的具体位置。

全球价值链可以形象地比喻为"技术的阶梯"（Technological Ladder），其每一环节都对应着不同的技术层级，全球价值链地位提升的一个关键要素就是技术能力，掌握领先科技知识的国家将会处在全球价值链的高端环节（Humphrey，2004）。专利是一国创新与发明能力的体现，因此专利数在一定程度上可以反映一国的科技发展水平。根据世界银行数据库中专利申请数量（居民+非居民）的统计数据，2012~2017 年，美国、日本、德国的专利申请数量一直位于全球前五位，说明这三个国家的科技水平处于全球领先水平，相应处于全球价值链的高端环节。这里选取上述三国作为参照体，考察丝绸之路经济带沿线国家出口商品贸易结构的相似度。

2013~2018 年丝绸之路经济带沿线 72 个国家和地区的出口数据中，缺失南亚 2 国（不丹、孟加拉国）、中亚 3 国（塔吉克斯坦、乌兹别克斯坦、土库曼斯坦）、西亚北非 3 国（叙利亚、也门、利比亚）共 8 国的数据。丝绸之路经济带沿线 64 个国家 ESI 指标值的计算结果如表 2-4 所示。整体来看，丝绸之路经济带次级区域的价值链地位呈现明显的两极分化特征，东亚和欧洲地区占据了丝绸之路经济带价值链体系中的高端位置，而西亚北非、南亚和中亚则位于丝绸之路经济带价值链的底端。东亚和欧洲地区的 ESI 数值明显高于其他三个区域，占据了丝绸之路经济带价值链的相对高端位置。西亚北非的 ESI 数值位于次级区域的中间位置，但与东亚和欧洲地区存在较大差距；而与 ESI 数值较小的南亚和中亚相比，优势也不明显。

表 2-4 2013~2018 年丝绸之路经济带生产网络部分国家 ESI 比较

地理区域	国家	2013 年	2014 年	2015 年	2016 年	2017 年	2018 年
东亚	中国	0.375	0.375	0.379	0.392	0.392	0.397
	日本	0.611	0.624	0.628	0.616	0.618	0.610
	韩国	0.444	0.462	0.464	0.464	0.446	0.446
	蒙古国	0.042	0.033	0.033	0.039	0.025	0.030

续表

地理区域	国家	2013年	2014年	2015年	2016年	2017年	2018年
南亚	阿富汗	0.066	0.084	0.099	0.080	—	0.082
	尼泊尔	0.090	0.039	0.034	0.041	0.048	—
	印度	0.318	0.310	0.314	0.314	0.313	0.320
	巴基斯坦	0.046	0.052	0.047	0.047	0.052	0.054
	斯里兰卡	0.080	0.113	0.105	0.109	0.123	—
	马尔代夫	0.003	0.004	0.006	0.003	0.004	0.004
中亚	哈萨克斯坦	0.092	0.107	0.093	0.087	0.087	0.092
	吉尔吉斯斯坦	0.173	0.138	0.228	0.165	0.128	0.135
西亚北非	伊朗	0.148	0.172	—	0.168	0.168	
	伊拉克	0.004	0.006	0.006	0.004	—	
	阿塞拜疆	0.057	0.072	0.070	0.045	0.061	0.067
	土耳其	0.356	0.322	0.314	0.344	0.358	0.358
	约旦	0.170	0.150	0.160	0.169	0.174	0.177
	以色列	0.251	0.256	0.257	0.267	0.286	0.297
	巴勒斯坦	0.100	0.086	0.090	0.100	0.091	0.094
	沙特阿拉伯	0.074	0.091	0.104	0.105	0.150	0.141
	巴林	0.154	0.148	0.182	0.149	0.122	0.111
	卡塔尔	0.081	0.107	0.123	0.090	0.091	0.099
	阿曼	0.118	0.150	0.143	0.094	0.141	0.121
	阿联酋	0.210	0.256	0.268	0.239	0.299	0.307
	科威特	0.042	0.061	0.073	0.067	0.074	0.070
	黎巴嫩	0.048	—	—	0.302	0.300	0.299
	格鲁吉亚	0.197	0.175	0.184	0.197	0.217	0.212
	亚美尼亚	0.081	0.070	0.078	0.088	0.086	0.097
	塞浦路斯	0.263	0.218	0.189	0.196	0.220	0.188
	埃及	0.161	0.182	0.169	0.150	0.208	0.219
	阿尔及利亚	0.049	0.070	0.053	0.037	0.047	—
欧洲	塞尔维亚	0.302	0.266	0.274	0.317	0.319	0.319
	黑山	0.104	0.094	0.129	0.133	0.131	0.136
	克罗地亚	0.315	0.311	0.313	0.345	0.343	0.362
	斯洛文尼亚	0.401	0.353	0.341	0.393	0.388	0.377
	波黑	0.229	0.202	0.196	0.221	0.187	0.188

第二章　丝绸之路经济带生产网络形成及发展趋势

续表

地理区域	国家	2013年	2014年	2015年	2016年	2017年	2018年
欧洲	马其顿	0.147	0.118	0.118	0.135	0.138	0.141
	罗马尼亚	0.390	0.368	0.366	0.389	0.388	0.371
	保加利亚	0.323	0.319	0.320	0.353	0.355	0.355
	阿尔巴尼亚	0.083	0.114	0.171	0.116	0.107	0.097
	意大利	0.522	0.458	0.467	0.519	0.524	0.524
	西班牙	0.508	0.449	0.436	0.487	0.496	0.463
	葡萄牙	0.365	0.333	0.323	0.346	0.352	0.345
	希腊	0.250	0.243	0.240	0.260	0.254	0.261
	波兰	0.444	0.387	0.391	0.450	0.445	0.443
	捷克	0.466	0.410	0.413	0.472	0.462	0.455
	斯洛伐克	0.401	0.353	0.341	0.393	0.388	0.377
	匈牙利	0.468	0.412	0.413	0.476	0.484	0.489
	德国	0.710	0.710	0.707	0.709	0.705	0.702
	爱沙尼亚	0.380	0.376	0.364	0.396	0.390	0.369
	拉脱维亚	0.373	0.351	0.335	0.375	0.359	0.344
	立陶宛	0.380	0.374	0.357	0.395	0.388	0.405
	白俄罗斯	0.266	0.250	0.246	0.279	0.277	0.292
	乌克兰	0.211	0.199	0.182	0.189	0.189	0.178
	摩尔多瓦	0.155	0.115	0.134	0.148	0.144	0.133
	俄罗斯	0.205	0.217	0.215	0.263	0.268	0.259
	英国	0.559	0.537	0.518	0.583	0.578	0.580
	爱尔兰	0.236	0.212	0.210	0.230	0.231	0.221
	荷兰	0.484	0.479	0.476	0.531	0.533	0.497
	比利时	0.499	0.466	0.462	0.502	0.505	0.488
	法国	0.568	0.495	0.491	0.557	0.561	0.560
	瑞典	0.519	0.471	0.474	0.514	0.515	0.511
	丹麦	0.450	0.425	0.438	0.459	0.458	0.465
	芬兰	0.359	0.388	0.391	0.395	0.412	0.409

资料来源：2013~2018年各国出口商品的贸易数据来源于联合国商品贸易统计数据库（UN Comtrade）（https://comtrade.un.org/），笔者整理计算得到。

东亚地区各国在全球价值链中所处的位置悬殊。2013~2018年，中国的ESI

数值呈现稳步上升的趋势，在东亚乃至整个丝绸之路经济带沿线国家的价值链地位中位于中上水平；日本的 ESI 数值呈现先升后降的趋势，但基本稳定在 0.610 之上，以绝对的优势占据了丝绸之路经济带价值链的高端位置；韩国的 ESI 数值呈现先升后降的趋势，但降幅不大，虽然与日本有不小的差距，但在东亚地区乃至整个丝绸之路经济带仍然位列前茅，占据了丝绸之路经济带价值链的高端位置；蒙古国是东亚地区 ESI 数值最小的国家，且近几年呈下降趋势，位于东亚乃至整个丝绸之路经济带价值链的底端。

南亚地区各国在全球价值链中所处的位置呈现出两极分化现象。2013～2018 年，印度的 ESI 数值小幅度波动，但整体保持在 0.300 以上，2018 年达到 0.320，在南亚地区以绝对优势位列第一，位居丝绸之路经济带价值链中的中上水平；阿富汗、尼泊尔、巴基斯坦、斯里兰卡和马尔代夫五国的 ESI 数据都较低，位于南亚乃至整个丝绸之路经济带价值链中的底端。

中亚地区各国均处于全球价值链的低端。由于塔吉克斯坦、乌兹别克斯坦、土库曼斯坦数据不可得，在有数据的两国中，吉尔吉斯斯坦的 ESI 数值高于哈萨克斯坦，在整个丝绸之路经济带价值链中位于中间水平，而哈萨克斯坦数值总体看低于 0.100，位于中亚乃至整个丝绸之路经济带价值链的底端。

西亚北非地区处于全球价值链中低端。2013～2018 年，土耳其的 ESI 数值呈现先降后增的趋势，但整体保持在 0.310 以上，在西亚北非地区以绝对优势位列第一，在整个丝绸之路经济带价值链中处于中上水平；以色列、巴林、阿联酋、格鲁吉亚、塞浦路斯的 ESI 数值位于土耳其之后，在整个丝绸之路经济带价值链中大致处于中等水平；其他国家的 ESI 数值都较低，位于西亚北非乃至整个丝绸之路经济带价值链中的中、低端。

欧洲地区整体看位于全球价值链的中高端位置。除黑山、马其顿、阿尔巴尼亚和摩尔多瓦的 ESI 数值较低，位于整个丝绸之路经济带价值链的中间或者中偏下位置，其他国家的 ESI 数值普遍较高，基本位于丝绸之路经济带价值链的中高端或高端，且呈现出上升的态势。其中，德国、法国、英国、比利时、捷克、匈牙利等是欧洲地区价值链位置相对较高的国家，并以绝对优势占据丝绸之路经济带价值链的高端位置。

（二）丝绸之路经济带主要国家价值链参与程度分析

由亚洲开发银行、全球价值链研究中心、世界贸易组织、亚洲经济研究所、中国发展研究基金会发布的《2017 全球价值链发展报告》指出，世界贸易的 2/3 以上都是通过全球价值链发生的。在全球价值链分工程度日益深化的背景下，传统贸易核算数据会造成贸易值的重复计算，而增加值贸易数据可以准确地衡量一国参与全球价值链的真实情况。

第二章 丝绸之路经济带生产网络形成及发展趋势

增加值贸易核算方法的核心是对一国出口中包含的国内与国外增加值进行分解。从价值增值角度构建反映一国（地区）参与全球生产网络程度的指标，即 GVC（Global Value Chain，全球价值链）参与指数，被定义为一国间接附加值出口与国外附加值出口之和与总出口的比重（Koopman et al., 2010）。计算公式如下：

$$GVC\_PARTICIPATION_{ir} = \frac{IV_{ir} + FV_{ir}}{E_{ir}} \quad (2-3)$$

式中，$GVC\_PARTICIPATION_{ir}$ 为 r 国 i 产业在全球生产网络的参与程度，指数值越大，说明一国参与全球生产网络的程度越高；IV_{ir} 为 r 国 i 产业的间接附加值出口，即包含在 r 国 i 产业出口的中间产品中经过进口国加工后又出口给第三国的本国附加值；FV_{ir} 为 r 国 i 产业出口中包含的国外附加值，即本国出口中包含的外国价值增量；E_{ir} 为 r 国 i 产业的总出口。

OECD 和 WTO 基于增加值贸易核算方法及各国投入产出表，测算并发布了增加值贸易数据（Trade in Value Added，TiVA）。该数据库提供了 64 个国家（地区）36 个行业的增加值贸易相关数据，其中包含丝绸之路经济带 33 个沿线国家和地区。2011~2016 年丝绸之路经济带生产网络 33 个国家的全球价值链参与指数测算结果如表 2-5 所示。

表 2-5　2011~2016 年丝绸之路经济带生产网络部分国家 GVC 参与指数

区域	国家	2011 年	2012 年	2013 年	2014 年	2015 年	2016 年
东亚	中国	0.661	0.675	0.676	0.676	0.676	0.696
	日本	0.503	0.496	0.498	0.495	0.470	0.475
	韩国	0.659	0.657	0.639	0.632	0.591	0.583
南亚	印度	0.564	0.559	0.552	0.541	0.511	0.503
中亚	哈萨克斯坦	0.328	0.327	0.317	0.297	0.302	0.268
西亚	土耳其	0.533	0.554	0.534	0.530	0.528	0.533
	以色列	0.398	0.389	0.379	0.383	0.368	0.355
	沙特阿拉伯	0.105	0.097	0.110	0.119	0.150	0.158
	塞浦路斯	0.433	0.426	0.431	0.446	0.451	0.394
欧洲	克罗地亚	0.453	0.448	0.445	0.442	0.446	0.437
	斯洛文尼亚	0.656	0.654	0.655	0.650	0.643	0.633
	罗马尼亚	0.526	0.554	0.558	0.559	0.504	0.500
	保加利亚	0.631	0.614	0.610	0.607	0.597	0.570
	意大利	0.593	0.589	0.584	0.580	0.560	0.555

续表

区域	国家	2011年	2012年	2013年	2014年	2015年	2016年
欧洲	西班牙	0.562	0.564	0.558	0.552	0.535	0.532
	葡萄牙	0.560	0.560	0.553	0.548	0.539	0.532
	希腊	0.512	0.545	0.547	0.515	0.495	0.473
	波兰	0.581	0.573	0.574	0.565	0.551	0.549
	捷克	0.624	0.619	0.619	0.615	0.615	0.596
	匈牙利	0.637	0.629	0.619	0.613	0.578	0.589
	德国	0.530	0.523	0.517	0.507	0.484	0.480
	爱沙尼亚	0.594	0.595	0.596	0.590	0.565	0.558
	拉脱维亚	0.497	0.509	0.503	0.501	0.508	0.482
	立陶宛	0.528	0.514	0.504	0.494	0.493	0.455
	俄罗斯	0.405	0.390	0.396	0.398	0.465	0.487
	英国	0.464	0.467	0.460	0.452	0.444	0.428
	爱尔兰	0.547	0.595	0.605	0.598	0.532	0.534
	荷兰	0.516	0.516	0.509	0.510	0.509	0.511
	比利时	0.595	0.591	0.578	0.567	0.552	0.546
	法国	0.540	0.536	0.529	0.525	0.506	0.514
	瑞典	0.518	0.519	0.504	0.500	0.480	0.465
	丹麦	0.515	0.520	0.503	0.507	0.500	0.499
	芬兰	0.592	0.600	0.588	0.586	0.530	0.545

资料来源：相关数据均来自 OECD-WTO 于 2018 年发布的增加值贸易数据库（https：//stats.oecd.org/Index.aspx?DataSetCode=TIVA_2018_C1），笔者整理计算得到。

2011~2016 年，丝绸之路经济带沿线国家的 GVC 参与指数基本有不同程度的提高。俄罗斯、葡萄牙、希腊等国家的 GVC 参与指数相对稳定；罗马尼亚、英国和西班牙等国家的 GVC 参与指数值有所下降，说明这些国家在生产贸易环节更倾向于在国内完成。从国家间比较看，1995 年，参与全球生产网络程度较高的是保加利亚，伴随着经济全球化，到 2011 年，中国成为参与全球生产网络程度最高的国家。1995~2011 年，沙特阿拉伯在丝绸之路经济带沿线国家中，参与全球生产网络的程度一直最低。总体而言，丝绸之路经济带国家层面的全球价值链参与程度处于上升态势。

2011~2016 年，东亚和欧洲地区整体上在全球价值链中的参与程度较高，中亚地区参与全球价值链的程度较低。其中，全球生产网络参与程度较高的有中国、韩国、斯洛文尼亚和捷克等国家,而沙特阿拉伯参与全球价值链的程度一直最低;斯洛文尼亚、荷兰、土耳其和丹麦等国家的 GVC 参与指数相对稳定,俄罗斯和法国等国家 GVC 参与指数呈现出先下降再上升的小幅波动态势,说明这些国家融入全球价值链的程度越来越高,同时从侧面反映出这些国家发展的开放程度较高;立陶宛、爱沙尼亚和葡萄牙等国家的 GVC 参与指数值呈下降趋势,说明这些国家在生产贸易环节更倾向于在国内完成。

三、丝绸之路经济带核心产业的选择及其合作模式分析

核心产业是一国具有比较优势,在出口总值中占比较大,且位于全球价值链环节中较高位置的产业。一国核心产业的选择需考虑产业结构、出口规模和技术水平等多个维度的表现,这里通过综合分析,选择排名前 1/3 的产业作为丝绸之路经济带主要国家的备选核心产业,进而分析其合作模式。

(一)丝绸之路经济带主要国家产业结构分析

一国的产业结构是国民经济中各个产业间的关系,体现了生产要素在各产业部门间的构成比例及其相互关系。丝绸之路经济带沿线国家中缺失中亚 1 国(土库曼斯坦)、西亚北非 3 国(叙利亚、巴勒斯坦、利比亚)共 4 国数据,最终选取 68 个国家分析其产业结构现状,如表 2-6 所示。

表 2-6 丝绸之路经济带沿线国家产业结构比较 单位:%

区域	国家	2013 年 农业	2013 年 工业	2013 年 服务业	2015 年 农业	2015 年 工业	2015 年 服务业	2017 年 农业	2017 年 工业	2017 年 服务业
东亚	中国	8.94	44.18	46.88	8.42	41.11	50.46	7.57	40.54	51.89
东亚	日本	1.10	26.94	71.96	1.11	29.02	69.87	1.19	29.14	69.67
东亚	韩国	2.13	35.02	62.85	2.09	34.89	63.02	1.96	35.87	62.17
东亚	蒙古国	13.41	30.51	56.08	13.36	31.04	55.60	10.28	38.36	51.36
南亚	阿富汗	22.81	20.44	56.74	20.63	22.12	57.24	20.47	22.13	57.41
南亚	尼泊尔	31.53	14.15	54.31	29.38	13.72	56.90	27.08	13.24	59.68
南亚	不丹	14.09	43.37	42.54	14.44	42.49	43.08	15.03	41.84	43.12
南亚	印度	17.15	28.40	54.45	16.17	27.35	56.48	15.62	26.50	57.88
南亚	巴基斯坦	23.83	20.22	55.95	23.82	19.09	57.09	22.93	17.80	59.27
南亚	斯里兰卡	7.67	29.16	63.17	8.18	27.17	64.65	7.78	27.29	64.93
南亚	马尔代夫	5.41	8.06	86.53	5.56	10.68	83.75	5.37	10.92	83.70
南亚	孟加拉国	15.49	26.31	58.20	14.78	26.83	58.39	13.41	27.75	58.84

续表

区域	国家	2013年 农业	2013年 工业	2013年 服务业	2015年 农业	2015年 工业	2015年 服务业	2017年 农业	2017年 工业	2017年 服务业
中亚	哈萨克斯坦	4.50	33.70	61.80	4.71	30.85	64.43	4.52	32.33	63.16
中亚	吉尔吉斯斯坦	14.64	24.84	60.52	14.06	25.08	60.86	12.51	27.31	60.18
中亚	塔吉克斯坦	21.32	23.12	55.56	21.93	24.39	53.68	21.22	27.00	51.78
中亚	乌兹别克斯坦	29.50	22.59	47.92	30.77	23.72	45.51	30.07	24.72	45.20
西亚北非	伊朗	9.75	42.88	47.37	10.48	32.97	56.55	9.50	34.91	55.59
西亚北非	伊拉克	4.77	57.69	37.54	4.81	41.96	53.23	3.30	51.00	45.70
西亚北非	阿塞拜疆	5.37	57.05	37.58	6.18	44.89	48.93	5.61	49.70	44.69
西亚北非	土耳其	6.73	27.70	65.58	6.90	27.90	65.19	6.08	29.20	64.71
西亚北非	约旦	4.15	28.37	67.49	5.10	28.24	66.66	5.54	27.65	66.81
西亚北非	以色列	1.26	20.62	78.11	1.20	20.17	78.63	1.16	19.40	79.44
西亚北非	沙特阿拉伯	2.16	59.86	37.98	2.62	45.27	52.11	2.53	45.85	51.62
西亚北非	巴林	0.27	47.95	51.78	0.32	40.30	59.39	0.29	41.31	58.39
西亚北非	卡塔尔	0.10	71.77	28.14	0.16	57.44	42.40	0.19	56.95	42.87
西亚北非	也门	7.87	43.88	48.25	7.07	36.21	56.71	6.01	42.09	51.91
西亚北非	阿曼	1.30	67.56	31.13	1.98	53.83	44.19	2.31	49.67	48.02
西亚北非	阿联酋	0.64	55.01	44.35	0.74	43.89	55.37	0.79	42.97	56.25
西亚北非	科威特	0.36	73.10	26.55	0.54	55.94	43.53	0.52	55.62	43.86
西亚北非	黎巴嫩	3.91	16.53	79.56	3.42	15.41	81.17	2.92	14.62	82.46
西亚北非	格鲁吉亚	8.62	18.51	72.87	7.81	19.15	73.03	6.24	20.21	73.55
西亚北非	亚美尼亚	18.43	26.71	54.86	17.22	25.71	57.07	14.99	25.81	59.20
西亚北非	塞浦路斯	2.04	10.76	87.20	1.86	10.17	87.97	2.02	11.32	86.66
西亚北非	埃及	11.27	39.89	48.84	11.39	36.63	51.98	11.49	33.75	54.76
西亚北非	阿尔及利亚	9.85	44.25	45.90	11.58	35.73	52.69	11.95	37.41	50.65
欧洲	塞尔维亚	7.41	26.84	65.75	6.71	25.72	67.57	6.02	26.09	67.89
欧洲	黑山	8.03	15.46	76.51	8.06	14.35	77.59	6.85	14.86	78.28
欧洲	克罗地亚	3.50	21.38	75.12	3.01	21.36	75.62	2.94	20.84	76.22
欧洲	斯洛文尼亚	1.97	27.49	70.54	2.10	28.03	69.88	1.85	28.42	69.73
欧洲	波黑	6.84	22.23	70.92	6.24	22.54	71.22	5.60	23.91	70.49
欧洲	马其顿	10.03	22.14	67.83	9.73	23.92	66.35	7.89	24.13	67.98
欧洲	罗马尼亚	5.38	32.17	62.46	4.19	29.95	65.87	4.31	28.89	66.79
欧洲	保加利亚	4.61	23.48	71.91	4.14	24.09	71.78	4.07	24.67	71.26

续表

区域	国家	2013年 农业	2013年 工业	2013年 服务业	2015年 农业	2015年 工业	2015年 服务业	2017年 农业	2017年 工业	2017年 服务业
欧洲	阿尔巴尼亚	19.57	23.06	57.37	19.78	21.76	58.46	19.01	20.38	60.61
	意大利	2.14	21.17	76.68	2.07	20.86	77.08	1.96	21.26	76.77
	西班牙	2.62	20.28	77.10	2.74	20.09	77.18	2.80	20.16	77.04
	葡萄牙	2.10	18.87	79.04	2.10	19.46	78.44	2.10	19.12	78.79
	希腊	3.21	14.66	82.13	3.80	14.19	82.02	3.70	15.04	81.26
	波兰	2.87	28.62	68.50	2.20	30.25	67.54	2.78	28.93	68.29
	捷克	2.40	32.85	64.75	2.23	33.99	63.78	2.06	33.22	64.73
	斯洛伐克	2.73	28.78	68.49	2.62	30.51	66.86	2.40	28.96	68.64
	匈牙利	3.93	25.04	71.04	3.81	26.45	69.74	3.80	25.60	70.60
	德国	0.94	26.78	72.27	0.68	27.06	72.25	0.83	27.44	71.73
	爱沙尼亚	3.07	25.19	71.75	2.84	23.69	73.47	2.37	24.01	73.62
	拉脱维亚	3.11	20.38	76.51	3.53	19.44	77.04	3.47	19.16	77.37
	立陶宛	3.55	27.35	69.10	3.42	26.65	69.93	3.51	25.88	70.61
	白俄罗斯	6.81	35.90	57.29	6.28	32.69	61.02	7.57	31.55	60.88
	乌克兰	8.79	22.67	68.54	12.06	21.73	66.21	10.19	23.37	66.44
	摩尔多瓦	11.55	21.60	66.85	11.51	22.69	65.80	11.47	21.87	66.65
	俄罗斯	3.16	28.21	68.63	3.87	29.89	66.24	3.55	30.47	65.98
	英国	0.67	18.82	80.51	0.62	18.14	81.24	0.65	17.56	81.78
	爱尔兰	1.09	24.38	74.53	0.89	38.17	60.94	1.17	35.75	63.07
	荷兰	1.79	19.33	78.87	1.72	18.19	80.09	1.86	17.70	80.44
	比利时	0.68	19.88	79.44	0.69	19.67	79.64	0.64	19.31	80.05
	法国	1.46	17.97	80.57	1.61	17.68	80.71	1.55	17.21	81.24
	瑞典	1.48	21.95	76.57	1.45	22.09	76.47	1.44	22.12	76.44
	丹麦	1.30	20.06	78.64	0.96	19.99	79.05	1.43	20.47	78.11
	芬兰	2.37	23.32	74.31	2.25	23.29	74.46	2.32	24.32	73.36

资料来源：各国的工业增加值和农业增加值占GDP的比重直接来源于世界银行数据库（https：//data.worldbank.org.cn/），相应地可以计算服务业增加值占GDP的比重。

注：由于数据修约存在部分数据加总后不为100%的情况。

就丝绸之路经济带次级区域产业发展看，东亚地区的工业发展在丝绸之路经济带具有一定优势，南亚地区的农业发展在丝绸之路经济带最具优势，中亚地区的农业发展在丝绸之路经济带具有一定优势，西亚北非地区的工业发展在丝绸之路经济带具有一定优势，欧洲地区的服务业在丝绸之路经济带最具优势。其中，2017年，东亚地区工业优势最大的国家为中国（40.54%），其次为蒙古国（38.36%）；农业优势最大的国家为蒙古国（10.28%），其次为中国（7.57%）；服务业优势最大的国家为日本（69.67%）。南亚地区农业优势最大的国家为尼泊尔（27.08%），其次为巴基斯坦（22.93%）；工业优势最大的国家为不丹（41.84%），其次为孟加拉国（27.75%）；服务业优势最大的国家为马尔代夫（83.70%），其次为斯里兰卡（64.93%）。中亚地区工业优势最大的国家为哈萨克斯坦（32.33%），其次为吉尔吉斯斯坦（27.31%）；农业优势最大的国家为乌兹别克斯坦（30.07%），其次为塔吉克斯坦（21.22%）；服务业优势最大的国家为哈萨克斯坦（63.16%），其次为吉尔吉斯斯坦（60.18%）。西亚北非地区工业优势最大的国家为卡塔尔（56.95%），其次为科威特（55.62%）；农业优势最大的国家为亚美尼亚（14.99%），其次为阿尔及利亚（11.95%）；服务业优势最大的国家为塞浦路斯（86.66%），其次为黎巴嫩（82.46%）。欧洲地区服务业优势最大的国家为英国（81.78%），其次为希腊（81.26%）；农业优势最大的国家为阿尔巴尼亚（19.01%），其次为摩尔多瓦（11.47%）；工业优势最大的国家为爱尔兰（35.75%），其次为捷克（33.22%）。从产业结构的动态演化情况看，丝绸之路经济带沿线东亚、南亚、中亚和西亚北非国家农业在国民经济中的比重普遍下降，工业和服务业比重普遍上升，产业结构持续优化；欧洲各国农业和服务业在国民经济中的比重普遍下降，工业比重则普遍上升，在一定程度上反映出欧债危机后欧洲国家由"去工业化"到"再工业化"的策略转变。

（二）丝绸之路经济带主要国家各产业出口总额分析

丝绸之路经济带沿线国家的出口数据中缺失南亚3国（阿富汗、不丹、孟加拉国）、中亚2国（塔吉克斯坦、土库曼斯坦）、西亚北非4国（伊拉克、叙利亚、也门、利比亚）共9国数据，最终选取63个国家分析其15类行业出口规模，结果如表2-7所示。

从丝绸之路经济带次级区域及其国家行业出口情况来看，东亚地区出口的主导产业为机械电子设备、化工产品和服装制品等技术密集型产品和劳动密集型产品，其中，中国各产业的出口总值在区域内位列第一，其次为日本和韩国，蒙古国各产业不仅出口总值较少，而且在东亚各国中产业发展水平和经济发展水平均较落后；南亚地区出口的主导产业为金属及其制品、化工产品和能源，其中，印度和巴基斯坦两国各产业出口总值在区域内较大，马尔代夫除动植物产品外其他产业出口总值均较少；中亚地区出口的主导产业为能源、金属及其制品和化工产品等资本密集型和劳动密集型产业。其中，哈萨克斯坦各产业出口总值在区域内位列第一，乌兹别克斯坦位列第二，吉尔吉斯斯坦出口总值最少；西亚北非地区

第二章 丝绸之路经济带生产网络形成及发展趋势

表2-7 丝绸之路经济带沿线国家各行业出口总额

单位：百万美元

区域	国家	动植物产品	纺织原料及纺织制品	服装制品	化工产品	机械电子设备	家居、玩具等杂项制品	交通运输设备	金属及其制品	精密仪器及设备	矿产品	能源	食品	武器	药品	艺术品、收藏品及古物
东亚	中国	113655	85731	232696	243645	981569	159158	104809	183077	76820	3935	35391	29976	133	7364	128
	日本	7503	6873	888	91844	243970	7251	164054	69592	41331	889	11377	3507	112	4557	306
	韩国	6870	10862	3093	82785	232371	2888	105796	53897	29201	476	36401	5377	619	2895	99
	蒙古国	160	295	43	5	23	2	17	698	1	2285	2649	23	0	0	0
南亚	尼泊尔	143	221	126	51	8	4	1	76	3	0	0	93	0	9	6
	印度	34684	14915	25374	36547	25427	2285	23429	69302	2980	3985	35874	6213	92	12885	95
	巴基斯坦	4479	4065	9039	550	275	337	81	445	421	498	259	1108	6	207	106
	斯里兰卡	2763	389	4957	1230	493	165	412	397	61	34	295	484	52	9	0
	马尔代夫	170	0	0	0	0	0	—	3	0	0	0	26	—	—	—
中亚	哈萨克斯坦	2103	191	31	2484	428	31	198	9372	32	2485	30715	386	—	27	0
	吉尔吉斯斯坦	185	29	153	77	73	5	139	799	6	153	87	51	—	1	0
	乌兹别克斯坦	952	1333	316	775	186	10	166	4413	2	60	1608	76	—	5	0
	伊朗	5118	1058	297	13126	936	68	159	5241	127	2704	75218	1574	—	188	0
	阿塞拜疆	570	55	22	189	50	2	12	373	7	45	13867	111	—	1	0
西亚北非	土耳其	13107	10010	17616	16238	21915	3758	26869	29863	864	3970	4327	6857	298	875	9
	约旦	1039	54	1588	1689	585	87	358	508	51	447	10	367	—	668	0
	以色列	1831	778	246	10297	12178	430	3322	17353	4767	147	879	729	811	7286	97
	巴勒斯坦	239	6	48	363	21	117	12	125	5	20	1	90	—	18	0
	沙特阿拉伯	3115	401	148	31650	2744	340	4679	5363	293	488	170245	1481	—	415	124

· 43 ·

丝绸之路经济带生产网络与生态环境协同发展研究

续表

区域	国家	动植物产品	纺织原料及纺织制品	服装制品	化工产品	机械电子设备	家居、玩具等杂项制品	交通运输设备	金属及其制品	精密仪器及设备	矿产品	能源	食品	武器	药品	艺术品、收藏品及古物
西亚北非	巴林	329	51	184	946	405	111	543	3081	66	867	5567	317	0	0	0
	卡塔尔	72	2	24	5944	638	10	1339	2154	94	259	56825	8	28	4	55
	阿曼	1020	19	107	3009	1037	100	1542	1878	90	1226	21978	770	—	85	0
	阿联酋	4986	1671	3733	12167	38517	1434	16337	59035	2989	1065	63093	3801	10	837	173
	科威特	474	5	94	2419	399	69	933	380	109	5	49579	284	4	42	0
	黎巴嫩	398	17	60	439	317	80	22	927	18	5	43	458	1	53	4
	格鲁吉亚	297	9	89	195	98	9	266	519	24	433	109	528	—	152	0
	亚美尼亚	117	3	126	31	38	40	14	525	23	604	72	523	—	22	0
	塞浦路斯	343	1	20	114	350	18	1009	160	63	30	721	151	7	308	0
	埃及	3865	1214	1613	5381	1875	592	128	4065	64	374	5064	1433	0	276	0
	阿尔及利亚	130	4	0	811	60	4	21	12	2	58	33823	261	—	5	1
欧洲	塞尔维亚	2735	167	1063	2583	3269	576	1530	2357	164	101	431	1320	46	267	0
	黑山	64	0	1	14	23	2	24	127	1	60	52	36	2	13	0
	克罗地亚	2448	166	1075	1610	2707	607	997	1354	298	235	1685	1134	120	1266	1
	斯洛文尼亚	2702	525	528	4135	7315	1319	5339	3767	767	130	1564	716	24	3037	0
	波黑	1098	51	683	725	743	707	193	1145	17	73	533	209	112	81	0
	马其顿	233	45	614	1361	1403	233	269	630	20	268	85	416	—	90	0
	罗马尼亚	8182	1096	5017	5952	20084	2980	12728	6000	2447	105	2682	1972	—	845	—
	保加利亚	3951	542	2022	3596	5541	1095	1109	5621	420	702	3133	1617	0	979	2

· 44 ·

第二章 丝绸之路经济带生产网络形成及发展趋势

续表

区域	国家	动植物产品	纺织原料及纺织制品	服装制品	化工产品	机械电子设备	家居、玩具等杂项制品	交通运输设备	金属及其制品	精密仪器及设备	矿产品	能源	食品	武器	药品	艺术品、收藏品及古物
欧洲	阿尔巴尼亚	258	4	985	55	106	48	21	358	7	161	202	90	—	3	0
	意大利	44750	11795	34140	65034	129958	17140	54592	59695	13963	1285	16181	26897	1207	25522	365
	西班牙	46889	3986	17942	43482	40602	6241	64656	27919	3891	4127	17654	16051	480	11348	103
	葡萄牙	9186	1621	6606	8692	9518	2431	7444	5203	1246	829	4453	3593	56	1136	14
	希腊	4441	873	775	2907	2607	512	335	3825	334	750	10135	2731	15	1333	6
	波兰	26217	1683	7854	31594	53229	16468	31379	23038	4184	353	5638	14953	78	4342	20
	捷克	9937	2315	4021	18704	66307	9780	39741	16273	3837	296	3265	4537	459	2482	19
	斯洛伐克	4470	556	2432	7654	27841	2550	23059	8964	970	329	2788	1372	89	353	2
	匈牙利	8504	743	1553	13682	43772	2952	19744	5797	4214	84	2834	4115	34	5209	4
	德国	79838	11987	31885	193302	397999	27135	311825	119879	76063	2787	26150	43886	535	83959	918
	爱沙尼亚	2796	146	427	1492	3930	1301	1041	1331	459	30	1533	780	4	105	3
	拉脱维亚	3950	123	307	1273	2332	472	813	1189	234	59	698	1215	1	486	1
	立陶宛	4863	525	1012	4449	4564	2347	1525	1815	769	42	4339	2141	52	788	4
	白俄罗斯	5133	702	687	5384	2438	647	2532	2057	333	270	6891	1170	—	204	0
	乌克兰	16819	143	797	2396	4242	721	598	10227	152	3158	790	2829	—	193	7
	摩尔多瓦	808	51	330	111	390	154	41	50	31	10	18	368	—	63	0
	俄罗斯	28412	456	687	25683	15227	1178	7402	48212	2327	4116	186285	5030	83	731	6
	英国	20632	3374	11531	49713	93846	6925	76301	55361	19235	888	35363	19199	1289	32714	6551
	爱尔兰	8945	221	419	39818	16970	631	7340	1630	14147	536	1115	6790	1	38322	34

· 45 ·

续表

区域	国家	动植物产品	纺织原料及纺织制品	服装制品	化工产品	机械电子设备	家居、玩具等杂项制品	交通运输设备	金属及其制品	精密仪器及设备	矿产品	能源	食品	武器	药品	艺术品、收藏品及古古物
欧洲	荷兰	72833	4627	13864	79516	121003	9044	28666	33846	28527	2114	69188	36811	39	25686	125
	比利时	31987	5363	16647	92874	45019	5681	51024	50809	14999	2696	35925	23951	474	42618	257
	法国	51116	4245	15572	86818	102618	7622	105399	44439	18969	1329	14663	37210	113	31407	1476
	瑞典	21693	656	2477	13598	38022	3876	21570	15587	4126	3258	9866	3730	77	7768	45
	丹麦	17319	954	5193	10576	22841	4156	3989	6220	4141	298	4696	6776	40	12944	53
	芬兰	15251	254	509	7442	14286	637	6849	10042	3052	620	5297	694	94	843	7

资料来源：各国的出口数据来源于联合国商品贸易数据库（UN Comtrade）（https://comtrade.un.org/）。

出口的主导产业为能源、金属及其制品和化工产品等资本密集型产业，能源产业出口在丝绸之路经济带沿线国家中占绝对优势，其中，土耳其、埃及、阿联酋、沙特阿拉伯和伊朗等国出口总值在区域内排名靠前，巴勒斯坦、阿尔及利亚两国各产业出口总值较少；欧洲地区出口的主导产业为机械电子设备、化工产品和交通运输设备等技术密集型和资本密集型产业，其中，黑山、摩尔多瓦各产业出口总值较少，意大利、西班牙、德国、荷兰、法国和比利时等国各产业不仅出口总值较大，而且发展水平均在丝绸之路经济带沿线国家中位于较高水平。

（三）丝绸之路经济带主要国家各产业出口技术复杂度分析

在全球生产网络体系下，出口技术复杂度是用于衡量出口竞争力和动态比较优势的重要指标，一国或地区的出口产品技术复杂度可以反映出该国或地区在全球价值链所处的地位，同时能反映该国或地区所出口商品的结构（邱斌等，2007）。

出口技术复杂度最早由 Hausmann 等（2007）提出。该方法主要基于两个方面的理论基础：一是根据李嘉图的比较优势理论，认为一个国家在开放条件下出口的产品种类取决于产品生产的比较成本；二是出口技术复杂度与一国经济发展水平（实际人均 GDP）正相关，其核心思想是人均收入水平越高的国家，出口商品的技术复杂度越高。出口产品的技术复杂度的计算公式如下：

$$\text{PRODY}_k = \sum_j \frac{(x_{jk}/X_j)}{\sum_j (x_{jk}/X_j)} Y_j \tag{2-4}$$

式中，k 为某一种产品；j 为某一出口国家或地区；x_{jk} 为 j 国 k 产品的出口额；X_j 为 j 国出口总额；Y_j 为 j 国实际人均 GDP。因此，式（2-4）表明某一产品的技术复杂度为该产品各出口国人均 GDP 的加权平均，权重为各国在该产品出口方面的显示性比较优势。然后根据产品出口技术复杂度计算各行业出口产品技术复杂度，其计算公式为：

$$\text{PRODYI}_j = \sum_k \frac{x_{jk}}{\sum_k x_{jk}} \text{PRODY}_k \tag{2-5}$$

式中，PRODYI_j 为 j 国一产业所出口商品的平均复杂度，这里的权重是商品 k 在 j 国该产业的出口商品总额中的份额。

为了更加准确和细致地反映丝绸之路经济带沿线国家各行业的出口技术复杂度水平，利用 2019 年国际通用的海关 4 位（HS4）编码将商品细分为 1246 种，其数据中 HS 编码前两位数字（2-digit level）表示一类商品。丝绸之路经济带沿线国家出口数据中缺失南亚 3 国（阿富汗、不丹、孟加拉国）、中亚 2 国（塔吉克斯坦、土库曼斯坦）、西亚北非 4 国（伊拉克、叙利亚、也门、利比亚）共 9 国数据，最终选取 63 个国家分析其 15 类行业的出口技术复杂度，结果如表 2-8 所示。

丝绸之路经济带生产网络与生态环境协同发展研究

表 2-8 丝绸之路经济带沿线国家各行业出口技术复杂度

区域	国家	动植物产品	纺织原料及纺织制品	服装制品	化工产品	机械电子设备	家居、玩具等杂项制品	交通运输设备	金属及其制品	精密仪器及设备	矿产品	能源	食品	武器	药品	艺术品、收藏品及古物
东亚	中国	20476	19125	19714	21263	22016	20333	16561	21825	18750	21476	19169	18985	26164	18530	20138
	日本	25154	22442	23360	24063	23973	22604	19520	21291	19959	24335	21345	22352	24227	19337	19600
	韩国	24715	21161	22058	22490	26979	20119	17923	21289	18837	22276	20601	19588	26256	22502	19379
	蒙古国	8889	5874	17080	12899	19279	19359	19936	11680	20676	14848	8032	17664	23254	20030	18852
南亚	尼泊尔	8304	12920	17672	10842	19794	15781	15608	14608	7605	18690	5953	15754	13538	18564	18808
	印度	15562	14147	18019	22259	18959	18518	17767	22300	18457	17683	20686	16623	24321	18032	19640
	巴基斯坦	13553	13463	17032	17191	19092	18128	16172	14938	18127	16919	19370	13970	21440	18754	14062
	斯里兰卡	10567	12358	18818	12256	17689	18281	14797	16301	18042	12358	20749	18302	12245	18238	18646
	马尔代夫	18380	16697	12974	9484	11324	16306	—	17461	11568	17281	20752	13417	—	17334	—
中亚	哈萨克斯坦	14160	12033	18742	12555	18596	18350	19687	15154	18708	16757	18102	17245	—	18724	18944
	吉尔吉斯斯坦	14952	8209	15620	12348	17777	18504	24919	12314	12342	8993	16651	18272	—	17437	15472
	乌兹别克斯坦	10395	7890	18170	18632	15288	17995	20041	12991	17220	19994	22883	17459	—	19706	14590
	伊朗	13682	17519	15159	19927	15260	18571	16685	14090	17249	17137	18983	19078	—	18971	18596
	阿塞拜疆	10504	7876	13840	19522	18896	18399	16858	16246	16888	16356	18366	14573	—	17292	18576
西亚北非	土耳其	15850	18737	18544	17994	16777	17799	19283	17412	18313	17447	20580	18016	24308	17964	18416
	约旦	12826	19294	11866	13990	18649	18011	20815	18127	18466	10754	15530	19966	—	20775	19039
	以色列	20649	25018	20031	23288	26023	19313	22732	26891	19019	19835	20770	19553	—	22610	19129
	巴勒斯坦	14726	16643	20079	10423	17656	17171	15078	18713	18790	18378	20572	17840	—	17457	19130
	沙特阿拉伯	20567	24688	18744	22884	18319	17069	21388	19636	17560	18570	20053	18659	—	17452	17247

· 48 ·

第二章 丝绸之路经济带生产网络形成及发展趋势

续表

区域	国家	动植物产品	纺织原料及纺织制品	服装制品	化工产品	机械电子设备	家居、玩具等杂项制品	交通运输设备	金属及其制品	精密仪器及设备	矿产品	能源	食品	武器	药品	艺术品、收藏品及古物
西亚北非	巴林	21737	19438	18579	18216	19484	17677	19932	20282	19291	17526	20694	19540	24893	22448	18272
	卡塔尔	31123	24869	18784	21744	20869	20663	20156	24808	24198	40736	22462	27334	27552	17607	27945
	阿曼	21272	19062	19289	18537	16983	17701	20934	17740	20942	17064	19152	17926	—	20025	19934
	阿联酋	19160	20534	19518	20720	20737	22304	19899	20174	20985	19784	19633	17164	23734	17879	18632
	科威特	20956	23227	22365	19843	19937	17972	20248	19979	22827	21819	18570	20250	25953	18111	18577
	黎巴嫩	19137	19796	19427	18473	18976	18695	18921	16172	19544	18839	20775	17989	23354	17696	18971
	格鲁吉亚	13760	12170	18619	14906	19337	18435	21081	11242	20370	12385	18008	21574	—	17870	18719
	亚美尼亚	17430	18275	19219	12916	17514	21826	20766	14755	17250	12996	12986	18231	—	20200	19355
	塞浦路斯	22154	19665	20137	28525	20903	20433	21259	18036	23524	18995	20776	17695	25500	17534	19043
	埃及	16135	15460	18539	18919	12962	17212	10500	14363	15162	15200	19392	16828	23306	18345	18707
	阿尔及利亚	15694	16595	16101	12151	10975	16158	17344	9787	16979	9779	21085	11987	—	19304	18511
欧洲	塞尔维亚	16630	20055	18085	18235	15991	17740	19602	17918	19130	20229	17856	18453	26787	17947	19846
	黑山	17729	14148	18895	11355	16483	19457	14301	21993	21303	15362	15411	19570	24803	17230	18535
	克罗地亚	18808	17274	19134	18867	18445	18551	17535	19959	18788	19327	18680	20327	21996	20651	18646
	斯洛文尼亚	22945	20685	19820	21059	18504	19848	19897	22997	17655	21220	18691	21737	—	18535	19063
	波黑	17732	14677	17774	14045	16464	17518	16182	19584	18130	21267	13568	19053	26830	17298	18654
	马其顿	15401	17855	18329	13827	14345	16706	12019	16940	19161	17407	17487	15334	—	17305	18665
	罗马尼亚	15211	19347	18858	18099	16502	17545	18016	20181	17220	19113	19740	16863	—	19651	—
	保加利亚	15334	16629	18559	16998	18790	19962	17585	15638	19447	12946	19823	17618	9167	17740	18743

续表

区域	国家	动植物产品	纺织原料及纺织制品	服装制品	化工产品	机械电子设备	家居、玩具等杂项制品	交通运输设备	金属及其制品	精密仪器及设备	矿产品	能源	食品	武器	药品	艺术品、收藏品及古物
欧洲	阿尔巴尼亚	13195	17020	17150	14166	16576	17266	18599	14726	18239	10062	16328	13742	—	17295	—
	意大利	21220	21710	19972	21456	19691	19047	19023	21258	20850	20209	20300	19543	24414	19352	19686
	西班牙	20462	20717	19707	20888	19371	20889	20532	20580	20171	16561	20222	19138	25855	19665	19900
	葡萄牙	22839	19347	19156	18881	19334	17919	18697	19145	19604	17970	20471	17979	24046	17252	26188
	希腊	18759	13250	18180	19214	19780	20389	19081	18252	16221	19801	20508	17077	27199	17711	18704
	波兰	22708	21032	19711	19312	18741	18819	18042	19873	20627	22561	14924	19107	18822	18704	19372
	捷克	22037	21566	19539	19598	20367	19337	19185	21061	20571	22841	15568	19286	26331	18359	19773
	斯洛伐克	21083	19862	19478	18469	17993	19223	20150	19217	17338	22221	19304	19327	21854	17933	18546
	匈牙利	18609	20036	19917	20624	19171	18813	19246	20045	18115	20450	17987	19057	24813	18998	20786
	德国	24742	22350	20003	22865	20761	19841	20690	21733	20124	21621	20423	20575	24599	19886	20328
	爱沙尼亚	19908	21308	19898	19145	19319	18892	18707	20035	19614	18656	20639	22480	27223	18637	25838
	拉脱维亚	18282	19667	19896	19431	19908	19101	19028	19744	19539	21809	20669	20522	25606	17685	16238
	立陶宛	19665	19885	19730	20207	19278	18342	17465	20509	19671	20605	20629	18389	21122	18644	17558
	白俄罗斯	22769	22720	19133	13747	17982	18703	16684	17259	18550	17812	19897	191091	—	17677	19058
	乌克兰	12588	19562	18132	15748	15627	17541	14443	14452	17947	15372	15878	15328	—	17413	18558
	摩尔多瓦	10662	18041	19351	14971	11560	17320	23113	19085	16076	17363	20435	17308	—	17363	18511
	俄罗斯	17762	19628	19416	16918	19005	18419	20454	19292	18141	22859	18204	18420	25463	20092	15099
	英国	24220	22286	20483	24679	20923	20349	21343	19737	20402	19400	22075	26784	19760	21329	
	爱尔兰	29296	30917	20196	38819	27563	20967	29813	26016	22695	24791	19687	26518	25450	21372	24900

第二章 丝绸之路经济带生产网络形成及发展趋势

续表

区域	国家	动植物产品	纺织原料及纺织制品	服装制品	化工产品	机械电子设备	家居、玩具等杂项制品	交通运输设备	金属及其制品	精密仪器及设备	矿产品	能源	食品	武器	药品	艺术品、收藏品及古物
欧洲	荷兰	23215	23868	19954	23019	24211	20245	18597	21446	22048	21815	21187	21917	25526	26770	19621
	比利时	23816	23625	20156	25493	20228	19397	19949	24120	21316	23327	21384	21349	25237	20048	20546
	法国	22074	22268	19992	22932	20873	20952	24167	21836	20952	21692	19793	20963	26342	18758	21494
	瑞典	26805	25723	20147	24283	20653	18841	19412	23931	20490	19710	19710	21330	26483	18924	22412
	丹麦	28150	26696	19575	26783	20613	19194	19679	21396	20656	19931	19305	22845	26772	18147	22265
	芬兰	30429	28616	21131	24164	21478	20733	19967	26992	19117	25822	20768	21402	24815	18026	18885

资料来源：各国的出口数据来源于联合国商品贸易统计数据库（UN Comtrade）（https://comtrade.un.org/），人均 GDP 数据来源于世界银行 WDI 数据库（World Development Indicators Database）。

丝绸之路经济带生产网络与生态环境协同发展研究

就次级区域及其国家行业的出口技术复杂度情况看,东亚地区出口技术复杂度相对较高的产业主要有机械电子设备、家居、玩具等杂项制品,精密仪器及设备和服装制品,其中,中国、日本和韩国各产业出口技术复杂度水平整体较高,蒙古国相对较低;南亚地区出口技术复杂度相对较高的产业主要有纺织原料及纺织制品、矿产品、家居、玩具等杂项制品和金属及其制品,其中,印度和巴基斯坦各产业出口技术复杂度水平整体较高,尼泊尔相对较低;中亚地区出口技术复杂度相对较高的产业主要有交通运输设备、服装制品和家居、玩具等杂项制品,其中,哈萨克斯坦各产业出口技术复杂度水平整体较高,吉尔吉斯斯坦和塔吉克斯坦两国纺织原料及纺织制品出口技术复杂度水平最低;西亚北非地区出口技术复杂度相对较高的产业有动植物产品、精密仪器及设备、服装制品和能源,其中,以色列、卡塔尔、科威特和塞浦路斯各产业出口技术复杂度水平整体较高,巴勒斯坦、阿塞拜疆、伊朗和阿尔及利亚整体水平相对较低;欧洲地区出口技术复杂度相对较高的产业主要有化工产品、机械电子设备、精密仪器及设备和交通运输设备,其中,西班牙、捷克、英国、瑞典和芬兰等国各产业出口技术复杂度水平整体较高,阿尔巴尼亚、马其顿和黑山等国相对较低。

(四)丝绸之路经济带主要国家核心产业选择

产业结构反映了一国各产业部门之间以及产业部门内部的构成情况,各行业出口总额进一步表明一国的出口优势及产业优势,出口技术复杂度反映了一国在某产业(行业)的技术水平。这里剔除上文产业结构、出口总额和出口技术复杂度部分数据缺失的国家,以中国的核心产业选择为例,分别对丝绸之路经济带沿线国家的核心产业进行选择分析。

从产业结构看,中国的工业发展在东亚地区和丝绸之路经济带中均具有一定的优势,因此,中国在丝绸之路经济带生产网络的核心产业应为工业类产业;从细分产业的出口结构来看,中国出口总额位列前八位的产业依次是机械电子设备、化工产品、服装制品、金属及其制品、家居、玩具等杂项制品、动植物产品、交通运输及设备和纺织原料及纺织制品;从各细分产业的出口技术复杂度来看,中国出口技术复杂度排名前八位的产业依次是武器、机械电子设备、金属及其制品、矿产品、化工产品、动植物产品,家居、玩具等杂项制品、艺术品、收藏品及古物。选取出口规模和出口技术复杂度均位于前八位的产业作为核心产业,即位于象限图中第一象限的产业,最终选取机械电子设备、化工产品、金属及其制品、动植物产品和家居、玩具等杂项制品五个产业作为中国在丝绸之路经济带生产网络的核心产业,如图2-1所示。

丝绸之路经济带沿线国家的核心产业选择结果如表2-9所示。

· 52 ·

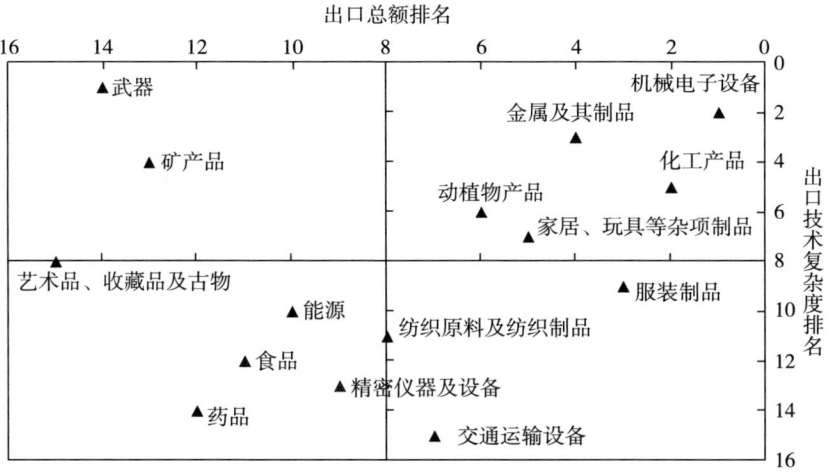

图 2-1 中国核心产业选择象限

表 2-9 丝绸之路经济带沿线国家核心产业的选择结果

区域	国家	核心产业
东亚	中国	机械电子设备、化工产品、金属及其制品、动植物产品和家居、玩具等杂项制品
	日本	机械电子设备，化工产品，动植物产品，家居、玩具等杂项制品
	韩国	机械电子设备、化工产品、金属及其制品、动植物产品
	蒙古国	机械电子设备、矿产品、服装制品、食品
南亚	尼泊尔	服装制品、机械电子设备、药品、食品
	印度	化工产品、机械电子设备、金属及其制品、能源
	巴基斯坦	服装制品、化工产品、精密仪器机器设备
	斯里兰卡	服装制品、机械电子设备、金属及其制品、食品
	马尔代夫	动植物产品、金属及其制品、食品
中亚	哈萨克斯坦	机械电子设备、能源、交通运输设备
	吉尔吉斯斯坦	服装制品、机械电子设备、能源、交通运输设备
	乌兹别克斯坦	服装制品、化工制品、能源、交通运输设备
西亚北非	伊朗	化工产品、能源、食品、纺织原料及纺织制品
	阿塞拜疆	化工产品、能源
	土耳其	交通运输设备、服装制品、食品
	约旦	药品、食品、机械电子设备、金属及其制品
	以色列	金属及其制品、机械电子设备、化工产品、交通运输设备

续表

区域	国家	核心产业
西亚北非	沙特阿拉伯	化工产品、交通运输设备、能源、动植物产品、食品
	巴林	能源、动植物产品、金属及其制品、交通运输设备、机械电子设备
	卡塔尔	矿产品、动植物产品、金属及其制品、精密仪器及设备
	阿曼	交通运输设备、动植物产品、能源
	阿联酋	机械电子设备、化工产品、交通运输设备、金属及其制品
	科威特	动植物产品、交通运输设备、食品、精密仪器及设备
	黎巴嫩	动植物产品、服装制品、能源、机械电子设备
	格鲁吉亚	食品、交通运输设备、能源、机械电子设备
	亚美尼亚	服装制品，家居，玩具等杂项制品，食品，机械电子设备
	塞浦路斯	动植物产品、交通运输设备、能源、化工产品
	埃及	化工产品、能源、服装制品、食品
	阿尔及利亚	能源、交通运输设备
欧洲	塞尔维亚	交通运输设备、化工产品、食品
	黑山	金属及其制品、食品、动植物产品
	克罗地亚	金属及其制品、化工产品、食品、动植物产品、服装制品、药品
	斯洛文尼亚	金属及其制品、化工产品、交通运输设备、动植物产品
	波黑	金属及其制品、服装制品、食品、动植物产品
	马其顿	服装制品、矿产品、金属及其制品
	罗马尼亚	服装制品、化工产品、能源、交通运输设备
	保加利亚	矿产品、服装制品、食品
	阿尔巴尼亚	服装制品、机械电子设备、能源
	意大利	化工产品、金属及其制品、动植物产品
	西班牙	化工产品、交通运输设备、金属及其制品、动植物产品、能源
	葡萄牙	动植物产品、能源、机械电子设备、服装制品
	希腊	能源、化工产品、机械电子设备、动植物产品
	波兰	动植物产品、金属及其制品、化工产品、服装制品
	捷克	动植物产品、金属及其制品、机械电子设备
	斯洛伐克	交通运输设备、动植物产品、服装制品、能源
	匈牙利	化工产品、金属及其制品、交通运输设备
	德国	化工产品、金属及其制品、机械电子设备、动植物产品、交通运输设备
	爱沙尼亚	能源、金属及其制品、动植物产品、食品
	拉脱维亚	机械电子设备、食品、能源、交通运输设备

续表

区域	国家	核心产业
欧洲	立陶宛	能源、化工产品、金属及其制品
	白俄罗斯	能源、动植物产品、纺织原料及纺织制品、食品
	乌克兰	矿产品、服装制品、能源
	摩尔多瓦	服装制品、药品、纺织原料及纺织制品、家居、玩具等杂项制品
	俄罗斯	金属及其制品、交通运输设备、机械电子设备、食品
	英国	化工产品、交通运输设备、动植物产品
	爱尔兰	化工产品、动植物产品、机械电子设备、交通运输设备、金属及其制品、食品
	荷兰	机械电子设备、动植物产品、化工产品、精密仪器及设备、食品
	比利时	化工产品、金属及其制品、能源、动植物产品、食品
	法国	交通运输设备、化工产品、动植物产品、金属及其制品
	瑞典	动植物产品、化工产品、金属及其制品、机械电子设备
	丹麦	动植物产品、化工产品、食品、金属及其制品
	芬兰	动植物产品、机械电子设备、化工产品、金属及其制品

(五) 丝绸之路经济带核心产业合作模式选择

丝绸之路经济带是跨国、跨区域的合作平台，沿线国家的产业发展水平和资源禀赋条件存在明显的差异，形成了差异化的比较优势，因而各国的核心产业也呈现多样化的特征。在丝绸之路经济带主要国家核心产业选择的基础上，借鉴波士顿矩阵的研究思路，对沿线国家的核心产业进行精准定位。产业定位矩阵中，横轴代表丝绸之路经济带沿线主要国家核心产业的出口总额，由左至右，出口规模逐渐增大；纵轴代表丝绸之路经济带沿线主要国家核心产业的出口技术复杂度水平，由下至上，出口技术复杂度逐步提高，具体如图2-2所示。一国核心产业出口总额和出口技术复杂度水平均较高的产业被定位为强势型产业，该类产业技术水平高，而且出口规模较大；出口技术复杂度水平高而出口总额相对较小的产业被定位为挑战型产业，该类产业具有一定的技术优势，但尚未形成大规模出口；出口技术复杂度水平和出口规模均相对较低的产业被定位为弱势型产业，该类产业的出口规模和技术水平均处于相对劣势；出口规模大但出口技术复杂度水平低的产业被定位为平稳型产业，该产业各环节的技术水平较低，技术创新能力较弱，但出口总额在该国出口贸易中占绝对优势。

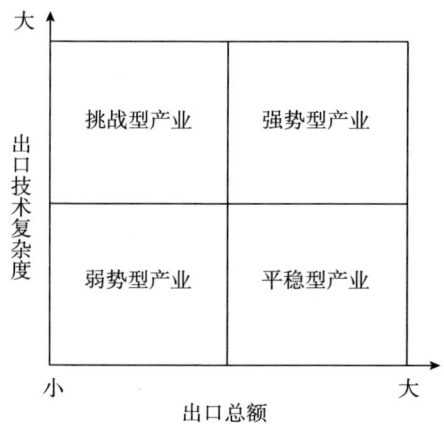

图 2-2 核心产业定位矩阵

为了实现丝绸之路经济带生产网络的深层次合作与发展，沿线国家应选择合适的产业合作模式，以实现沿线国家产业间的优势互补，进一步深化嵌入丝绸之路经济带生产网络的程度，最终实现价值链地位的快速攀升。然而，丝绸之路经济带沿线国家核心产业合作涉及的项目类型繁多、参与方较多且对技术要求不同，相较于传统的国际合作，更倾向于跨境区域合作，实现以点带线、从线到片的产业合作网络。基于产业特征，国家（地区）间核心产业的合作模式可以分为探索发展型、利用完善型和资源重组型三种（March，1991）。

（1）探索发展型合作包括国际战略联盟、技术联盟、跨境产业合作示范区等方式。基于对长期利益的考虑，通过国际合作联盟获取学习机会，在技术创新、生产资源、金融、市场营销、分配等方面与产业发展实力强劲的国家实现高效、网络化的互动与合作，以增强产业的核心能力，带动产能升级。这种联动模式主要通过两个方面实现深层次的协同发展：其一，对接国际标准，形成与本国国内经济匹配且与国际经济接轨的优势产业，以巩固一国强势产业在丝绸之路经济带生产网络内的领军地位；其二，与国际一流相关产业实现技术联动，在技术开发中构建技术研发主体联盟，通过产业合作网络内部的交互式学习、知识创造及分享等途径提升产业的能级，以创造新的产业需求。比如，丝绸之路经济带沿线的中国和印度两国在经济合作方面除涉及经济技术合作、相互投资和贸易合作外，同时两国的产业合作也涵盖金融、能源、旅游和基础设施等领域。在基础设施建设方面，印度为加强与中国合作，通过为中国企业设立保税区，建立中印合资企业等方式实现高效网络化的合作；在能源合作方面，中印两国能源消耗很大，都在大力寻求长期稳定的能源进口源和安全的运输通道；在绿色环保产业方面，中国通过在荒漠化地区实施"发电+种树+种草+养殖"的创新型特色生态光

第二章 丝绸之路经济带生产网络形成及发展趋势

伏产业,与印度开展绿色环保产业合作,体现了探索发展型的合作模式。

(2)利用完善型合作包括FDI(绿地投资、跨国并购)、定牌生产、兴办合资企业、许可协议等方式。丝绸之路经济带沿线国家有选择性地进行投资布局,发挥各国核心产业的竞争优势,从沿线不同国家汲取与本国产业互补的优势要素,以优化产业链分工布局,开拓目标市场,提升产业技术水平并扩大出口规模。涵盖两种具体情况:一种情形是一国的核心产业拥有较高技术水平,则应把握核心技术并以所有权为基础进行对外投资,最大限度地保持技术优势,充分占领丝绸之路经济带目标市场,促进资源的有效整合以提升创新效率;另一种情形是一国的核心产业缺乏核心竞争优势,则可通过跨国参股、跨国并购具有较高技术水平的企业,或与技术开放型企业及科研机构合作,学习并掌握先进知识及技术,将外部力量作为产业转型升级的主要杠杆,升级置换核心要素,形成新的产业结构,以提升本国核心产业的出口技术水平和产业价值链地位。比如,丝绸之路经济带沿线西亚国家多为石油输出国,石油作为各国的核心产业,在国内生产总值、国民收入和出口总值中的比重占据绝对优势,而矿产品和制造业发展水平较低;中亚国家资源密度较高,石油、天然气和金属矿产资源丰富,形成了以石油产业、采矿业、有色金属冶炼为主导的重工业产业特征。中亚与西亚地区的产业发展需求多集中在电信、交通、能源为主的基础设施领域,以及纺织、服装、食品、医药为主的轻工领域。在中哈间的产业链上,中国处于产业链主导地位,哈萨克斯坦进口依赖性较强的产品主要是轻工、机械设备等工业制成品,而这些正是中国具有国际比较优势的产品,同时,哈萨克斯坦的能源、采矿等产业是中国的劣势所在。随着丝绸之路经济带生产网络的形成及发展,中国与哈萨克斯坦产业间的合作模式以"优势互补"为主,两国在工业制成品等产业的合作上采用利用完善型的合作模式。

(3)资源重组型合作包括逆势和顺势产业转移。为了降低生产成本、占据更广阔的市场以及获得知识信息,一国利用跨境产业链将核心产业转移至其他国家(地区)内,整合目标地区产业发展的既有优势,实现不同区域资源的最优式空间耦合。其中,逆势产业转移指将一国处于相对劣势的核心产业,借助他国优势产业的生产要素,进行资源优化配置的过程,通过对优势产业所在地区进行产业转移,以加深其参与生产网络的程度;顺势产业转移指一国处于相对劣势的核心产业向该类相关产业的欠发达国家(地区)转移,通过与欠发达国家(地区)产业的对接重新构建产业链,以降低生产成本,获取新的竞争优势,提升产业技术水平,并扩大产业出口规模。比如,俄罗斯在基础设施建设方面不占据技术优势,且基础设施建设水平处于较低阶段,但潜在市场需求巨大,同时政府积极推动交通、能源、建筑、公用事业等建设项目,其中能源配套基础设施建设前

丝绸之路经济带生产网络与生态环境协同发展研究

景非常广阔。而中国已成为国际上的建筑服务出口大国,在电力、电信、铁路、港口等基础设施建设方面具有丰富经验,从技术标准、专利许可到运营管理等拥有全产业链的综合竞争优势。基于此,俄罗斯使用逆势产业转移方式,借助中国在基础设施建设方面的优势,通过产业合作获取中国的高铁设备、工程机械等,实现产业转移,体现了资源重组型的合作模式。

基于对上述三种合作模式的分析,本书从丝绸之路经济带沿线国家核心产业的特征出发,提出分别适用于强势型产业、挑战型产业、平稳型产业和弱势型产业的合作模式,如表2-10所示。丝绸之路经济带沿线国家间多样化的产业合作可以使区域产业的整体利益最优化,促进丝绸之路经济带产业配套水平和综合发展力的进一步提升,驱动各国产业关系网络和生产网络的形成与发展。

表 2-10 丝绸之路经济带沿线国家的产业合作模式

合作模式	产业类型
探索发展型	强势型产业
利用完善型	挑战型产业、平稳型产业
资源重组型	弱势型产业

第三节 丝绸之路经济带生产网络组织结构的关联特征解析

丝绸之路经济带生产网络是一个动态开放的复杂系统,其在发展演进中不仅与生产网络外部存在着互动发展和互联合作的容纳关系,同时对网络内部的资本、技术等生产要素也具有一定的支配能力。丝绸之路经济带生产网络组织结构的关联特征体现在网络容纳度和网络支配度两个方面。

一、网络容纳度

网络容纳度体现为生产网络对外的连接程度,包括要素的流动性及经济资源的整合效率,这里从技术及知识在生产网络内的流动、FDI对产业的承接和扩散效应两个角度对丝绸之路经济带生产网络的容纳度进行总体描述。

(一)技术及知识在生产网络内的流动

生产网络的发展促使技术及知识资源在各国间流动,提升了各国知识存量和科技研发水平，并对各国价值链的位置攀升产生重要影响，因此，技术及知识流动是考察生产网络发展的重要层面。本书构建丝绸之路经济带跨国技术及知识流动网络，从网络规模和网络中各国间的技术流向两个方面，解析技术及知识资源在生产网络内的流动。

1. 变量选取及数据说明

专利引用分析已成为从定量角度分析技术及知识流动和溢出过程的一个重要的研究方法（叶选挺等，2014）。专利作为知识创新的重要产出成果，在一定程度上代表了国家和地区所拥有的技术存量，反映了其创新活动的水平和状况。专利文献间的相互引用关系，体现了发明者对先前的技术方法、原型、成果的获取、吸收和再利用的过程。由于专利信息的公开性特点，专利所附带的知识流动不受地理边界的限制，可以跨越国家和产业领域，使得知识在不同国家和产业领域间流动。从专利引用角度进行知识及技术流动测度研究，了解知识及技术在国家（地区）间的流动情况，有助于进一步发现和认识不同国家间知识及技术的流动和交互作用。此外，由于各主要专利数据库的数据量极为庞大，信息量丰富，跨越了足够长的时间和行业范围，十分适合于研究大样本下跨地区、跨国界的技术溢出问题。因此，将专利引用作为知识及技术流动的替代变量，通过构建专利引用网络近似表示技术及知识流动网络，这样可以结合有关社会网络结构的研究成果来分析技术及知识流动问题（许冠南等，2016）。

全球五大专利局中，美国专利商标局（United States Patent and Trademark Office，USPTO）具有较高的技术水平和较好的数据获取性，在基于专利以及专利引文的国际技术及知识流动研究中应用最为广泛（Gress，2010；Fontana et al.，2009；赵炎等，2016）。因此，本书选取 USPTO 的专利引用检索数据库①中丝绸之路经济带 71 个样本国家（巴基斯坦数据缺失）间的专利引用情况反映丝绸之路经济带的技术及知识流动情况。

2. 网络构建

从拓扑结构出发，丝绸之路经济带区域内的技术及知识流动系统是一个极其复杂的网络。运用社会网络分析方法，将丝绸之路经济带跨国技术及知识流动网络中的经济体标记为节点，技术及知识流动路径作为节点间的连边，则丝绸之路经济带跨国技术及知识流动系统 S，可用有序三元组表示。

$$S = (N, E, T) \tag{2-6}$$

式中，$N = \{n_1, n_2, \cdots, n_k\}$ 为节点集，集合中的元素 n_i 表示丝绸之路经济带跨国技术及知识流动网络中的国家；$E = \{e_{ij}\}$ 为连边的集合，表示经济体 n_i 和

---

① 美国专利商标局专利引用检索数据库（http://patft.uspto.gov/netahtml/PTO/search-adv.htm）。

n_j 之间的技术及知识流动路径,这里用专利引用情况来反映技术及知识流动方向与路径,网络中国家 n_i 和 n_j 间存在两条连边 e_{ij} 和 e_{ji}。以 e_{ij} 连边为例,其起点 n_i 为专利的被引用方,表示技术流出方,其终点 n_j 为专利的引用方,表示技术流入方;连边 e_{ij} 代表了技术由 n_i 流向 n_j 的路径,边的权重由 n_j 获批的专利中对 n_i 专利的引用次数表示;$T=\{t_1, t_2, \cdots, t_k\}$ 为技术集合,集合中的元素 t_i 表示丝绸之路经济带跨国技术及知识流动网络中流动的技术。

3. 网络规模分析

从丝绸之路经济带跨国技术及知识流动网络内各经济体是否存在技术及知识流动的角度出发,构建矩阵 $A^t = \{a_{ij}^t\}$,以此反映 t 时期的无权拓扑网络。如果跨国技术及知识流动网络中经济体 n_i 对 n_j 的引用频率大于 1,则 $a_{ij}^t = 1$;如果经济体 n_i 对 n_j 的引用频率小于 1,则 $a_{ij}^t = 0$。2013 年"一带一路"倡议的提出对全球经济贸易格局和技术创新水平产生了巨大的影响,尤其是对丝绸之路经济带沿线国家的经贸往来和技术知识流动影响最为凸显,丝绸之路经济带生产网络内国家之间的经贸往来更加密切,技术知识流动的广度和深度也在逐渐增加。因此,为进一步探索"一带一路"倡议提出后丝绸之路经济带沿线国家跨国技术及知识流动网络的变化,分别构建 2013 年和 2018 年跨国技术及知识流动复杂关系网络,分别如图 2-3 和

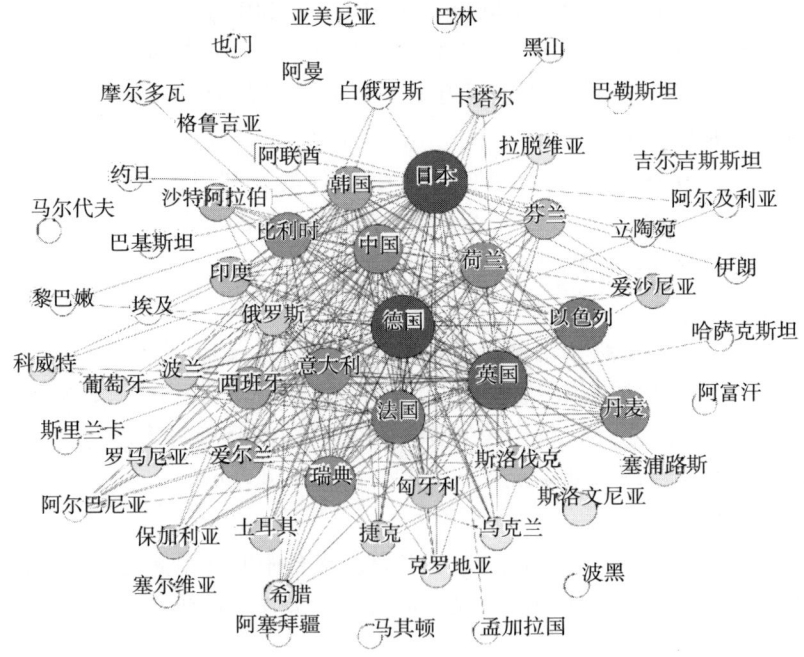

图 2-3 2013 年跨国技术及知识流动拓扑网络

图 2-4[①] 所示。从复杂网络关系总数看，丝绸之路经济带生产网络中具有技术及知识流出、流入关系的国家关系对数变化不大，2013 年共 409 对国家，2018 年共 397 对国家，各国技术及知识流出、流入关系总量变化不大。从技术及知识流动的强度看，丝绸之路经济带跨国技术及知识流动在 2013~2018 年显著提升，2013 年跨国引用次数为 59798 次，2018 年迅速提升至 79992 次。

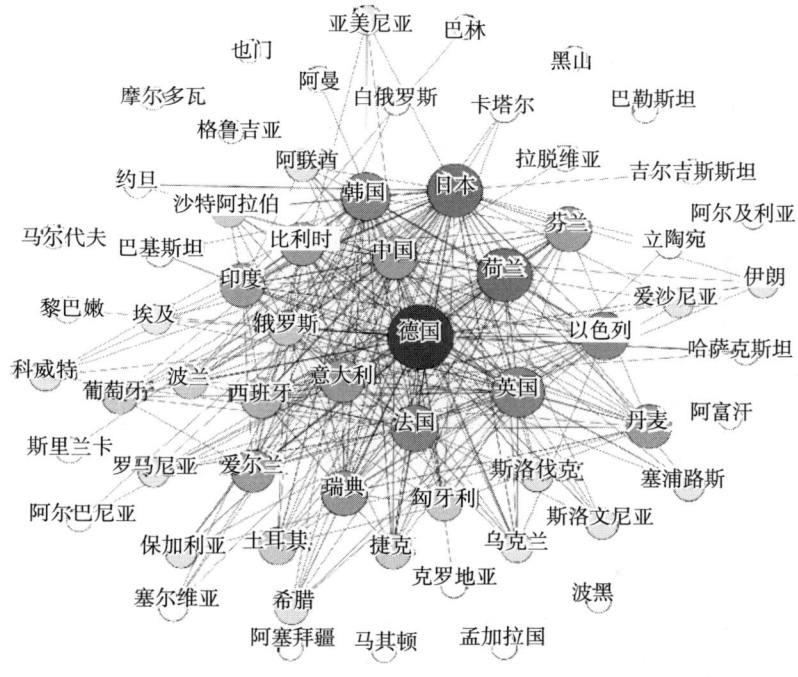

图 2-4　2018 年跨国技术及知识流动拓扑网络

2013 年和 2018 年技术及知识流出、流入关系总量排名靠前的国家如表 2-11 所示。具体来看，日本的技术及知识流出造福了丝绸之路经济带沿线较多国家，其技术及知识流出关系数在丝绸之路经济带排名第一，其中，2013 年和 2018 年分别有 42 个、40 个国家受益于日本的技术及知识流出，英国、德国、中国、法国、俄罗斯、韩国和荷兰等也是技术及知识流出造福国家数较多的国家，而德国、日本、英国、法国等发达国家则是丝绸之路经济带最主要的技术及知识流入地。

---

① 图 2-3 和图 2-4 采用复杂网络分析软件 Gephi 0.9.2 绘制，同一个网络图中的节点大小与该国技术溢出规模成正比，但不同网络图的节点大小不等同于实际技术溢出比例。

表 2-11　技术及知识流出、流入关系总量排名

排名	技术及知识流出关系数		技术及知识流入关系数	
	2013 年	2018 年	2013 年	2018 年
1	日本（42）	日本（40）	德国（27）	德国（29）
2	英国（37）	中国（38）	日本（27）	荷兰（21）
3	德国（36）	德国（35）	英国（24）	日本（21）
4	中国（32）	英国（32）	法国（20）	英国（19）
5	法国（30）	法国（31）	以色列（19）	韩国（17）
6	俄罗斯（27）	俄罗斯（28）	瑞典（18）	以色列（17）
7	韩国（26）	韩国（28）	中国（17）	法国（16）
8	荷兰（17）	比利时（15）	丹麦（16）	芬兰（15）
9	比利时（16）	荷兰（15）	比利时（15）	瑞典（15）
10	瑞典（13）	西班牙（15）	荷兰（15）	比利时（14）
11	西班牙（13）	印度（13）	意大利（15）	丹麦（14）
12	丹麦（12）	瑞典（11）	韩国（14）	意大利（14）
13	匈牙利（12）	意大利（10）	爱尔兰（13）	印度（14）

注：表中括号中的数字表示技术及知识流出到其他国家的国别数或流入的技术及知识来源于其他国家的国别数。

4. 网络中技术及知识流向分析

除了总量变化显著，丝绸之路经济带跨国技术及知识流动网络还呈现出较为明显的小世界特征——技术及知识集中流向了少数国家。2013 年，丝绸之路经济带 71 个样本经济体之间共产生了 59798 次跨国引用，其中，日本（22449）、德国（9129）、中国（9047）、英国（8909）、法国（3976）、韩国（3247）和俄罗斯（1684）七国跨国引用次数占据了丝绸之路经济带跨国技术及知识流出引用总量的 97.73%。2018 年，丝绸之路经济带技术及知识流向更为集中，丝绸之路经济带 71 个样本经济体之间共产生了 79992 次跨国引用，其中，日本（26844）、中国（22702）、德国（9515）、英国（7635）、韩国（5999）、法国（3837）和俄罗斯（2271）七国的跨国引用次数占据了丝绸之路经济带跨国技术及知识流出引用总量的 98.51%。

丝绸之路经济带跨国引用次数大于 1000 次的各国引用情况如表 2-12 所示。以技术及知识流出最多的日本为例，2013 年，日本的技术主要流向了韩国（7253）、德国（4763）、英国（2178）、法国（1530）和中国（1399）；2018 年，日本的技术主要流向了韩国（9786）、德国（5104）、中国（3369）、英国

(1707)、法国(1534)和荷兰(1437)。

表 2-12　丝绸之路经济带跨国技术及知识流向统计

排名	2013 年			2018 年		
	被引用国（流出国）	引用国（流入国）	引用数量（次）	被引用国（流出国）	引用国（流入国）	引用数量（次）
1	日本	韩国	7253	日本	韩国	9786
2	日本	德国	4763	中国	日本	8623
3	中国	日本	4511	日本	德国	5104
4	英国	德国	2582	中国	韩国	4329
5	德国	日本	2322	日本	德国	3742
6	日本	英国	2178	日本	中国	3369
7	中国	韩国	1691	德国	日本	2576
8	英国	日本	1612	韩国	日本	2439
9	韩国	日本	1607	英国	德国	2037
10	日本	法国	1530	日本	英国	1707
11	日本	中国	1399	日本	法国	1534
12	德国	法国	1307	日本	荷兰	1437
13	德国	英国	1307	英国	日本	1332
14	法国	德国	1277	韩国	中国	1266
15	英国	法国	1023	德国	法国	1219
16	—	—	—	中国	英国	1140
17	—	—	—	法国	德国	1135
18	—	—	—	德国	英国	1099

（二）FDI 对产业的承接和扩散效应

丝绸之路经济带生产网络的形成与发展，加深了沿线区域贸易投资自由化程度，其中 FDI 的自由流动体现了生产网络中各参与国互联合作的贸易投资关系。FDI 促进东道国产业区内转移的作用机制在于，FDI 对国内资本具有挤出效应，这是因为如果 FDI 以绿地投资的形式进入东道国，可能具有竞争性，由此导致其产生的挤出效应存在潜在的次级影响。例如，如果 FDI 作为优质资本通过优胜劣汰原则逐出效率低下的国内企业，则 FDI 的流入具有提高地区行业生产效率的正向影响；如果被逐出的企业转移至迁入地且具有相对竞争优势，那么整个东道国反而会因为 FDI 流入使得效率增高、利润增大（陆建军，2003）。根据产品生命周期理论,投资国倾向于在产品的标准化阶段,将产品的生产转移出去,利用发展中国家的区位优势,降低生产成本,从而实现超额利润。边际生产扩张理论也提到,投资国将处于比较劣势的劳动密集型产业转移到发展中国家,再从这些国家进口产品,从而集中自己的资源在本国的优势产业,不仅发挥了各自的比较优势,同时使得双方的产业结构得到优化(方燕和高静,2010)。因此,FDI 对丝绸之路经济带沿线国家充分发挥比较优势,促进产业的结构优化调整,存在承接效应和扩散效应。

1. 承接效应

承接效应指产业转移过程中,由于资本、信息、劳动力、技术等要素与资源在区域间和区域内流动,达到资源优化配置和相互重组,提高产业承接地经济效应和社会效应的一种双重效应(贾妮莎等,2014)。

FDI 对产业的承接效应主要通过资本路径实现。相对于发展中国家的国内资本,FDI 更多地表现为一种优质资本,其具有较高的技术、合理的营销方式、先进的管理经验等所有权优势,通过产业合作、人员跳槽、经营活动等多种方式对行业内其他厂商产生转移效应。在东道国国内(区域内)因缺乏资金导致自身的经济发展停滞不前的时候,FDI 能够很好地解决这一问题。FDI 能够填补东道国产业发展的资本缺口,同时,随着外资的进入,提高自己的产业生产能力和生产资源的有效配置,会给东道国的产业和经济发展注入新活力,缓解区域内经济发展的矛盾(王永齐,2005)。区域内经济发展水平提高,需求会进一步加大,从而拉动产业的转移与发展,优化产业结构。与此同时,FDI 所带来的高效率资本,可以通过其规模经济和外部经济效应刺激东道国国内的投资,激发国内的储蓄转化为投资,缩小资金缺口,加速资本的积累,更进一步促进产业结构的优化和经济的发展。

2. 扩散效应

扩散效应指某特定产业发展形成新的刺激力,能带动其他相关产业的发展,并使得产业链不断地延伸,导致许多传统的产业因为技术的发展推动而焕然一新,进而开发出新的产品,增加了产品的附加值(邹星琪和杨青,2019)。

FDI 对产业的扩散效应主要通过技术路径实现。随着东道国经济的发展,资本已不再是限制产业发展的瓶颈,外资在资本路径上的作用越发减弱,此时,外资所带来的产业扩散效应变得更加重要。丝绸之路经济带生产网络各参与者通过各种渠道吸收跨国公司的非自愿扩散和溢出技术,从而实现自身的技术进步,加快产业结构调整,促进经济发展。FDI 所具有的竞争性虽然会挤压部分当地产业,但通过这种竞争效应,降低市场均衡价格,导致消费者需求增加,加大丝绸之路经济带生产网络各参与者对中间产品的需求。同时,FDI 以新产品、新服务的方式进入市场也扩大了消费者的消费选择,刺激内需,导致贸易规模扩大,实现了产业链的延伸(杨新房等,2006)。技术是推动产业发展的核心因素,外资的技术路径中主要包括两个方面:一是先进的产品技术,二是人力资本技术。虽然跨国企业对于其转移先进技术有很多严格的限制,东道国很难直接利用,但东道国仍可以通过外资的技术转移与扩散效应进行学习。同时,跨国企业在区域内设立的生产基地和研发机构也会推动丝绸之路经济带生产网络的技术进步。跨国企业利用其竞争优势吸收区域内的高素质人才,并对这些人才进行技能培训,培养先进的管理理念,这些人才同样会在未来带动区域技术进步(谢婷婷等,2018)。此外,东道国的相关产业,会效仿跨国企业的经营模式和管理模式,在制度上进行升级改造,加之跨国企业的产品对原材料的要求较为苛刻,FDI 在一定程度上会带动东道国上下游企业的技术进步,推动上下游产业对自身的产品进行升级,实现产业链的延伸。

二、网络支配度

网络支配度反映了网络内的权利分布结构,通过生产网络内的国际分工地位、基于社会政策文化引导下的网络镶嵌结构、生产网络内贸易的关联结构及其经济效应三个方面体现(乔小勇等,2019)。

(一)生产网络内的国际分工

传统上衡量一国在生产网络中的国际分工地位及其国际竞争力的指标包括显示比较优势指数、贸易专业化指数(Trade Specialization Coefficient)和垂直专业化指数(Vertical Specialization Index)等。传统指标虽在一定程度上能反映一国在生产网络中的分工与贸易地位,但该类指标存在两点不足之处:其一,假设所有进口中间品完全由国外价值增值构成,剔除了本国先进口再出口的中间产品贸易;其二,假设出口产品和国内最终消费品对进口中间产品的依赖程度一样。Koopman 等(2008)意识到传统衡量标准会造成大量重复计算,从而基于对出口贸易的分解,提出从贸易增加值的角度测算一国在全球价值链中所处国际分工地位的具体指标,即 GVC 地位指数。这里使用 GVC 地位指数考察丝绸之路经济带沿线主要国家在生产网络内的国际分工,借助国际分工理论分析丝绸之路经济带生产网络的辐射影响力。

GVC 地位指数被定义为一国间接附加值出口与国外附加值出口的差距。如果一国总出口中的间接附加值出口比率高于国外附加值出口比率,意味着该国更多地为世界其他国家提供中间产品,说明该国处于生产网络中国际分工的上游环节,反之则处于下游环节。计算公式如下:

$$\text{GVC\_POSITION}_{ir} = \ln\left(1+\frac{\text{IV}_{ir}}{\text{E}_{ir}}\right) - \ln\left(1+\frac{\text{FV}_{ir}}{\text{E}_{ir}}\right) \tag{2-7}$$

式中，GVC_POSITION$_{ir}$ 为 r 国 i 产业在全球价值链中的分工地位，指数值越大，说明一国处于全球价值链的地位越高；IV$_{ir}$、FV$_{ir}$ 和 E$_{ir}$ 分别为一国总出口所包含的间接国内附加值、国外附加值和以附加值角度核算的总出口。

与前面分析丝绸之路经济带沿线主要国家价值链参与程度一致，依据增加值贸易数据库，2011~2016 年丝绸之路经济带沿线 33 个国家的 GVC 地位指数测算结果如表 2-13 所示。

表 2-13 丝绸之路经济带生产网络部分国家 GVC 地位指数

区域	国家	2011 年	2012 年	2013 年	2014 年	2015 年	2016 年
东亚	中国	0.170	0.194	0.202	0.214	0.247	0.271
	日本	0.174	0.174	0.156	0.144	0.166	0.201
	韩国	-0.142	-0.138	-0.114	-0.087	-0.047	-0.019
南亚	印度	0.048	0.044	0.045	0.064	0.103	0.144
中亚	哈萨克斯坦	0.140	0.114	0.122	0.135	0.149	0.101
西亚	土耳其	0.115	0.114	0.120	0.132	0.152	0.160
	以色列	-0.019	-0.023	0.000	-0.015	-0.004	0.009
	沙特阿拉伯	0.035	0.033	0.038	0.055	0.055	0.055
	塞浦路斯	-0.040	-0.044	-0.072	-0.080	-0.086	-0.065
欧洲	克罗地亚	0.052	0.058	0.041	0.050	0.037	0.044
	斯洛文尼亚	-0.211	-0.210	-0.212	-0.203	-0.192	-0.196
	罗马尼亚	0.042	0.053	0.074	0.068	0.036	0.054
	保加利亚	-0.086	-0.111	-0.115	-0.106	-0.099	-0.057
	意大利	0.064	0.074	0.090	0.097	0.091	0.091
	西班牙	0.058	0.050	0.060	0.061	0.064	0.079
	葡萄牙	-0.025	-0.034	-0.036	-0.033	-0.023	-0.023
	希腊	0.005	-0.041	-0.030	-0.041	0.004	0.035
	波兰	0.010	0.020	0.021	0.012	0.014	0.009
	捷克	-0.114	-0.127	-0.122	-0.136	-0.131	-0.121
	匈牙利	-0.243	-0.238	-0.232	-0.236	-0.221	-0.228
	德国	0.052	0.049	0.055	0.058	0.051	0.060
	爱沙尼亚	-0.135	-0.136	-0.125	-0.115	-0.102	-0.103
	拉脱维亚	0.026	0.011	0.019	0.046	0.048	0.054
	立陶宛	-0.144	-0.145	-0.165	-0.126	-0.112	-0.109
	俄罗斯	0.181	0.181	0.183	0.176	0.203	0.228

第二章 丝绸之路经济带生产网络形成及发展趋势

续表

区域	国家	2011年	2012年	2013年	2014年	2015年	2016年
欧洲	英国	0.072	0.073	0.081	0.103	0.116	0.100
	爱尔兰	-0.200	-0.203	-0.200	-0.229	-0.216	-0.238
	荷兰	-0.009	-0.013	-0.014	-0.019	-0.039	-0.024
	比利时	-0.105	-0.115	-0.112	-0.111	-0.101	-0.103
	法国	0.057	0.056	0.060	0.063	0.063	0.058
	瑞典	0.022	0.019	0.044	0.037	0.053	0.058
	丹麦	-0.060	-0.065	-0.070	-0.060	-0.068	-0.050
	芬兰	-0.027	-0.032	-0.023	-0.009	0.010	0.021

资料来源：相关数据均来自OECD-WTO于2018年发布的增加值贸易数据库（https://stats.oecd.org/Index.aspx?DataSetCode=TIVA_2018_C1），笔者整理计算得到。

2011~2016年，丝绸之路经济带沿线国家的GVC地位指数整体上呈逐年上升的趋势，少数国家有小幅度下降趋势。俄罗斯、中国、日本等国家在全球价值链中占据较高的位置。2011年，中国GVC地位指数为0.170，2016年升至0.271，全球价值链地位提升较快；2011年，印度GVC地位指数为0.048，到2016年提升至0.144。克罗地亚、波兰、爱尔兰等国家的GVC地位指数在2011~2016年呈现出小幅下降的趋势。韩国、塞浦路斯、捷克、匈牙利和丹麦等国家的GVC地位指数为"负数"，也就是说，这些国家出口贸易中的进口中间品增加值大于国内生产的中间品增加值，在很大程度上说明这些国家在参与国际分工中研发、设计和关键零部件生产等环节的创新能力处于较低水平，国际分工地位仍存在一定的提升空间。从次级区域间比较看，东亚和欧洲整体上在丝绸之路经济带生产网络中的国际分工地位较高，西亚地区地位较低。

（二）社会政策文化引导下的网络镶嵌结构

结构镶嵌指网络的整体结构，在此结构下交换的双方可以进行有效的信息交流，其所强调的是群体关系与机制如何影响交换关系（简兆权等，2010）。丝绸之路经济带生产网络反映出沿线国家间复杂的生产贸易分工关系，贸易的正常稳定开展不仅与各国的比较优势、产业政策等相关，更会受到社会文化差异和政治壁垒的约束。

丝绸之路经济带沿线国家间社会政策文化引导下的关系镶嵌结构的存在，是丝绸之路经济带生产网络权利分布结构的主要体现。由于丝绸之路经济带生产网络的发展与演化需要多样化的信息、知识和资源，这些不一定来源于单一国家（地区），更多的由生产网络中其他成员所拥有或控制，国家（地区）间通过网络关系进行联系与交流。而丝绸之路经济带多样化的社会政策文化差异，对网络

· 67 ·

内的贸易活动产生主要影响。沿线国家间的贸易活动包含许多不确定性，除宏观层面的政治风险、汇率波动、贸易政策变动及政治壁垒等因素，还涉及微观层面的企业决策、贸易伙伴选择、谈判以及贸易伙伴行为等因素（汪颖，2019）。一方面，贸易发生在复杂的社会关系中，不同社会政策文化间的差异和碰撞会给丝绸之路经济带生产网络内生产贸易合作的稳定性带来影响。相同社会政策文化国家间具有相似的道德规范和价值观，其生产贸易合作会因为更通畅的交流沟通、双边信任，以及相似的生活方式和消费偏好得到促进。而不同社会文化国家之间，不同的语言和行为规范所导致的认知差异和信息传递壁垒，会增加沟通成本，阻碍贸易关系的建立和维持，降低贸易合作的可能性。此外，丝绸之路经济带沿线国家宗教信仰的差异显著，导致不同国家对贸易规则和合同规则出现不同认识，进一步造成沟通障碍，抑制跨境贸易往来（袁金秋，2011）。另一方面，不同文明间存在不同的社会行为、社会关系以及设想和动力，因而产生更多信息壁垒和摩擦，导致贸易双方对未来不确定性风险预期增大。文化差异会导致信息不完全和不确定性风险，因此贸易双方为达成合约，不得不花费更多的时间和努力进行谈判磋商，导致实际交易成本提高。同时，不同文明之间价值观的差异还会影响贸易双方对自身地位的重视程度和利益要求。总的来说，丝绸之路经济带社会文化差异由社会价值观念、民族宗教信仰、语言、生活方式、风俗习惯、审美艺术、教育体制、社会生产组织形式和结构等诸多方面构成，主要通过道德观念、语言文字、社会组织制度、教育体制和价值观等对沿线国家间的贸易稳定性产生影响，影响作用网络如图 2-5 所示。

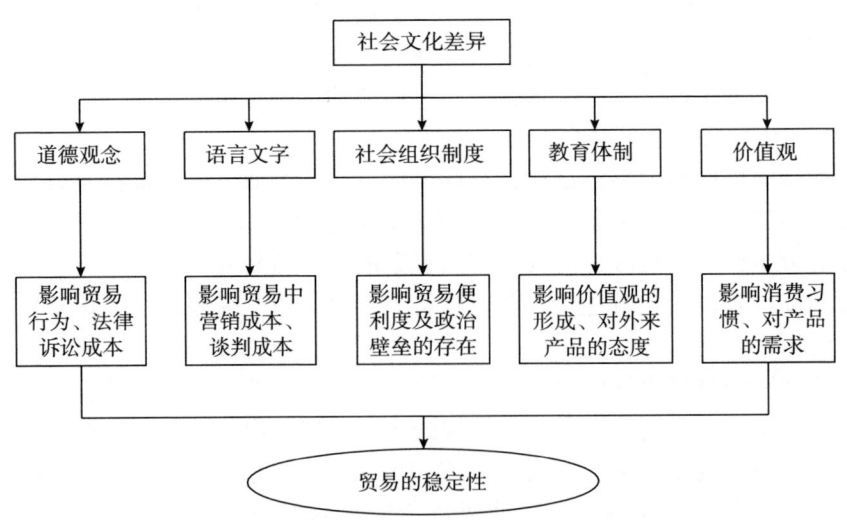

图 2-5　社会文化差异对贸易稳定性的影响作用网络

第二章 丝绸之路经济带生产网络形成及发展趋势

(1) 道德观念因素。道德是通过教育和社会舆论等力量引导人们拥有正确的价值观，具体包括善与恶、荣与耻、正义与邪恶，并促使人们日益养成良好的行为习惯和优良传统。社会道德观念主要是在思想和社会舆论中引导贸易双方的行为举止，由于丝绸之路经济带沿线国家的文化环境不同，各国民的道德观念存在差异，从而在面对不同的贸易对象时，行为态度会表现出明显的差别。在国际贸易中，除依靠法律的强制力保障合约实施，还需要道德观念对贸易主体行为进行约束。同一个国家（地区）中，人们被统一的道德观所束缚，发生贸易纠纷的概率下降，可当同一种道德去约束丝绸之路经济带沿线国家的贸易主体时，效力会下降。一旦发生贸易摩擦、纠纷，就需要寻找正式的法律手段，此时无疑会增加贸易成本，降低贸易的稳定性（占绍文和辛武超，2013）。

(2) 语言文字因素。国际贸易合约的最终达成需要前期贸易双方就产品质量、规格、价格、包装、保险等各个因素不断地进行沟通交流。但因贸易双方语言不同，就会影响对商品本身和其他有关条款的认知了解，造成交流效率低，时间成本大，不利于贸易的顺利进行。无论是口头还是书面函电，语言是跨国界或地区的贸易行为中最重要的非经济因素。丝绸之路经济带沿线区域（国家）涵盖的官方语言多达 50 多种，而非官方语言的数量更多。同时，区域内多数国家语言具有小众性，学习和传播尚不广泛，导致跨境经贸合作受到因语言和理解差异产生的沟通障碍影响。

(3) 社会组织制度因素。一个社会组织结构所采取的形式深受当地历史渊源、政治制度、文化环境和经济发展水平共同影响。管理规范、工作高效、制度严明的社会无疑会促进一国（地区）市场经济的高速发展，同时，透明的贸易政策也会增强一国（地区）的贸易实力。丝绸之路经济带沿线国家在参与贸易活动时，贸易政策和制度需符合国际要求，有利于实现双边或多边贸易便利化。然而丝绸之路经济带部分国家出于保护贸易利益考虑，不愿进行彻底的制度或机制改革，或是本身文化背景、政治壁垒的存在，使得社会工作效率低下，组织松散，这些都不利于贸易的进行。

(4) 教育体制因素。丝绸之路经济带沿线国家不同的教育体系，造成了专业知识的储备不同，形成了不同的价值观体系，人们对待生活工作的态度、观察视野、思维方式以及关注的视角都会有很大的差别。在国际贸易中，教育体制的差异在很大程度上会影响贸易参与方对产品内容的判断、态度以及需求。

(5) 价值观因素。在一定的社会环境中所形成的价值体系，深刻影响着个人或群体对待周边事物的整体判断和态度。丝绸之路经济带沿线国家个人或群体的价值观直接影响着人们的生活方式、风俗习惯、宗教信仰及需求偏好。根据需求偏好理论，价值观会影响个人或群体对国际贸易中外来产品的看法和要求，对一国市场的产品结构造成影响,进而影响该国的进口产品贸易结构。

(三) 生产网络内贸易的关联结构及其经济效应

丝绸之路经济带生产网络可以看作由沿线国家间生产分工与协作关系形成的社会经济系统。因此,可以用社会网络分析的方法和工具探索丝绸之路经济带生产网络内贸易的关联结构及其经济效应。这里以2013年和2018年丝绸之路经济带生产网络内贸易网络的结构和特征对其关联结构及经济效应进行解析。

1. 贸易网络可视化结构图

贸易网络结构是由多个国家间的连线组合而成的集合。为了考察关系强度的差异性,引入无权网络,无权拓扑网络能够反映节点之间的连接方式或网络的拓扑特性。一个无权网络用一个$N×N$邻接矩阵A表示,矩阵的每个元素a_{ij}表示节点i与节点j之间是否存在关系,如果节点i与节点j之间存在关系,则$a_{ij}=1$;若不存在关系,则$a_{ij}=0$。因此,这里构建矩阵$A^t=\{a_{ij}^t\}$反映t时期的无权拓扑网络,并设置出口1亿美元和10亿美元两个划分标准:如果生产网络中i国和j国的双边出口总额达到划分标准,则$a_{ij}^t=1$;如果i国和j国的双边出口总额未达到划分标准,则$a_{ij}^t=0$。为探明生产网络内贸易结构的动态演化趋势,从纵向角度构建2013年和2018年两个时期的网络。最后,按照时间以及贸易关系程度两个维度的划分,基于丝绸之路经济带59个样本国家①间的双边出口数据,构建出4个贸易关系网络,如图2-6~图2-9所示。

2. 密度分析

网络密度可以反映丝绸之路经济带生产网络各经济体之间关联网络的紧密程度,网络密度越大表明生产网络各经济体之间的经贸联系越紧密,同时生产网络对各经济体的影响越大。网络密度可被定义为网络中实际关系数量与理论上的最大关系数量之比(Bonchi et al., 2011),该指标取值范围为[0, 1]。规模为由n个经济体构成的有向关系网络,网络中包含的可能存在的最大关联关系总数为$n×(n-1)$,如果该网络中包含的实际关联关系数量为m,则该网络的网络密度D为:

---

① 由于丝绸之路经济带沿线72个国家和地区的进出口数据中缺失南亚4国(尼泊尔、不丹、斯里兰卡、孟加拉国)、中亚3国(塔吉克斯坦、土库曼斯坦、乌兹别克斯坦)、西亚北非5国(伊朗、伊拉克、叙利亚、利比亚、阿尔及利亚)和东亚1国(蒙古国)共13国的数据,所以选择的59个样本国家包括中国、日本、韩国、阿富汗、印度、巴基斯坦、马尔代夫、哈萨克斯坦、吉尔吉斯斯坦、阿塞拜疆、土耳其、约旦、以色列、巴勒斯坦、沙特阿拉伯、巴林、卡塔尔、也门、阿曼、阿联酋、科威特、黎巴嫩、格鲁吉亚、亚美尼亚、塞浦路斯、埃及、塞尔维亚、黑山、克罗地亚、斯洛文尼亚、波黑、马其顿、罗马尼亚、保加利亚、阿尔巴尼亚、意大利、西班牙、葡萄牙、希腊、波兰、捷克、斯洛伐克、匈牙利、德国、爱沙尼亚、拉脱维亚、立陶宛、白俄罗斯、乌克兰、摩尔多瓦、俄罗斯、英国、爱尔兰、荷兰、比利时、法国、瑞典、丹麦、芬兰。

第二章 丝绸之路经济带生产网络形成及发展趋势

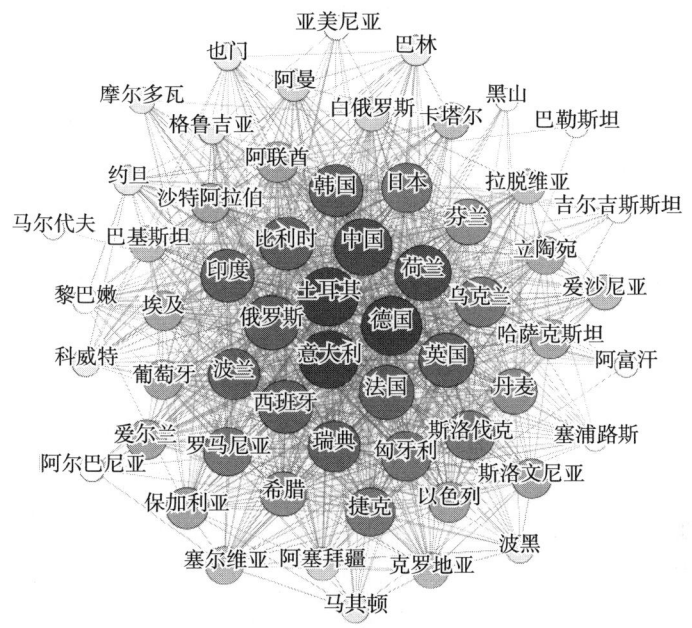

图 2-6　2013 年出口 ≥1 亿美元网络

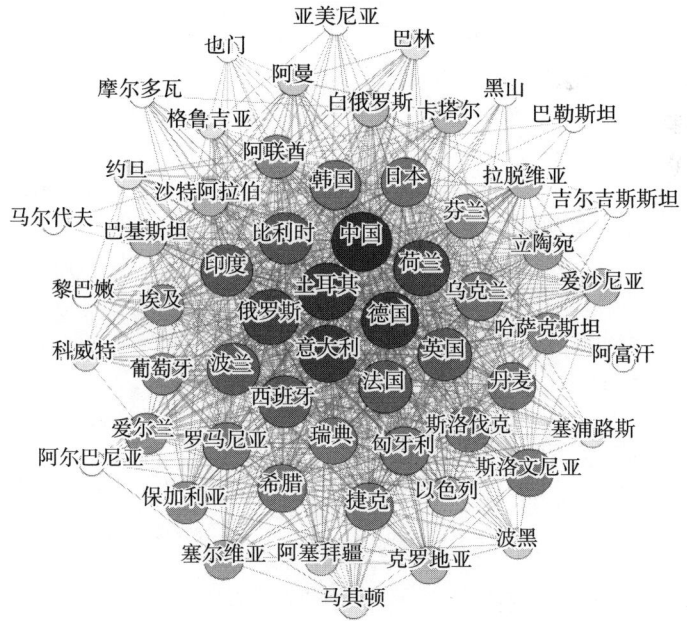

图 2-7　2018 年出口 ≥1 亿美元网络

· 71 ·

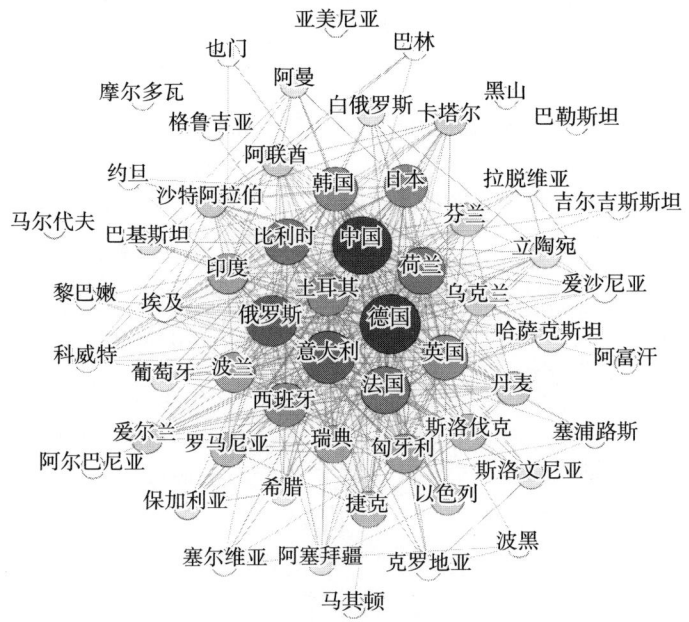

图 2-8　2013 年出口 ≥10 亿美元网络

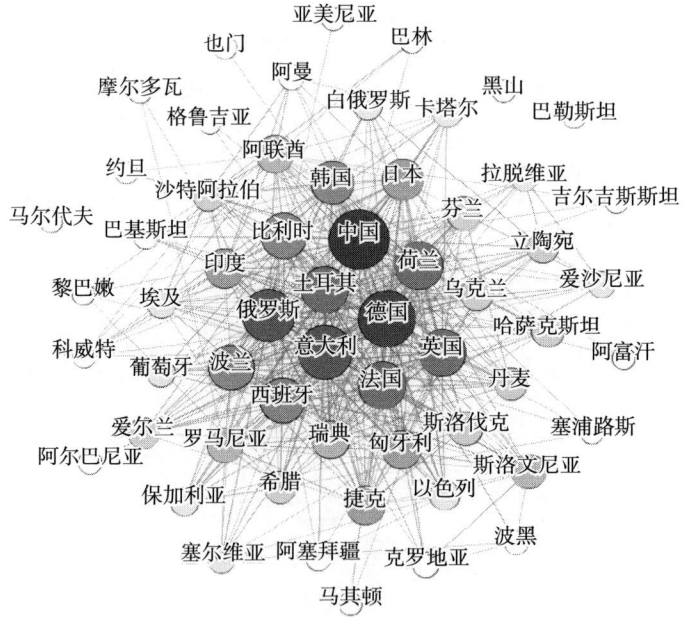

图 2-9　2018 年出口 ≥10 亿美元网络

$$D = \frac{m}{n \times (n-1)} \tag{2-8}$$

丝绸之路经济带贸易网络密度的测算结果如表 2-14 所示。理论上，一个由 59 个节点组成的网络包含的可能存在的最大关联关系总数为 3422。2013 年，总出口大于 1 亿美元和 10 亿美元的网络实际存在的关系数分别为 1556 与 704，密度分别为 0.4547 与 0.2057；2018 年，总出口大于 1 亿美元和 10 亿美元的网络实际存在的关系数分别提升至 1595 与 742，密度提升至 0.4661 与 0.2168。总体上看，丝绸之路经济带生产网络各经济体之间的贸易关系始终维持在较高水平，且呈现出持续上升的趋势，说明丝绸之路经济带生产网络内的贸易合作越来越频繁，地缘经济联系越来越密切。

表 2-14　丝绸之路经济带生产网络中的贸易关系网络密度

丝绸之路经济带出口网络	密度	标准差	显著关系数
2013 年出口≥1 亿美元	0.4547	0.4979	1556
2018 年出口≥1 亿美元	0.4661	0.4988	1595
2013 年出口≥10 亿美元	0.2057	0.3992	704
2018 年出口≥10 亿美元	0.2168	0.4121	742

3. 派系分析

派系指最少包括三个经济体的最大完备子群，派系内任意两个经济体间有直接经贸关系，因此派系是团体内联系非常紧密的小团体（王璐等，2019）。这种小团体并不具备经济体经贸联盟的实际意义，只作为团体内经济体经贸联系和合作行为等经贸层面亲疏关系的体现。派系分析可以反映丝绸之路经济带生产网络内经济体之间的小团体集聚现象以及小团体内部合作关系的紧密程度。从丝绸之路经济带生产网络过去五年派系演化的情况看，总出口规模大于 1 亿美元和 10 亿美元的网络派系数目都略微有所下降，如表 2-15 所示。但是派系数目一直处于较高的水平，表明丝绸之路经济带生产网络中经济体倾向于"抱团合作"。

表 2-15　丝绸之路经济带生产网络 4 个贸易网络派系演化情况

丝绸之路经济带出口网络	派系数目（最小规模为 3）	派系中出现频率前五的经济体
2013 年出口≥1 亿美元	66	土耳其（57 次）、意大利（55 次）、德国（50 次）、中国（49 次）、荷兰（48 次）

续表

丝绸之路经济带出口网络	派系数目（最小规模为3）	派系中出现频率前五的经济体
2018年出口≥1亿美元	64	中国（51次）、德国（48次）、荷兰（47次）、英国（47次）、土耳其（46次）
2013年出口≥10亿美元	47	德国（28次）、意大利（26次）、中国（25次）、俄罗斯（23次）、比利时（20次）
2018年出口≥10亿美元	39	德国（30次）、意大利（24次）、中国（24次）、英国（20次）、法国（20次）

进一步观察发现，"抱团"的经济体之间存在很多重叠。例如，2013年出口大于1亿美元的网络共有66个最小规模为3的派系，而土耳其是57个派系共同的成员，中国是49个派系共同的成员。在4个网络中，中国在各个派系中的出现频率均居于前五位。多重派系身份可以使中国在丝绸之路经济带生产网络中能够扮演中介者角色，起到联结丝绸之路经济带生产网络不同派系的枢纽作用。另外，由于网络中不同派系间的重叠点可被看作处于子群结构洞位置的中介节点（赵炎等，2016），中国联结了多个派系，因而可以吸收不同派系的异质性资源并能在一定程度上影响资源流动。

第四节 丝绸之路经济带生产网络主要国家价值链定位的影响分析

随着技术进步和贸易自由化的进一步深入，丝绸之路经济带生产网络的形成与发展为沿线国家融入新的全球化经济体系、促进技术进步并实现全球价值链地位攀升提供了平台。立足于生产网络与全球价值链理论分析，探究参与丝绸之路经济带生产网络对沿线国家全球价值链地位提升所发挥的作用，有利于促进沿线国家的优势互补，推进全球价值链发展与合作进程，同时为丝绸之路经济带生产网络的深度推进提供理论依据。

一、生产网络—价值链位置理论模型的构建

参照 Hausmann 等（2007）和邱斌等（2007）研究国际分工与 GVC 地位提升之间关系的理论框架，本书构建了一个微观视角下的两国模型，引入"成本发现"理论扩展生产模型，以国际产能合作中发展中国家出口部门生产率水平的提

升为着眼点，探寻相关因素对丝绸之路经济带沿线各国 GVC 地位提升的影响机理。

假设在跨国公司主导下，发达国家 D 和发展中国家 C 开展国际产能合作完成商品 G 的生产，最终产品的消费市场在 D 国，发达国家 D 的 GVC 地位高于发展中国家 C，发展中国家 C 出口企业的生产函数为：

$$Y = AL^{\alpha}K^{\beta}N^{\delta} \tag{2-9}$$

式中，L、K、N 分别为 C 国出口企业投入的劳动力要素、资本要素和资源要素；α、β、δ 分别为投入的劳动力、资本和资源产出的弹性系数，假设 $\alpha+\beta+\delta=1$，即投入要素的规模报酬不变；A 为 C 国出口企业组合三类要素进行生产的技术参数，A 值越大，表明 C 国出口企业生产商品 G 的技术水平越高，越有可能承担技术更复杂的生产阶段，从而在 GVC 中位于更高的分工地位。A 服从 $[0, \lambda]$ 的一致均匀分布，λ 表示 C 国的技术禀赋，由内部知识（I）、外部知识（O）和促进内部及外部知识资本积累的要素（T）构成，其函数表达式为：

$$\lambda = f(I, O, T) \tag{2-10}$$

依据祝树金等（2010）的研究，C 国出口企业可以选择自己开发商品 G 的生产阶段，也可以模仿生产率水平（$A^{\max}$）更高的发达国家 D 的生产阶段，假设 C 国企业的模仿效率为 ε，且 ε 服从（0, 1）的均匀分布。当出口企业 i 的生产率水平低于发达国家 D 的生产率（$\varepsilon A^{\max}$）时，出口企业 i 选择模仿发达国家 D 商品 G 的生产阶段；当出口企业 i 的生产率水平大于发达国家 D 的生产率（$\varepsilon A^{\max}$）时，出口企业 i 选择自己开发商品 G 的生产阶段。出口企业 i 的生产可能区间服从区间 $A_i \in [\varepsilon A^{\max}, A^{\max}]$，如图 2-10 所示。

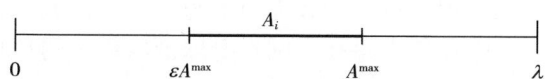

图 2-10 出口企业 i 的生产率水平

参照 Hausmann 等（2007）的研究，将 $A^{\max}$ 的期望值设置为与 λ 和出口企业个数 m 密切相关的连续函数：

$$E(A^{\max}) = \frac{\lambda m}{m+1} \tag{2-11}$$

当出口企业 i 的生产率水平低于发达国家 D 的生产率时，出口企业 i 选择模仿的概率和生产率水平的期望分别为：

$$\mathrm{prob}(A_i < \varepsilon A^{\max}) = \frac{\varepsilon E(A^{\max})}{\lambda} = \frac{\varepsilon m}{m+1} \tag{2-12}$$

$$E(A_i < \varepsilon A^{\max}) = \varepsilon E(A^{\max}) = \frac{\varepsilon \lambda m}{m+1} \qquad (2-13)$$

当出口企业 i 的生产率水平大于发达国家 D 的生产率时，出口企业 i 选择自己开发的概率和生产率水平的期望分别为：

$$\text{prob}(A_i \geq \varepsilon A^{\max}) = 1 - \text{prob}(A_i < \varepsilon A^{\max}) = 1 - \frac{\varepsilon m}{m+1} \qquad (2-14)$$

$$E(A_i \geq \varepsilon A^{\max}) = \frac{1}{2}\left[\varepsilon E(A^{\max}) + \lambda\right] = \frac{1}{2}\lambda\left(1 + \frac{\varepsilon m}{m+1}\right) \qquad (2-15)$$

由此加权后得到 C 国出口企业 i 技术参数 A 的期望值：

$$E(A_i) = \frac{1}{2}\lambda\left[1 + \left(\frac{\varepsilon m}{m+1}\right)^2\right] \qquad (2-16)$$

对式（2-14）求期望，并做简单移项处理后，将得到：

$$\frac{E(Y)}{L} = \frac{1}{2}f(I, O, T)\left[1 + \left(\frac{\varepsilon m}{m+1}\right)^2\right]\left(\frac{K}{L}\right)^\beta \left(\frac{N}{L}\right)^\delta \qquad (2-17)$$

式（2-17）表明，决定出口部门生产率水平（即 C 国 GVC 地位）的关键因素包括内部及外部知识、促进内部及外部知识资本积累的要素、相对资本、相对资源禀赋以及从事研发和成本发现的企业数量等。因此，发展中国家 C 和发达国家 D 开展国际产能合作只要能影响上述因素，就能提高或降低出口部门生产率水平，进而提升或降低本国 GVC 地位。

二、生产网络对价值链地位的影响路径

丝绸之路经济带生产网络的形成和发展在推动沿线国家经济增长方面发挥了积极的作用，在生产网络中通过生产分工与贸易降低企业成本，不断改善劳动生产率，从而增加产品的附加值来提高一国在全球价值链中的地位。具体来看，一国或地区参与生产网络主要通过直接渠道和间接渠道两个路径影响其价值链地位（邱斌等，2007）。

（一）直接渠道

1. 网络联系广度与全球价值链地位提升

一国在生产网络中拥有较高的网络联系广度，预示着该国贸易伙伴分布广泛，并在生产网络中构建了广泛的贸易合作关系。而贸易伙伴与贸易关系数量的多寡会从三个方面对该国的 GVC 地位提升产生影响：其一，较多的贸易伙伴会带来更大的市场需求，更多接触先进技术和管理经验的机会以及更激烈的市场竞争，这些都会促进该国产业竞争力的提升；其二，拥有较多的贸易伙伴的国家可以对合作伙伴的不同比较优势进行整合，并设计出有效的贸易产品结构；其三，分布广泛的贸易关系可以有效地避免对单个国家产生贸易依赖，有利于抵御贸易

风险,并为其出口产业的发展提供有力、稳定的支持。

2. 网络联系强度与全球价值链地位提升

一国在生产网络中拥有较高的网络联系强度,意味着该国与生产网络其他国家的贸易额较大,贸易额的大小会通过企业内在增长效应以及获得合作国的知识溢出两个方面对该国全球价值链地位的提升产生影响。一方面,大部分新古典经济学家认为,贸易额的增加可以促进资本增长,而资本积累使得企业有能力增加投入,进而借由规模经济和技术能力的提升提高企业生产效率,最终促使其全球价值链地位升级;另一方面,很多研究表明,如果一国的出口对象国为价值链高端国家,则该国可以通过与高端国家的贸易关联关系获得知识溢出,进而促进该国全球价值链地位的提升(Reyes et al., 2008)。因此,一国可以通过加深与其他国家的网络联系,实现全球价值链地位的攀升。

3. 网络中心性与全球价值链地位提升

一国在生产网络中拥有较高的网络中心性,意味着该国在生产网络中具有较高的地位,该国能够从直接构建网络关系的能力以及控制网络资源的能力两个方面对其在全球价值链的地位产生影响。一方面,在生产网络中具有较高中心地位的国家具有较强的与网络中其他国家直接构建关系的能力,可以通过与具有价值链高端地位的国家构建贸易关联,获得接触先进技术与管理经验的机会,并从频繁的合作中获得知识溢出;另一方面,在生产网络中具有较高中心地位的国家通常具有较高的控制网络资源的能力,可以更好地整合生产网络中的资源,进而在国际分工中占据更高的价值链环节(Gereffi, 1999)。因此,网络中心度高的国家在国际分工与贸易方面有较大的比较优势,其价值链分工地位较高。

4. 网络影响力与全球价值链地位提升

一国在生产网络中的影响力包含该国对网络中其他国家产生的直接影响和间接影响两个层面,一方面意味着该国自身具有较大的影响力,另一方面意味着与该国合作的国家也是强国,能够对生产网络中其他国家产生较大影响。就直接影响力看,一国可以凭借较高的直接影响力在国际分工中获取更多的优先权利,比如,优先选择附加值更高的价值链环节,或者在同样的价值链环节获得更高的议价权,从而在国际分工中收获更高的附加值;就间接影响力看,与强国合作意味着一国可能获取更多接触先进技术以及管理经验的机会,而从强国获得的知识溢出会有效地促进该国全球价值链地位的提升。因此,一国在生产网络中的影响力的增强,有利于其价值链地位的攀升。

(二)间接渠道

1. 技术转移与扩散效应

跨越国界的生产网络拓宽了比较优势的范畴,促使技术等生产要素在更大的地理空间上自由流动。在一种理想情形下,贸易网络使生产要素的最优配置突破一国界线,在更大的空间尺度上实现帕累托优化。Costinot 和 Rodríguez-Clare (2013) 研究表明,贸易网络带来贸易成本降低,会促使生产要素流向生产效率更高的企业,造就贸易利益的第二轮提高。具体来看,在贸易网络造就的基于比较优势的分工中,发达国家更多地从事于高技术商品的生产与出口,而 Young 等 (1991) 研究表明,高技术商品生产的"干中学"效应远大于低技术商品生产,因此,发达国家会从贸易网络中获得更高的生产效率提升与资本规模增长;对于主要从事低技术中间品出口的发展中国家来说,为了满足跨国公司对出口中间品的要求,可投入更多资本与熟练劳动力等要素,从而实现生产要素的更优化配置,为其 GVC 地位的提升创造前提条件。

在生产网络中,各类企业积极开展合作,完成某种特定产品的生产;领导厂商和高级供应商、高级供应商和低级供应商之间不再是绝对的"竞争"关系,而是"竞合关系"。为保证生产的及时和顺畅进行,发达国家下游企业提供给发展中国家上游供应商符合质量和技术标准的中间投入品,或者为了增强产品的竞争力,会积极向发展中国家的上游企业转移技术。Pack 和 Saggi (2001) 建立的三阶段竞争模型从微观机制上探讨了发达国家领导厂商对发展中国家供应商进行技术转移的动机,且其他未能直接接受技术转移的发展中国家企业也可以从技术转移的外部性溢出(即技术扩散)中获益。因此,通过上述技术转移和扩散机制,参与生产网络可以提升一国特别是发展中国家的价值链地位。

2. 中间品进口的技术外溢效应

商品,尤其是中间品,其在生产网络中的流动将促使商品内蕴含的技术出现溢出效应(Coe et al., 1997)。发展中国家凭借自然资源和劳动力资源禀赋嵌入到产品的生产链中,从国外进口大量优质的中间品。当出口国企业位于生产下游时,如果从上游生产企业进口高技术含量的中间品,则下游企业可以利用高技术中间品投入,直接提升自身的生产效率并获得更多的利益,同时可以通过模仿、学习上游生产企业的专业技术,进而获得自身技术水平的提升,最终推动企业在全球价值链分工中的地位攀升。当出口国企业位于生产上游时,一方面,企业为了争取国外客户的订单,会主动改善工艺流程,积极提高自身技术水平,提升企业在国际市场上的竞争力;另一方面,国外客户订单要求的技术标准及商品质量通常高于国内,在订单化生产过程中,国外较高的技术标准将被出口企业复制,实现了技术的提升。同时,为了满足国外客户严苛的要求,出口企业会积极主动地提升技术水平,实现企业全球价值链地位的攀升。此外,出口企业技术水平的提高,还会通过劳动力流转、企业示范效应等途径,带动国内非出口企业技术水平的提升,从而实现更大范围的技术外溢。

一国对于中间品的进口在实现产业升级过程中，通过技术示范效应和技术关联效应两个路径提升本国的技术水平，实现从全球价值链低端位置向高端位置升级。技术示范效应表现在本国或地区通过向出口中间品的发达国家学习一些先进的制造技术和管理经验等，提升自身的自主创新能力，同时加速自身知识和专业人才的积累，促进自身技术的进步，从而提升某个行业在价值链中的位置。技术关联效应表现在产业之间的联系会带来技术联系，导致不同程度的技术外溢产生。如金融、咨询和运输等环节被作为中间投入参与到产品生产过程中，这些是中间品进口贸易发生的前向关联，中间品出口国的生产成本低、技术水平高，就会降低中间品进口国企业的生产成本，增加进口国最终产品的科技含量和附加值。同时，中间品出口国为了提升其在国际市场上的竞争力，必然会提升自身的管理水平和技术水平，在改善自身生产效率的同时会增加商品的附加价值。此外，中间品进口国在贸易过程中会融入其创新网络中，自然会获得技术的外溢，在学习先进技术的同时提升本国的技术水平和创新能力，实现本国在全球价值链地位的攀升。

3. 中间品出口的劳动力配置效应

一国可以通过在参与生产网络过程中不断积累熟练劳动力，进而为本国技术升级和价值链提升提供强劲的基础。在生产网络发展过程中，伴随着各国企业生产规模的重新调整，处于比较优势地位的企业由于国外需求的增加，扩大劳动、资本等要素投入。生产网络中中间品出口的发生在一定程度上带来劳动力配置效应，进口贸易导致人力资本的总体素质提升和总体数量的加大，人力资本积累会促使该国全球价值链地位的提升，具体通过生产要素的积累和技术水平的提高等方面实现。其一，劳动力作为一种特殊的中间投入嵌入到商品中，可以促进其他生产要素效率的改善。中间品带有一定的技术和知识，在本国进口并消费中间品时，可以学习并模仿其中的技术，进而在中间品生产方面的人力资本会得到积累，人才的整体素质也会高于原来的水平。其二，中间品贸易还可以通过国际直接投资等方式实现劳动力的配置效应。跨国公司在形成的过程中不仅会提升人力资本存量，具备高水平的技术和管理理念的跨国公司还需要运用东道国丰裕的劳动力资源，东道国的人员将接受来自出口国的高水平技能培训，从而使本国人力资本得到积累。同时，随着对外开放程度不断扩大，跨国公司的存在必然会给东道国本身各个方面带来不小的压力，而东道国的企业会意识到提升资本积累对自身未来发展的重要程度，从而提高对劳动力重新配置的重视程度。其三，技术贸易在中间品出口贸易中具有显著的作用。技术决定了商品在全球市场的竞争能力，也在中间品出口贸易中起到了关键的作用。在进行技术贸易时，需要进行一系列的技术培训，这样无形中会提升进口国的人力资本存量。此外，人才交流、留学等方式也会在一定程度上增加这种人力资本存量，同样改变了进口国和出口国的劳动力配置结构。

三、参与生产网络对全球价值链地位的影响因素及作用机制

根据传统的国际贸易理论，每个国家都应集中生产并出口具有比较优势的产品，进口具有比较劣势的产品，在区域生产网络中获得专业化分工，提高劳动生产率，进而提升本国的价值链地位。因此，一国的要素禀赋结构直接影响着其全球价值链地位。同时，根据 Grossman 和 Helpman（2002）、Gereffi 和 Sturgeon（2013）等研究，技术及知识的积累、贸易关系、FDI 活动和政策制度等会通过影响一国在生产网络中的分工，进而影响其全球价值链地位。

（一）要素禀赋

要素禀赋指一国所拥有的并能用于生产的各种生产要素（包括土地、劳动力、资本和企业家才能）的数量。H-O 理论（即赫克歇尔—俄林理论）认为，各国和地区应该在要素方面发挥自己所具有的优势，以要素分布为客观基础，强调各个国家或地区不同要素禀赋和不同商品的不同生产函数对贸易产生的决定性作用。将可流动投入要素（如资本）与不可流动投入要素（如土地）等按一定的比例结合，可综合发挥各类要素的生产效率。

要素禀赋条件可以通过影响贸易结构、产业结构、国际竞争力等因素，进而对一国的价值链地位产生影响。一国或地区在参与全球价值链分工中，如果不能正确地利用其要素禀赋条件，将很难促进经济增长和提升产业竞争力，也难以实现其在全球价值链地位的攀升。反之，如果一国能够合理地利用其具有的要素禀赋条件，发挥要素禀赋优势，促进产业结构优化升级，则将会获得不错的要素禀赋回报，对经济水平、产业竞争力、价值链地位的提升产生促进作用。

（二）技术及知识的积累

技术及知识积累的差异是影响发达国家与发展中国家在全球价值链中获利和地位的重要影响因素。企业处于不同的成长阶段所掌握的资源决定了其在生产过程中的获利大小。发达国家企业在技术方面拥有相对优势，位于"微笑曲线"的两端，能够凭借其掌握的技术、专利、研发等资源获得较高的收入回报。而发展中国家或欠发达国家企业长期处于价值链低端环节，主要从事加工组装、零部件制造等低价值回报的环节，缺乏产品话语权，加之其吸收外来技术能力及自身创新能力较弱，很难逾越技术差距，价值链升级容易受到阻碍。在这样的分工格局下，如果没有新的改革和突破，将会抑制发展中国家科技创新能力的提高，降低产品国际竞争力。因此，一国全球价值链地位的提升依赖于获得更多的分工利益以及采取积极的措施不断提高技术发展水平，向价值链两端的高附加值环节

延伸。

技术及知识水平对一国在全球价值链中的地位攀升具有促进作用。首先,技术水平与人力资本密切相关。新结构经济学认为,人力资本是一个国家资源禀赋的组成部分,可以提高劳动者应对产业升级和技术创新过程中的风险及不确定性能力。人力资本积累能够增强发展中国家在高端投入品上的生产能力,以更低的价格提供更多服务,为向价值链高端分工延伸奠定基础(Fuest,2008;Wang and Wei,2008)。其次,生产分工过程中技术水平的动态变化与人力资本质量密切相关。从"微笑曲线"理论及内容可知,发达国家技术水平高,较多集中于技术密集型生产环节,获得较高收益;发展中国家技术水平低,只能参与低技术含量环节的生产,获得较低的收益(王宝伟,2014)。在这种分工过程中,技术水平会产生变化,发展中国家会通过发达国家的技术溢出效应提升自身技术水平。最后,人力资本质量的高低决定了一国对先进技术的学习能力。一国国家人力资本质量越高,企业学习、模仿和吸收国外先进技术的能力越强;相反,企业不仅不能有效吸收外资企业先进技术,可能还会抑制研发投入。

(三)贸易关系

贸易关系是一国价值链位置攀升的重要影响因素(Zhang and Wan,2007)。贸易可以促进技术信息传递、知识溢出,提升贸易双方技术创新能力以及各贸易国企业生产的专业化程度,打开国际交流渠道,推动贸易国的价值增值和经济增长。贸易关系具体通过技术溢出效应、研发激励效应、竞争效应、经济贡献效应实现价值增值。

第一,进口贸易是一国本土企业获得国外技术溢出的重要渠道。技术会通过贸易进行扩散,研发资本在产品中物化,进口国不必支付研发费用就可以使用该产品,得益于出口国的技术外溢效应,使得进口国生产率和技术水平得以提高。叶灵莉和王志江(2008)采用 VAR 模型分析了中国进口贸易和技术水平的关系,发现中国进口贸易存在技术溢出,正向促进企业技术水平提升。可见,进口国企业通过产品进口能够获得出口国企业的外溢技术,通过设备进口能够得到出口国企业的技术指导,通过与出口国企业的交流学习可以提高进口国企业的技术水平。

第二,进口高技术水平产品能够对企业产生研发激励效应。一方面,会促进进口国企业对出口国先进技术进行学习和模仿,将其应用于自有产品的研发生产中;另一方面,会激励进口国企业在吸收外国技术的基础上进行自主研发,提高进口国企业产品的技术含量,促进技术进步。因此,进口高技术水平产品会推动进口国企业的技术研发,提高技术水平,实现价值增值和全球价值链地位的攀升。

第三，进口贸易对本土产品形成竞争效应。国外产品进入本土市场后，会改变当地原有的市场结构和竞争格局。一方面，本土企业占据并扩大市场份额，必须凭借其技术和质量优势，需要研发资金投入和研发人员培养，这就激励本土企业在技术、人才等方面进行改善，提高技术创新水平；另一方面，会淘汰一批低生产效率企业，使得行业的整体生产效率得到提高。因此，进口产品产生的竞争效应将有助于本土企业提高技术水平和生产效率，使其在国际市场上更具有竞争力。

第四，贸易关系通过影响一国贸易规模和贸易结构而对经济产生贡献效应。贸易规模能够影响一国的经济增长幅度，贸易结构能够影响贸易产品的技术溢出效应，使得进口产品技术溢出能够对经济增长起到更为持久的促进作用（Montagna et al.，1993）。贸易规模和贸易结构导致的经济增长能够显著提升一国的全球价值链地位。一方面，经济增长带来的利润使企业更有能力购买先进设备，提高生产效率，也可以增加研发投入改善原有技术，还可以投资高技术、高附加值行业。这不仅能够提高企业的产品质量和技术含量，还能够扩大产品生产范围，从高度和广度上能够影响行业出口复杂度（Kumakura，2007）。另一方面，经济增长能够拉动消费，使得市场对产品技术复杂度的要求增加，低技术复杂度产品在本国遭到淘汰，产品技术复杂度最终会被改善。因此，贸易引起的国家经济增长和生产技术水平改善能够带来资本积累和消费结构升级，对国家提升其全球价值链地位具有显著影响。

（四）FDI 活动

FDI 对价值链地位的提升主要通过 FDI 的技术溢出机制实现，可以分为水平（行业内）的技术溢出与垂直（行业间）的技术溢出。

在水平溢出上，FDI 主要通过示范效应、竞争效应和人员流动等途径实现对一国的技术溢出效应。首先，外商投资企业进入东道国，会增加本地企业获取新信息和新知识的机会，可以通过对外商投资企业的产品和生产经验吸收、模仿甚至改进获得技术水平的提升；其次，外商投资企业进入东道国，会改变当地的市场结构和原有的竞争格局，产生竞争效应，"倒逼"本地企业加强研发、进行设备更新换代、注重人才培养等，促进本地企业生产效率的提高（李晓钟和何建莹，2012）；最后，外商投资企业进入东道国后，会对当地的员工进行技术培训和指导，这些员工的流动会将外商投资企业先进的管理经验和技术知识传播到本地其他企业，从而产生技术溢出效应。

在垂直溢出上，FDI 主要通过产业价值链的产业关联产生前向关联溢出效应和后向关联溢出效应实现对一国的技术溢出。前向关联溢出效应指东道国企业使用外商投资企业高质量的产品作为中间投入品所获得的收益，包括使用技术水平高的零部件、更先进的机器设备和更优质的售后服务,这些都会在一定程度上提高下游企业的生产效率;后向关联溢出效应指东道国企业的产品被外商投资企业作为中间投入品使用所获得的溢出效应。当国际贸易及运输成本相对较高,且东道国生产的中间投入品与母国或其他国家的中间投入品质量差距较小时,外商投资企业会倾向于在东道国当地采购中间品。由于跨国企业对中间投入品的质量要求较高,标准更加严格,为规避违规风险,外商投资企业会选择对东道国企业进行技术支持,这些技术和知识被东道国企业吸收利用后,会提高东道国本土企业的生产技术水平,促进其产业升级和全球价值链地位的提升。

(五)政策制度

最优产业结构会随经济发展水平而变化,每个特定产业结构都需要与之相匹配的政策制度环境以尽可能降低运行和交易费用,并促进出口技术复杂度的提升(戴翔和金碚,2014)。其中,硬性制度环境包括能源、交通和通信系统等,软性制度环境包括金融体系、进出口管制、法律体系等。丝绸之路经济带沿线国家为实现价值链地位提升而向技术资本密集型调整,这个过程不可避免地要受到制度环境的影响,具体表现在贸易自由化程度、投资自由化程度和知识产权保护体系三个方面。各国政府支持贸易自由化,有助于企业嵌入全球价值链生产,也有助于企业通过产品进口获得国外先进技术,实现自身的技术进步;政府支持投资自由化,完善金融体系则对企业资本流动更加有利,使得融资成本降低、市场活跃度变高;政府完善以知识产权保护为代表的法律体系,能够激励跨国公司将高技术含量的生产环节转移到发展中国家,扩展企业研发人员视野,提高技术创新积极性。

政策制度对经济成本的影响使得具有高制度质量的国家在融入全球价值链中的广度和深度方面优势显著。在全球价值链分工体系下,不同价值链环节的要素密集度不同,不同国家由于其自身要素禀赋的特点,与之相匹配的价值链环节也自然有所差别,而政策制度正是影响一国要素禀赋的重要因素。由于国家之间要素禀赋、需求偏好等差异所造成的国际经济交往,其目的往往在于对高效率和低成本的追求。其中,交易成本(包括契约执行、腐败控制等)在很大程度上受到该国政治稳定、政府效能、经济贸易自由度、法治完善度以及产权保护度等外部政策制度的影响。因此,一国政治制度的完善及合理在很大程度上会促进该国全球价值链地位的提升。

四、主要国家参与生产网络的程度对价值链地位影响的实证分析

(一)计量模型设定及变量说明

本书通过生产网络—价值链位置理论模型的构建,从直接渠道和间接渠道分析了生产网络对各国全球价值链地位提升路径的影响，并提出丝绸之路经济带生产网络有助于提升沿线国家的全球价值链分工地位这一推论。借鉴 Nunn（2007）以及马述忠等（2016）对生产网络与全球价值链分工地位的研究，建立计量模型如下：

$$\mathrm{ESI}_{it} = \alpha + \beta \mathrm{EOutDegree}_{it} + \gamma \mathrm{Strength}_{it} + \theta \mathrm{Degree}_{it} + \delta \mathrm{ERow}_{it} + \sum \rho \mathrm{Ctrol}_{it} + \phi_i + \omega_t + \varepsilon_{it} \quad (2-18)$$

式中，ESI_{it} 为丝绸之路经济带沿线国家的价值链分工地位，与前文对应，这里选取出口商品结构相似度指数为衡量指标；$\mathrm{EOutDegree}_{it}$、$\mathrm{Strength}_{it}$、Degree_{it} 和 ERow_{it} 为贸易网络特征变量，分别代表网络联系广度、网络联系强度、网络中心性和网络影响力；Ctrol_{it} 为影响全球价值链地位提升的其他控制变量的集合；ϕ_i 和 ω_t 分别为截面误差项和时变误差项；ε_{it} 为随机误差项。

控制变量具体如下：

物质资本（Capital）。作为重要的生产要素，物质资本投入增加能显著改善生产条件，借由对生产能力的影响提高一国参与国际分工的 GVC 地位（吕越等，2017）。这里参考 Ha（2005）对物质资本的衡量方法，采用固定资本形成占 GDP 的比重衡量样本国家物质资本投入水平。

研发投入（RD）。毋庸置疑，研发投入的增加可以显著提高蕴含在产品中的技术含量值，提高产品的附加值，进而推动一国出口部门 GVC 地位攀升。本书采用一国研发支出占 GDP 的比例来衡量该国研发投入水平。

制度环境（Freedom）。良好的制度环境可以降低企业交易成本，激励企业开发、运用先进技术，有效提高企业的生产效率（Coase，1937）。这里参考邱斌等（2007）的研究，选取加拿大的独立研究智库——弗雷泽研究所（Fraser Institute）发布的经济自由度指标（Economic Freedom Index，EFI）反映生产网络中各国的制度质量。

资源丰裕度（Resources）。丝绸之路经济带具有丰富的自然资源储备，沿线国家自然资源储备越丰富意味着一国的要素成本越低，这有利于发展中国家凭借成本优势嵌入全球价值链环节。本书采用矿石、金属、燃料出口占商品出口的比重来衡量这一指标。

运输能力（Railways）。东道国强大的运输能力能显著减少经济活动的运输成本，有利于促进要素流动，进而提升企业的生产效率，对 GVC 地位的提升具有正向促进效应。本书以东道国单位国土面积上的铁路覆盖率来反映陆地运输能力。

（二）方法选择

运用混合普通最小二乘法（Ordinary Least Squares，OLS）的估计方法对网络联系广度、网络联系强度、网络中心性和网络影响力等贸易网络特征变量进行参数估计。由于全球价值链地位的提升可能存在一定的路径依赖，在模型中加入了因变量的一阶滞后项作为解释变量，这会使得OLS方法的估计结果不再满足于无偏性和一致性的统计性质，加上模型本身可能存在内生性问题（全球价值链地位会对国家在生产网络中地位和影响力产生影响），选择系统广义矩估计（Generalized Method of Moments，GMM）方法对引入了被解释变量滞后项的模型进行参数估计。

在两类常用的GMM方法中，系统GMM方法不仅适用于自回归模型的参数估计并能克服内生性问题，还能弥补差分GMM有效性不足的弱点，因此这里选取系统GMM方法估计自回归模型的参数。由于GMM方法有效应用要求残差序列不存在二阶和更高阶的自相关，并且模型选择的工具变量是严格外生的，因而对自回归模型的估计结果通过AR（2）检验和Sargan检验确保工具变量及模型设定有效。

（三）样本选取与资料来源

研究期选取2000~2018年，与前面贸易关系网络分析一样，缺失13个国家的数据，这里最终选择丝绸之路经济带沿线59个国家作为样本，包括：中国、日本、韩国、阿富汗、印度、巴基斯坦、马尔代夫、哈萨克斯坦、吉尔吉斯斯坦、阿塞拜疆、土耳其、约旦、以色列、巴勒斯坦、沙特阿拉伯、巴林、卡塔尔、也门、阿曼、阿联酋、科威特、黎巴嫩、格鲁吉亚、亚美尼亚、塞浦路斯、埃及、塞尔维亚、黑山、克罗地亚、斯洛文尼亚、波黑、马其顿、罗马尼亚、保加利亚、阿尔巴尼亚、意大利、西班牙、葡萄牙、希腊、波兰、捷克、斯洛伐克、匈牙利、德国、爱沙尼亚、拉脱维亚、立陶宛、白俄罗斯、乌克兰、摩尔多瓦、俄罗斯、英国、爱尔兰、荷兰、比利时、法国、瑞典、丹麦、芬兰。

其中，用以表征全球价值链地位的出口商品结构相似度指数（ESI），是根据联合国商品贸易数据库HS6分位码下的出口数据计算得到，EOutDegree$_{it}$、Strength$_{it}$、Degree$_{it}$和ERow$_{it}$四个反映贸易网络特征的主要解释变量是根据联合国商品贸易数据库HS2分位码下的双边出口数据计算得到。控制变量中，物质资本Capital（固定资本形成占GDP的比重）、资源丰裕度Resources（矿石、金属、燃料出口占商品出口的比重）、运输能力Railways（单位国土面积上铁路覆盖率）、研发投入RD（一国研发支出占GDP的比重）根据世界银行数据库计算得到，制度环境Freedom（经济自由度指标）指标数据来源于Economic Freedom of the World数据库。

（四）实证结果与分析

混合OLS和系统GMM方法的估计结果如表2-16所示。其中，列（1）到列

(4) 为静态模型运用混合 OLS 方法估计参数的结果,列(5)到列(8)为动态模型运用系统 GMM 估计参数的结果。动态模型的 AR(2)检验和 Sargan 检验结果显示,四个动态模型在 1% 的显著性水平下,差分序列存在一阶序列相关但不存在二阶序列相关,并且工具变量选择有效,保障了研究结论的可靠性。静态模型的估计结果显示,在 1% 的显著性水平下,网络联系广度 EOutDegree、网络联系强度 Strength、网络中心性 EDegree 和网络影响力 Erow 四个核心解释变量对各国全球价值链地位提升具有显著的正向影响。在考虑全球价值链地位提升路径依赖的动态模型中,系统 GMM 方法估计的结果也得出与静态模型估计结论类似的结论,即四个网络特征变量对各国全球价值链地位提升具有显著的正向影响,进而促使各国全球价值链地位提升。动态模型的回归结果还显示,全球价值链地位的一阶滞后项在 1% 的显著性水平上显著,表明全球价值链地位存在一定的路径依赖,即沿线国家在上一阶段的全球价值链分工情况会影响现阶段该国的全球价值链地位。

表 2-16　生产网络特征对各国全球价值链地位提升的影响检验

解释变量		混合 OLS 估计结果				系统 GMM 估计结果			
		(1)	(2)	(3)	(4)	(5)	(6)	(7)	(8)
生产网络特征	EOutDegree	0.012*** (0.001)				0.003*** (0.000)			
	Strength		0.148*** (0.014)				0.036*** (0.003)		
	EDegree			2.137*** (0.273)				0.655*** (0.021)	
	Erow				10.573*** (1.066)				3.567*** (0.586)
其他变量	L.ESI					0.693*** (0.007)	0.689*** (0.009)	0.674*** (0.006)	0.732*** (0.006)
	RD	0.121*** (0.032)	0.112*** (0.036)	0.133*** (0.036)	0.169*** (0.030)	0.037*** (0.012)	0.024*** (0.003)	0.013*** (0.003)	0.027*** (0.003)
	Freedom	1.650*** (0.238)	1.645*** (0.249)	1.611*** (0.221)	1.595*** (0.236)	0.253*** (0.053)	0.178*** (0.061)	0.324*** (0.031)	0.226*** (0.031)
	Capital	-0.149** (0.066)	-0.143** (0.063)	0.113 (0.070)	-0.272*** (0.074)	0.087*** (0.013)	0.063*** (0.004)	0.057*** (0.005)	0.040*** (0.008)

续表

解释变量		混合 OLS 估计结果				系统 GMM 估计结果			
		(1)	(2)	(3)	(4)	(5)	(6)	(7)	(8)
其他变量	Resources	-0.106*** (0.021)	-0.161*** (0.023)	-0.113*** (0.022)	-0.086*** (0.023)	-0.022*** (0.005)	-0.034*** (0.006)	-0.001 (0.002)	-0.010*** (0.004)
	Railways	0.193*** (0.024)	0.152*** (0.025)	0.121*** (0.023)	0.219*** (0.026)	0.067*** (0.009)	0.072*** (0.004)	0.085*** (0.004)	0.077*** (0.004)
	_Cons	-3.454*** (0.565)	-3.913*** (0.603)	-13.860*** (1.501)	-13.289*** (1.179)	-0.971*** (0.126)	-0.815*** (0.134)	-3.928*** (0.095)	-4.238*** (0.595)
R^2		0.69	0.692	0.689	0.662				
AR (1)						0.006	0.006	0.006	0.006
AR (2)						0.508	0.503	0.352	0.473
Sargan 检验						1	1	1	1
obs		581	581	581	581	549	549	549	549

注：***、**分别表示估计系数在1%、5%的显著性水平上显著；括号内数值为估计系数的标准误；AR（1）、AR（2）和Sargan检验提供的不是统计量值而是统计量的相伴概率值；L. ESI代表变量的滞后一期。

就其他控制变量的估计结果看，静态模型的混合OLS估计结果和动态模型的系统GMM估计结果存在一定的差异，由于静态模型没有考虑到全球价值链地位受路径依赖的影响，加之混合OLS方法没有办法解决内生性问题，所以以动态模型的系统GMM估计结果为准。列（5）~列（8）为动态模型运用系统GMM估计结果显示，研发投入（RD）在1%的显著性水平下影响为正，这与大多数研究者的研究结论类似，说明研发投入的增加显著地提高了一国的全球价值链地位。其可能原因在于，研发投入的增加有利于提高出口产品的技术含量，进而使该国在全球价值链分工中的地位得到提升。制度质量（Freedom）在1%的显著性水平下影响为正，可以认为一国的制度质量与该国全球价值链地位的提升存在正向影响。其原因可能在于，完善的金融制度、国际贸易自由和规章制度以及公正全面的法律制度与产权制度能促进企业研发，有益于降低企业成本，进而有利于该国全球价值链升级。物质资本（Capital）在1%的显著性水平下影响为正，可以认为一国物质资本投入的增加有利于该国全球价值链地位的提升。其可能原因在于，物质资本投入的增加有利于企业提高生产条件，对该国出口部门GVC地位的攀升具有正向促进作用。运输能力（Railways）在1%的显著性水平下影响为正，可以认为一国运输能力的提升有利于该国全球价值链地位的提升。在列（5）、列（6）和列（8）中，资源丰裕度（Resources）在1%的显著性水平下影响为负，表明一国的资源丰裕度与其所处全球价值链地位成反比。

第五节　丝绸之路经济带生产网络发展趋势分析

生产网络的发展演进规律为判定丝绸之路经济带生产网络发展趋势提供了一般依据。在全球经济再平衡与价值链整合冲突背景下，发达国家制造业回流和区域价值链重构，使得丝绸之路经济带沿线国家在激烈的市场竞争压力下，不断基于劳动力比较优势在全球范围内整合资源，实现价值提升，推动了丝绸之路经济带生产网络的发展。

一、区域生产网络参与全球生产分工的一般性机理分析

在当前的国际经济秩序下，按工序分工的生产网络并没有为发展中国家创造出可以获得垄断租金的国际产品市场。通过打破旧秩序、改善国际贸易关系实现国家间劳动价值平等，是发展中国家改善国际分工地位的关键路径。随着经济全球化的发展和国际贸易格局的变化，全球贸易治理方式亟须做出相应调整。这不仅需要用经济学的分析方法考察国际分工现象，而且需要以后发工业国的企业为微观决策个体，通过引入制度分析，借助产业网络演化模型建立生产网络模型，从组织演化的视角，对生产网络演化的一般规律进行分析。

（一）生产网络中后发工业国企业进入退出机制分析

生产网络指在产业链分工和价值链分解的基础上，通过微观个体的进入与退出决策逐渐演化所形成的动态网络。无标度网络模型（BA模型，Barabási和Albert提出）是复杂网络的经典模型（Barabási et al.，2000），该模型提出了两个重要的演化机制——增长和择优连接。其中，增长指新节点随时间变化不断被添加到网络系统内，并与已有节点建立联系；择优指新节点在与原有节点连接过程中，将优先与连通度较大的节点建立连接，即连接概率与目标节点的连通度成正比。增长机制说明了网络的开放性，而择优连接则给出网络节点之间的连接偏好。BA网络是开放式系统，网络外的个体通过与网络内的个体建立联系加入到网络中。同时，网络内的个体通过断开与其他个体的联系，逐渐修正自身与网络的连接关系。个体进入网络时，必然要和其他个体进行协作或竞争；个体退出网络，也是不断调整、逐渐断开与其他个体关联的过程。当个体与网络内的其他所有个体都没有关联时，可以认为该个体已经从当前的网络中退出。

丝绸之路经济带生产网络中后发工业国承接国际产业转移的基本特征符合BA模型的演化机制。动态比较优势理论下，一国凭借比较优势进入国际化大生产后,可以通过要素积累,改变自身的要素禀赋结构,实现技术升级和产业梯次转移(林毅夫和孙希芳,2003)。生产网络演化的驱动机制主要源于后发工业国企业进入生产网络的增长与择优连接机制,后发工业国通过技术创新、产业升级等途径使得其企业不断进入,并与生产网络中已经存在的企业建立联系而持续增长;伴随着生产剩余的积累,要素禀赋比率发生变化,后发工业国企业的比较优势逐渐改变,从而导致该企业退出生产网络,与其他个体的关联随之断开。也就是说,个体在本期的网络演化过程中积累了相当数量的物质财富,提升了劳动者的素质,改善了要素禀赋结构,说明产业进化的任务已经完成,该国的生产将向下一轮产业转移前进。与此同时,该国企业通过断开与原有网络之间的关联来实现本企业的退出,以降低产业网络的规模。

(二)生产网络演进模型

一国承接国际产业转移存在着巨大的成本,原因是企业进入和退出当前的国际分工模式都面临着成本转换的决策。后发工业国企业进入网络或断开关联的概率与该国的要素禀赋结构、技术创新能力、产业结构和交通基础设施等有关。跨国公司在度量生产成本以后,必然对后发工业国承接国际生产的规模与程度有所权衡。当一国的要素禀赋结构改善后,基于成本推动因素,同原有生产网络中企业的联系将被削弱,甚至被完全替代。当后发工业国的熟练劳动比率不断提高,其企业更容易进入全球价值链高端的生产环节,生产网络中的企业节点也会出现相应变化,本国的一部分企业会离开原有网络,其他国家的企业有可能加入生产网络,从而形成网络演化过程(丁宋涛和刘厚俊,2013)。

生产网络演化的一般规律表现为生产网络的扩张与收缩。为了建立网络演化模型,做出如下假设:①假定在每个时间间隔中只有一个企业进入或退出当前的生产网络,进入当前生产网络的企业要和网络中已存在的多个企业发生关联。②假定每个新进入的本国企业与网络中的 m 个企业发生关联,根据择优连接的原则,每个新增关联企业以正比于目标节点连通度的比例与目标节点建立连接。同时,一国要素禀赋结构、技术水平等发生变化,将导致该国企业逐渐退出生产网络,也就是当前生产网络中关联逐渐断开的过程。③假设在每个时间间隔有 n 条边断开,而且这 n 条边在该生产网络中是随机选取的。上述假设在模型构建中具体表达如下:

假设1:后发工业国企业进入的概率为 p,每个关联断开的概率为 q。

假设2:生产网络是一个复杂网络,由多个技术阶段的子网络相互连通组成。

假设3:进入概率 p 和断开概率 q 是企业自身的生产决策行为。基于动态比较优势理论,进入概率 p 和断开概率 q 与一国的要素禀赋比率有关,熟练劳动比率越高，越容易进入价值链高端的生产环节。具体某一阶段子网络的技术层级是确定的，当企业符合当前阶段子网络的技术层级和要素禀赋结构时，企业倾向于接入该子网络；一旦企业的生产效率提高，要素禀赋结构改善，该企业倾向于离开当前网络。

设初始分布于不同国家的企业个数为 m_0，在网络中记为 m_0 个孤立节点，在每个时间间隔内，有两种情况发生：①生产子网络的扩张。当一国企业以概率 p 进入网络，并添加一个带有 $m(m \leq m_0)$ 条边的新节点，k_i 表示每个新边以概率 $k_i / \sum_j k_j$ 择优连接到网络中已存在的节点 i 的连通度（节点连通度越大，表示与该节点建立的通路越多），$\sum_j k_j$ 表示网络节点连通度的总和（全部网络的连通度越大，说明网络中的通路越多，网络越复杂）。②生产子网络的收缩。从网络中随机选择 n 条边，每条边均以概率 q 移除。这两种情况分别刻画了子网络中一国企业的进入与退出过程。

（三）生产子网络演进模型解析

当生产子网络演化至 t 时刻，向网络添加的节点数的期望是 pt；向网络添加的边的期望是 pmt；网络中被移除的边的期望是 qnt。因此，在 t 时刻网络中共有 m_0+pt 个节点，$(pm-qn)t$ 条边，从而得到：

$$\sum_j k_j = 2t(pm - qn) \qquad (2\text{-}19)$$

对于在 t_i 时刻被添加到网络中的节点 i，其初始连通度为 $k_i(t_i) = m$。

在连续域理论中，根据模型演化的两个步骤可得节点 i 的连通度变化率为：

$$\frac{\partial k_i}{\partial_t} = pm \frac{k_i}{\sum_j k_j} - qn \frac{1}{(pm-qn)t} k_i \qquad (2\text{-}20)$$

式（2-20）右边第一项满足 BA 模型的第一个假设，网络择优连接的增长保证了网络扩张的特性；第二项满足了 BA 模型的第二个假设，网络关联的断开保证了网络的收缩特性。

将式（2-19）代入式（2-20）得到：

$$\frac{\partial k_i}{\partial_t} = \frac{(pm-2qn)}{2(pm-qn)} \times \frac{k_i}{t} \qquad (2\text{-}21)$$

可以看出，欲使网络扩张，只要令 $\frac{\partial k_i}{\partial_t}>0$；欲使网络收缩，只要令 $\frac{\partial k_i}{\partial_t}<0$。进而可得：$qn<pm<2qn$ 时，网络收缩；$pm=2qn$ 时，网络规模最大；$pm>2qn$ 时，网络扩张。

综上所述，生产网络扩张和收缩主要取决于生产网络内的企业数量。网络中企业的最终目标是向网络中心节点的靠近，可通过要素禀赋优势法则和比较优势

第二章 丝绸之路经济带生产网络形成及发展趋势

法则加入生产网络且建立长期的协作分工关系。随着生产网络的演进变迁，除通过要素禀赋嵌入生产分工外，还应提升一国的技术水平和创新能力，具体可以通过加大研发投入、建立自贸区等方式提升技术创新能力，实现与生产网络中各节点的长期稳定的贸易关系。此外，生产网络内的国家还可以通过加大基础设施建设投入、提高基础设施建设水平等手段，提高产业竞争力，以实现优势资源向网络核心节点集聚。

二、区域经济一体化和生产网络的互动关系

通过前面对丝绸之路经济带生产网络各方面的分析可以看到，丝绸之路经济带生产网络在发展中的一些特点和方向，但依然很难清楚地勾勒丝绸之路经济带生产网络未来的发展趋势。在当前区域经济一体化的大趋势下，考察区域经济一体化与生产网络的互动关系，可以更好地找到生产网络的发展方向。区域经济一体化和区域生产网络存在明显的差异，区域经济一体化强调国家与国家间的经济联系，而生产网络不仅囊括了区域内国家间的经济联系，而且强调国家间经济联系的空间分布效应。但两者在动态发展过程中存在紧密的联系，具体表现在两者的形成原因和发展目标两个方面。

区域经济一体化和生产网络的形成原因在很大程度上具有一致性。无论是区域经济一体化还是生产网络的形成，都是在技术革命的推动下，国家分工深化，世界市场竞争日益激烈的条件下产生的。不同之处在于区域经济一体化更多的是以政府为主导，而区域生产网络的形成更多的是在企业，特别是跨国公司主导下由市场机制推动形成的区域经济关系。但这种差异并非否定了政府间的协调行为对区域生产网络的影响，在丝绸之路经济带区域经济合作不断向区域经济一体化发展的进程中，政府通过政策协调消除阻碍要素和产品一体化市场形成的各种壁垒，会有效地降低跨国协调成本，促进跨国公司重新确定投资合作对象、制定合作规划等，这些措施会对原有的区域生产网络产生一定影响。同时，在生产网络形成过程中，跨国企业网络关系的形成，日益重要和密切的产品贸易关系，均有利于丝绸之路经济带沿线国家形成一致的市场规则。

区域经济一体化和生产网络的发展目标具有一致性。两者都致力于实现资源的优化配置，达到产业互补和共同发展的目标。尽管生产网络的形成更多的是以跨国公司为主导且不以国家意志为转移的市场自发行为，但政府行为依然对一国参与全球价值链分工有着重要的引导作用。对于丝绸之路经济带生产网络来说，沿线国家都关注自身在价值链分工体系中的地位攀升和价值增值，因此，会试图通过政策施加影响，而不可持续的竞争性策略逐渐被分享生产的协同策略取代，生产网络内的利益分配将更加公平、合理。

三、全球经济再平衡与价值链整合冲突

全球经济失衡是全球美元霸权体制下,美国与东亚发展模式的显著差异在全球产业转移以及东亚分工体系演变过程的相互作用所导致的结果,表现为以美国为代表的一方拥有大量的经常项目赤字,债务迅速增长,而日本、中国和东亚其他经济体则对美国持有大量的贸易盈余(王厚双和李艳秀,2015)。全球经济失衡有三个方面原因:一是美国长期实施的凯恩斯主义经济政策,形成了低利率、信贷刺激、鼓励个人消费的经济模式;二是全球产业转移与国家分工体系的发展变化,成为美国与东亚经济失衡的潜在原因;三是布雷顿森林体系已经瓦解,但美元始终是国际贸易结算和国际储备中的核心货币,东亚各国发展出口导向型经济,普遍采用盯住美元的汇率制度,这成为美国与东亚经济失衡的货币根源(刘中伟,2015)。

在全球经济失衡的发展时期,美国从中享受到了廉价的消费品,东亚则获得了就业和经济高增长。此外,发达国家和发展中国家都从全球价值链分工中获得了客观的经济利益,实现了世界经济在过去一时期的快速增长。但全球经济失衡的两端(美国和东亚)对现状不满,开展并实施了全球经济再平衡的计划。一方面,美国调整消费方式和结构,进而用国内产品替代一部分国外的进口,导致外部最终产品市场的萎缩,加剧了丝绸之路经济带生产网络内的竞争,同时进一步削弱了其现有模式发展的动力和空间,在一定程度上减缓了技术和产业升级的速度。另一方面,东亚各国立足于生产网络的现状和缺陷,逐步开展集体行动,以东盟为核心进一步加强区域内各个国家间的经济联系,建立起区域内自主的治理机制和经济秩序。全球经济再平衡体现了全球价值链整合过程中价值链转移与升级的新动向,使丝绸之路经济带生产网络既能向发达国家出口产品,也能从其他发展中国家进口原材料和未加工产品,形成了对上游市场的反制能力及对下游供应链升级的促进能力(刘中伟,2014)。

四、丝绸之路经济带生产网络参与全球生产分工特征及趋势

在全球经济再平衡与价值链整合冲突背景下,丝绸之路经济带沿线国家改变以往的经济增长模式,从核心产业选择、产业结构调整和产业布局变迁三个方面决定丝绸之路经济带生产网络的发展趋势。

从核心产业选择看,丝绸之路经济带沿线国家各具禀赋特色,参与国际生产分工的环节各有侧重,进而嵌入到全球价值链的各个环节。首先,在丝绸之路经济带沿线区域范围内消费市场的形成以及区域生产网络的形成演进过程中,发展中国家通过加快产业结构调整与优化升级,加大对本国核心产业的技术创新力

度，并选择利用他国的核心产业参与高层次的生产分工中，以提升产品附加值来增收和拉动内需。其次，丝绸之路经济带生产网络的延伸，促进出口平台分散化，沿线国家在利用外商直接投资的同时，加快对外直接投资的步伐，将部分产业的低附加值环节，如组装环节等向其他国家转移，为其他国家参与丝绸之路经济带生产网络创造机会，从而共同实现价值增值。

从产业结构调整看，丝绸之路经济带生产网络内产业结构将持续优化，沿线国家农业占三产比重逐渐降低，服务业占比逐年上升。一国的产业结构体现了生产要素在各产业部门间的构成比例及其相互关系。世界各国工业发展的历史表明，一个国家工业化的过程，不仅表现为国内生产总值的增长，而且必然伴随着产业结构演进的过程（王勤，2014）。一国要缩小与发达经济体的差距，则产业结构不断调整、升级是必由之路。丝绸之路经济带生产网络发展过程中，不断有新的部门加入到生产和出口中，而投入到创新发展中的资源会逐步开创出新的投资机会，最终建立起新的生产部门。服务业和工业对新的技术需求做出回应，使知识更为密集的部门在制造业中的比重不断增加，促使更高端的产品在出口商品结构中的比重逐渐提高（苏振兴，2015）。在产业政策的扶持和科学技术的发展下，丝绸之路经济带沿线国家在各阶段的重点发展产业会发生调整，各国的产业结构会进一步优化。

从产业布局变迁看，丝绸之路经济带生产网络在未来将形成以跨国公司为载体，以沿线国家成本优势为依据的产业布局特点。丝绸之路经济带生产网络在微观层面以跨国公司为主，在区域经济合作进程中形成包括研发、制造、销售在内的企业间或部门间的开放性跨国生产协作。由于跨国公司具有"潜在的地理柔性"，通过全球战略布局将各产业的生产环节分布在最优效率且成本最低的区位，灵活利用丝绸之路经济带沿线国家差异化的要素禀赋，依据技术、人力资本等优势要素的分布差异性，分别在不同成本、资源、物流和市场的区位上获得利益。同时，在丝绸之路经济带区域贸易一体化和投资便利化机制作用下，丝绸之路经济带沿线国家各类企业参与的最终产品跨境生产服务体系得以更为有效地运行。

第六节　本章小结

本章在阐释丝绸之路经济带生产网络内涵和特征的基础上，对丝绸之路经济带生产网络进行现实考察，解析丝绸之路经济带生产网络的组织结构，实证检验丝绸之路经济带沿线各国参与生产网络对全球价值链地位的影响，进而对丝绸之路经济带生产网络的发展趋势和调整方向作出判断。主要研究结论如下：

（1）基于全球价值链理论阐释生产网络的内涵和特征，揭示了经济全球化背景下世界范围内由传统分工向由生产过程、地理空间和社会制度等要素相结合的网络化分工形式转变的实质。研究认为，世界各国凭借劳动力、资源禀赋、技术水平等要素参与国际分工，嵌入全球价值链的不同生产环节，将参与国家从事的各生产环节连接起来，构成全球生产网络。生产网络作为一国或区域参与全球生产分工与组织生产活动最主要的平台，对其内涵的理解包括两个方面：一是比较优势理论、要素禀赋理论以及竞争优势理论共同揭示了一国或区域凭借劳动力和资本、资源禀赋、技术水平等要素参与国际生产分工和国际贸易，与不同参与国家或区域各生产与贸易环节连接起来，共同嵌入全球价值链，依据一国或区域自身所具有的竞争优势占据不同价值环节，构成生产网络这一过程的本质；二是生产网络不仅涵盖了全球价值链从纵向维度研究经济组织，强调产业内部由概念到生产再至最终使用实现的价值增值过程，而且全面地刻画了更大规模经济群落及其经济关系网络的多水平、多层次和多维度特征，关注经济活动中行动者与组织关系及其多维度的作用结果。面对合作基础、"外围陷阱"、"大国威胁"和合作模式这四大现实问题，丝绸之路经济带沿线国家引入专业化、分散化、网络化和联结化的国际生产分工模式，建构"共生协同"的丝绸之路经济带生产网络。

（2）以沿线国家在生产分工中所处地位和需求多样性为出发点，在外部条件与内在需求的协同作用下，通过核心产业的优势互补，丝绸之路经济带生产网络在增加值获取上呈现出东高西低的空间分布特征。研究发现，丝绸之路经济带沿线国家间积极实行经济制度自由化、科技发展以及日益激烈的国际市场竞争等外部条件和沿线各国充分发挥比较优势参与全球生产分工、国家间产品的差异性及互补性、规模经济优势的形成以及交易费用降低的实现等内在需求，促使丝绸之路经济带生产网络形成与发展；从丝绸之路经济带沿线国家的全球价值链位置和参与程度两个方面考察其在全球价值链中的分布特征，可以得出，丝绸之路经济带生产网络的全球价值链空间分布呈现出东亚和欧洲地区占据价值链高端位置，西亚和北非位于价值链中间位置，而中亚和南亚处位于价值链低端。值得注意的是，东亚各国间价值链水平悬殊，日本和韩国相对较高，蒙古国在东亚乃至丝绸之路经济带沿线整体中均处于最低端，中国呈稳步上升态势。进一步地，以产业出口额和技术复杂度为考察维度，借鉴波士顿矩阵对沿线国家的核心产业进行精准定位，分析得到，丝绸之路经济带生产网络中核心产业的合作模式目前以探索发展型、利用完善型和资源重组型三种为主。

（3）基于复杂网络分析方法刻画丝绸之路经济带生产网络组织的拓扑结构

第二章 丝绸之路经济带生产网络形成及发展趋势

并剖析其关联特征。丝绸之路经济带生产网络中各参与主体在经贸往来和技术知识流动的促进作用下，联系强度的提升最为显著，且中国在丝绸之路经济带生产网络中的首位优势不断增强。从网络容纳度维度看，主要表现为技术及知识创造在生产网络内的流动和FDI对产业的承接和扩散效应两个方面。技术及知识创造在生产网络内的流动可以使得欠发达地区充分利用现有的劳动力资源优势，促进地区生产规模的扩张。丝绸之路经济带生产网络内各参与者通过FDI吸收跨国公司的非自愿扩散和溢出技术，从而实现自身的技术进步，促进产业结构调整，促进经济发展；从网络支配度维度看，主要表现为生产网络内的国际分工、社会政策文化引导下的网络镶嵌结构、生产网络内贸易的关联结构和经济效应三个方面。进一步发现，在丝绸之路经济带生产网络中，中国能够吸引不同派系的异质性资源并控制资源流动，起到联结不同派系的枢纽作用，并且对丝绸之路经济带生产网络中各国的增加值提升的贡献能力高于自身从其中获取增加值的能力，对沿线国家经济增长产生更大贡献，有助于推进生产网络的进一步整合，形成互利共赢的合作网络。

（4）引入"成本发现"理论扩展生产模型，构建"生产网络—全球价值链位置"理论模型，解析一国参与生产网络对其价值链地位提升的路径、影响因素及作用机制，提出并验证"丝绸之路经济带生产网络有助于提升沿线国家的全球价值链分工地位"这一推论。具体来说，以国际生产分工活动中发展中国家出口部门生产率水平的提升为着眼点，通过"生产网络—全球价值链位置"理论模型探寻相关因素对丝绸之路经济带沿线各国全球价值链地位提升的影响机理，认为沿线国家在开展分工合作中内部及外部知识、促进内部及外部知识资本积累的要素、相对资本、相对资源禀赋以及从事研发和成本发现的企业数量等因素，能够提高或降低出口部门生产率水平，进而提升或降低一国全球价值链地位；一国参与生产网络提升其全球价值链地位的路径，以提升网络联系广度与强度、占据较高的网络中心性和网络影响力为直接渠道，以促进生产要素的自由流动、技术溢出和为价值链升级积累劳动力为间接渠道；要素禀赋、技术及知识的积累、贸易关系、FDI活动、政策制度对各国全球价值链地位升级有正向影响，是促进沿线国家价值链地位提升的背后机制；实证检验结果证明，丝绸之路经济带生产网络的发展促进了区域内国家全球价值链地位的提升。

（5）在全球经济"再平衡"的约束下，生产网络的演化驱动主要源于后发工业国企业进入生产网络的增长与择优连接机制及网络内的企业数量，丝绸之路经济带生产网络的发展演进受到核心产业、产业结构以及产业布局三个方面的约束作用。研究发现，生产网络演化的驱动机制可以概括为，生产网络扩张和收缩主要取决于生产网络内的企业数量，企业可以通过要素禀赋优势法则和比较优势法则加入生产网络且建立长期的协作分工关系;随着生产网络的演进变迁,可以通过加大研发投入、建立自贸区等方式提升技术创新能力,实现与生产网络中各节点的长期稳定的贸易关系;生产网络内的国家可以通过加大基础设施建设投入、提高基础设施建设水平等手段,提高产业竞争力,以实现优势资源向网络核心节点集聚。辨析区域经济一体化与生产网络的互动关系,研究认为,区域经济一体化强调国家间的经济联系,而生产网络不仅囊括了区域内国家间的经济联系,更加强调国家间经济联系的空间分布效应,但二者的发展目标具有一致性,均致力于实现资源的优化配置,达到产业互补和共同发展的目标。核心产业、产业结构以及产业布局三个方面对丝绸之路经济带生产网络发展演进的约束作用体现为:丝绸之路经济带沿线国家核心产业各具禀赋特色,参与国际生产分工的环节各有侧重,进而嵌入到全球价值链的不同环节;丝绸之路经济带生产网络内产业结构将持续优化,沿线国家农业占一二三产业比重逐渐降低,服务业占比逐年上升;丝绸之路经济带生产网络在未来将形成以跨国公司为载体,以沿线国家成本优势为依据的产业布局特点。

第三章 丝绸之路经济带生态环境质量及风险评估

丝绸之路经济带沿线区域脆弱的生态本底，成为丝绸之路经济带生产网络发展演进的桎梏。目前学者主要以丝绸之路经济带沿线的重点生态功能区为研究对象，且多局限于其内部的区域差异研究，缺乏对丝路沿线区域整体生态环境质量的考量，研究结果缺乏可比性、针对性。本章从自然和认为两个视角出发，考察丝绸之路经济带生态环境质量，对其进行全面评价，并进一步评估生态风险，为丝绸之路经济带建设的深度推进与区域生态环境质量提升的同向改善提供理论依据。

第一节 丝绸之路经济带生态环境质量综合评估

生态环境质量评估研究不仅涉及河湖流域、大气环境、湿地状况等单因素领域，同时包括城市、农村、区域等综合领域。常用的研究方法主要有层次分析法、主成分分析法、灰色聚类法、模糊综合评价法、地理信息系统（Geographic Information System，GIS）和遥感（Remote Sensing，RS）、模糊神经网络（Fuzzy-neural Network，FNN）等。因地域的复杂性和影响因素众多，至今未形成统一的生态环境质量评价指标体系，诸如叶亚平和刘鲁君（2000）建立了由生态环境质量背景、人类对生态环境的影响程度和人类对生态环境的适宜度需求三部分组成的省域生态环境质量评价指标体系。黄永春和石秋平（2015）从资源—经济—环境复合系统角度构建指标体系，测算了中国资源—经济—环境的综合发展水平状态及其波动态势。邹长新等（2015）从大气、土壤、水体、植被、社会经济5个环境要素选取指标，对陕西省辖各地市的生态环境进行分析评价。孙东琪等（2012）从生态破坏因素、自然资源因素、环境污染因素和社会经济因素四个方面选择指标构建了生态环境质量综合评价体系。综合现有研究，生态环境质量指生态环境的优劣程度，它以生态学理论为基础，在特定的时间和空间范围内，从生态系统层次上反映生态环境对人类生存及社会经济可持续发展的适宜程度，是根据人类的具体要求对生态环境的性质及变化状态的结果进行评定（Newman，2008）。目前，人们所指的环境包括水环境、大气环境、土壤环境、生态环境、地质环境等在内的自然环境，环境质量指上述环境要素优劣的一个综合概念。理论上说，环境指数测评应该是各种自然环境质量的加权，但由于受到环境统计数据的限制，各个国家和地区在因子的选择和权重的大小方面有所不同。但环境质量指数越高表明环境质量越好的表示方法，各个国家或地区基本一致。

一、理论推论

目前研究中，国内外学界对生态环境质量的内涵没有形成统一定义，但对生态环境质量内涵的描述主要存在三类代表性观点：第一类观点以杨晓妮等（2010）为代表，认为生态环境质量等同于环境污染，由此生态环境质量即环境素质，对环境素质的考量主要以环境中的污染物为依据；第二类观点以仲嘉亮等（2011）、孙东琪等（2012）为代表，以区域生态系统为对象，认为生态环境质量包含生态和环境两个方面，从生物丰度、植被覆盖、水网密度、土地退化和环境质量五个方面进行考量；第三类观点由薛伟贤和杨羽萍（2017）提出，认为生态环境质量是指自然资源和环境对人类社会生存与经济发展的适宜程度，由此对生态环境质量应从人为和自然两个角度出发进行考量，具体包括生态承受水平、生态脆弱水平和生态自净能力三个层面。上述三类观点中，杨晓妮等（2017）的研究缺乏对生态环境中自然资源要素的评估，仲嘉亮等的研究忽略了生态环境对人类社会经济发展的考察，薛伟贤和杨羽萍（2017）的研究不仅考察了生态系统中自然资源的支撑作用，也包括了环境要素对人类社会生存和经济发展的适应程度，较前两类能够较为全面地反映区域生态环境质量水平。

基于上述分析，本书借鉴薛伟贤和杨羽萍（2017）的研究，从自然和人为两个视角出发，从生态承受度、生态脆弱度和生态环境自净度三个维度对丝绸之路经济带生态环境质量进行测评。其中，生态承受度的改善依赖于资源要素、生态系统服务水平和环境容量的提升；生态脆弱度的改善依赖于生态要素的改善；生态环境自净度的改善依赖于植被、水体和大气修复能力的提高。

将资源要素、生态系统服务、环境容量、生态要素、生态恢复作为追求丝绸之路经济带生态环境质量提升目标的投入要素，可以用函数表示为：

$$S = S(X_1, X_2, X_3) \tag{3-1}$$

式中，S 为生态环境质量水平；X_1 为生态承受水平；X_2 为生态脆弱度水平；X_3 为生态环境自净能力。

假设 X_1、X_2、X_3 三个维度要素的等量改善作用是边际递减的。上述特征可以表示为：

$$\frac{\partial S}{\partial X_1}>0,\ \frac{\partial S}{\partial X_2}>0,\ \frac{\partial S}{\partial X_3}>0$$

$$\frac{\partial^2 S}{\partial X_1^2}>0,\ \frac{\partial^2 S}{\partial X_2^2}>0,\ \frac{\partial^2 S}{\partial X_3^2}>0$$

假设式（3-1）的具体表达式为 Cobb-Douglas 形式，满足柯布—道格拉斯函数的经济特性及其表达形式，即投入要素最大化对产出的贡献程度，并且函数形式符合齐次性和偏弹性，将该式全微分处理后，得到函数表达式为：

$$\mathrm{d}S = \frac{\partial S}{\partial X_1}\times\mathrm{d}X_1 + \frac{\partial S}{\partial X_2}\times\mathrm{d}X_2 + \frac{\partial S}{\partial X_3}\times\mathrm{d}X_3 \tag{3-2}$$

对式（3-2）左右两端乘以 $\frac{1}{S}$，并对式（3-2）右端各项乘以 1，分别以 $\frac{X_1}{X_1}$、$\frac{X_2}{X_2}$、$\frac{X_3}{X_3}$ 的等值形式表示，得到如下结果：

$$f = \alpha_1\times f_1 + \alpha_2\times f_2 + \alpha_3\times f_3 \tag{3-3}$$

式中，$f=\dfrac{\mathrm{d}S}{S}$ 为生态环境质量水平的增长率；$f_1=\dfrac{\mathrm{d}X_1}{X_1}$，$f_2=\dfrac{\mathrm{d}X_2}{X_2}$，$f_3=\dfrac{\mathrm{d}X_3}{X_3}$，分别为三个维度的增长率；$\alpha_1=\dfrac{\partial S}{S}\times\dfrac{X_1}{\partial X_1}$，$\alpha_2=\dfrac{\partial S}{S}\times\dfrac{X_2}{\partial X_2}$，$\alpha_3=\dfrac{\partial S}{S}\times\dfrac{X_3}{\partial X_3}$ 分别为三个维度的增长弹性。

根据式（3-3）可以判定，生态环境质量的提升源于生态承受度、生态脆弱度和生态环境自净度三个维度改善的共同贡献，丝绸之路经济带生态环境质量的改善需要三个维度的共同正向促进作用来实现。

二、测评方法

近年来，学者对生态环境质量的综合评价进行了大量的研究，取得了很多有价值的成果。然而，由于生态环境问题的地域性、复杂性与区域各环境要素的多样性，生态环境质量的评价方法目前尚不成熟，其综合评价方法与模型的研究尚待深入探讨。目前对生态环境质量的评价方法主要有两类：一是统计数学方法，常见的是综合评价指数法，随着现代多元统计分析技术的发展和应用，多元统计分析技术在生态环境质量评价中的应用越来越广泛，较常用的有层次分析法、主成分分析法和灰色关联度分析法等；二是地理信息技术方法，主要包括遥感技术和 ArcGis 的应用，进行区域生态环境质量的模型分析与图形显示。

考虑到生态环境质量的测度是一个复杂的综合性问题，涉及生态承受度、生态脆弱度和生态环境自净度三个方面，本书选用综合评价指数法测算丝绸之路经济带沿线主要国家的生态环境质量，进一步对丝路沿线国家的生态环境质量状况进行分级及分析。首先，采用层次分析法，通过确定具有权威解释力的指标构建丝绸之路经济带生态环境质量综合评估指标体系；其次，在对原始数据进行标准化处理的基础上，运用熵值法确定指标权重；最后，计算丝绸之路经济带沿线国家生态承受水平、生态脆弱水平、生态环境自净能力三个层面的评价指数，进而得出丝绸之路经济带沿线国家的生态环境质量指数。具体计算公式如下：

$$\theta_i = \sum_{j=1}^{n} \gamma_{ij} \times \omega_j \qquad (3-4)$$

式中，θ_i 为第 i 个国家的生态环境质量指数；γ_{ij} 为第 i 个国家第 j 个指标的标准化数据；ω_j 为第 j 个指标的权重。从国家层面来看，沿线国家各准则层及综合评价指数值越高，则表明评价越好，反之则越差。

三、测评指标体系的构建

营造良好生态环境的本质在于实现区域自然—社会—经济的可持续发展。由于丝绸之路经济带涉及亚、非、欧三大洲，地域跨度较大，地区特点不同，社会、自然、经济情况存在较大差异，在建立生态环境质量综合评价指标体系时，应遵循全面性、客观性、可比性、系统性、层次性和可行性原则。本书从生态承受水平、生态脆弱水平和生态环境自净能力三个准则层出发，共筛选出 12 个指标，具体如表 3-1 所示。其中，生态承受水平旨在反映丝路沿线当前自然生态水平对人类社会经济发展的支撑程度，具体指标包括人均内陆淡水资源量、人均耕地面积、陆地和海洋保护区占总领土的百分比、人均能源；生态脆弱水平旨在反映丝路沿线当前人类社会经济活动对自然环境的干扰程度，具体指标包括受到威胁的植物种类、矿产资源损耗、人均二氧化碳排放量、第二产业占 GDP 比重、GDP 单位能耗、人口密度；生态环境自净能力旨在反映丝路沿线当前自然生态环境对人类社会经济活动所带来污染的恢复能力，具体指标包括森林覆盖率、日均降水量。

表 3-1 丝绸之路经济带生态环境质量评价指标体系及权重

准则层	指标层（单位）	说明	权重
生态承受水平/X_1	人均内陆淡水资源量（m^3）/X_{11}	衡量生态环境系统中蕴含资源要素的储量	0.096669
	人均耕地面积（公顷）/X_{12}	衡量生态环境系统中资源要素保障人类生存的能力	0.072578

第三章 丝绸之路经济带生态环境质量及风险评估

续表

准则层	指标层（单位）	说明	权重
生态承受水平/X_1	陆地和海洋保护区占总领土的百分比（%）/X_{13}	衡量生态环境系统维持动态生态平衡的能力	0.096877
	人均能源（吨）/X_{14}	衡量生态环境系统对人类社会经济发展的支持能力	0.051450
生态脆弱水平/X_2	受到威胁的植物种类（种）/X_{21}	反映人类社会经济发展对生态环境系统的破坏程度	0.094674
	矿产资源损耗（百万美元）/X_{22}	反映经济发展对生态环境系统中不可再生能源的开发与破坏程度	0.031366
	人均二氧化碳排放量（吨）/X_{23}	反映生活生产活动对环境造成的污染状况	0.302352
	第二产业占GDP比重（%）/X_{24}	反映工业发展导致的生态压力	0.103181
	GDP单位能耗（美元）/X_{25}	反映经济发展消耗能源引起的环境污染状况	0.034494
	人口密度（人/km²）/X_{26}	反映人口集聚对生态环境带来的干扰程度	0.007680
生态环境自净能力/X_3	森林覆盖率（%）/X_{31}	反映生态环境系统中植被对环境的净化能力	0.021332
	日均降水量（mm）/X_{32}	反映降水量对大气生态环境的自然修复能力	0.087348

四、指标权重的确定

本书选用熵值法对丝绸之路经济带生态环境质量评价指标体系的指标权重进行确定。熵值法的基本思路是根据指标变异性的大小而客观地确定其权重，熵权反映了评价指标的相对重要程度。一般来说，若某个指标的信息熵越小，说明指标值的变异程度越大，提供的信息量越多，在综合评价中所能起到的作用也越大，其权重也就越大；相反，某个指标的信息熵越大，表明指标值的变异程度越小，提供的信息量也越少，在综合评价中所起到的作用也越小，其权重越小。在具体的实施和应用中，可以根据各个评价指标值的差异化程度，计算出每一个评价指标的熵权，然后用其对所有的评价指标进行加权，就可以得到比较客观的评价结果。熵值法是一种客观赋权方法，计算步骤如下：

假设现有 m 个待评国家，n 个评价指标，则形成原始数据矩阵 $R = (r_{ij})_{m \times n}$，即：

$$R = \begin{pmatrix} r_{11} & r_{12} & \cdots & r_{1n} \\ r_{21} & r_{22} & \cdots & r_{2n} \\ \vdots & \vdots & & \vdots \\ r_{m1} & r_{m2} & \cdots & r_{mn} \end{pmatrix}_{m \times n}$$

· 101 ·

式中，r_{ij} 为第 i 个国家第 j 个指标的评价值。

计算第 i 个国家第 j 个指标值的比重 p_{ij}：

$$p_{ij} = r_{ij} \bigg/ \sum_{i=1}^{m} r_{ij} \tag{3-5}$$

计算第 j 个指标的信息熵 ℓ_j：

$$\ell_j = -\kappa \sum_{i=1}^{m} p_{ij} \cdot \ln p_{ij} \tag{3-6}$$

式中，$\kappa = 1/\ln m$。

计算第 j 个指标的权重 ω_j：

$$\omega_j = (1 - \ell_j) \bigg/ \sum_{j=1}^{n} (1 - \ell_j) \tag{3-7}$$

各指标权重的计算结果见表3-1。

五、样本选择和数据来源

（一）样本选择

综合考量丝绸之路经济带沿线国家地理区位对国家间合作基础的影响和地缘经济特性，同时考虑到丝绸之路经济带沿线区域的自然资源禀赋、生态环境本底以及经济发展规划和经济发展水平的差异性，兼顾丝绸之路经济带沿线国家生态环境指标数据的可获得性，剔除数据缺失严重的国家，最终确定丝绸之路经济带沿线35个国家作为样本，如表3-2所示。

表3-2 丝绸之路经济带辐射区域及国家样本

区域划分	国家	地理分布
核心区	中国	东亚
	哈萨克斯坦、吉尔吉斯斯坦、塔吉克斯坦、乌兹别克斯坦	中亚
重要区	印度、巴基斯坦、阿富汗、缅甸	南亚
	伊朗、伊拉克、土耳其、沙特阿拉伯、亚美尼亚	西亚
	俄罗斯	欧洲
拓展区	意大利、西班牙、葡萄牙、希腊、波兰、捷克、匈牙利、德国、立陶宛、英国、爱尔兰、荷兰、比利时、法国、瑞典、芬兰、丹麦	欧洲
	埃及、利比亚、阿尔及利亚	北非

（二）数据来源与处理

指标数据均为2017年数据，其中人均二氧化碳排放量指标的数据来源于国际能源署（2018年），其余11个指标的数据来源于世界银行数据库（2018年），原始数据如表 3-3 所示。

表 3-3　丝绸之路经济带生态环境质量评价指标原始数据

国家	X_{11}	X_{12}	X_{13}	X_{14}	X_{21}	X_{22}	X_{23}	X_{24}	X_{25}	X_{26}	X_{31}	X_{32}
中国	594.20	16.10	15.45	93.00	1040.00	3748.71	6.68	40.90	5.06	139.00	22.35	1.79
哈萨克斯坦	19.98	7.40	3.31	208.00	78.00	365.02	14.19	32.50	4.40	6.00	1.23	0.69
吉尔吉斯斯坦	7.71	5.40	6.70	29.00	41.00	46.11	1.45	26.90	5.20	28.00	3.28	1.48
塔吉克斯坦	7923.60	28.70	21.90	13.00	41.00	28.03	0.68	28.00	7.20	53.00	3.40	1.65
乌兹别克斯坦	548.79	11.30	3.40	62.00	54.00	246.55	2.50	34.60	2.70	63.00	2.90	0.57
印度	647.50	51.60	5.97	26.00	1036.00	722.33	1.62	29.60	7.80	362.00	23.83	3.00
巴基斯坦	183.50	25.30	12.31	16.00	129.00	3.64	0.88	20.00	8.85	233.00	1.85	1.37
阿富汗	1580.91	12.34	48.01	10.00	38.00	0.11	13.93	23.30	12.89	46.00	2.10	0.91
缅甸	6094.00	0.70	17.20	166.00	36.00	65.96	2.25	26.00	5.89	2.00	63.60	5.81
伊朗	1681.40	11.10	6.70	119.00	121.00	134.09	7.03	37.90	6.20	47.00	6.60	0.63
伊拉克	1080.48	13.70	0.40	61.00	69.00	0.31	3.73	43.20	10.47	70.00	1.90	0.60
土耳其	41.96	33.20	0.22	64.00	370.00	106.15	4.57	26.50	11.63	101.00	15.35	1.65
沙特阿拉伯	84.84	1.80	28.20	264.00	119.00	25.55	16.07	45.90	7.31	13.00	0.50	0.16
亚美尼亚	2310.14	17.90	24.80	48.00	111.00	33.64	1.70	28.80	7.44	100.00	11.70	1.56
埃及	22.30	3.40	9.60	39.00	141.00	46.19	7.81	36.30	10.87	82.00	8.20	0.16
利比亚	113.74	1.20	0.30	113.00	54.00	0.21	6.38	37.80	5.20	4.00	0.10	0.14
阿尔及利亚	292.35	3.50	7.50	51.00	114.00	0.81	3.14	38.90	11.37	15.00	54.00	0.25
意大利	53.75	35.50	21.54	109.00	279.00	0.00	5.30	23.50	11.10	203.00	31.79	2.31
西班牙	36.75	37.00	28.07	106.00	551.00	46.51	5.43	23.60	12.16	93.00	36.94	1.77
葡萄牙	9.15	25.10	22.90	86.00	256.00	23.16	4.95	22.30	13.32	116.00	34.61	1.93
希腊	9.59	29.00	35.22	90.00	291.00	5.22	5.86	15.70	10.43	82.00	31.69	1.81
波兰	11.47	41.30	39.65	107.00	51.00	97.68	8.06	34.10	8.39	123.00	30.88	1.67
捷克	1.65	41.80	22.16	166.00	45.00	0.00	9.63	37.80	6.91	129.00	34.56	1.88
匈牙利	5.05	12.50	22.60	149.00	364.00	0.44	4.70	31.90	10.26	335.00	22.91	1.63
德国	32.99	33.70	37.75	165.00	107.00	0.00	8.70	30.50	11.04	228.00	32.69	1.94
立陶宛	0.63	18.60	17.02	221.00	76.00	0.29	3.89	29.80	6.39	495.00	34.83	1.82
俄罗斯	61.00	7.30	9.73	214.00	217.00	825.82	10.64	36.20	5.33	8.00	49.76	1.28
英国	8.02	23.40	28.68	124.00	87.00	0.65	5.43	19.40	12.29	256.00	0.80	3.39
爱尔兰	0.76	16.90	14.44	117.00	39.00	16.10	7.49	41.70	15.55	66.00	11.03	3.11
荷兰	10.72	22.70	11.24	190.00	29.00	0.96	9.11	20.00	10.00	406.00	11.18	2.16

续表

国家	X_{11}	X_{12}	X_{13}	X_{14}	X_{21}	X_{22}	X_{23}	X_{24}	X_{25}	X_{26}	X_{31}	X_{32}
比利时	6.00	28.00	23.29	210.00	30.00	0.00	7.91	22.20	7.66	342.00	22.58	2.35
法国	29.81	35.50	25.79	166.00	236.00	0.34	4.58	19.50	9.64	119.00	31.23	2.41
瑞典	2.69	5.90	14.88	212.00	36.00	83.57	3.78	26.30	8.42	20.00	68.92	1.73
芬兰	6.56	6.60	15.02	252.00	25.00	33.67	7.81	26.90	6.24	16.00	73.11	1.49
丹麦	0.64	52.80	18.10	129.00	36.00	0.00	5.38	22.90	13.41	128.00	14.70	1.95

为消除量纲与数量级的影响，这里运用"最小—最大标准化"的方法将所分析的原始数据进行标准化处理。假设 $\min T$ 和 $\max T$ 分别为属性 T 的最小值和最大值，将 T 的一个原始值 x 通过 min-max 标准化映射为在区间 $[0,1]$ 中的值 x_1，而针对不同的指标数据所用的公式不同：对于正向指标（越大越好的指标）公式为：新数据=(原数据-极小值)/(极大值-极小值)；对于负向指标（越小越好的指标）公式为：新数据=(最大值-原数据)/(极大值-极小值)。

六、结果与分析

丝绸之路经济带沿线国家生态环境质量指数的测算结果如表3-4所示。

表3-4 丝绸之路经济带沿线国家生态环境质量评价结果

区域	国家	生态承受水平	生态脆弱水平	生态环境自净能力	生态环境质量指数
东亚	中国	0.238	0.122	0.003	0.362
中亚	哈萨克斯坦	0.033	0.076	0.009	0.118
	吉尔吉斯斯坦	0.020	0.651	0.022	0.693
	塔吉克斯坦	0.139	0.681	0.024	0.845
	乌兹别克斯坦	0.030	0.557	0.006	0.593
南亚	印度	0.095	0.496	0.041	0.632
	巴基斯坦	0.060	0.621	0.021	0.701
	阿富汗	0.111	0.223	0.013	0.347
	缅甸	0.133	0.510	0.105	0.747
西亚	伊朗	0.059	0.373	0.007	0.440
	伊拉克	0.040	0.428	0.007	0.475
	沙特阿拉伯	0.091	0.121	0.000	0.213
	土耳其	0.058	0.424	0.023	0.506
	亚美尼亚	0.101	0.540	0.022	0.662

续表

区域	国家	生态承受水平	生态脆弱水平	生态环境自净能力	生态环境质量指数
北非	埃及	0.026	0.329	0.003	0.357
	利比亚	0.024	0.377	0.000	0.401
	阿尔及利亚	0.028	0.392	0.022	0.443
南欧	意大利	0.118	0.362	0.066	0.546
	西班牙	0.133	0.338	0.065	0.536
	葡萄牙	0.101	0.354	0.066	0.521
	希腊	0.129	0.375	0.063	0.566
中欧	波兰	0.153	0.335	0.055	0.544
	捷克	0.150	0.320	0.065	0.535
	匈牙利	0.082	0.399	0.026	0.506
	德国	0.157	0.317	0.059	0.533
东欧	立陶宛	0.096	0.458	0.036	0.590
	俄罗斯	0.052	0.251	0.005	0.307
西欧	英国	0.098	0.436	0.045	0.579
	爱尔兰	0.067	0.298	0.048	0.413
	荷兰	0.091	0.385	0.036	0.512
	比利时	0.124	0.397	0.048	0.569
	法国	0.124	0.435	0.049	0.608
北欧	瑞典	0.084	0.421	0.078	0.584
	芬兰	0.102	0.384	0.080	0.566
	丹麦	0.138	0.380	0.041	0.559

（一）生态环境质量指数

生态环境质量指数值（θ_i）在［0，1］区间之内，为了便于比较，将生态环境质量分为5个等级，即"优""良""一般""较差"和"差"，具体如表3-5所示。当生态环境质量指数越接近于1时，表明该区域生态环境越理想；当生态环境质量指数值越接近于0时，表明该区域生态环境质量越恶劣。

表3-5 生态环境综合质量（θ_i）分级表

级别	优	良	一般	较差	差
指数	$\theta_i \geq 0.80$	$0.60 \leq \theta_i < 0.80$	$0.40 \leq \theta_i < 0.60$	$0.20 \leq \theta_i < 0.40$	$\theta_i < 0.20$

注：据表3-4的测算结果自然断点划分分级标准。

据此，得出丝绸之路经济带沿线各国生态环境综合质量分级状况，如图3-1所示。

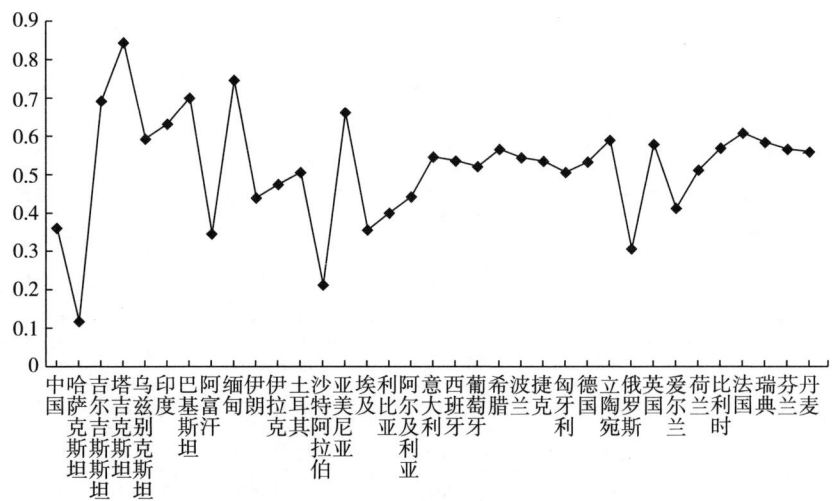

图3-1 丝绸之路经济带沿线国家生态环境质量水平分级状况

可以看出，丝绸之路经济带沿线国家生态环境质量指数值大于0.60的国家有7个，为吉尔吉斯斯坦、塔吉克斯坦、印度、巴基斯坦、亚美尼亚、缅甸和法国，距离理想状况仍有较大的距离。处于［0.40，0.60）的国家有22个，多为欧洲国家，主要有瑞典、比利时、匈牙利等，这些国家在整个丝绸之路经济带沿线国家中得分较靠前，但从生态环境质量分级看，仍处于"一般"的等级；处于［0.20，0.40）生态环境质量较差的国家有5个国家，有中国、俄罗斯、阿富汗、沙特阿拉伯和埃及；处于［0，0.20）生态环境质量等级为差的国家仅有哈萨克斯坦。

生态环境质量评估得分较高的国家有吉尔吉斯斯坦、塔吉克斯坦、印度、巴基斯坦、亚美尼亚、法国、缅甸、德国、芬兰、爱尔兰等，这些国家存在两类情况：

一类多集中于欧洲，均为丝绸之路拓展区国家，其排名靠前的主要原因有三点。首先，这些国家本身在自然资源等层面不具有优势，但它们尊崇大自然的客观规律、具有正确的生态理念且生态法律意识觉醒较早、政策相对完善。其次，注重经济可持续发展的实现，而不是停留在喊口号层面，对技术研发的投入力度大，并且大力发展新能源产业。同时，积极利用税赋等市场型环境规制，促进节能减排。更重要的是，这些国家在产业发展上，利用处于时代前沿的高技术手段弥补自然资源不足的劣势,形成了高度发达的生态农业模式,发展生态经济,以生态环境建设促进经济发展,实现人与自然的高度融合(薛伟贤和郑玉雯,2017)。最后,注重绿色社会结构的构建,不断完善社会生态文明制度体系,倡导民众健康科学理性的生活消费模式,在国家与社会发展的各个领域都注重生态理念的体现,加速了社会的绿色发展变革。

另一类国家属于西亚和南亚地区,这些国家虽然经济水平整体较低,但具有丰富的自然资源;从气候条件看,南亚部分国家年均降水量较高,因此其生态承受水平较高、自净能力较强,进而生态环境质量指数整体偏高。

而生态环境质量评估得分靠后的国家有中国、俄罗斯、阿富汗、埃及、沙特阿拉伯和哈萨克斯坦等。究其原因,这些国家多位于全球的生态脆弱区,如阿富汗、哈萨克斯坦等国,受经济发展水平与生态资源的制约,产业转型升级难度较大,生态产业处于起步阶段且投入不足、发展缓慢。此外,从社会发展看,绿色社会制度法规体系不健全,还有国家受到战争的影响,社会动荡不安,大多数民众还处于追求和平要发展的阶段,兼顾不到生态环境的保护问题,民众环保法律意识淡薄,受教育水平较低。

(二) 生态承受水平

自然环境是丝绸之路经济带的自然载体,也是其资源开发的自然依托。丝绸之路经济带沿线国家的经济持续蓬勃发展需要与其生态环境的维护共同推进,自然环境遭到破坏,相应地会对当地经济发展带来反作用。丝绸之路经济带沿线国家的生态承受水平评分值如图3-2所示。

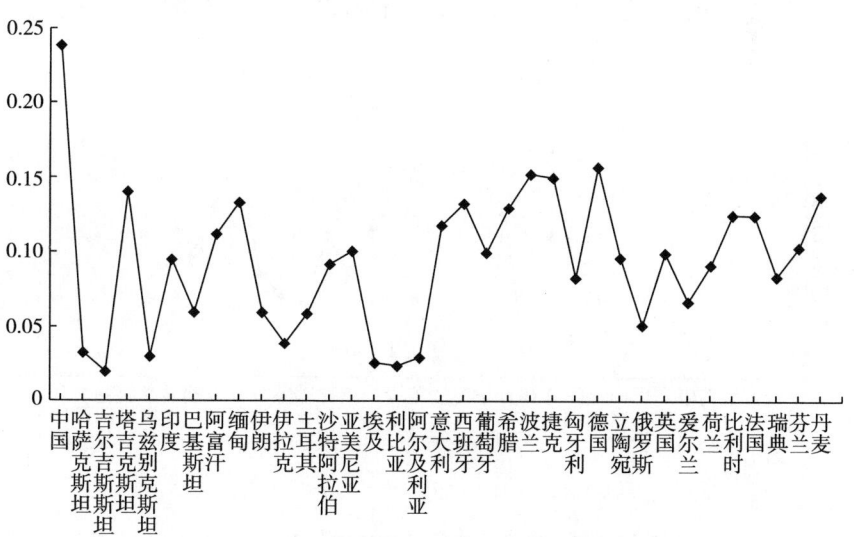

图3-2 丝绸之路经济带沿线国家生态承受水平

生态承受水平得分较高的国家多集中于东亚、中亚和中欧区域，主要有中国、塔吉克斯坦、德国、波兰、捷克等国，主要是丝绸之路经济带核心区和拓展区的国家，自然生态环境质量得分较高。而生态承受度得分较低的国家多集中在中亚、西亚、北非区域，如哈萨克斯坦、吉尔吉斯斯坦、埃及等国家。具体原因有以下两点：

第一，森林植被覆盖率相差较大。例如，芬兰的森林植被覆盖率最高，为70%左右，约是一些中亚国家的80倍。地表植被覆盖情况对于生态环境的保护起着积极的正向作用，主要基于四点考虑：①地表植被具有防风固沙、涵养水源的作用。在众多地表植被中，森林植被对于拦截地表径流，保持水土的效果更为显著，不仅如此，高强度的降水在透过茂密的林冠阻挡时，可以减弱对地表的高强度冲刷，减少对地表土壤的侵蚀，水土流失速度放缓；②附着于地表的植被层能吸收大量的降水，起到减少地表径流的作用，被冲刷的泥土变少；③地表植被覆盖下的土质疏松、多小孔隙，降水和地表径流易被吸收，并通过小孔进行渗透，使地表径流大部分转换为地下径流而被存贮起来，补充地下水，枯水期时能通过丰富的地下水源反循环进入水库；④地表植被具有调节和改善局部小气候的作用，其中森林对于生态的调节作用更为显著。森林拥有茂密的树冠，阻隔了大量的紫外线辐射。

第二，生态保护区占地面积差距较大。生态保护区具有保护生物多样性、调节温室效应、调节小气候等多种作用。中欧国家自19世纪工业革命后，生态环境遭到极大破坏，社会环保意识逐渐成熟。这些国家将可持续发展作为治理的根本之策，扩大生态保护区面积，改善生态环境。德国、波兰等欧洲国家生态保护区面积占比超过30%，而哈萨克斯坦、阿富汗等国不到3%，具体如图3-3所示。

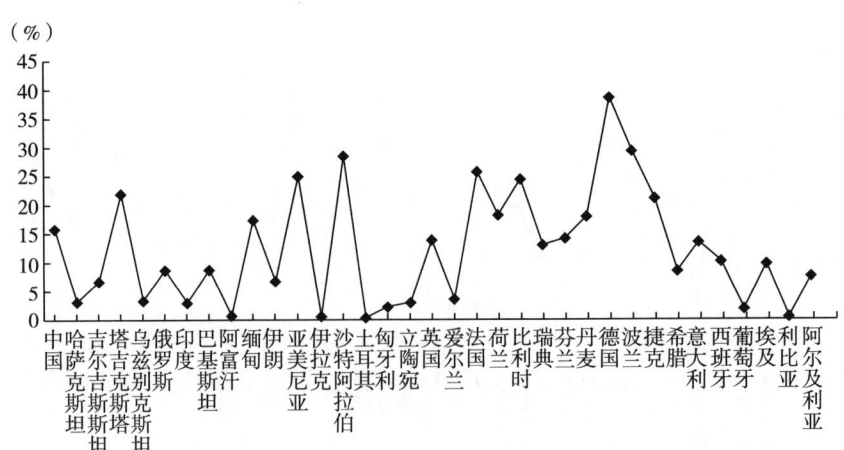

图3-3 2017年丝绸之路经济带沿线国家陆地和海洋保护区面积情况

资料来源：世界银行数据库（2018）（https://data.worldbank.org.cn/）。

第三章　丝绸之路经济带生态环境质量及风险评估

（三）生态脆弱水平

丝绸之路经济带生态脆弱水平得分越高表示被人类社会经济活动破坏的程度越严重。研究发现，中亚的吉尔吉斯斯坦、塔吉克斯坦、乌兹别克斯坦，南亚的印度、缅甸和巴基斯坦以及部分欧洲国家，如亚美尼亚、立陶宛、法国的生态脆弱性较高，而中国、哈萨克斯坦、俄罗斯、阿富汗、沙特阿拉伯以及英国、爱尔兰等部分欧洲国家的脆弱度较低，如图3-4所示。

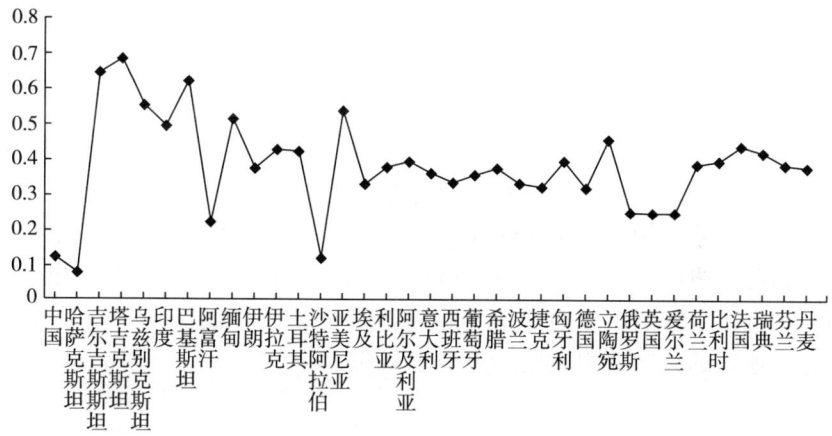

图3-4　丝绸之路经济带沿线国家生态脆弱水平情况

具体原因如下：

第一，地形地貌导致的生态空间脆弱性。比如中亚地区，其最主要的生态环境问题是水资源短缺和土地荒漠化严重，人口增长速度较高导致的资源压力很大。尤其是吉尔吉斯斯坦、塔吉克斯坦两国，属于高山国家，土地荒漠化现象更为严重，加之经济增长与人口规模扩大对资源和环境的压力，导致其生态脆弱度较高。

第二，自然资源恶化导致的生态脆弱性。以南亚地区最为严重，干旱、缺水是南亚地区面临的最为严峻的生态环境问题，印度尤为严重。农业是印度的支柱性产业，目前仍主要以抽取地下水灌溉庄稼，缺水现象越发严峻，已经严重威胁到了下一代的生存环境。除此之外，洪涝灾害是南亚国家面临的更大威胁，南亚气候特征以暴雨和干旱最为典型，导致了其较强的生态脆弱性。

第三，工业发展模式导致的生态脆弱问题。以英国和法国来说，这两国的传统工业长期占有优势地位，工业企业中中小企业占优势，影响了先进技术和管理方式的采用，导致生产率低下，资源使用效率低，生产的污染物排放量较高。

然而值得关注的是，位于丝绸之路经济带核心区和重要区的中国、哈萨克斯坦、俄罗斯、阿富汗、沙特阿拉伯这五国的生态脆弱度较低。一方面，中国作为"一带一路"倡议的提出国，积极倡导沿线国家互惠共生的绿色发展理念，逐渐注重经济与自然生态环境的可持续发展；另一方面，这些国家资源能源较为丰裕，在当地政府的大力号召下，沿线国家积极探索、钻研，从传统的资源原料开采模式向资源创新服务模式过渡，创建了创新和高效的资源开采方式。此外，德国、波兰、捷克、西班牙等中欧和南欧国家在产业结构上开启了向"绿色经济"转型的过程，近年来又提出"低碳经济"概念，使绿色经济的内涵更为丰盈，并将其确立为长期的经济发展目标并已初见端倪。

（四）生态环境自净能力

丝绸之路经济带沿线国家生态自净环境能力得分越高，表明自净能力越强，具体如图3-5所示。可以看出，丝绸之路经济带沿线地区的生态环境自净能力得分均值为0.036。自净能力最强的国家是缅甸，高达0.105，这与其充沛的降水、丰富的水利资源、矿产资源和茂盛的植被等生态要素密切相关。东中欧等位于丝绸之路经济带拓展区的国家自净能力也普遍较强，大多数在0.05~0.06。中亚、西亚与北非地区的自净能力较弱，多低于0.03。

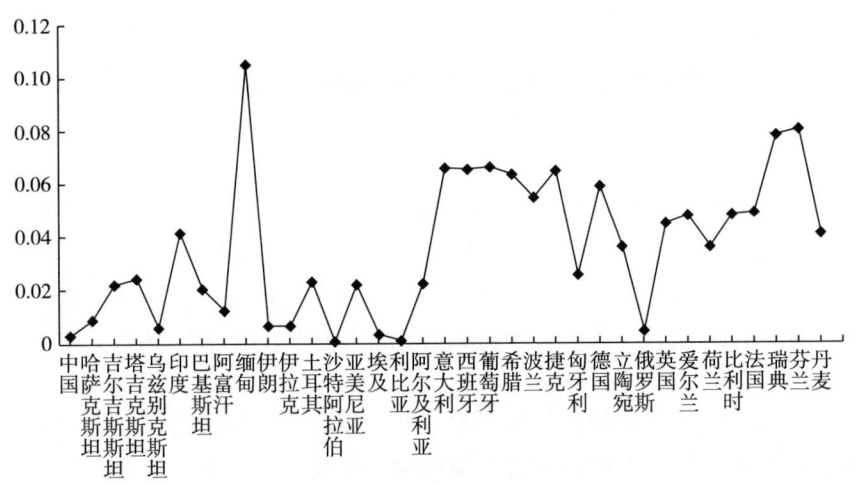

图3-5　丝绸之路经济带沿线国家生态环境自净能力

具体分析如下：

第一，降水量差距较大。降水是影响区域自净能力的重要指标。可以发现，降水量较多的地区，自净能力较强。对比丝绸之路经济带沿线国家日降水量，缅甸是日降水量最高的国家，其降水量是最低国家利比亚的40倍，如图3-6所示。

第三章　丝绸之路经济带生态环境质量及风险评估

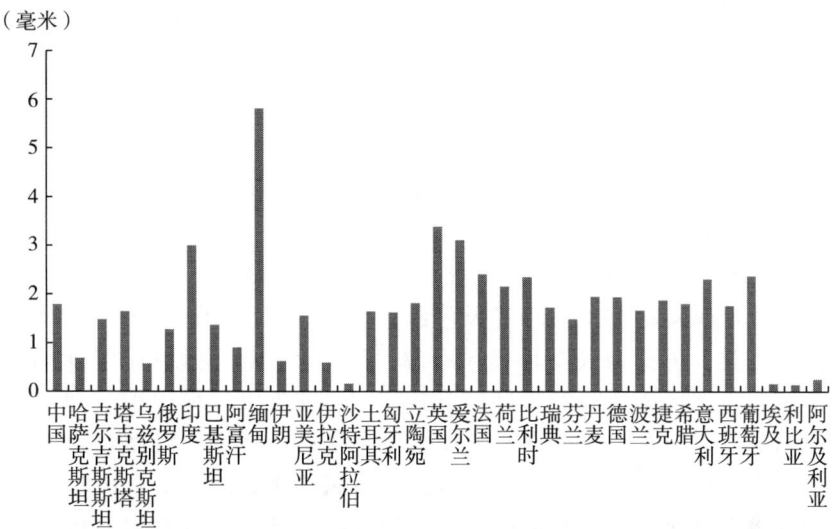

图 3-6　2017 年丝绸之路经济带沿线国家日均降水量情况

资料来源：世界银行数据库（2018）（https://data.worldbank.org.cn/）。

第二，流域面积大，多为外流河（湖）。流域面积、河流性质是影响自净能力的重要指标，据 2019 年 4 月自然资源保护协会（Natural Resource Defense Council，NRDC）发布的《"一带一路"重点区域（国家）环境影响评价体系研究报告》统计数据，中亚和西亚地区的河流面积分别约 46.5 万平方千米和 44 万平方千米；而东中欧地区河流河网密布，水运发达，河流面积约 530 万平方千米，为中亚和西亚地区河流面积总和的近 6 倍。

第二节　丝绸之路经济带生态环境风险评估

目前研究多集中于探讨丝绸之路经济带单一层面的生态环境风险问题，如对沿线区域大气环境风险、水环境风险以及工业污染带来的环境风险等问题进行探究并提出对策建议，或者针对丝绸之路经济带沿线部分国家进行风险评估，鲜有研究从多层面全面评估丝绸之路经济带生态环境风险。识别丝绸之路经济带生态环境的风险源，以减少或规避受体受到的损害，评估和控制生态环境风险带来的危害，有助于实现丝绸之路经济带的可持续发展，这些都亟待研究解决。

一、风险源识别

生态环境风险源指可能对生态环境产生危害的源头，其存在是生态环境风险事件发生的先决条件。生态环境风险源不仅包括生态环境损害事件对周边敏感受体所产生的影响,还包括生态环境风险释放的不确定性。对风险源进行科学的分类和识别,是研究生态环境风险的重要前提。

(一) 风险源的分类

环境受体及其受到危害的不确定性是环境风险源研究的关键问题。以环境受体及其所承受风险的不确定性为出发点,环境风险源有三种分类方式(魏科技等,2010):第一类是按照生态环境风险源的环境受体不同,可划分为水环境风险源、大气环境风险源和土壤环境风险源等;第二类是按照生态环境风险源的危害物质状态分类,可分为气态环境风险源、液态环境风险源和固态环境风险源;第三类是按照生态环境风险源传播的方式,包含在大气环境中扩散和在非大气环境中扩散两类。以上从环境受体、物质状态和传播途径三个维度对生态环境风险源进行了类别的划分,然而不管从何种视角对风险源进行分类,风险源对生态环境产生的危害都最终映射在环境受体上,均反映出环境受体在生态自然要素与人类社会经济活动共同影响下所产生的效应,如资源的过度利用、环境污染程度的加剧及产生的威胁等。基于此,本书以生态环境的受体为探究丝绸之路经济带生态环境风险评价的出发点,对生态环境风险源进行分类,如表3-6所示。

表3-6 生态环境风险源分类及描述

类型	可能来源	描述	环境受体
自然视角	气候灾害	干旱、洪涝、极端降雨、雪灾	土壤、水体、大气
	地质灾害	滑坡、泥石流、崩塌、地面塌陷、地面沉降等	土壤
	海洋灾害	风暴潮、海啸、海岸侵蚀、台风等	土壤、水体
	地震灾害	强烈地面震动引起的包括火灾、爆炸、瘟疫、放射性污染等次生灾害	土壤、水体、大气
	人口增长	可再生资源消耗速率超过其再生能力、温室效应、生活污水排放	土壤、水体、大气
	区域扩张	野生动植物栖息地质量下降、生物多样性减退、植被退化、水土流失	土壤、水体、大气
人为视角	工矿业、农业生产	能源及矿产资源过度消耗、重金属污染、固体废弃物排放、酸雨、持久性有机污染、工业废水排放	土壤、水体、大气
	基础设施建设	固体废弃物排放、酸雨	土壤、水体、大气
	医疗卫生、科研、工业生产	化学毒性物质和放射性污染物排放、固体废弃物排放、工业废水排放、酸雨	土壤、水体、大气

（二）丝绸之路经济带生态环境风险源描述

依据前文从生态承受水平、生态脆弱水平和生态自净能力三个方面对丝绸之路经济带生态环境的现实考察及分析结果，从生态自然和人类社会经济活动对环境受体造成的危害出发，不难得出，丝绸之路经济带生态环境主要存在气候灾害、人口增长、区域扩张、基础设施建设、工业生产和农业生产共六类风险源，如图3-7所示。

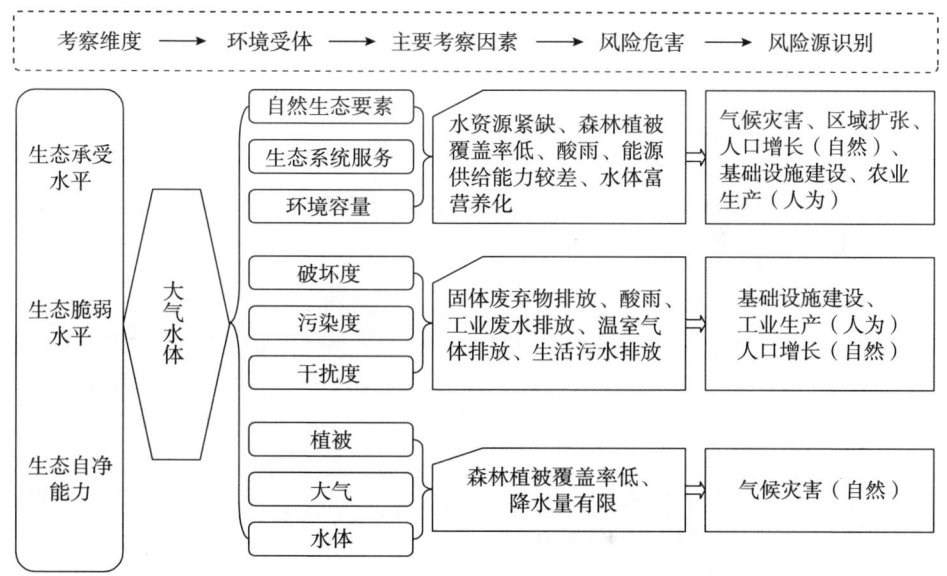

图3-7　丝绸之路经济带生态环境风险源识别

丝绸之路经济带生态环境中的大气、水体和土壤受到的风险危害表现为水资源紧缺、能源供给能力较差、森林植被覆盖率低、降水量有限、酸雨、固体废弃物排放、温室气体排放、工业废水排放、生活污水排放、水体富营养化。

（三）丝绸之路经济带生态环境风险源分析：以水体为例

环境受体即生态环境风险承受者，指生态系统中可能受到来自风险源干扰的不利作用的组成部分。区域生态环境风险评价的对象是由许多相互联系的个体所组成的生态环境系统，风险源的干扰即使只作用于系统内的某一组分，但也可能通过其变化造成生态环境系统整体功能的损伤，致使区域生态环境质量恶化。鉴于生态环境系统的复杂性，通常选取那些对风险源的作用较为敏感，或在生态系统中最能够反映风险带来的不利效应的受体，推断、分析或代表整个区域的生态环境风险（付在毅等，2001）。水体作为密切连接生态系统中土地、植被及其他

丝绸之路经济带生产网络与生态环境协同发展研究

各类生物要素的主要媒介,对生态系统起到重要的支撑作用。丝绸之路经济带沿线区域境内水资源量只有世界的 35.7%,但水资源年开采量占世界的 66.5%,水资源环境压力较大。因此,丝绸之路经济带水体生态环境系统存在的风险具有明显的指示意义,可以作为丝绸之路经济带生态环境受体的代表性分析对象。根据前文对丝绸之路经济带水资源储量、水环境容量以及水体自净能力的现实考察,丝绸之路经济带沿线区域水体受到危害的风险表现及类型如表3-7所示。

表3-7 丝绸之路经济带水体受到危害的表现及类型

环境受体	风险表征	危害表现	风险源	风险类型
水体	水资源量	水源性缺水（缺少水源补给造成的缺水）	干旱和半干旱等气候灾害	自然视角
		利用性缺水（跨界水资源冲突、产业结构和布局不合理等造成的缺水）	区域扩张	自然视角
			工业生产过程	人为视角
		水质性缺水（废污水排放造成的淡水资源污染和短缺）	人口增长	自然视角
			基础设施建设活动	人为视角
	水环境容量	生活污水污染	人口增长、区域扩张	自然视角
		水体富营养化	农业活动	人为视角
	水体自净能力	水体稀释污染物的能力下降,水质变差	干旱和半干旱等气候灾害	自然视角
		水体的溶解氧补给减少,有机污染物氧化降解能力降低		

二、评估模型

生态环境风险评估是定量预测风险源对生态环境系统产生风险的不确定性以及该风险的可接受程度,是生态环境风险管理和决策的依据（张思锋和刘晗梦,2010）。目前学术界对生态环境风险评估主要依据风险源的驱动作用、环境受体受到的胁迫和风险涉及的空间尺度三个方面展开,目标是对研究区域受一个或多个胁迫因素影响后所产生不利生态后果出现的可能性进行评估。研究中多采用相对风险模型（Relative Risk Model,RRM）对区域生态环境存在的风险进行定量测评（Landis and Weigers,1997,2007）。该模型由 Landis 和 Wiegers 于 1997 年提出,旨在对评价单元内的各种风险源及生态环境进行考察的基础上,通过分析风险源对环境受体损害程度进行评估。

·114·

相对风险模型的基本理论表明,极端生态事件并不必然导致风险,而是与其带来的危害性和损失程度叠加后产生风险。借鉴 RRM 评价思路,将生态环境风险视为某一区域风险源发生的概率、风险源作用于该区域生态环境的危害程度和环境受体受到的损失三大因子的函数式,具体模型如下:

$$R_{ij} = \sum_{j=1}^{n} \alpha_{ij}(H_{ij} \times V_{ij} \times S_{iwj}) \tag{3-8}$$

式中,R_{ij} 为风险源 j 作用于 i 区域的风险值;H_{ij} 为 i 区域风险源 j 发生的概率;V_{ij} 为风险源 j 作用于 i 区域生态环境受体的危害系数;S_{iwj} 为 i 区域环境受体 w 受到风险源 j 危害产生的损失;α_{ij} 为 i 区域风险源 j 的权重。

本章研究中共有 6 类风险源,以水体作为环境受体,干旱气候灾害、人口增长和区域扩张是自然视角下丝绸之路经济带生态环境的风险源,基础设施建设、工业生产和农业生产是人为视角下丝绸之路经济带生态环境的风险源。三类变量中,S_{iwj} 表示丝绸之路经济带水环境受体在风险源胁迫下的潜在损失,以单位生态系统中水体能够为全社会提供的产品和服务的价值当量表示,该变量为常数;H_{ij} 表示丝绸之路经济带沿线区域风险源发生的概率,V_{ij} 表示风险源对丝绸之路经济带沿线区域生态环境的危害系数,这两类变量及其说明如表 3-8 所示。

表 3-8 变量及说明

风险源	风险源发生的概率（H_{ij}）	风险源的危害系数（V_{ij}）
干旱气候灾害	50 年来发生干旱气候灾害频次标准化值（-）	降水量标准化值（+）
人口增长	人口密度标准化值（-）	人均淡水资源量标准化值（+）
区域扩张	城镇化率标准化值（-）	废水产生量标准化值（-）
基础设施建设	基础设施建设项目投入占国民总支出比重标准化值（-）	可抽取淡水量标准化值（+）
工业生产	第二产业占 GDP 比重标准化值（-）	工业用水抽取量标准化值（-）
农业生产	第一产业占 GDP 比重标准化值（-）	农业用水抽取量标准化值（-）

注:"+"表示指标属性为正,该指标数值越大,风险越小;"-"表示指标属性为负,该指标数值越大,风险越大。

三、数据来源与处理

研究涉及原始数据如表 3-9 所示。其中:①风险源发生风险的概率数据中,丝绸之路经济带沿线地区 50 年来干旱灾害发生频次数据来源于中国科学院资源与环境科学数据中心（http://www.resdc.cn/）。依据遥感监测图,无法准确对照每一个国家确定干旱灾害发生的频次,只能分辨出一个国家的大致位置,所以根据前文丝绸之路经济带沿线 72 国的所在地理区位划分,采用人工目视判读确

表 3-9　各指标的原始数据（2017 年）

国家	干旱频次（次）	人口密度（每平方千米土地面积人数）	城镇化率（%）	基础设施建设项目投入占国民总支出比重（%）	第一产业占 GDP 比重（%）	第二产业占 GDP 比重（%）	降水量（毫米）	人均淡水资源量（吨）	废水产生量（吨）	可抽取淡水量（吨）	工业用水抽取量（吨）	农业用水抽取量（吨）
中国	12.5	148.349	59.152	1.326	7.190	40.653	645	2061.909	53473000	13.280	22.320	64.400
哈萨克斯坦	18.5	6.768	57.428	1.467	4.396	33.496	250	3722.174	151391104	4.153	29.630	66.230
吉尔吉斯斯坦	18.5	32.966	36.351	1.089	11.649	27.462	533	8384.886	12377486	2.798	4.196	93.010
塔吉克斯坦	18.5	65.573	27.134	9.120	19.200	27.400	691	7689.481	4572	5.631	3.549	90.860
乌兹别克斯坦	18.5	77.469	50.478	5.536	28.788	28.421	206	531.249	42876	7.321	2.679	90.000
印度	12.5	454.938	34.030	2.771	14.602	26.746	1083	1116.082	7423002	7.359	2.234	90.410
巴基斯坦	12.5	275.289	36.666	3.491	22.852	17.987	494	281.608	632602	5.259	0.763	93.950
阿富汗	12.5	56.938	25.495	2.262	20.467	22.128	327	1412.912	159080	0.760	0.634	98.620
缅甸	12.5	82.239	30.579	6.940	24.556	32.292	2091	19184.861	57005	10.000	1.000	88.990
伊朗	12.5	50.222	74.898	4.349	9.500	34.910	228	1658.798	53175	6.645	1.179	92.180
伊拉克	12.5	88.531	70.473	2.062	2.000	56.100	216	1022.900	29737	6.515	14.700	78.790
沙特阿拉伯	12.5	15.677	83.844	6.824	2.224	49.541	59	77.627	559334	8.999	3.000	88.000
土耳其	12.5	106.960	75.143	7.798	5.818	29.473	593	2939.200	5550817	15.460	10.720	80.930
亚美尼亚	12.5	103.680	63.149	1.431	13.696	24.983	562	2355.100	615471	6.051	3.820	90.130
埃及	12.5	98.873	42.704	2.771	11.225	35.084	51	19.906	57005	11.540	2.564	85.900
利比亚	12.5	3.796	80.102	5.413	1.849	77.541	56	110.028	5966	12.010	4.803	83.190
阿尔及利亚	12.5	17.730	72.629	1.854	11.979	39.599	89	289.027	66230	35.850	4.926	59.230
意大利	18.5	205.418	70.438	2.032	1.940	21.403	832	3002.181	9706964	17.580	35.870	44.070

第三章　丝绸之路经济带生态环境质量及风险评估

续表

国家	干旱频次（次）	人口密度（每平方千米土地面积人数）	城镇化率（%）	基础设施建设项目投入占国民总支出比重（%）	第一产业占GDP比重（%）	第二产业占GDP比重（%）	降水量（毫米）	人均淡水资源量（吨）	废水产生量（吨）	可抽取淡水量（吨）	工业用水抽取量（吨）	农业用水抽取量（吨）
西班牙	18.5	93.675	80.321	1.381	2.796	19.993	636	2392.381	3183846	14.210	17.600	68.190
葡萄牙	18.5	112.262	65.211	2.405	2.052	19.158	854	3653.473	834601	10.670	13.440	78.700
希腊	18.5	83.256	79.058	2.186	3.719	15.269	652	5324.807	504282	8.787	3.380	87.830
波兰	2.5	124.023	60.058	5.655	2.107	15.269	600	1410.091	1917134	17.910	73.630	9.599
捷克	2.5	137.658	73.792	2.296	1.966	32.189	677	1249.365	1088714	38.450	60.730	2.667
匈牙利	2.5	107.981	71.351	1.510	3.554	25.393	589	608.120	457139	14.180	79.450	6.375
德国	2.5	237.308	77.312	3.704	0.769	27.462	700	1321.273	23039154	13.820	83.270	0.638
立陶宛	18.5	44.723	67.679	5.239	2.907	25.518	656	5272.191	175950	23.740	65.870	10.390
俄罗斯	18.5	8.822	74.433	1.483	3.147	32.066	460	29981.991	1626610	20.240	59.820	19.940
英国	2.5	274.709	83.398	2.892	0.631	17.509	1220	2244.502	6086643	71.410	14.010	12.770
爱尔兰	2.5	70.653	63.17	2.551	0.918	36.797	1118	10520.123	123617	82.960	6.986	15.220
荷兰	2.5	511.476	91.49	8.132	1.631	17.934	778	652.238	5134155	11.350	88.120	0.562
比利时	2.5	377.584	98.001	5.436	0.500	19.090	847	1070.563	3812878	11.810	87.530	0.699
法国	2.5	122.320	80.444	2.799	1.622	16.898	867	3016.042	11010282	18.130	71.490	10.400
瑞典	2.5	24.981	87.431	5.422	1.375	22.561	624	17635.939	2379232	37.900	58.460	3.644
丹麦	2.5	137.977	87.874	3.342	1.025	21.155	703	1063.175	2010740	55.210	19.630	25.150
芬兰	2.5	18.149	85.382	2.777	2.459	24.498	536	19591.644	2388490	6.239	82.130	0.762

· 117 ·

定东亚、中亚、西亚、南亚、北非、南欧、中欧、东欧、西欧、北欧这10个区域50年来的干旱灾害发生频次，并将其均值作为沿线国家的干旱灾害发生频次，分别为：东亚（中国）10~15，均值12.5；中亚（哈萨克斯坦、吉尔吉斯斯坦、塔吉克斯坦、乌兹别克斯坦）15~22，均值18.5；西亚（伊朗、伊拉克、沙特阿拉伯、土耳其、亚美尼亚）10~15，均值12.5；南亚（印度、巴基斯坦、阿富汗、缅甸）10~15，均值12.5；北非（埃及、利比亚、阿尔及利亚）10~15，均值12.5；南欧（意大利、西班牙、葡萄牙、希腊）15~22，均值18.5；中欧（波兰、捷克、匈牙利、德国）0~5，均值2.5；东欧（俄罗斯、立陶宛）15~22，均值18.5；西欧（英国、爱尔兰、荷兰、比利时、法国）0~5，均值2.5；北欧（瑞典、丹麦、芬兰）0~5，均值2.5。人口密度、城镇化率、基础设施建设项目投入占国民总支出的比重以及第一产业和第二产业占GDP比重数据均通过世界银行数据库2017年数据整理计算获得。②风险源作用于丝绸之路经济带水体环境的危害系数数据中，降水量、人均淡水资源量、可抽取淡水量、工业用水抽取量和农业用水抽取量数据均来源于世界银行2017年数据，废水产生量数据来源于联合国统计司（https：//comtrade.un.org/data）2017年统计数据。③水体的生态系统服务价值当量依据谢高地等（2003）制定的生态系统服务价值（Ecosystem Service Value，ESV）当量表，水体在一个标准单位生态系统中能够提供的生态系统服务功能的价值当量为45.67。

为消除指标间量纲和数量级的差异，使得指标间具有可比性，本书采用极差标准化方法对指标的原始数据进行标准化处理。设某一指标的原始数据为 $X = \{x_{ij}\}$，则指标的标准化处理方法如下：

对于数值越大风险越大的负向指标，有：

$$C = \frac{X_{ij} - X_{\min}}{X_{\max} - X_{\min}} \tag{3-9}$$

对于数值越大风险越小的正向指标，有：

$$C = \frac{X_{\max} - X_{ij}}{X_{\max} - X_{\min}} \tag{3-10}$$

式中，C 为指标的标准化值；X_{ij} 为指标的原始数值；$X_{\max}$ 和 $X_{\min}$ 分别为该指标的最大值和最小值。

四、结果及分析

以水体作为环境受体，采用式（3-8）分别对丝绸之路经济带生态环境受到各单项风险源危害的损失进行测算，继而对各单项风险源的测算结果进行等权重叠加，得到丝绸之路经济带生态环境风险值。2017年丝绸之路经济带沿线35个样本国家的生态环境风险测算结果如表 3-10 所示。

表 3-10　2017 年丝绸之路经济带沿线国家生态环境风险测算结果

区域	国家	干旱气候灾害风险	人口增长风险	区域扩张风险	基础设施建设风险	工业生产风险	农业生产风险	生态环境风险
东亚	中国	20.232	12.117	7.488	38.714	4.954	7.032	15.120
中亚	哈萨克斯坦	41.215	0.234	20.114	0.455	4.757	4.213	11.855
	吉尔吉斯斯坦	34.879	1.891	0.559	0.006	0.391	16.970	9.134
	塔吉克斯坦	31.342	4.135	0.001	0.001	0.318	27.802	10.621
	乌兹别克斯坦	42.200	6.514	0.016	0.147	0.242	41.655	15.159
南亚	印度	14.104	39.099	0.263	8.758	0.165	20.861	13.903
	巴基斯坦	22.345	24.210	0.029	1.108	0.003	34.368	13.704
	阿富汗	24.682	4.558	0.001	0.047	0.001	32.235	10.274
	缅甸	0.001	2.543	0.003	0.184	0.056	35.023	6.314
西亚	伊朗	26.067	3.948	0.031	1.363	0.096	13.576	7.529
	伊拉克	26.235	7.367	0.028	0.632	5.169	1.932	6.908
	沙特阿拉伯	28.432	1.067	0.135	2.089	0.730	2.483	5.834
	土耳其	20.960	8.376	1.146	2.182	1.289	7.037	6.845
	亚美尼亚	21.394	8.285	0.096	0.017	0.279	19.460	8.272
北非	埃及	28.544	8.553	0.011	0.803	0.344	15.069	8.905
	利比亚	28.474	0.001	0.034	0.134	2.337	1.836	5.480
	阿尔及利亚	28.012	1.242	0.030	0.348	0.940	11.089	6.957
南欧	意大利	28.186	16.332	1.814	5.547	1.945	1.032	9.161
	西班牙	32.573	7.445	0.725	3.955	0.721	2.557	8.012
	葡萄牙	27.693	8.574	0.137	0.701	0.448	1.997	6.605
	希腊	32.215	5.883	0.111	0.652	0.001	4.626	7.262
中欧	波兰	0.033	10.314	0.275	1.518	0.001	0.239	2.067
	捷克	0.032	11.548	0.218	0.412	9.152	0.051	3.576
	匈牙利	0.034	9.188	0.086	0.409	7.182	0.292	2.871
	德国	0.031	20.094	4.966	10.716	9.068	0.001	7.494
东欧	立陶宛	32.126	3.036	0.030	0.107	6.018	0.390	6.965
	俄罗斯	36.514	0.001	0.330	3.878	8.948	0.845	8.436
西欧	英国	0.019	22.561	1.465	1.397	0.270	0.026	4.298
	爱尔兰	0.022	3.907	0.019	0.001	1.231	0.101	0.882

续表

区域	国家	干旱气候灾害风险	人口增长风险	区域扩张风险	基础设施建设风险	工业生产风险	农业生产风险	生态环境风险
西欧	荷兰	0.029	44.706	1.409	2.415	2.098	0.001	8.460
西欧	比利时	0.028	32.446	1.149	1.595	2.988	0.001	6.380
西欧	法国	0.027	9.596	2.516	7.586	1.039	0.182	3.498
北欧	瑞典	0.033	0.785	0.612	1.007	3.795	0.044	1.048
北欧	丹麦	0.031	11.650	0.521	0.378	1.006	0.213	2.305
北欧	芬兰	0.035	0.448	0.594	0.864	6.769	0.006	1.456

以水体为环境受体，对比干旱气候灾害、人口增长、区域扩张、基础设施建设、工业生产和农业生产六类风险评估值，如图3-8所示。首先，丝绸之路经济带沿线的气候干旱地区主要集中在中亚、西亚和南亚。一方面，中亚、西亚和南亚地区受到干旱气候的影响生态环境条件较为脆弱，从而引发诸如土地荒漠化和生物多样性消失等生态威胁现象。另一方面，在干旱气候灾害频繁发生、水资源缺乏、生态环境脆弱和跨界水资源问题复杂共同交织的背景下，中亚、西亚和南亚地区国家的水资源安全及与之相应的生态安全问题是丝绸之路经济带建设推进中的一项重要问题。其次，位于丝绸之路经济带核心区和重要区的中亚、南亚、西亚国家人口膨胀型增长，人口基数较大。人口增长压力导致水资源、耕地、森

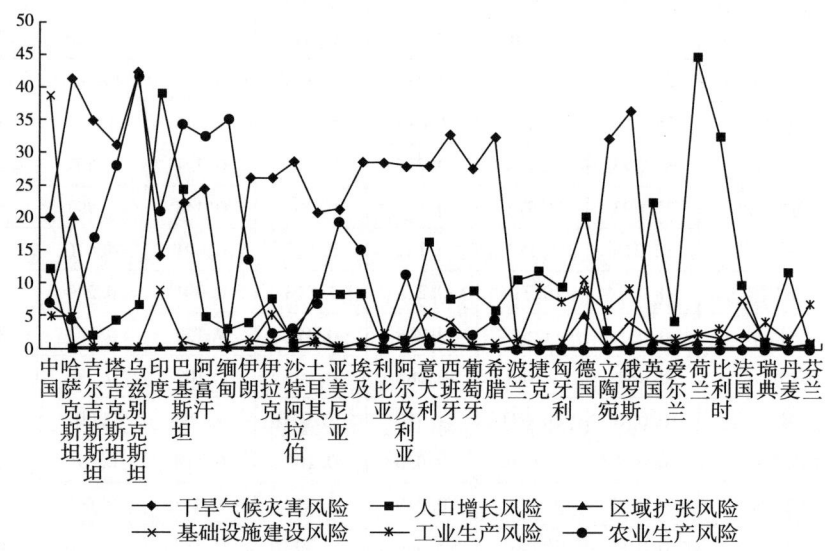

图3-8 六类风险源作用下的生态环境风险评估值对比

林、矿产和能源等资源环境要素的消费不断增加,人均拥有量明显不足,对资源环境基础的系统稳定性造成巨大压力。值得关注的是,人口增长风险值较高的还有德国、荷兰和比利时三个欧洲国家。究其原因,移民是导致三国人口膨胀性增长的主要原因,成为其生态文明建设中的主要矛盾,其中,比利时虽然国土面积不大,却是西欧人口密度最高的国家。

运用 EViews6 对 2017 年丝绸之路经济带沿线 35 个国家的生态环境风险值进行特征分析,如表 3-11 所示。首先,丝绸之路经济带沿线 35 个样本国家的生态环境风险均值为 7.2454,最大值和最小值分别为 15.1590、0.8820,初步发现 35 个国家生态环境风险值具有向均值集中的趋势。其次,35 个国家生态环境风险值的中位数为 6.9650,标准差较低仅为 3.8105,意味着这组数据趋向于靠近均值,分布较为集中。最后,35 个国家生态环境风险值的偏度系数为 0.3048,大于零,出现右偏态,即正态分布呈现右拖尾现象,表明整体风险值是偏高的;一般来说,正态分布峰度系数接近于 3 表明观测值较为集中和有效,本章研究中 35 个国家的生态环境风险值峰度系数为 2.6658,验证了数据的集中有效性。

表 3-11　2017 年丝绸之路经济带沿线 35 个国家生态环境风险值的描述性统计

Mean 均值	7.2454	Median 中位数	6.9650
Maximum 最大值	15.1590	Minimum 最小值	0.8820
Std. Dev. 标准差	3.8105	Skewness 偏度系数	0.3048
Kurtosis 峰度系数	2.6658	Observations 观测样本	35

2017 年丝绸之路经济带沿线 35 个样本国家生态风险值的分布形态如图 3-9 所示。

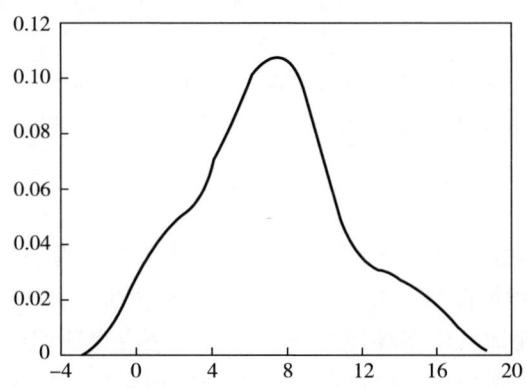

图 3-9　丝绸之路经济带沿线 35 个样本国家生态环境风险值的分布形态

基于上述对丝绸之路经济带沿线 35 个样本国家的生态风险评估值的数据特征分析，以沿线 35 个国家生态环境风险值的均值为中心，进一步以四分位数间距，运用自然裂点分级法将生态环境风险评估值划分为四个区段，分别为高风险区［15.159，9.134］、较高风险区［8.905，7.262］、中风险区［6.965，5.480］和低风险区［4.298，0.882］，如图 3-10 所示，具体分区结果如表 3-12 所示。

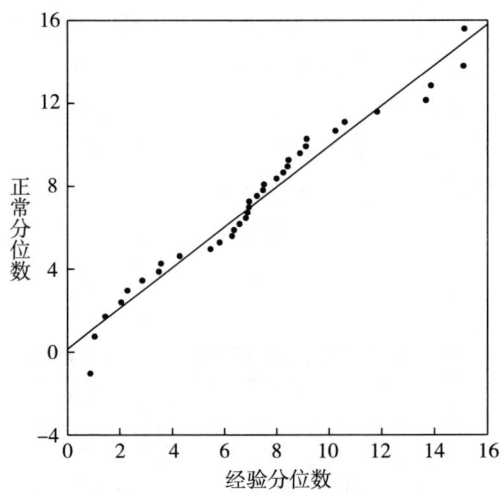

图 3-10　丝绸之路经济带沿线 35 个国家生态环境风险值四分位点确定

表 3-12　丝绸之路经济带生态环境风险区划分

分区	国家
高风险区	乌兹别克斯坦、中国、印度、巴基斯坦、哈萨克斯坦、塔吉克斯坦、阿富汗、意大利、吉尔吉斯斯坦
较高风险区	埃及、荷兰、俄罗斯、亚美尼亚、西班牙、伊朗、德国、希腊
中风险区	立陶宛、阿尔及利亚、伊拉克、土耳其、葡萄牙、比利时、缅甸、沙特阿拉伯、利比亚
低风险区	英国、捷克、法国、匈牙利、丹麦、波兰、芬兰、瑞典、爱尔兰

根据丝绸之路经济带沿线 35 个主要国家生态环境风险区划分结果，发现：

（1）高生态环境风险区，主要分布于中亚和南亚大部分地区，自然资源本底较差是中亚和南亚地区生态环境的短板，加之塔吉克斯坦、哈萨克斯坦、吉尔吉斯斯坦、乌兹别克斯坦以及巴基斯坦、阿富汗和印度等国生态环境保护投入在一定程度上受到限制。

(2) 较高生态环境风险区,主要分布于西亚、北非大部分地区和欧洲少部分地区,其中,西亚和北非地区气候干旱少雨、大气自净能力较差是导致亚美尼亚、伊朗和埃及等国家环境污染严重的主要原因,而德国、西班牙等老牌工业强国一直以来"先污染,后治理"的发展路径成为其仍未摆脱高环境污染风险的桎梏。伊朗和埃及的主要经济支柱是矿业等初级产业,环境污染问题更为严峻。俄罗斯仍处于工业化进程的加速期,在"先污染,后治理"发展过程中,遗留了诸多生态环境问题。希腊和荷兰两国虽然环境状况良好,但地形地貌和气候条件决定了其自然资源较为匮乏,生产中初级产品主要来源于进口。

(3) 中生态环境风险区,分布于北非、西亚和南亚的少数地区以及部分欧洲地区,这些区域的生态环境风险主要由自然资源相对匮乏、极端的气候类型以及较高的经济发展水平引起的环境污染问题等导致。其中,北非的利比亚和阿尔及利亚的支柱产业是农业,污染程度较低。西亚的沙特阿拉伯、土耳其和伊拉克自然资源相对匮乏,但这些国家拥有丰富的能源和矿产资源,还是全世界的石油基地,能源和矿产合作以运输和开采为主,环境污染效应仍未扩大。南亚的缅甸受印度洋西南季风影响,表现为干旱与洪涝的极端气候,加之人口密度较高,存在一定程度的生态环境风险隐患。此外,比利时和立陶宛领土面积很小,自然资源较为匮乏,然而经济发展水平较高,农业和制造业处于世界领先地位,这导致两国具有资源消耗和环境污染风险隐患。

(4) 低生态环境风险区,主要分布于欧洲国家,整体气候条件优渥,生态自然风险相对较低,并且环保措施和环保制度较为完善,生态环境水平整体较高。其中,爱尔兰有"翡翠岛国"和"欧洲农村"之称,自然资源优越,经济高度发达,近年来大力发展现代农牧业和生物工程等高科技产业,生态环境状况整体得以有效改善。而匈牙利、波兰、瑞典和芬兰的生态建设和环境保护机制完善,尤其是瑞典,法律体系完备,行政管理协调高效,环保教育普及,环境产业发达,是世界各国借鉴的典范。

第三节 丝绸之路经济带生态环境发展趋势预判

丝绸之路经济带在经济增长过程中不断强化环境保护,追求经济增长与环境保护相协调,体现出生态现代化取向。生态现代化理论强调协调经济与环境的关系,实现经济增长与环境保护双赢的"生态现代化"取向(洪大用,2012)。但丝绸之路经济带沿线多数为发展中国家和新兴经济体,处于工业化的初始或中期阶段，技术条件不足、经济发展不充分和不均衡，在生态现代化进程中具有自身特点及风险。由此，丝绸之路经济带沿线国家需结合自身生态环境现状，基于相互合作与联系反思发展中存在的问题，并立足于生态现代化理论实现经济与生态的可持续性发展，在发展中应更加注重通过工业化、技术进步实现与生态环境可持续的兼容。

分布动态法是研究区域经济差异的一种重要的非参数方法，主要包括核密度估计（Kernel Density Estimation）、马尔可夫链分析和随机核估计。其中，核密度估计不利用有关数据分布的先验知识，对数据分布不附加任何假定，是一种从数据样本本身出发研究数据分布特征的方法，相较于马尔可夫链和随机核估计，核密度估计计算简单、结果直观，应用较广泛。在研究中通过世界银行数据库获得2017年丝绸之路经济带沿线35个样本国家的人均GDP，对人均GDP和生态环境质量指数运用核密度估计法，选用随机变量服从正态分布的高斯核密度函数进行分析，如图3-11所示。由此，以丝绸之路经济带沿线国家经济增长与生态环境质量协调的动态演进趋势，作为丝绸之路经济带生态环境发展趋势预判的依据。

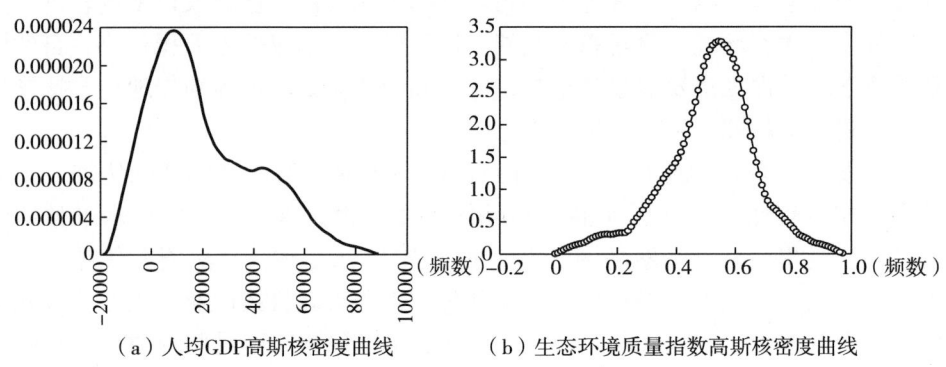

（a）人均GDP高斯核密度曲线　　（b）生态环境质量指数高斯核密度曲线

图3-11　2017年丝绸之路经济带沿线国家经济增长与生态环境质量分布的高斯核密度曲线

从丝绸之路经济带沿线国家经济增长与生态环境质量演进趋势的核密度曲线分布形态看，丝绸之路经济带沿线国家的经济增长水平的核密度曲线呈现双峰的分布形态，说明沿线国家经济发展水平存在梯度效应，具有两极化特征。伴随核密度曲线波峰高度的降低，具有从双峰向单峰演进的趋势，意味着沿线国家经济发展水平有从两极化发展模式向均衡化方向发展的趋势。核密度曲线右拖尾现象显著，说明沿线国家经济发展水平的差距仍然较大；然而，丝绸之路经济带生态环境质量指数动态分布的核密度曲线呈单峰形态，说明沿线国家生态环境质量水平差异较小，核密度曲线左拖尾现象较为明显，说明沿线国家生态环境水平整体偏低且差距在不断扩大。

总体来说，丝绸之路经济带沿线国家经济增长的不均衡与生态环境水平普遍偏低是制约丝绸之路经济带经济与生态协调的突出问题，沿线国家实现生态现代化的目标任重而道远。

第四节 本章小结

本章在现实考察丝绸之路经济带生态环境的基础上，全面评价沿线国家的生态环境质量，并进一步评估其生态环境风险，以前瞻性视角对丝绸之路经济带生态环境的发展趋势进行预判。主要研究结论如下：

（1）通过对丝绸之路经济带生态环境质量综合评估，发现丝绸之路经济带沿线国家的生态环境质量参差不齐。生态环境质量指数值大于0.60，生态环境质量良好国家有7个；生态环境质量指数值处于［0.40，0.60），生态环境质量居中的国家有22个；生态环境质量指数值处于［0.20，0.40），生态环境质量较差的国家有5个；生态环境质量指数值处于［0，0.20）的仅有哈萨克斯坦，呈现出"两头小、中间大"的分布形态。生态环境质量得分较高的国家有吉尔吉斯斯坦、塔吉克斯坦、印度、巴基斯坦、亚美尼亚、缅甸、法国等。这些国家存在两类情况：一类多集中于欧洲，均为丝绸之路拓展区国家，这些国家在产业发展上，利用处于时代前沿的高技术手段弥补自然资源不足的劣势，形成了高度发达的生态农业模式，发展生态经济，以生态环境建设促进经济发展，实现人与自然的高度融合，并且注重绿色社会结构的构建，在国家与社会发展的各个领域都注重生态理念的体现，加速了社会的绿色发展变革；另一类国家属于西亚和南亚地区，这些国家虽然经济水平整体较低，但具有丰富的自然资源，气候条件良好。而生态环境质量得分靠后的国家有中国、俄罗斯、阿富汗、埃及、沙特阿拉伯和哈萨克斯坦等，多为丝绸之路经济带建设的核心区和重要区。此外，部分国家位于全球的生态脆弱区，并且其经济发展具有"高消耗、高污染、低效率"的特征。加之一些国家受到战争的影响，社会动荡不安，大多数民众还处于求和平要发展的阶段，兼顾不到生态环境的保护问题。

（2）对丝绸之路经济带沿线国家风险源的识别与生态环境风险进行评估，丝绸之路经济带生态环境主要存在气候灾害、人口增长、区域扩张、基础设施建设、工业生产和农业生产六类风险源；以水体为环境受体，干旱气候灾害和人口增长这两类自然风险是目前丝绸之路经济带沿线国家的主要生态环境风险源；沿线区域中,高生态环境风险区主要分布于中亚和南亚大部分地区,而低生态环境风险区主要分布于欧洲国家。其中,自然资源本底较差是中亚和南亚等高生态环境风险区生态环境困境中的短板;气候干旱少雨、大气自净能力较差是导致西亚和北非大部分地区等较高生态环境风险区生态环境问题严峻的主要原因;自然资源相对匮乏、极端的气候类型以及较高的经济发展水平是引发北非、西亚和南亚的少数地区以及部分欧洲地区等中生态环境风险区环境污染问题的诱因;而低生态环境风险区的欧洲国家,整体气候条件优渥,并且环保措施和环保制度较为完善,生态环境水平整体较高。

(3)进一步以丝绸之路经济带沿线国家经济增长与生态环境质量协调的动态演进趋势作为丝绸之路经济带生态环境发展趋势预判的依据,对丝绸之路经济带沿线 35 个样本国家 2017 年的人均 GDP 和生态环境质量指数进行高斯核密度分析。结果表明,丝绸之路经济带沿线国家的经济增长水平整体偏低,生态环境质量有待提升,生态环境与经济增长仍处于不协调状态。丝绸之路经济带沿线国家实现生态现代化的目标任重而道远。

第四章 丝绸之路经济带生产网络与生态环境的协同性分析

协调与平衡丝绸之路经济带生产网络及生态环境之间的关系,是推进丝绸之路经济带生产网络绿色可持续发展的逻辑起点。这一现实问题逐步引起学界的重视,成为丝绸之路经济带生产网络形成中的主要科学问题。当前研究中,学者们主要基于综合评价体系、耦合协调度模型、压力—状态—响应(Pressure-State-Response,PSR)模型、灰色系统模型和脉冲响应函数等研究区域经济增长与生态环境的协调发展关系(朱海强等,2019),通过两个系统交互作用的定量关系揭示二者发展的非同步性及协调关系的同步性,缺乏对协同矛盾以及条件和动因的剖析。本章立足于丝绸之路经济带生产网络全球价值链地位与生态环境风险的空间分布特征,揭示丝绸之路经济带生产网络在形成演进中与沿线区域生态环境之间产生的矛盾,进一步地阐释丝绸之路经济带生产网络与生态环境协同的动因与条件,测算丝绸之路经济带生产网络与生态环境复合系统的协同度,厘清丝绸之路经济带生产网络与生态环境协同的空间集聚特征、协同发展的类型以及未来的演进趋势。

第一节 丝绸之路经济带生产网络与生态环境的空间分布

一、研究方法

(一)探索性空间数据分析

探索性空间数据分析(Exploratory Spatial Data Analysis)是研究区域社会经济发展空间分布特征的基本统计方法。该方法以空间关联测度为核心,能够有力地解释与空间位置相关的空间依赖，探索空间关联和空间自相关现象，从而发现其空间关联性和空间集聚性。目前，全局空间自相关和局部空间自相关是探索性空间数据分析的两种常用方法（蒋子龙等，2014）。这里运用全局空间相关分析和局部空间相关分析两种方法，探讨丝绸之路经济带生产网络与生态环境风险的空间分布及其集聚特征。

（1）全局空间自相关。全局空间自相关主要用来判断某现象在空间上是否存在集聚特征，以莫兰指数（Moran's I）衡量，其计算公式为：

$$I = \frac{n}{\sum_i \sum_j w_{ij}} \frac{\sum_i \sum_j w_{ij}(M_i - \overline{M})(M_j - \overline{M})}{\sum_i (M_i - \overline{M})^2} \quad (4-1)$$

式中，I为全局莫兰指数，其取值范围为[-1, 1]；n为样本空间数量；M_i和M_j分别为i区域和j区域的属性值；w_{ij}为空间权重矩阵，表示空间位置i和j的邻近关系。当$0<I<1$时，表示邻近地区的属性值相近，经济属性存在正的空间自相关，表明属性值的空间分布趋于集聚；当$-1<I<0$时，表示邻近地区的属性值不相似，存在负的空间自相关，表明属性值的空间分布趋于发散；当$I=0$时，表示邻近地区的属性值均匀分布，不存在空间自相关，表明属性值的空间分布是随机的。

（2）局部空间自相关。全局空间自相关主要揭示了某现象在空间上的平均关联程度，不能清晰地反映研究区域内哪些地区存在集聚。然而，局部空间自相关能揭示研究区域具体的空间相关模式，通常采用局部莫兰指数来度量，具体计算公式为：

$$I_i = \frac{(M_i - \overline{M})}{\frac{1}{n-1}\sum_{j, j \neq i}(M_j - \overline{M})^2} \sum_j w_{ij}(M_j - \overline{M}) \quad (4-2)$$

式中，I_i为地区i的局部莫兰指数，$I_i>0$表示某地区i的高（低）值被周围的高（低）值包围，$I_i<0$表示某地区i的高（低）值被周围的低（高）值包围；n为样本空间数量；M_i和M_j分别为i区域和j区域的属性值；w_{ij}为空间权重矩阵，表示空间位置i和j的邻近关系。

Moran散点图虽然可以用来检验局部地区是否存在相似或相异的观察值集聚，并可确定观察值的具体位置，但缺点是其没有给出各区域的辐射效应，以及观察值通过显著性检验的局部莫兰指数。

（二）重心法

区域中某一要素的重心指区域某一位置能够实现该要素力矩的平衡点（周民良，2000）。简单来说，这一重心点在区域整体起到"牵一发而动全身"的作用。某属性指标的重心计算公式为：

$$X = \frac{\sum X_i W_i}{\sum W_i}, \quad Y = \frac{\sum Y_i W_i}{\sum W_i} \tag{4-3}$$

式中，X 和 Y 分别为某种属性重心的经度和纬度；X_i 和 Y_i 分别为子区域某种属性重心的经度坐标和纬度坐标；W_i 为子区域某种要素的属性值。

这里运用重心法，测算并解析丝绸之路经济带生产网络全球价值链地位和生态环境风险两项指标的时空演进趋势。

二、变量说明

在丝绸之路经济带生产网络全球价值链地位与生态环境风险空间分布的分析中，涉及四个变量：第一，丝绸之路经济带生产网络全球价值链地位指标，以出口商品结构的相似度指数（ESI）衡量，第一章中已经计算，在此不再赘述；第二，丝绸之路经济带生态环境风险指标，这里仅将样本扩展为沿线 64 国，测算 2010~2018 年丝绸之路经济带生态环境风险值；第三，丝绸之路经济带生产网络中样本国家的空间权重矩阵，即一个表达样本国家间邻接关系的二元对称空间权重矩阵，表达丝绸之路经济带生产网络中样本国家的空间布局；第四，丝绸之路经济带生产网络中样本国家的地理位置坐标（X_i，Y_i）。具体地，从重心法的计算公式看，决定丝绸之路经济带生产网络全球价值链地位重心和丝绸之路经济带生态环境风险重心的因素只有两个方面：子区域的地理位置和该区域某种要素属性值。由于各子区域地理位置永远不变，因此某种要素属性值的变化随年际的变化会影响到该属性值重心的变化，可见通过重心的变动情况能清楚地反映出该属性值随时间变动的演化轨迹。

需要说明的是，在计算丝绸之路经济带生产网络全球价值链地位与生态环境风险值的重心时，借鉴既有研究中的常用处理方式。当以国家或省份为研究对象时，通常会采取以一国首都或者以一省的省会城市的经度和纬度，替代该国或省的经度和纬度，继而进行重心的计算。本书也采用这一处理方式，运用样本国家首都的经度和纬度值对样本国家的重心进行计算。为方便实证研究的需要，以某一区域的地理坐标代入公式计算中，需要将坐标进行十六进制的小数点化。举例来说，N39°34′14.95″，化为小数点的度为：39.570819，具体化法为：39+34/60+14.95/3600=39.570819。在研究中，按照这一方法对丝绸之路经济带生产网络中的样本国家地理坐标进行小数点化处理。

三、样本选择与数据来源

丝绸之路经济带沿线 72 国中缺失南亚 2 国（不丹、孟加拉国）、中亚 3 国

（塔吉克斯坦、乌兹别克斯坦、土库曼斯坦）、西亚北非3国（叙利亚、也门、利比亚）共8国的数据。确定丝绸之路经济带沿线64个国家为样本，具体如表4-1所示。

表4-1 丝绸之路经济带生产网络的样本国家

区域划分	国家	地理分布
核心区	中国	东亚
	哈萨克斯坦、吉尔吉斯斯坦	中亚
重要区	俄罗斯	欧洲
	阿富汗、尼泊尔、印度、巴基斯坦、斯里兰卡、马尔代夫	南亚
	伊朗、伊拉克、阿塞拜疆、土耳其、约旦、以色列、巴勒斯坦、沙特阿拉伯、巴林、卡塔尔、阿曼、阿联酋、科威特、黎巴嫩、格鲁吉亚、亚美尼亚、塞浦路斯	西亚
	日本、韩国、蒙古国	东亚
拓展区	塞尔维亚、黑山、克罗地亚、斯洛文尼亚、波黑、马其顿、罗马尼亚、保加利亚、阿尔巴尼亚、意大利、西班牙、葡萄牙、希腊、波兰、捷克、斯洛伐克、匈牙利、德国、爱沙尼亚、拉脱维亚、立陶宛、白俄罗斯、乌克兰、摩尔多瓦、英国、爱尔兰、荷兰、比利时、法国、瑞典、丹麦、芬兰	欧洲
	埃及、阿尔及利亚	北非

注：ESI指数计算所用到的2010~2018年各国出口商品的贸易数据来源于联合国贸易数据库（UN Comtrade）（https：//comtrade.un.org/）。

生态环境风险测算用到的指标数据来源与第二章一样，不同的是，选取时间为2010~2018年。风险源发生风险的概率数据中，丝绸之路经济带沿线地区50年来干旱灾害发生频次数据来源于中国科学院资源与环境科学数据中心。人口密度、城镇化率、基础设施建设项目投入占国民总支出的比重以及第一产业和第二产业占GDP比重数据均通过世界银行数据库2010~2018年数据整理计算获得。风险源作用于丝绸之路经济带水体环境的危害系数数据中，降水量、人均淡水资源量、可抽取淡水量、工业用水抽取量和农业用水抽取量数据均来源于2010~2018年世界银行数据，废水产生量数据来源于联合国统计司2010~2018年统计数据。其中，蒙古国、塞尔维亚、斯洛文尼亚三国降水量、人均淡水资源量、可抽取淡水量、工业用水抽取量和农业用水抽取量数据缺失较多，因此分别选择与其地理位置相邻、气候条件相似，且土地面积和人口数量接近的哈萨克斯坦、黑山和克罗地亚补齐数据；个别年份数据的缺失以线性插值法补齐。生态系统服务价值当量依据谢高地等（2003）制定的生态系统服务价值当量表确定。丝绸之路经济带生产网络中样本国家空间邻接关系以及样本国家地理位置坐标的确定依据

第四章 丝绸之路经济带生产网络与生态环境的协同性分析

标准地图服务系统中发布的权威信息（http://bzdt.ch.mnr.gov.cn/）。

四、变量测算结果

（一）丝绸之路经济带生产网络全球价值链地位

2010~2018年丝绸之路经济带生产网络嵌入全球价值链程度，即丝绸之路经济带生产网络中样本国家的全球价值链地位，以 ESI 指数表征，计算结果如表4-2所示。

表4-2 2010~2018年丝绸之路经济带生产网络全球价值链地位测算结果（ESI 指数）

地理区域	国家	2010年	2011年	2012年	2013年	2014年	2015年	2016年	2017年	2018年
东亚	中国	0.382	0.383	0.378	0.375	0.375	0.379	0.392	0.392	0.397
	日本	0.637	0.631	0.617	0.611	0.624	0.628	0.616	0.618	0.610
	韩国	0.416	0.427	0.443	0.444	0.462	0.464	0.464	0.446	0.446
	蒙古国	0.042	0.042	0.042	0.042	0.033	0.033	0.039	0.025	0.030
中亚	哈萨克斯坦	0.005	0.005	0.004	0.092	0.107	0.093	0.087	0.087	0.092
	吉尔吉斯斯坦	0.043	0.042	0.054	0.173	0.138	0.228	0.165	0.128	0.135
南亚	阿富汗	0.074	0.063	0.062	0.066	0.084	0.099	0.080	0.080	0.082
	尼泊尔	0.051	0.046	0.044	0.090	0.039	0.034	0.041	0.048	0.048
	印度	0.014	0.015	0.018	0.318	0.310	0.314	0.314	0.313	0.320
	巴基斯坦	0.380	0.382	0.377	0.046	0.052	0.047	0.047	0.052	0.054
	斯里兰卡	0.096	0.102	0.101	0.080	0.113	0.105	0.109	0.123	0.123
	马尔代夫	0.091	0.081	0.093	0.003	0.004	0.006	0.003	0.004	0.004
西亚	伊朗	0.075	0.087	0.090	0.148	0.172	0.172	0.168	0.168	0.168
	伊拉克	0.180	0.164	0.172	0.004	0.006	0.006	0.004	0.004	0.004
	阿塞拜疆	0.057	0.057	0.057	0.057	0.072	0.070	0.045	0.061	0.067
	土耳其	0.356	0.356	0.356	0.356	0.322	0.314	0.344	0.358	0.358
	约旦	0.170	0.170	0.170	0.170	0.150	0.160	0.169	0.174	0.177
	以色列	0.118	0.126	0.126	0.251	0.256	0.257	0.267	0.286	0.297
	巴勒斯坦	0.006	0.002	0.001	0.100	0.086	0.090	0.100	0.091	0.094
	沙特阿拉伯	0.047	0.049	0.053	0.074	0.091	0.104	0.105	0.150	0.141
	巴林	0.334	0.356	0.344	0.154	0.148	0.182	0.149	0.122	0.111
	卡塔尔	0.107	0.107	0.107	0.081	0.107	0.123	0.090	0.091	0.099
	阿曼	0.182	0.183	0.184	0.118	0.150	0.143	0.094	0.141	0.121
	阿联酋	0.255	0.247	0.257	0.210	0.256	0.268	0.239	0.299	0.307

续表

地理区域	国家	2010年	2011年	2012年	2013年	2014年	2015年	2016年	2017年	2018年
西亚	科威特	0.111	0.107	0.114	0.042	0.061	0.073	0.067	0.074	0.070
	黎巴嫩	0.076	0.070	0.070	0.048	0.048	0.048	0.302	0.300	0.299
	格鲁吉亚	0.058	0.063	0.088	0.197	0.175	0.184	0.197	0.217	0.212
	亚美尼亚	0.080	0.072	0.064	0.081	0.070	0.078	0.088	0.086	0.097
	塞浦路斯	0.047	0.040	0.044	0.263	0.218	0.189	0.196	0.220	0.188
北非	埃及	0.122	0.111	0.112	0.161	0.182	0.169	0.150	0.208	0.219
	阿尔及利亚	0.071	0.061	0.266	0.049	0.070	0.053	0.037	0.047	0.047
欧洲	塞尔维亚	0.075	0.064	0.189	0.302	0.266	0.274	0.317	0.319	0.319
	黑山	0.188	0.181	0.189	0.104	0.094	0.129	0.133	0.131	0.136
	克罗地亚	0.190	0.188	0.206	0.315	0.311	0.313	0.345	0.343	0.362
	斯洛文尼亚	0.090	0.094	0.093	0.401	0.353	0.341	0.393	0.388	0.377
	波黑	0.197	0.203	0.274	0.229	0.202	0.196	0.221	0.187	0.188
	马其顿	0.143	0.156	0.146	0.147	0.118	0.118	0.135	0.138	0.141
	罗马尼亚	0.018	0.018	0.018	0.390	0.368	0.366	0.389	0.388	0.371
	保加利亚	0.033	0.042	0.043	0.323	0.319	0.320	0.353	0.355	0.355
	阿尔巴尼亚	0.294	0.307	0.306	0.083	0.114	0.171	0.116	0.107	0.097
	意大利	0.129	0.099	0.109	0.522	0.458	0.467	0.519	0.524	0.524
	西班牙	0.289	0.293	0.288	0.508	0.449	0.436	0.487	0.496	0.463
	葡萄牙	0.391	0.394	0.383	0.365	0.333	0.323	0.346	0.352	0.345
	希腊	0.220	0.220	0.236	0.250	0.243	0.240	0.260	0.254	0.261
	波兰	0.154	0.158	0.164	0.444	0.387	0.391	0.450	0.445	0.443
	捷克	0.359	0.370	0.386	0.466	0.410	0.413	0.472	0.462	0.455
	斯洛伐克	0.305	0.317	0.313	0.401	0.353	0.341	0.393	0.388	0.377
	匈牙利	0.076	0.090	0.076	0.468	0.412	0.413	0.476	0.484	0.489
	德国	0.507	0.523	0.523	0.710	0.710	0.707	0.709	0.705	0.702
	爱沙尼亚	0.479	0.485	0.502	0.380	0.376	0.364	0.396	0.390	0.369
	拉脱维亚	0.347	0.357	0.368	0.373	0.351	0.335	0.375	0.359	0.344
	立陶宛	0.274	0.271	0.249	0.380	0.374	0.357	0.395	0.388	0.405
	白俄罗斯	0.413	0.425	0.437	0.266	0.250	0.246	0.279	0.277	0.292
	乌克兰	0.472	0.463	0.462	0.211	0.199	0.182	0.189	0.189	0.178
	摩尔多瓦	0.391	0.394	0.383	0.155	0.115	0.134	0.148	0.144	0.133
	俄罗斯	0.438	0.446	0.452	0.205	0.217	0.215	0.263	0.268	0.259

第四章 丝绸之路经济带生产网络与生态环境的协同性分析

续表

地理区域	国家	2010年	2011年	2012年	2013年	2014年	2015年	2016年	2017年	2018年
欧洲	英国	0.755	0.756	0.755	0.559	0.537	0.518	0.583	0.578	0.580
	爱尔兰	0.345	0.346	0.355	0.236	0.212	0.210	0.230	0.231	0.221
	荷兰	0.343	0.374	0.359	0.484	0.479	0.476	0.531	0.533	0.497
	比利时	0.338	0.359	0.359	0.499	0.466	0.462	0.502	0.505	0.488
	法国	0.226	0.238	0.233	0.568	0.495	0.491	0.557	0.561	0.560
	瑞典	0.226	0.238	0.217	0.519	0.471	0.474	0.514	0.515	0.511
	丹麦	0.147	0.182	0.162	0.450	0.425	0.438	0.459	0.458	0.465
	芬兰	0.191	0.190	0.190	0.359	0.388	0.391	0.395	0.412	0.409

（二）丝绸之路经济带生态环境风险值

丝绸之路经济带沿线国家生态环境风险值的测算结果如表4-3所示。

表4-3 2010~2018年丝绸之路经济带沿线国家生态环境风险测度结果（R_i）

地理区域	国家	2010年	2011年	2012年	2013年	2014年	2015年	2016年	2017年	2018年
东亚	中国	14.364	16.178	17.539	21.168	19.505	13.154	14.364	15.120	15.347
	日本	11.331	12.762	13.835	16.698	15.386	10.376	11.331	11.927	12.106
	韩国	10.313	11.616	12.593	15.198	14.004	9.445	10.313	10.856	11.019
	蒙古国	13.400	15.092	16.362	19.747	18.195	12.271	13.400	14.105	14.317
中亚	哈萨克斯坦	9.760	10.993	11.918	14.384	13.253	8.938	9.760	10.274	10.428
	吉尔吉斯斯坦	9.104	10.254	11.116	13.416	12.362	8.337	9.104	9.583	9.727
南亚	阿富汗	13.208	14.876	16.127	19.464	17.935	12.096	13.208	13.903	14.112
	尼泊尔	13.019	14.663	15.897	19.186	17.678	11.922	13.019	13.704	13.910
	印度	9.088	10.236	11.097	13.392	12.340	8.322	9.088	9.566	9.709
	巴基斯坦	7.933	8.935	9.686	11.690	10.772	7.265	7.933	8.350	8.475
	斯里兰卡	11.262	12.685	13.752	16.597	15.293	10.314	11.262	11.855	12.033
	马尔代夫	8.677	9.773	10.595	12.788	11.783	7.947	8.677	9.134	9.271
西亚	伊朗	7.153	8.056	8.734	10.541	9.712	6.550	7.153	7.529	7.642
	伊拉克	6.563	7.392	8.013	9.671	8.911	6.010	6.563	6.908	7.012
	阿塞拜疆	4.363	4.915	5.328	6.430	5.925	3.996	4.363	4.593	4.662
	土耳其	6.503	7.324	7.940	9.583	8.830	5.955	6.503	6.845	6.948
	约旦	5.744	6.469	7.013	8.464	7.799	5.260	5.744	6.046	6.137

续表

地理区域	国家	2010年	2011年	2012年	2013年	2014年	2015年	2016年	2017年	2018年
西亚	以色列	4.323	4.869	5.278	6.370	5.870	3.959	4.323	4.550	4.618
	巴勒斯坦	10.577	11.913	12.915	15.588	14.363	9.687	10.577	11.134	11.301
	沙特阿拉伯	5.542	6.242	6.767	8.168	7.526	5.076	5.542	5.834	5.922
	巴林	9.513	10.715	11.616	14.020	12.918	8.712	9.513	10.014	10.164
	卡塔尔	10.505	11.832	12.827	15.481	14.265	9.620	10.505	11.058	11.224
	阿曼	8.699	9.798	10.622	12.820	11.813	7.967	8.699	9.157	9.294
	阿联酋	7.031	7.919	8.585	10.361	9.547	6.439	7.031	7.401	7.512
	科威特	5.711	6.433	6.974	8.417	7.755	5.230	5.711	6.012	6.102
	黎巴嫩	5.270	5.935	6.435	7.766	7.156	4.826	5.270	5.547	5.630
	格鲁吉亚	6.441	7.255	7.865	9.492	8.746	5.899	6.441	6.780	6.882
	亚美尼亚	7.858	8.851	9.596	11.581	10.671	7.197	7.858	8.272	8.396
	塞浦路斯	7.728	8.704	9.437	11.389	10.494	7.077	7.728	8.135	8.257
北非	埃及	8.460	9.528	10.330	12.467	11.487	7.747	8.460	8.905	9.039
	阿尔及利亚	6.609	7.444	8.070	9.740	8.975	6.053	6.609	6.957	7.061
欧洲	塞尔维亚	4.962	5.589	6.059	7.312	6.738	4.544	4.962	5.223	5.301
	黑山	6.430	7.242	7.851	9.475	8.731	5.888	6.430	6.768	6.870
	克罗地亚	4.255	4.793	5.196	6.271	5.778	3.897	4.255	4.479	4.546
	斯洛文尼亚	5.020	5.654	6.129	7.398	6.816	4.597	5.020	5.284	5.363
	波黑	6.394	7.202	7.808	9.423	8.683	5.856	6.394	6.731	6.832
	马其顿	5.694	6.414	6.953	8.392	7.732	5.215	5.694	5.994	6.084
	罗马尼亚	5.074	5.715	6.196	7.477	6.890	4.647	5.074	5.341	5.421
	保加利亚	6.100	6.870	7.448	8.989	8.283	5.586	6.100	6.421	6.517
	阿尔巴尼亚	4.741	5.339	5.788	6.986	6.437	4.341	4.741	4.990	5.065
	意大利	8.703	9.802	10.627	12.825	11.818	7.970	8.703	9.161	9.298
	西班牙	7.611	8.573	9.294	11.217	10.335	6.970	7.611	8.012	8.132
	葡萄牙	6.275	7.067	7.662	9.247	8.520	5.746	6.275	6.605	6.704
	希腊	6.899	7.770	8.424	10.167	9.368	6.318	6.899	7.262	7.371
	波兰	1.964	2.212	2.398	2.894	2.666	1.798	1.964	2.067	2.098
	捷克	3.397	3.826	4.148	5.006	4.613	3.111	3.397	3.576	3.630
	斯洛伐克	2.935	3.305	3.583	4.325	3.985	2.687	2.935	3.089	3.135
	匈牙利	2.727	3.072	3.330	4.019	3.704	2.498	2.727	2.871	2.914

第四章 丝绸之路经济带生产网络与生态环境的协同性分析

续表

地理区域	国家	2010年	2011年	2012年	2013年	2014年	2015年	2016年	2017年	2018年
欧洲	德国	7.119	8.019	8.693	10.492	9.667	6.520	7.119	7.494	7.606
	爱沙尼亚	5.332	6.006	6.511	7.858	7.241	4.883	5.332	5.613	5.697
	拉脱维亚	4.255	4.793	5.196	6.271	5.778	3.897	4.255	4.479	4.546
	立陶宛	6.617	7.453	8.079	9.751	8.985	6.060	6.617	6.965	7.069
	白俄罗斯	5.806	6.540	7.090	8.557	7.884	5.317	5.806	6.112	6.204
	乌克兰	4.450	5.012	5.433	6.558	6.042	4.075	4.450	4.684	4.754
	摩尔多瓦	5.599	6.307	6.837	8.252	7.603	5.128	5.599	5.894	5.982
	俄罗斯	8.014	9.027	9.786	11.810	10.882	7.339	8.014	8.436	8.563
	英国	4.083	4.599	4.986	6.017	5.544	3.739	4.083	4.298	4.362
	爱尔兰	0.838	0.944	1.023	1.235	1.138	0.767	0.838	0.882	0.895
	荷兰	8.037	9.052	9.814	11.844	10.913	7.360	8.037	8.460	8.587
	比利时	6.061	6.827	7.401	8.932	8.230	5.551	6.061	6.380	6.476
	法国	3.323	3.743	4.058	4.897	4.512	3.043	3.323	3.498	3.550
	瑞典	0.996	1.121	1.216	1.467	1.352	0.912	0.996	1.048	1.064
	丹麦	2.190	2.466	2.674	3.227	2.973	2.005	2.190	2.305	2.340
	芬兰	1.383	1.558	1.689	2.038	1.878	1.267	1.383	1.456	1.478

（三）丝绸之路经济带生产网络中样本国家空间权重矩阵的确定

丝绸之路经济带生产网络中样本国家空间权重矩阵如表4-4所示。

（四）丝绸之路经济带生产网络中样本国家地理位置坐标

在获取64个样本国家的地理位置坐标中，斯里兰卡有两个首都，分别为行政首都和商业首都，考虑到本书是以丝绸之路经济带生产网络中各国的生产活动为主要考察对象，因此选择其商业首都的经度和纬度值。需要说明的是，采用这一处理方式是可行的。一般来说，某一地区的经济中心和行政中心是相互依赖、相互辅助的，具有地理位置的邻近性。丝绸之路经济带生产网络中64个样本国家的地理坐标及小数化处理结果如表4-5所示。

五、结果及分析

（一）丝绸之路经济带生产网络全球价值链地位与生态环境风险空间分布的基本情况

从丝绸之路经济带生产网络中64个样本国家的ESI指数测算结果来看，丝绸之路经济带生产网络全球价值链地位呈现明显的两极分化特征。东亚和欧洲地

表 4-4 丝绸之路经济带生产网络样本国家的空间权重矩阵

国家	中国	日本	韩国	蒙古国	阿富汗	尼泊尔	印度	巴基斯坦	斯里兰卡	马尔代夫	哈萨克斯坦	吉尔吉斯斯坦	伊朗	伊拉克
芬兰	0	0	0	0	0	0	0	0	0	0	0	0	0	0
丹麦	0	0	0	0	0	0	0	0	0	0	0	0	0	0
瑞典	0	0	0	0	0	0	0	0	0	0	0	0	0	0
法国	0	0	0	0	0	0	0	0	0	0	0	0	0	0
比利时	0	0	0	0	0	0	0	0	0	0	0	0	0	0
荷兰	0	0	0	0	0	0	0	0	0	0	0	0	0	0
爱尔兰	0	0	0	0	0	0	0	0	0	0	0	0	0	0
英国	0	0	0	0	0	0	0	0	0	0	0	0	0	0
俄罗斯	1	0	0	1	0	0	0	0	0	0	1	0	0	0
摩尔多瓦	0	0	0	0	0	0	0	0	0	0	0	0	0	0
乌克兰	0	0	0	0	0	0	0	0	0	0	0	0	0	0
白俄罗斯	0	0	0	0	0	0	0	0	0	0	0	0	0	0
立陶宛	0	0	0	0	0	0	0	0	0	0	0	0	0	0
爱沙尼亚	0	0	0	0	0	0	0	0	0	0	0	0	0	0
拉脱维亚	0	0	0	0	0	0	0	0	0	0	0	0	0	0
德国	0	0	0	0	0	0	0	0	0	0	0	0	0	0
匈牙利	0	0	0	0	0	0	0	0	0	0	0	0	0	0
斯洛伐克	0	0	0	0	0	0	0	0	0	0	0	0	0	0
捷克	0	0	0	0	0	0	0	0	0	0	0	0	0	0
波兰	0	0	0	0	0	0	0	0	0	0	0	0	0	0
希腊	0	0	0	0	0	0	0	0	0	0	0	0	0	0
葡萄牙	0	0	0	0	0	0	0	0	0	0	0	0	0	0
西班牙	0	0	0	0	0	0	0	0	0	0	0	0	0	0
意大利	0	0	0	0	0	0	0	0	0	0	0	0	0	0
阿尔巴尼亚	0	0	0	0	0	0	0	0	0	0	0	0	0	0
保加利亚	0	0	0	0	0	0	0	0	0	0	0	0	0	0
罗马尼亚	0	0	0	0	0	0	0	0	0	0	0	0	0	0
马其顿	0	0	0	0	0	0	0	0	0	0	0	0	0	0
斯洛文尼亚	0	0	0	0	0	0	0	0	0	0	0	0	0	0
克罗地亚	0	0	0	0	0	0	0	0	0	0	0	0	0	0
塞尔维亚黑山	0	0	0	0	0	0	0	0	0	0	0	0	0	0
阿尔及利亚	0	0	0	0	0	0	0	0	0	0	0	0	0	0
埃及	0	0	0	0	0	0	0	0	0	0	0	0	0	0
塞浦路斯	0	0	0	0	0	0	0	0	0	0	0	0	0	0
格鲁吉亚	0	0	0	0	0	0	0	0	0	0	0	0	0	1
亚美尼亚	0	0	0	0	0	0	0	0	0	0	0	0	0	1
黎巴嫩	0	0	0	0	0	0	0	0	0	0	0	0	0	1
科威特	0	0	0	0	0	0	0	0	0	0	0	0	0	1
阿联酋	0	0	0	0	0	0	0	0	0	0	0	0	0	0
阿曼	0	0	0	0	0	0	0	0	0	0	0	0	0	0
卡塔尔	0	0	0	0	0	0	0	0	0	0	0	0	0	0
巴林	0	0	0	0	0	0	0	0	0	0	0	0	0	0
沙特阿拉伯	0	0	0	0	0	0	0	0	0	0	0	0	0	0
巴勒斯坦	0	0	0	0	0	0	0	0	0	0	0	0	0	0
以色列	0	0	0	0	0	0	0	0	0	0	0	0	1	0
约旦	0	0	0	0	0	0	0	0	0	0	0	0	1	0
土耳其	0	0	0	0	0	0	0	0	0	0	0	0	1	1
阿塞拜疆	0	0	0	0	0	0	0	0	0	0	0	0	1	1
伊拉克	0	0	0	0	0	0	0	0	0	0	0	0	1	0
伊朗	0	0	0	0	1	0	0	1	0	0	0	0	0	1
吉尔吉斯斯坦	1	0	0	0	0	0	0	0	0	0	1	0	0	0
哈萨克斯坦	1	0	0	1	0	0	0	0	0	0	0	1	0	0
马尔代夫	0	0	0	0	0	0	0	0	0	0	0	0	0	0
斯里兰卡	0	0	0	0	0	0	0	0	0	0	0	0	0	0
巴基斯坦	1	0	0	0	1	0	1	0	0	0	0	0	1	0
印度	1	0	0	0	0	1	0	1	0	0	0	0	0	0
尼泊尔	1	0	0	0	0	0	1	0	0	0	0	0	0	0
阿富汗	1	0	0	0	0	0	0	1	0	0	0	1	1	0
蒙古国	1	0	0	0	0	0	0	0	0	0	1	0	0	0
韩国	0	1	0	0	0	0	0	0	0	0	0	0	0	0
日本	0	0	1	0	0	0	0	0	0	0	0	0	0	0
中国	0	0	1	1	1	1	1	1	0	0	1	1	0	0

· 136 ·

第四章 丝绸之路经济带生产网络与生态环境的协同性分析

续表

国家	阿塞拜疆	土耳其	约旦	以色列	巴勒斯坦	沙特阿拉伯	巴林	卡塔尔	阿曼	阿联酋	科威特	黎巴嫩	格鲁吉亚	亚美尼亚
芬兰	0	0	0	0	0	0	0	0	0	0	0	0	0	0
丹麦	0	0	0	0	0	0	0	0	0	0	0	0	0	0
瑞典	0	0	0	0	0	0	0	0	0	0	0	0	0	0
法国	0	0	0	0	0	0	0	0	0	0	0	0	0	0
比利时	0	0	0	0	0	0	0	0	0	0	0	0	0	0
荷兰	0	0	0	0	0	0	0	0	0	0	0	0	0	0
爱尔兰	0	0	0	0	0	0	0	0	0	0	0	0	0	0
英国	0	0	0	0	0	0	0	0	0	0	0	0	0	0
俄罗斯	1	0	0	0	0	0	0	0	0	0	0	0	1	0
摩尔多瓦	0	0	0	0	0	0	0	0	0	0	0	0	0	0
乌克兰	0	0	0	0	0	0	0	0	0	0	0	0	0	0
白俄罗斯	0	0	0	0	0	0	0	0	0	0	0	0	0	0
立陶宛	0	0	0	0	0	0	0	0	0	0	0	0	0	0
拉脱维亚	0	0	0	0	0	0	0	0	0	0	0	0	0	0
爱沙尼亚	0	0	0	0	0	0	0	0	0	0	0	0	0	0
德国	0	0	0	0	0	0	0	0	0	0	0	0	0	0
匈牙利	0	0	0	0	0	0	0	0	0	0	0	0	0	0
斯洛伐克	0	0	0	0	0	0	0	0	0	0	0	0	0	0
捷克	0	0	0	0	0	0	0	0	0	0	0	0	0	0
波兰	0	0	0	0	0	0	0	0	0	0	0	0	0	0
希腊	0	1	0	0	0	0	0	0	0	0	0	0	0	0
葡萄牙	0	0	0	0	0	0	0	0	0	0	0	0	0	0
西班牙	0	0	0	0	0	0	0	0	0	0	0	0	0	0
意大利	0	0	0	0	0	0	0	0	0	0	0	0	0	0
阿尔巴尼亚	0	0	0	0	0	0	0	0	0	0	0	0	0	0
保加利亚	0	1	0	0	0	0	0	0	0	0	0	0	0	0
罗马尼亚	0	0	0	0	0	0	0	0	0	0	0	0	0	0
马其顿	0	0	0	0	0	0	0	0	0	0	0	0	0	0
波黑	0	0	0	0	0	0	0	0	0	0	0	0	0	0
斯洛文尼亚	0	0	0	0	0	0	0	0	0	0	0	0	0	0
克罗地亚	0	0	0	0	0	0	0	0	0	0	0	0	0	0
黑山	0	0	0	0	0	0	0	0	0	0	0	0	0	0
塞尔维亚	0	0	0	0	0	0	0	0	0	0	0	0	0	0
埃及	0	0	0	0	1	0	0	0	0	0	0	0	0	0
塞浦路斯	1	0	0	0	0	0	0	0	0	0	0	0	0	0
亚美尼亚	1	1	0	1	1	0	0	0	0	0	0	0	1	0
格鲁吉亚	1	1	0	1	1	0	0	0	0	0	0	0	0	1
黎巴嫩	0	0	0	0	0	1	0	0	0	0	0	0	0	0
科威特	0	0	0	0	0	1	1	1	1	1	0	0	0	0
阿联酋	0	0	0	0	0	1	1	1	1	0	1	0	0	0
阿曼	0	0	0	0	0	1	1	1	0	1	1	0	0	0
卡塔尔	0	0	0	0	0	1	1	0	1	1	1	0	0	0
巴林	0	0	0	0	0	1	0	1	1	1	1	0	0	0
沙特阿拉伯	0	0	0	0	0	0	1	1	1	1	1	1	0	0
巴勒斯坦	0	0	1	1	0	0	0	0	0	0	0	0	0	0
以色列	0	0	1	0	1	0	0	0	0	0	0	0	0	0
约旦	0	0	0	1	1	0	0	0	0	0	0	0	0	0
土耳其	0	0	0	0	0	0	0	0	0	0	0	0	1	1
阿塞拜疆	0	0	0	0	0	0	0	0	0	0	0	0	1	1
伊朗	1	1	0	0	0	0	0	0	0	0	0	0	0	0
伊拉克	0	1	1	0	0	1	0	0	0	0	1	0	0	0
吉尔吉斯斯坦	0	0	0	0	0	0	0	0	0	0	0	0	0	0
哈萨克斯坦	0	0	0	0	0	0	0	0	0	0	0	0	0	0
马尔代夫	0	0	0	0	0	0	0	0	0	0	0	0	0	0
斯里兰卡	0	0	0	0	0	0	0	0	0	0	0	0	0	0
巴基斯坦	0	0	0	0	0	0	0	0	0	0	0	0	0	0
印度	0	0	0	0	0	0	0	0	0	0	0	0	0	0
尼泊尔	0	0	0	0	0	0	0	0	0	0	0	0	0	0
阿富汗	0	0	0	0	0	0	0	0	0	0	0	0	0	0
蒙古国	0	0	0	0	0	0	0	0	0	0	0	0	0	0
韩国	0	0	0	0	0	0	0	0	0	0	0	0	0	0
日本	0	0	0	0	0	0	0	0	0	0	0	0	0	0
中国	0	0	0	0	0	0	0	0	0	0	0	0	0	0

· 137 ·

续表

国家	塞浦路斯	埃及	阿尔及利亚	塞尔维亚	黑山	克罗地亚	斯洛文尼亚	波黑	马其顿	罗马尼亚	保加利亚
芬兰	0	0	0	0	0	0	0	0	0	0	0
丹麦	0	0	0	0	0	0	0	0	0	0	0
瑞典	0	0	0	0	0	0	0	0	0	0	0
法国	0	0	0	0	0	0	0	0	0	0	0
比利时	0	0	0	0	0	0	0	0	0	0	0
荷兰	0	0	0	0	0	0	0	0	0	0	0
爱尔兰	0	0	0	0	0	0	0	0	0	0	0
英国	0	0	0	0	0	0	0	0	0	0	0
俄罗斯	0	0	0	0	0	0	0	0	0	0	0
摩尔多瓦	0	0	0	0	0	0	0	0	1	1	0
乌克兰	0	0	0	0	0	0	0	0	0	0	0
白俄罗斯	0	0	0	0	0	0	0	0	0	0	0
立陶宛	0	0	0	0	0	0	0	0	0	0	0
拉脱维亚	0	0	0	0	0	0	0	0	0	0	0
爱沙尼亚	0	0	0	0	0	0	0	0	0	0	0
德国	0	0	0	0	0	0	0	0	1	0	0
匈牙利	0	0	0	1	0	1	1	0	1	0	0
斯洛伐克	0	0	0	0	0	0	0	0	0	0	0
捷克	0	0	0	0	0	0	0	0	0	0	0
波兰	0	0	0	0	0	0	0	0	0	0	0
希腊	0	0	0	0	0	0	0	0	1	0	1
葡萄牙	0	0	0	0	0	0	0	0	0	0	0
西班牙	0	0	0	0	0	0	1	0	0	0	0
意大利	0	0	0	1	1	0	0	0	1	0	0
阿尔巴尼亚	0	0	0	1	1	0	0	0	1	0	0
保加利亚	0	0	0	1	0	0	0	0	0	1	0
罗马尼亚	0	0	0	1	0	0	0	0	0	0	1
马其顿	0	0	0	1	1	0	0	0	0	0	1
波黑	0	0	0	1	1	1	0	0	1	0	0
斯洛文尼亚	0	0	0	0	0	1	0	0	0	0	0
克罗地亚	0	0	0	1	0	0	1	1	0	0	0
塞尔维亚黑山	0	0	0	1	1	1	0	1	1	0	1
阿尔及利亚	0	0	0	0	0	0	0	0	0	0	0
埃及	0	0	0	0	0	0	0	0	0	0	0
塞浦路斯	0	0	0	0	0	0	0	0	0	0	0
亚美尼亚	0	0	0	0	0	0	0	0	0	0	0
格鲁吉亚	0	0	0	0	0	0	0	0	0	0	0
黎巴嫩	0	0	0	0	0	0	0	0	0	0	0
阿联酋	0	0	0	0	0	0	0	0	0	0	0
科威特	0	0	0	0	0	0	0	0	0	0	0
阿曼	0	0	0	0	0	0	0	0	0	0	0
卡塔尔	0	0	0	0	0	0	0	0	0	0	0
巴林	0	0	0	0	0	0	0	0	0	0	0
沙特阿拉伯	0	0	0	0	0	0	0	0	0	0	0
巴勒斯坦	0	1	1	0	0	0	0	0	0	0	0
以色列	0	1	0	0	0	0	0	0	0	0	0
约旦	0	0	0	0	0	0	0	0	0	0	0
土耳其	0	0	0	0	0	0	0	0	0	0	1
阿塞拜疆	0	0	0	0	0	0	0	0	0	0	0
伊拉克	0	0	0	0	0	0	0	0	0	0	0
伊朗	0	0	0	0	0	0	0	0	0	0	0
吉尔吉斯斯坦	0	0	0	0	0	0	0	0	0	0	0
哈萨克斯坦	0	0	0	0	0	0	0	0	0	0	0
马尔代夫	0	0	0	0	0	0	0	0	0	0	0
斯里兰卡	0	0	0	0	0	0	0	0	0	0	0
巴基斯坦	0	0	0	0	0	0	0	0	0	0	0
印度	0	0	0	0	0	0	0	0	0	0	0
尼泊尔	0	0	0	0	0	0	0	0	0	0	0
阿富汗	0	0	0	0	0	0	0	0	0	0	0
蒙古国	0	0	0	0	0	0	0	0	0	0	0
韩国	0	0	0	0	0	0	0	0	0	0	0
日本	0	0	0	0	0	0	0	0	0	0	0
中国	0	0	0	0	0	0	0	0	0	0	0

第四章 丝绸之路经济带生产网络与生态环境的协同性分析

续表

国家	阿尔巴尼亚	意大利	西班牙	葡萄牙	希腊	波兰	捷克	斯洛伐克	匈牙利	德国	爱沙尼亚	拉脱维亚	立陶宛
芬兰	0	0	0	0	0	0	0	0	0	0	0	0	0
丹麦	0	0	0	0	0	0	0	0	0	0	0	0	0
瑞典	0	0	1	0	1	0	0	0	0	0	1	0	0
法国	0	0	0	0	0	0	0	0	0	0	1	0	0
比利时	0	0	0	0	0	0	0	0	0	0	0	0	0
荷兰	0	0	0	0	0	0	0	0	0	0	0	0	0
爱尔兰	0	0	0	0	0	0	0	0	0	0	0	0	0
英国	0	0	0	0	0	0	0	0	0	0	0	0	0
俄罗斯	0	0	0	0	0	0	0	0	0	1	0	1	0
摩尔多瓦	0	0	0	0	0	0	0	0	0	0	0	0	0
乌克兰	0	0	0	0	0	0	0	1	0	0	0	0	0
白俄罗斯	0	0	0	0	0	1	1	0	1	0	0	0	0
立陶宛	0	0	0	0	0	1	0	0	0	0	1	1	0
拉脱维亚	0	0	0	0	0	0	0	0	0	0	1	0	1
爱沙尼亚	0	0	0	0	0	0	0	0	0	0	0	1	0
德国	0	0	0	0	0	1	0	0	1	0	0	0	0
匈牙利	0	0	0	0	0	0	1	1	0	0	0	0	0
斯洛伐克	0	0	0	0	0	1	1	0	1	0	0	0	0
捷克	0	0	0	0	0	1	0	1	0	0	0	0	1
波兰	0	0	0	0	0	0	1	1	0	1	0	1	0
希腊	0	0	0	0	0	0	0	0	0	0	0	0	0
葡萄牙	0	0	1	0	0	0	0	0	0	0	0	0	0
西班牙	0	0	0	1	0	0	0	0	0	0	0	0	0
意大利	0	0	0	0	0	0	0	0	1	0	0	0	0
阿尔巴尼亚	0	0	0	0	1	0	0	0	0	0	0	0	0
保加利亚	0	0	0	0	1	0	0	0	0	0	0	0	0
罗马尼亚	0	0	0	0	0	0	0	0	1	0	0	0	0
马其顿	1	0	0	0	1	0	0	0	0	0	0	0	0
波黑	0	1	0	0	0	0	0	0	0	0	0	0	0
斯洛文尼亚	0	0	0	0	0	0	0	0	1	0	0	0	0
克罗地亚	0	1	0	0	0	0	0	0	1	0	0	0	0
黑山	1	0	0	0	0	0	0	0	0	0	0	0	0
塞尔维亚	1	0	0	0	0	0	0	0	1	0	0	0	0
埃及	0	0	0	0	0	0	0	0	0	0	0	0	0
塞浦路斯	0	0	0	0	0	0	0	0	0	0	0	0	0
亚美尼亚	0	0	0	0	0	0	0	0	0	0	0	0	0
格鲁吉亚	0	0	0	0	0	0	0	0	0	0	0	0	0
黎巴嫩	0	0	0	0	0	0	0	0	0	0	0	0	0
科威特	0	0	0	0	0	0	0	0	0	0	0	0	0
阿联酋	0	0	0	0	0	0	0	0	0	0	0	0	0
阿曼	0	0	0	0	0	0	0	0	0	0	0	0	0
卡塔尔	0	0	0	0	0	0	0	0	0	0	0	0	0
巴林	0	0	0	0	0	0	0	0	0	0	0	0	0
沙特阿拉伯	0	0	0	0	0	0	0	0	0	0	0	0	0
巴勒斯坦	0	0	0	0	0	0	0	0	0	0	0	0	0
以色列	0	0	0	0	0	0	0	0	0	0	0	0	0
约旦	0	0	0	0	0	0	0	0	0	0	0	0	0
土耳其	0	0	0	0	1	0	0	0	0	0	0	0	0
阿塞拜疆	0	0	0	0	0	0	0	0	0	0	0	0	0
伊拉克	0	0	0	0	0	0	0	0	0	0	0	0	0
伊朗	0	0	0	0	0	0	0	0	0	0	0	0	0
吉尔吉斯斯坦	0	0	0	0	0	0	0	0	0	0	0	0	0
哈萨克斯坦	0	0	0	0	0	0	0	0	0	0	0	0	0
马尔代夫	0	0	0	0	0	0	0	0	0	0	0	0	0
斯里兰卡	0	0	0	0	0	0	0	0	0	0	0	0	0
巴基斯坦	0	0	0	0	0	0	0	0	0	0	0	0	0
印度	0	0	0	0	0	0	0	0	0	0	0	0	0
尼泊尔	0	0	0	0	0	0	0	0	0	0	0	0	0
阿富汗	0	0	0	0	0	0	0	0	0	0	0	0	0
蒙古国	0	0	0	0	0	0	0	0	0	0	0	0	0
韩国	0	0	0	0	0	0	0	0	0	0	0	0	0
日本	0	0	0	0	0	0	0	0	0	0	0	0	0
中国	0	0	0	0	0	0	0	0	0	0	0	0	0

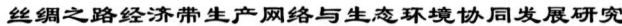

续表

国家	白俄罗斯	乌克兰	摩尔多瓦	俄罗斯	英国	爱尔兰	荷兰	比利时	法国	瑞典	丹麦	芬兰
芬兰	0	0	0	0	0	0	0	0	0	1	0	0
丹麦	0	0	0	0	0	0	0	0	0	0	1	0
瑞典	0	0	0	0	0	0	0	0	0	0	0	1
法国	0	0	0	0	0	0	0	1	0	0	0	0
比利时	0	0	0	0	0	0	1	0	1	0	0	0
荷兰	0	0	0	0	0	0	0	1	0	0	0	0
爱尔兰	0	0	0	0	0	0	0	0	0	0	0	0
英国	0	0	0	0	0	0	0	0	0	0	1	0
俄罗斯	1	1	0	0	1	0	0	0	0	0	0	1
摩尔多瓦	1	0	0	1	0	0	0	0	0	0	0	0
乌克兰	1	0	1	1	0	0	0	0	0	0	0	0
白俄罗斯	0	1	0	1	0	0	0	0	0	0	0	0
立陶宛	1	1	0	0	0	0	0	0	0	0	0	0
拉脱维亚	1	0	0	1	1	0	0	0	0	0	0	0
爱沙尼亚	0	0	0	1	0	1	1	0	0	0	0	0
德国	0	0	0	0	1	0	1	0	1	0	0	0
匈牙利	0	0	0	0	0	0	0	0	0	0	0	0
斯洛伐克	1	0	0	1	0	0	0	0	0	0	0	0
捷克	0	0	0	0	0	0	0	0	0	0	0	0
波兰	1	1	0	1	0	0	0	0	0	0	0	0
希腊	0	0	0	0	0	0	0	0	0	0	0	0
葡萄牙	0	0	0	0	0	0	0	0	0	0	0	0
西班牙	0	0	0	0	0	0	0	0	1	0	0	0
意大利	0	0	0	0	0	0	0	0	0	0	0	0
阿尔巴尼亚	0	0	0	0	0	0	0	0	0	0	0	0
保加利亚	0	0	0	0	0	0	0	0	0	0	0	0
罗马尼亚	0	0	0	0	0	0	0	0	0	0	0	0
马其顿	0	0	0	0	0	0	0	0	0	0	0	0
波黑	0	0	0	0	0	0	0	0	0	0	0	0
斯洛文尼亚	0	0	0	0	0	0	0	0	0	0	0	0
克罗地亚	0	0	0	0	0	0	0	0	0	0	0	0
塞尔维亚黑山	0	0	0	0	0	0	0	0	0	0	0	0
阿尔及利亚	0	0	0	0	0	0	0	0	0	0	0	0
埃及	0	0	0	0	0	0	0	0	0	0	0	0
塞浦路斯	0	0	0	0	0	0	0	0	0	0	0	0
亚美尼亚	0	0	0	1	0	0	0	0	0	0	0	0
格鲁吉亚	0	0	0	0	0	0	0	0	0	0	0	0
黎巴嫩	0	0	0	0	0	0	0	0	0	0	0	0
科威特	0	0	0	0	0	0	0	0	0	0	0	0
阿联酋	0	0	0	0	0	0	0	0	0	0	0	0
阿曼	0	0	0	0	0	0	0	0	0	0	0	0
卡塔尔	0	0	0	0	0	0	0	0	0	0	0	0
巴林	0	0	0	0	0	0	0	0	0	0	0	0
沙特阿拉伯	0	0	0	0	0	0	0	0	0	0	0	0
巴勒斯坦	0	0	0	0	0	0	0	0	0	0	0	0
以色列	0	0	0	0	0	0	0	0	0	0	0	0
约旦	0	0	0	0	0	0	0	0	0	0	0	0
土耳其	0	0	0	0	0	0	0	0	0	0	0	0
阿塞拜疆	0	0	0	1	0	0	0	0	0	0	0	0
伊拉克	0	0	0	0	0	0	0	0	0	0	0	0
伊朗	0	0	0	0	0	0	0	0	0	0	0	0
吉尔吉斯斯坦	0	0	0	0	0	0	0	0	0	0	0	0
哈萨克斯坦	0	0	0	1	0	0	0	0	0	0	0	0
马尔代夫	0	0	0	0	0	0	0	0	0	0	0	0
斯里兰卡	0	0	0	0	0	0	0	0	0	0	0	0
巴基斯坦	0	0	0	0	0	0	0	0	0	0	0	0
印度	0	0	0	0	0	0	0	0	0	0	0	0
尼泊尔	0	0	0	0	0	0	0	0	0	0	0	0
阿富汗	0	0	0	0	0	0	0	0	0	0	0	0
蒙古国	0	0	0	1	0	0	0	0	0	0	0	0
韩国	0	0	0	0	0	0	0	0	0	0	0	0
日本	0	0	0	0	0	0	0	0	0	0	0	0
中国	0	0	0	1	0	0	0	0	0	0	0	0

表 4-5 丝绸之路经济带生产网络中样本国家首都的地理坐标及小数化处理结果

区域	国家	首都	首都地理坐标	小数化处理后经度坐标/度	小数化处理后纬度坐标/度
核心区	中国	北京	E116°20′, N39°56′	116.333	39.933
	哈萨克斯坦	阿斯塔纳	E71°30′, N51°6′	71.500	51.100
	吉尔吉斯斯坦	比什凯克	E74°46′, N42°53′	74.767	42.883
重要区	俄罗斯	莫斯科	E37°36′, N55°45′	37.600	55.750
	阿富汗	喀布尔	E69°, N34°	69.000	34.000
	尼泊尔	加德满都	E85°20′, N27°42′	85.333	27.700
	印度	新德里	E77°, N28°	77.000	28.000
	巴基斯坦	伊斯兰堡	E73°08′, N33°4′	73.133	33.067
	斯里兰卡	科伦坡（商业首都）	E79°52′, N6°55′	79.867	6.917
	马尔代夫	马累	E73°30′, N4°12′	73.500	4.200
	伊朗	德黑兰	E51°, N35°	51.000	35.000
	伊拉克	巴格达	E44°22′, N33°14′	44.367	33.233
	阿塞拜疆	巴库	E49°31′12″, N40°15′36″	49.520	40.260
	土耳其	安卡拉	E32°52′, N39°56′	32.867	39.933
	约旦	安曼	E35°55′, N31°57′	35.917	31.950
	以色列	特拉维夫	E34°27′36″, N32°2′24″	34.460	32.040
	巴勒斯坦	耶路撒冷	E35°13′, N31°47′	35.217	31.783
	沙特阿拉伯	利雅得	E47°, N25°	47.000	25.000
	巴林	麦纳麦	E50°21′, N26°8′24″	50.350	26.140
	卡塔尔	多哈	E51.56°, N25.26°	51.933	25.433
	阿曼	马斯喀特	E58°21′, N23°22′12″	58.350	23.370
	阿联酋	阿布扎比	E54°13′12″, N24°16′48″	54.220	24.280
	科威特	科威特城	E47°17′24″, N29°10′48″	47.290	29.180
	黎巴嫩	贝鲁特	E35°17′24″, N33°31′48″	35.290	33.530
	格鲁吉亚	第比利斯	E44°28′12″, N41°25′12″	44.470	40.420
	亚美尼亚	埃里温	E44°18′36″, N40°6′36″	44.310	40.110
	塞浦路斯	尼科西亚	E33°13′12″, N35°6′	33.220	35.100
	日本	东京	E139°69′, N35°69′	140.150	36.150
	韩国	首尔	E126°58′, N37°33′	126.967	37.550
	蒙古国	乌兰巴托	E106°53′, N47°55′	106.883	47.917

续表

区域	国家	首都	首都地理坐标	小数化处理后经度坐标/度	小数化处理后纬度坐标/度
拓展区	塞尔维亚	贝尔格莱德	E20°28′, N44°49′	20.467	44.817
	黑山	波德戈里察	E122°7′7.50″, N41°40′2.34″	122.119	41.667
	克罗地亚	萨格勒布	E15°58′, N45°49′	15.967	45.817
	斯洛文尼亚	卢布尔雅那	E14°31′, N46°3′	14.517	46.050
	波黑	萨拉热窝	E18°26′, N43°52′	18.433	43.867
	马其顿	斯科普里	E21°16′12″, N42°	21.270	42.000
	罗马尼亚	布加勒斯特	E26°1′, N44°23′	26.017	44.383
	保加利亚	索非亚	E23°2′, N42°43′	23.033	42.717
	阿尔巴尼亚	地拉那	E19°48′, N41°2′	19.800	41.033
	意大利	罗马	E12.5°, N41.8°	12.083	41.800
	西班牙	马德里	W3°45′, N40°25′	3.750	40.417
	葡萄牙	里斯本	W9°5′, N38°42′	9.083	38.700
	希腊	雅典	E23°44′, N38°2′	23.733	38.033
	波兰	华沙	E19°08′42″, N51°55′9″	19.145	51.919
	捷克	布拉格	E14°, N49°	14.000	49.000
	斯洛伐克	布拉迪斯拉发	E17°7′, N48°9′	17.117	48.150
	匈牙利	布达佩斯	E19°15′, N47°26′	19.250	47.433
	德国	柏林	E13°25′, N52°30′	13.417	52.500
	爱沙尼亚	塔林	E24°48′, N59°22′	24.800	59.367
	拉脱维亚	里加	E24°05′, N56°53′	24.083	56.883
	立陶宛	维尔纽斯	E25°19′, N54°4′	25.317	54.067
	白俄罗斯	明斯克	E27°3′, N53°51′	27.050	53.850
	乌克兰	基辅	E30°29′, N50°28′	30.483	50.467
	摩尔多瓦	基希讷乌	E28°5′, N47′	28.083	47.000
	英国	伦敦	W7′34″, N51°30′	0.126	51.500
	爱尔兰	都柏林	W121°56′, N37°42′	121.933	37.700
	荷兰	阿姆斯特丹	E4°53′28″, N52°22′41″	4.891	52.378
	比利时	布鲁塞尔	E4°21′6″, N50°51′1″	4.352	50.850
	法国	巴黎	E2°20′24″, N42°51′36″	2.340	42.860

第四章　丝绸之路经济带生产网络与生态环境的协同性分析

续表

区域	国家	首都	首都地理坐标	小数化处理后经度坐标/度	小数化处理后纬度坐标/度
拓展区	瑞典	斯德哥尔摩	E18°03′53″, N59°19′45″	18.065	59.329
	丹麦	哥本哈根	E12°34′, N55°43′	12.567	55.717
	芬兰	赫尔辛基	E27°24′36″, N68°25′10″	27.410	68.419
	埃及	开罗	W31°13′48″, N30°4′2″	4.352	50.850
	阿尔及利亚	阿尔及尔	E3°2′31″, N36°45′12″	2.340	42.860

区的 ESI 数值明显高于其他三个区域，占据了丝绸之路经济带全球价值链体系中的高端位置，而西亚北非、南亚和中亚则位于丝绸之路经济带全球价值链体系中的低端。其中，西亚北非的 ESI 数值位于次级区域的中间位置，但与东北亚和欧洲地区存在较大差距；而与 ESI 数值最小的南亚和中亚相比，优势也不明显，如图 4-1 所示。

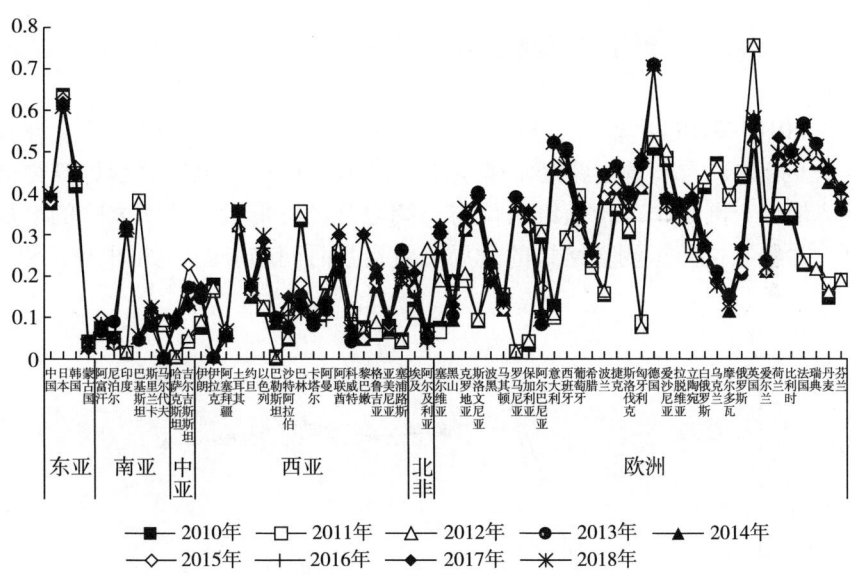

图 4-1　2010~2018 年丝绸之路经济带生产网络 ESI 指数分布

丝绸之路经济带生态环境风险整体上呈现出东亚和欧洲部分国家整体偏高，西亚和北非国家相对较低的分布格局，如图 4-2 所示。

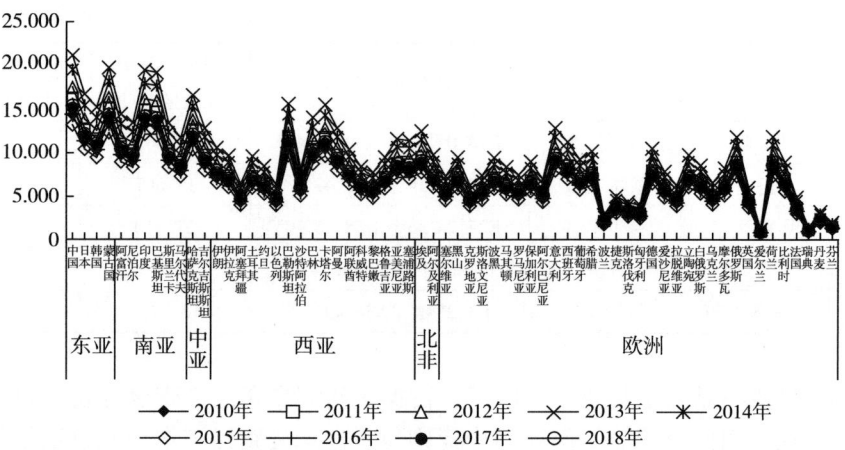

图 4-2　2010~2018 年丝绸之路经济带生态环境风险测度值分布

(二) 丝绸之路经济带生产网络全球价值链地位与生态环境风险的一致性分析

1. 丝绸之路经济带生产网络全球价值链地位与生态环境风险的空间集聚特征

利用 2010~2018 年丝绸之路经济带生产网络中 64 个样本国家的全球价值链地位 (ESI 指数) 与丝绸之路经济带生态环境风险评价结果,分别计算得到丝绸之路经济带生产网络全球价值链地位与丝绸之路经济带生态环境风险的全局莫兰指数值,并绘制这两组测算结果的全局莫兰指数时间趋势图,如图 4-3 和图 4-4 所示。

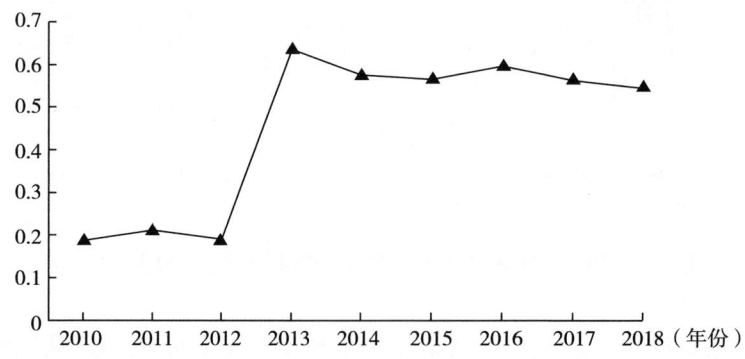

图 4-3　丝绸之路经济带生产网络全球价值链地位的全局莫兰指数变化趋势

第四章 丝绸之路经济带生产网络与生态环境的协同性分析

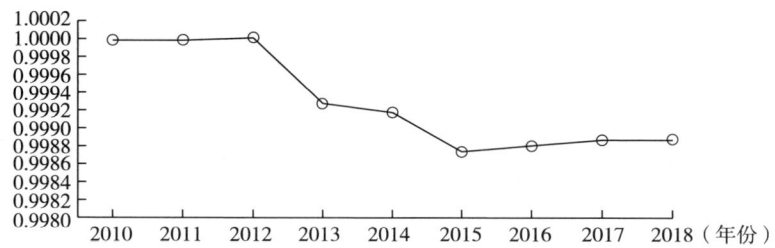

图 4-4 丝绸之路经济带生态环境风险的全局莫兰指数变化趋势

图 4-3 显示,2010~2018 年丝绸之路经济带生产网络全球价值链地位的全局莫兰指数值均为正数。通过观察其随时间变化的趋势,发现其在 2010~2012 年先上升后下降,变化趋势整体平缓;2012~2013 年呈显著上升趋势;2013~2018 年丝绸之路经济带生产网络全球价值链地位的全局莫兰指数稳定地保持在 0.5~0.6。这表明丝绸之路经济带生产网络中样本国家的全球价值链地位在空间分布上显著正相关,即丝绸之路经济带生产网络全球价值链地位较低的区域在空间上较为集中,全球价值链地位偏高的区域在空间上也较为集中,整体呈现出较强的空间依赖特征。

图 4-4 显示,丝绸之路经济带生态环境风险全局莫兰指数皆为正,观察发现,2010~2012 年丝绸之路经济带生态环境风险值基本是平稳地处于同一水平,表明该时期丝绸之路经济带生态环境风险的空间集聚程度一致;2012 年生态环境风险的全局莫兰指数达到最高值 1.000011;2012~2018 年丝绸之路经济带生态环境风险整体呈下降的趋势,但依然表现出非常强的正空间相关性。对比 2010~2018 年丝绸之路经济带生产网络全球价值链地位与丝绸之路经济带生态环境风险的全局莫兰指数值,可以发现,丝绸之路经济带生产网络全球价值链地位的集聚程度要大于丝绸之路经济带生态环境风险的集聚程度。

2. 丝绸之路经济带生产网络全球价值链地位与生态环境风险的集聚空间关联关系

对全局莫兰指数进行分解得到研究区域中每一个样本个体的局部莫兰指数值,将每一个样本个体与空间邻接个体的局部莫兰指数值加权获得的数值绘制成散点图,可以判断出每一个个体与邻近个体的空间相依关系。通常做法是将局部莫兰指数的散点图划分为四个象限,每个象限对应一种空间结构,代表分析个体变量值与邻近个体变量均值的一组特殊关系,并且每个样本个体都会归入到一个象限中。具体地,在第一象限内的个体变量值为高,且相邻个体的变量值也高,可用 HH 表示,这是高—高集聚的一种常见空间表现模式;在第三象限内的个体变量值为低,且相邻个体的变量值也低,可用 LL 表示;在第二象限和第四象限的个体，一般数量相对较少，分别对应于个体变量值低和相邻个体变量值高、个体变量值高和相邻个体变量值低两种情况，可分别用 LH 和 HL 表示。分别计算丝绸之路经济带生产网络全球价值链地位与生态环境风险的局部莫兰指数值，通过识别 HH 和 LL 特征的样本国家可以发现，两者空间集聚区域具有同样的特征，分别如图 4-5 和图 4-6 所示。

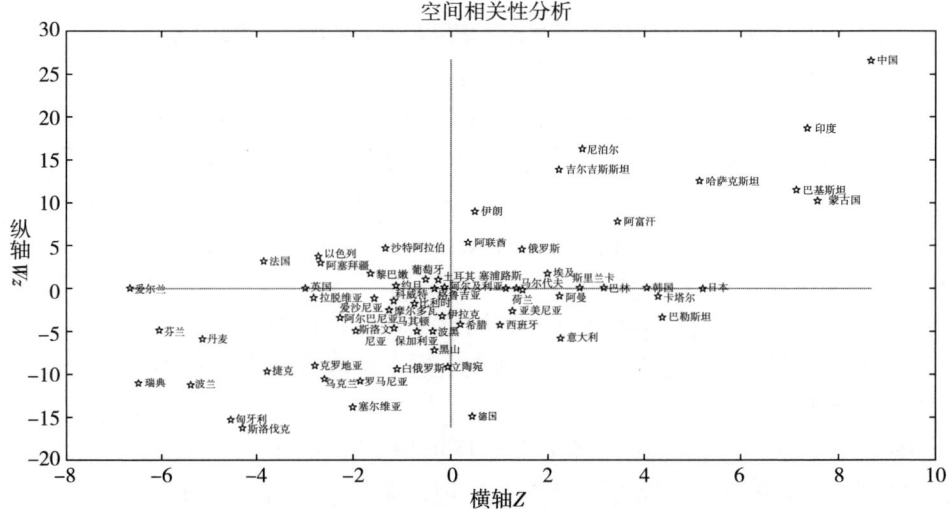

图 4-5　丝绸之路经济带生产网络全球价值链地位空间集聚

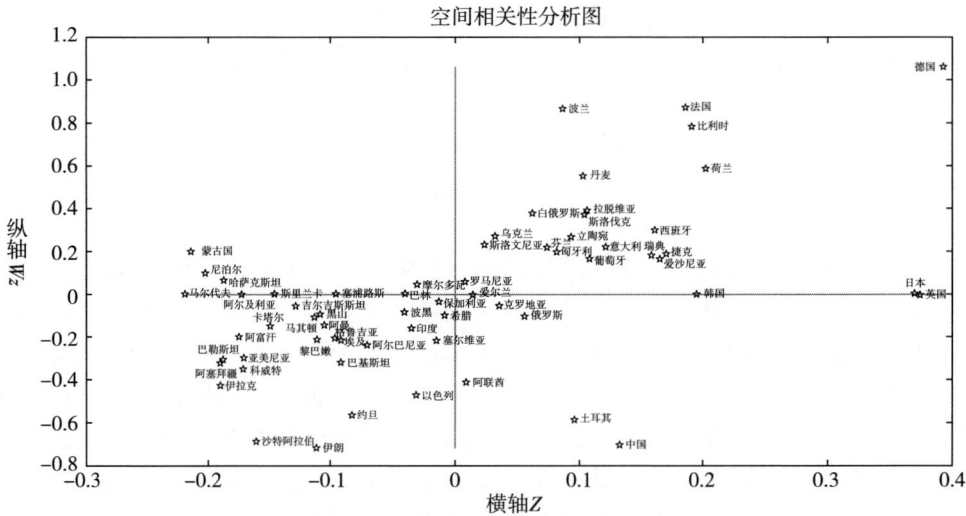

图 4-6　丝绸之路经济带生态环境风险空间集聚状态

第四章 丝绸之路经济带生产网络与生态环境的协同性分析

图4-5显示，丝绸之路经济带生产网络各国的全球价值链地位测度值之间存在较强的空间相互依赖性。其中，波兰、法国、比利时、丹麦、荷兰、白俄罗斯、拉脱维亚、西班牙、乌克兰、立陶宛、意大利、匈牙利、葡萄牙、爱沙尼亚是全球价值链地位高和邻近国家全球价值链地位高的集中地区；吉尔吉斯斯坦、波黑、阿富汗、印度、亚美尼亚、巴基斯坦、科威特、以色列、伊拉克、约旦、沙特阿拉伯、伊朗是全球价值链地位低和邻近国家全球价值链地位低的集中地区；蒙古国、尼泊尔、哈萨克斯坦三国是自身全球价值链地位低，而邻近国家全球价值链地位高；克罗地亚、俄罗斯、阿联酋、土耳其和中国自身全球价值链地位高，而邻近国家全球价值链地位低。

图4-6显示，丝绸之路经济带各国生态环境风险亦存在较强的空间依赖性。其中，伊朗、俄罗斯、埃及、尼泊尔、吉尔吉斯斯坦、哈萨克斯坦、阿富汗、印度、中国、巴基斯坦、蒙古国是生态环境风险高和邻近国家生态环境风险高的集中地区；芬兰、丹麦、瑞典、波兰、捷克、匈牙利、斯洛伐克、克罗地亚、乌克兰、塞尔维亚、白俄罗斯是生态环境风险低和邻近国家生态环境风险低的集中地区；法国、以色列、沙特阿拉伯、阿塞拜疆、黎巴嫩是自身生态环境风险低，而邻近国家生态环境风险高的集中地区；亚美尼亚、西班牙、意大利和巴勒斯坦是自身生态环境风险高，邻近国家生态环境风险低的集中地区。

总体上，根据丝绸之路经济带生产网络各国的全球价值链地位和生态环境风险两组测度值，划分获得HH类型和LL类型的样本国家，均在研究期内保持稳定，且两组数值分布具有同样的空间分布特征。进一步分析可以发现，丝绸之路经济带生产网络全球价值链地位的"高—高"集聚区主要有荷兰、比利时、丹麦、法国等欧洲国家，其中大部分国家分布在丝绸之路经济带生态环境风险的"低—低"集聚区。由此，我们探索性地得到"丝绸之路经济带生产网络的全球价值链地位与生态环境风险是密切相关和相互影响的"这一结论，并在下文研究中进行深入讨论。

（三）丝绸之路经济带生产网络全球价值链地位与生态环境风险重心轨迹的变化

2010~2018年，丝绸之路经济带生产网络全球价值链地位与生态环境风险的重心坐标如表4-6所示。

表4-6 丝绸之路经济带生产网络全球价值链地位与生态环境风险重心的地理坐标

单位：度

年份	丝绸之路经济带生产网络全球价值链地位重心		丝绸之路经济带生态环境风险重心	
	经度	纬度	经度	纬度
2010	41.183	43.208	49.587	38.653

· 147 ·

续表

年份	丝绸之路经济带生产网络全球价值链地位重心		丝绸之路经济带生态环境风险重心	
	经度	纬度	经度	纬度
2011	39.528	35.890	49.587	38.653
2012	35.467	38.272	49.587	38.653
2013	33.604	43.033	49.566	38.610
2014	33.010	44.579	49.565	38.611
2015	14.188	17.402	16.952	6.962
2016	14.575	18.727	16.971	6.904
2017	14.737	18.812	10.263	4.904
2018	14.688	18.640	10.261	3.945

可以明显地看出，不管是丝绸之路经济带生产网络全球价值链地位的重心，还是丝绸之路经济带生态环境风险的重心，均在2014年以后发生了地理位置上的明显变化。从重心位置所对应的地理区位看，2015年以前，丝绸之路经济带生产网络全球价值链地位和丝绸之路经济带生态环境风险的中心在地理位置上较为接近；然而自2015年起丝绸之路经济带生产网络全球价值链地位的中心在地理上向南欧、中亚和西亚地区偏移，丝绸之路经济带生态环境风险中心明显偏移。

进一步观察研究期内丝绸之路经济带生产网络全球价值链地位与生态环境风险的重心变动情况，可以发现以下特点：

第一，丝绸之路经济带生产网络全球价值链地位与生态环境风险在经度和纬度上表现出一定的波动性，二者的总体变化趋势十分明显，均是由较高纬度地区向较低纬度地区移动。一般来说，高纬度国家相对低纬度国家经济较为发达。据此，可以初步得到一个探索性的结论，丝绸之路经济带生产网络全球价值链地位的重心也逐步在由发达国家向发展中国家转移。

第二，从重心移动的距离可以看出，丝绸之路经济带生态环境风险重心的直接移动距离大于丝绸之路经济带生产网络全球价值链地位重心的直接移动距离。

第三，研究期内不同年份间，丝绸之路经济带生产网络全球价值链地位重心与生态环境风险重心的移动速度有较大的差别。2010~2014年，丝绸之路经济带生产网络全球价值链地位重心的移动速度较不均衡，2014年后，其移动速度趋于平稳；然而丝绸之路经济带生态环境风险重心的移动速度在2010~2014年较为均衡，但在2014~2015年和2016~2017年这两个阶段发生了较大变化。这一结论在一定程度上反映出，丝绸之路经济带建设不管是对其生产网络的发展演

第四章　丝绸之路经济带生产网络与生态环境的协同性分析

进，还是对丝绸之路经济带沿线的生态环境，都带来了持续性和阶段性的改变。

第二节　丝绸之路经济带生产网络与生态环境的协同动因与条件

经济与环境的关系研究始于20世纪50年代，学界普遍认为经济发展对环境变化起主导作用，而环境是经济的基础和制约条件，二者相辅相成。20世纪70年代起，经济学家基于"资源稀缺理论"和"效用价值论"，将自然资源和环境污染引入效用函数，在新古典增长模型和内生增长模型框架下展开区域经济增长与环境协调发展的相关研究。进入21世纪以后，一些学者围绕经济与环境协调发展的动因与条件等问题展开了更深入的研究。其中最具代表性的观点为"环境三效应"学说（高志刚，2009），该学说是从规模、结构和技术三个层面阐释经济增长与环境污染的相互关系及约束条件。近年来，经济与环境协同发展的相关研究主要基于系统动力学、博弈论和资源配置理论等展开，试图从经济与环境间的作用与反馈关系及其约束条件、协同发展的利益分配、经济外部均衡问题以及环境的外在效应等多个方面解析经济与环境能够实现协同发展的动因与条件（张瑞萍，2016）。本书以丝绸之路经济带生产网络在区域生态环境承载力约束下实现可持续发展为研究的出发点和落脚点，结合其在发展过程中与沿线区域生态环境系统形成的相互作用关系，探讨丝绸之路经济带生产网络与生态环境协同发展的动因与条件。

一、协同动因

一般来说，区域经济增长与生态环境协同发展的动力来源可以分为四种情况（覃成林和姜文仙，2011）：一是单纯某一区域（国家）层面的发展需求；二是某一区域（国家）生态环境系统反馈的自修复需求；三是某一区域（国家）与其所处生态环境系统双方的共同需求；四是某一区域（国家）所处更大范围区域的发展需求。每一种来源的动力特征和结果效应是不同的。就丝绸之路经济带生产网络的形成与发展来说，随着"一带一路"倡议的深度推进，丝绸之路经济带建设进程中市场化程度和区域开放程度也随之深入，丝绸之路经济带生产网络作为一种新型的国际化分工组织形态，国家间联系越来越多，在贸易流通、生产分工等多个方面，对可持续发展提出了更高的要求。

丝绸之路经济带生产网络与生态环境的协同发展动力不仅源于生产网络参与

丝绸之路经济带生产网络与生态环境协同发展研究

主体的内在动力，也来源于包容性全球化背景下，共谋全球生态环境治理的外在动力，且内在动力与外在动力之间相互依赖并协同并举（王海运，2014）。

（一）外在动力

在"一带一路"倡议的推进过程中，沿线国家发展侧重的变化对丝绸之路经济带经济建设与生态环境的关系提出更高的要求，进一步地明确丝绸之路经济带建设绝不能以牺牲沿线区域的生态环境为代价，要实现沿线国家经济的可持续发展，建设绿色丝绸之路经济带。这一发展目标同样适用于指导丝绸之路经济带生产网络的发展演进，要求丝绸之路经济带生产网络与生态环境实现协同发展。

第一，丝绸之路经济带建设的发展定位对丝绸之路经济带生产网络与生态环境提出协同发展的要求。一方面，要求丝路沿线国家积极践行绿色发展理念，助推并深化沿线国家间的环保合作，加大生态环境保护力度，携手打造绿色丝绸之路。丝绸之路经济带建设是推进经济全球化进入全新发展的新格局，实现包容性发展这一新国际经济合作模式的"中国方案"。丝绸之路经济带生产网络发展演进的核心目标是，促进沿线发展中国家和新兴经济体实现生产要素的自由流动，资源、能源高效配置，以及与国际大市场深度融合。基于此，在生态环保合作领域，丝路沿线国家间不断深化多边对话、交流与合作，继而发布了《推动共建丝绸之路经济带和21世纪海上丝绸之路的愿景与行动》《"十三五"生态环境保护规划》《"一带一路"生态环境保护合作规划》《关于推进绿色"一带一路"建设的指导意见》等。这些文件旨在不断加强沿线国家的生态环保合作，发挥生态保护在"一带一路"建设中的服务、支撑和保障作用，共建绿色"一带一路"，成为丝绸之路经济带生产网络与生态环境协同发展的外在动力。另一方面，生态环保合作是实现丝绸之路经济带生产网络与生态环境协同发展的重要手段。丝绸之路经济带沿线多为发展中国家和新兴经济体，普遍面临工业化和城镇化带来的环境污染、生态退化等多重挑战，加快转型、推动绿色发展的呼声不断增强。沿线国家积极探索环境与经济协调发展模式，大力发展绿色经济。开展生态环保合作有利于促进沿线国家生态环境保护能力建设，推动沿线国家跨越传统发展途径，处理好经济发展和环境保护的关系，最大限度减少生态环境影响。此外，生态环保合作是落实2030年可持续发展议程的重要举措。绿色发展已成为世界各国发展的共识，联合国2030年可持续发展议程旨在共同提高全人类福祉，明确提出绿色发展与生态环保的具体目标，为未来世界可持续发展和国际发展合作指引方向。丝绸之路经济带沿线国家间的生态环保合作将有力促进2030年可持续发展议程环境目标的实现。

第二，丝绸之路经济带经济发展模式侧重的变化对丝绸之路经济带生产网络与生态环境实现协同发展提出新要求。丝绸之路经济带建设正在从区域经济增长

· 150 ·

第四章 丝绸之路经济带生产网络与生态环境的协同性分析

中简单追求经济增长逐步转向满足人的需要，摒弃外延式的经济增长模式，努力使丝绸之路经济带生产网络实现内涵式发展。这样的偏好转向是国际经济发展格局转变所带来的新兴国际分工模式下丝绸之路经济带沿线国家所共同认可的，也是区域经济发展过程中可持续发展理念逐渐苏醒的结果（卫玲和戴江伟，2014）。这一发展侧重的转变，以及"一带一路"倡议推进下生态环境的发展规划和定位对丝绸之路经济带生产网络与生态环境的协同提出了明确的要求。首先，思路上牢固树立和贯彻落实创新、协调、绿色、开放、共享的发展理念，秉持和平合作、开放包容、互学互鉴、互利共赢的丝路精神。有力有序有效地将绿色发展要求全面融入政策沟通、设施联通、贸易畅通、资金融通、民心相通中，构建多元化主体参与的生态环保合作格局，提升丝绸之路经济带沿线国家生态环保合作水平。其次，原则上以生态文明和绿色发展引领丝绸之路经济带建设，切实推进绿色化进程，提高绿色竞争力。共商共建、互利共赢，政府引导、多元参与，统筹推进、示范带动。最后，目标上夯实生态环保合作基础，形成生态环保合作良好格局。进一步完善生态环保合作平台建设；制定落实一系列生态环保合作支持政策，加强生态环保信息支撑；在铁路、电力等重点领域培育一批优质产能绿色品牌；一批绿色金融工具应用于投资贸易项目，资金呈现向环境友好型产业流动的趋势；建设一批环保产业合作示范基地、环境技术交流与转移基地、技术示范推广基地和科技园区等国际产业合作平台。

（二）内在动力

丝绸之路经济带生产网络作为沿线国家的生产分工与组织平台，其与生态环境协同发展的内在动力主要源于生产网络中各国实现绿色发展的诉求。沿线国家通过产业转型升级、全球价值链地位提升以及生产要素与资源要素的自由流动与高效配置实现绿色发展。

第一，丝绸之路经济带沿线区域生态环境具有先天脆弱性。丝绸之路经济带沿线区域是世界范围内生态环境的脆弱区，生态环境本底条件较差，气候复杂多变，环境整体较为恶劣，加之沿线部分国家"先污染，后治理"的发展模式所遗留的诸多生态环境问题，成为沿线国家经济增长与生态环境协同发展的桎梏。为避免沿线区域生态环境的恶化，沿线各国在丝绸之路经济带生产网络发展演进过程中产生实现绿色可持续发展的内在诉求，成为丝绸之路经济带生产网络与生态环境协同发展的内源动力。

第二，丝绸之路经济带沿线发展中国家和新兴经济体构建"以我为主"的价值链体系的内在诉求。丝绸之路经济带沿线国家中多数为发展中国家和新兴经济体，目前仍处于"被分工"地位，在全球价值链中主要承担生产制造环节，在一定程度上成为发达国家的"污染天堂"，缺失全球治理的话语权。基于这一现状，丝绸之路经济带生产网络在形成与发展中，形成了构建自主价值链体系的诉求。一方面，沿线国家以人口和资源禀赋为比较优势共同构建"以我为主"的价值链体系，实现全球价值链地位的攀升，获得参与全球治理的话语权，以提升丝绸之路经济带生产网络整体的全球价值链地位；另一方面，丝绸之路经济带沿线国家在生产分工中形成优势互补，连接活跃的亚太经济圈与发达的欧洲经济圈，托起中、西、南亚塌陷区，实现丝绸之路经济带核心区和重要区中东亚、中亚、南亚以及北非等发展中国家和新兴经济体的提升，继而提升其环境治理投入力度，以实现经济发展与生态环境的协同。

第三，丝绸之路经济带生产网络具有实现要素自由流动和资源能源高效配置的诉求。规模经济的相关研究已经证明，要想在整个区域范围内而不是在单一经济体范围内获得规模经济，需要要素在区域整体范围内实现自由流动。这要求丝绸之路经济带生产网络中参与国家间的生产要素能够实现快速地流动，还隐含了一个要求，即单一经济体本身也能在区域范围内根据自身发展需要进行区位再选择。因此要求丝绸之路经济带生产网络在发展中进一步深化要素和产品、资源、能源自由流动，以实现更高效的资源配置方式，继而提升丝绸之路经济带生产网络发展演进的正外部性，克服负外部性的产生。

二、协同条件

经济全球化在不同尺度地域系统的空间结构中均起到重要的作用，相应的空间效应将区域经济发展与环境问题紧密地联系在一起（陆大道和樊杰，2012）。全球生产网络的形成与发展演进促进各区域之间的互动性和制约性，使得不同的地理空间呈现出资本、劳动力、资源要素的流动性特征，在一定程度上强化了地理环境及空间的动态特征。经济全球化背景下"人地关系"已经逐渐演变为全球性地理环境空间中各参与主体之间的互动关系，丝绸之路经济带生产网络与生态环境的协同发展亦如此，二者的协同关系亦受到主体间的相互作用关系的制约。

（一）丝绸之路经济带生态环境系统是其生产网络发展演进的基础

第一，丝绸之路经济带生态环境能维持生产网络中生产活动、加快国际贸易自由化进程、促进产品的国际流动等，同时作为支撑生产网络发展演进的"生产、生活、生态"空间，也在持续消耗、容纳着生产网络中生产活动所产生的废弃物。具体来说，生态环境主要从两个方面影响着丝绸之路经济带生产网络中的各种生产活动：一是通过生态环境中的资源要素，其作为生产网络发展演进的生产要素，对生产活动产生直接影响；二是通过影响生产网络发展演进的核心因素（劳动和资本），对生产活动产生间接影响。这是生态环境经济功能的体现，通过生态环境中的自然资源要素和能源要素为生产网络的发展演进提供必要的物质基础和环境空间,在这一过程中制约着丝绸之路经济带生产网络发展演进的方向与规模、程度和效果,具体如图4-7所示。

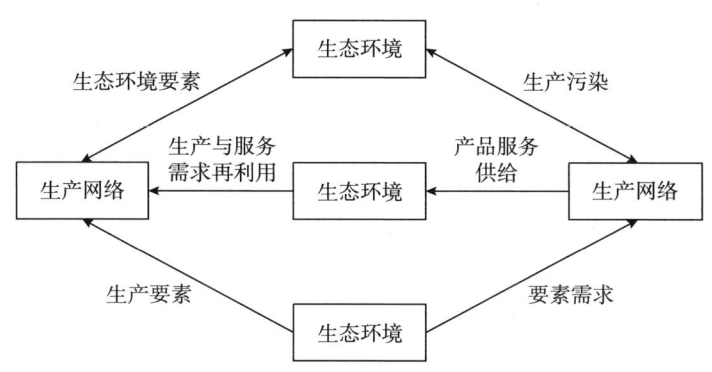

图4-7　生态环境对丝绸之路经济带生产网络可持续发展演进的支撑功能

第二,生态环境可以倒逼丝绸之路经济带生产网络发展演进中技术组合方式的优化。针对不同的生态环境状况,生产活动对生态环境中资源开发与环境改造的难易程度不尽相同,采取的措施差别也很大。首先,生态环境的不断恶化倒逼生产网络中参与者提供必要的资金和技术对生态环境进行治理,修复生态环境系统,提升生态环境承载力,以支撑生产网络最大化的发展与扩张;其次,生态环境质量的下降倒逼生产网络的参与者通过技术创新、环境规制、污染产业转移、国际贸易等,促进生产技术水平以及环保技术的提升,进而加快生产网络的可持续发展。

第三,生态环境约束着丝绸之路经济带生产网络发展演进的速度和经济发展规模。生态环境阈值制约着生产网络增长的限度,生态环境本身可以看作一种自然资产,生产网络内生产活动对资源的消耗或环境的破坏程度加大,会造成资源能源质量和数量的降低,因此生态环境在提供资源和接受废弃物方面的作用是有限的(金碚,2006)。生态环境系统与生产网络系统的反馈机制不同决定了生态环境因素对生产网络发展演进的制约作用相对有限,生产网络系统的反馈机制是增长型的,生态环境系统的反馈机制是稳定型的,二者在发展中维持着动态平衡关系,并供应有限的资源,这两种反馈机制导致丝绸之路经济带范围内的资源枯竭、环境污染和生态破坏,使丝绸之路经济带生产网络的发展演进受到限制。

(二)丝绸之路经济带生产网络发展演进对沿线区域生态环境系统的制约与促进作用

第一,生产网络的发展为生态环境保护和优化提供物质基础及技术基础。生产网络发展需要从生态环境中获取生产要素，同时会为人类带来更多可使用的资源，进而可以为生态环境的改善创造条件，通过生产网络发展演进中的经济增长、技术创新与投入、FDI 投入等获得更多的收益，提升绿色经济效率，继而减少资源的消耗与污染排放，间接地增强生态环境系统的稳定性和耐受能力。

第二，生产网络的形成与发展会对生态环境产生制约作用。生产网络发展演进中所实现的经济增长影响着生态环境的结构、性质和功能。生态环境系统是稳定的，其容量具有一定的限度和阈值，但生产网络的发展规模在持续性地不断扩张，因此，生产网络系统的发展受制于生态环境系统的稳定，环境承载力的上升取决于环保投资和生态环境改造技术水平，当生产过程中产生的副产品和废弃物超过环境承载能力时，会引起生态环境系统的崩溃。

以丝绸之路经济带生产网络与生态环境实现协同发展为目标，丝绸之路经济带生产网络的发展演进要受到生态环境的约束，同时对生态环境系统产生制约作用。丝绸之路经济带生产网络在价值分配环节提高了生态环境公共品的投入力度，将环境废弃物和污染物排放到生态环境系统。这一过程既能提高生态环境的利用效率，也可实现丝绸之路经济带生态环境系统和生产网络系统的动态平衡并向更协同的水平发展，如图 4-8 所示。

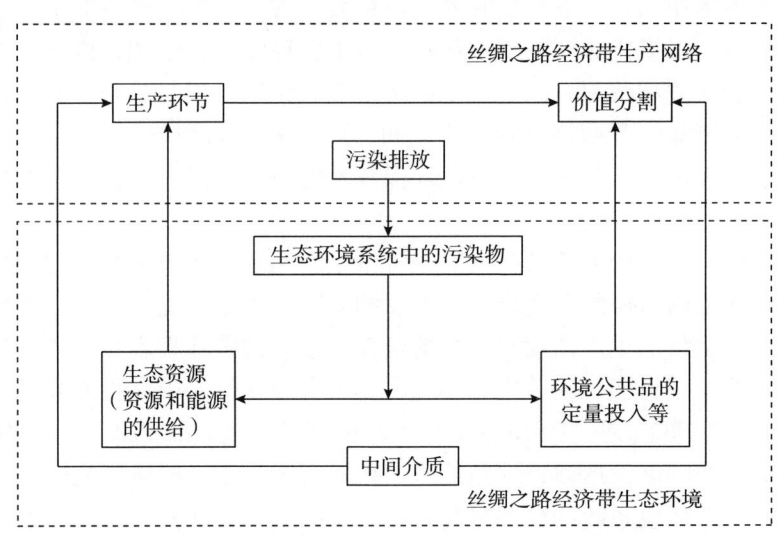

图 4-8　丝绸之路经济带生产网络与生态环境协同演进的制约关系

（三）生态环境系统的自我调节及其在阈值内与生产网络相互促进

丝绸之路经济带生态环境系统通过自我调节实现动态平衡。生态环境系统具

第四章　丝绸之路经济带生产网络与生态环境的协同性分析

有负反馈的自我调节机制,所以在通常情况下,生态环境系统会保持自身的生态平衡。生态环境系统的平衡是一种动态平衡,因为能量流动和物质循环总在不间断地进行,生物个体也在不断地进行更新。在自然条件下,生态环境系统总是朝着种类多样化、结构复杂化和功能完善化的方向发展,直到使生态环境系统达到成熟的最稳定状态为止。当生态环境系统达到动态平衡的最稳定状态时,它能够自我调节和维持自己的正常功能,并能在很大程度上克服和消除外来的干扰,保持自身的稳定性。但生态环境系统具有一定的承载阈值,即在一定条件下生态环境所能容纳的污染物和提供的自然资源量是有限的,如果超过了生态环境系统的承载能力,就会引起生态系统的破坏甚至崩溃。

丝绸之路经济带生产网络与生态环境实现协同的基本条件是,既要充分开发丝绸之路经济带沿线区域生态环境系统的物质、能量资源,以满足生产网络发展演进的需要,又不能超过生态环境系统承载力的阈值,以维持生态环境系统的动态均衡与持续的生态系统服务功能。只有满足基本条件,才能够达到丝绸之路经济带生产网络与生态环境系统的整体协调。

第三节　丝绸之路经济带生产网络与生态环境的协同性测评

丝绸之路经济带生产网络与生态环境通过交互的影响与反馈作用,形成了一个动态、开放并具有阶段性状态变化的复合系统,呈现出复杂系统的自组织特征。其中,丝绸之路经济带生产网络从空间维度出发,刻画丝绸之路经济带沿线国家在生产网络中参与生产分工的程度,表现为丝绸之路经济带沿线国家嵌入全球价值链的分工与贸易关系;丝绸之路经济带生态环境系统则从环境承载力角度出发,刻画丝绸之路经济带沿线区域生态环境系统所能承载的人类经济社会活动的能力范围,以丝绸之路经济带生态环境风险表征。以丝绸之路经济带生产网络与生态环境复合系统为研究对象,构建复合系统协同度模型,测算复合系统的协同度,深入解析其空间差异的动态演变特征,有助于探寻丝绸之路经济带生产网络与生态环境作用与反馈的演变路径及交互作用强度,揭示复合系统之间的耦合协调机制,找到促进二者实现互动共生的协同策略。

一、研究方法

复合系统整体始终处于以时间序列为基础的动态演变过程,需要从子系统的

· 155 ·

丝绸之路经济带生产网络与生态环境协同发展研究

有序度变化中动态把握和分析复合系统的协调状况。依据协同学的役使原理，子系统内部变量可分为慢弛豫变量和快弛豫变量，其中慢弛豫变量，即序参量，虽数目少、衰减慢，但却是决定子系统演化方向和过程的根本性变量，对子系统有序、无序的相互转化规律均起着决定性作用。因此，借鉴孟庆松等（1998）提出的复合系统协调度模型的研究思想和方法，通过研究复合系统中各子系统少数序参量以测度子系统有序程度，进而检验复合系统相对于基期的协同度的时间演化特征与变化趋势。该方法通过测算复合系统的耦合度、协调度以及耦合协调度三个主要步骤实现。具体如下。

耦合度指两个或两个以上系统通过受到自身和外界的各种影响而相互作用的现象（方创琳和鲍超，2004）。将耦合关系应用到丝绸之路经济带生产网络与生态环境风险之间的交互影响中，其表达式可以写作：

$$C=\{f(P)g(E)/[f(P)+g(E)/2]^2\}^{1/2} \quad (4-4)$$

进一步，构造丝绸之路经济带生产网络与生态环境风险的耦合协调度模型来分析二者之间的协同关系，其表达式可以写作：

$$T=\alpha f(P)+\beta g(E) \quad (4-5)$$

最后，丝绸之路经济带生产网络与丝绸之路经济带生态环境风险的耦合协调度表示为：

$$D=\sqrt{CT} \quad (4-6)$$

式中，$f(P)$ 为丝绸之路经济带生产网络子系统；$g(E)$ 为丝绸之路经济带生态环境子系统；C 为丝绸之路经济带生产网络系统与生态环境系统的耦合度；T 为丝绸之路经济带生产网络系统与生态环境系统的协调度；α 和 β 分别为丝绸之路经济带生产网络系统与生态环境系统的贡献份额。一般来说，两个子系统在发展演进中，相互制约又相互依赖，具有同等重要性，一般研究中 α 和 β 的取值均为 0.5；D 为丝绸之路经济带生产网络嵌入全球价值链中的分工地位与沿线区域生态环境系统的耦合协调度，表示在丝绸之路经济带生产网络与生态环境系统一定的条件下，为使复合系统效益最大，二者进行组合协调的程度。D 值越小，表明系统越不协调；D 值越大，表明系统的协调状态越理想。

二、复合系统协同度模型构建

（一）变量说明

在丝绸之路经济带生产网络与生态环境协同度测评的复合系统协同度模型中，生产网络子系统 $f(P)$ 的综合指数以丝绸之路经济带生产网络全球链地位表征，即出口商品结构的相似度指数（ESI）；丝绸之路经济带生态环境子系统

第四章　丝绸之路经济带生产网络与生态环境的协同性分析

$g(E)$ 的综合指数以丝绸之路经济带生态环境风险值表征，即丝绸之路生态环境风险测度值（R_i）。

（二）耦合类型划分

为了直接反映丝绸之路经济带生产网络子系统与生态环境子系统协调发展的耦合度，本书借鉴王少剑等（2014）、曾繁清和叶德珠（2017）关于协调类型的划分，并根据耦合协调度以及丝绸之路经济带生产网络系统和生态环境系统的综合指数大小，将丝绸之路经济带生产网络子系统与生态环境子系统耦合类型划分为三大类型，并进一步细分为 5 个次类型及 15 个子类型，具体如表 4-7 所示。

表 4-7　丝绸之路经济带生产网络与生态环境耦合类型划分

类型	耦合协调度（D）的取值范围	次类型	子类型划分依据	子类型说明
协调发展	$0.8 \leq D \leq 1$	高级协调（Ⅰ）	$g(E)-f(P)>0.1$	高级协调——丝绸之路经济带生产网络发展滞后
			$f(P)-g(E)>0.1$	高级协调——丝绸之路经济带生态环境风险增强
			$0<\lvert f(P)-g(E)\rvert \leq 0.1$	高级协调
	$0.6 \leq D < 0.8$	中度协调（Ⅱ）	$g(E)-f(P)>0.1$	中度协调——丝绸之路经济带生产网络发展滞后
			$f(P)-g(E)>0.1$	中度协调——丝绸之路经济带生态环境风险增强
			$0<\lvert f(P)-g(E)\rvert \leq 0.1$	中度协调
转型发展	$0.4 \leq D < 0.6$	初级协调（Ⅲ）	$g(E)-f(P)>0.1$	初级协调——丝绸之路经济带生产网络发展滞后
			$f(P)-g(E)>0.1$	初级协调——丝绸之路经济带生态环境风险增强
			$0<\lvert f(P)-g(E)\rvert \leq 0.1$	初级协调
不协调发展	$0.2 \leq D < 0.4$	濒临失调（Ⅳ）	$g(E)-f(P)>0.1$	濒临失调——丝绸之路经济带生产网络发展受阻
			$f(P)-g(E)>0.1$	濒临失调——丝绸之路经济带生态环境风险增强
			$0<\lvert f(P)-g(E)\rvert \leq 0.1$	濒临失调

续表

类型	耦合协调度（D）的取值范围	次类型	子类型划分依据	子类型说明
不协调发展	$0<D<0.2$	严重失调（V）	$g(E)-f(P)>0.1$	严重失调——丝绸之路经济带生产网络发展受阻
			$f(P)-g(E)>0.1$	严重失调——丝绸之路经济带生态环境风险增强
			$0<\lvert f(P)-g(E)\rvert\leq 0.1$	严重失调

资料来源：参考王少剑等（2014）以及曾繁清和叶德珠（2017）的研究整理获得。

三、样本选择、数据来源及处理

与前文样本选择一样，选取丝绸之路经济带沿线 64 个国家为样本。

丝绸之路经济带生产网络子系统的综合指数以出口结构相似度指数（ESI）表征，已经在本书第二章计算得到。丝绸之路经济带生态环境系统的综合指数以生态环境风险值（R_i）表征。在计算中需要注意的是，ESI 指数属性为正，该指数数值越大，代表全球价值链地位越高；而丝绸之路经济带生态环境风险测度值属性为负，该值越高，代表生态环境风险越大，区域生态环境越差。因此，在运用复合系统协同度模型测度前需要分别对 ESI 指数和生态环境风险测度值进行标准化处理，对 ESI 指数进行正向指标的标准化处理，对 R_i 则进行负向指标的标准化处理。

四、结果与分析

（一）丝绸之路经济带生产网络与生态环境复合系统协同度的测算结果

依据式（4-4）~式（4-6），计算得到丝绸之路经济带生产网络与生态环境复合系统的耦合度、协调度以及耦合协调度测算结果，分别如表 4-8、表 4-9 和表 4-10 所示。

表 4-8　丝绸之路经济带生产网络与生态环境复合系统的耦合度（C 值）

地理区域	国家	2010 年	2011 年	2012 年	2013 年	2014 年	2015 年	2016 年	2017 年	2018 年
东亚	中国	0.744	0.748	0.740	0.737	0.736	0.737	0.763	0.764	0.774
	日本	1.206	1.203	1.181	1.179	1.199	1.184	1.168	1.175	1.161
	韩国	0.800	0.824	0.856	0.863	0.894	0.885	0.888	0.857	0.857
	蒙古国	0.084	0.084	0.084	0.084	0.066	0.066	0.078	0.050	0.060

续表

地理区域	国家	2010年	2011年	2012年	2013年	2014年	2015年	2016年	2017年	2018年
南亚	阿富汗	0.147	0.125	0.123	0.131	0.167	0.196	0.159	0.159	0.163
	尼泊尔	0.101	0.092	0.088	0.179	0.078	0.068	0.082	0.096	0.096
	印度	0.028	0.030	0.036	0.626	0.609	0.612	0.613	0.612	0.626
	巴基斯坦	0.738	0.745	0.737	0.092	0.104	0.094	0.094	0.104	0.108
	斯里兰卡	0.190	0.202	0.200	0.159	0.224	0.207	0.215	0.243	0.243
	马尔代夫	0.180	0.161	0.184	0.006	0.008	0.012	0.006	0.008	0.008
中亚	哈萨克斯坦	0.010	0.010	0.008	0.183	0.213	0.184	0.173	0.173	0.183
	吉尔吉斯斯坦	0.086	0.084	0.107	0.341	0.273	0.443	0.324	0.252	0.266
西亚	伊朗	0.148	0.172	0.178	0.292	0.338	0.335	0.328	0.329	0.329
	伊拉克	0.350	0.321	0.337	0.008	0.012	0.012	0.008	0.008	0.008
	阿塞拜疆	0.113	0.113	0.113	0.113	0.142	0.138	0.089	0.120	0.132
	土耳其	0.675	0.679	0.681	0.686	0.621	0.597	0.653	0.680	0.681
	约旦	0.330	0.331	0.332	0.333	0.294	0.311	0.328	0.338	0.344
	以色列	0.230	0.246	0.246	0.483	0.491	0.483	0.503	0.538	0.558
	巴勒斯坦	0.012	0.004	0.002	0.199	0.171	0.178	0.198	0.181	0.186
	沙特阿拉伯	0.093	0.097	0.105	0.147	0.180	0.204	0.206	0.292	0.275
	巴林	0.645	0.689	0.668	0.305	0.293	0.357	0.293	0.241	0.220
	卡塔尔	0.212	0.212	0.212	0.161	0.212	0.243	0.178	0.181	0.196
	阿曼	0.357	0.359	0.362	0.234	0.296	0.281	0.186	0.278	0.239
	阿联酋	0.492	0.479	0.499	0.412	0.499	0.515	0.462	0.575	0.590
	科威特	0.218	0.210	0.224	0.084	0.121	0.144	0.132	0.146	0.138
	黎巴嫩	0.150	0.138	0.138	0.095	0.095	0.095	0.571	0.569	0.568
	格鲁吉亚	0.115	0.125	0.174	0.386	0.343	0.357	0.382	0.421	0.411
	亚美尼亚	0.158	0.143	0.127	0.161	0.139	0.154	0.174	0.170	0.192
	塞浦路斯	0.093	0.080	0.088	0.514	0.427	0.368	0.382	0.428	0.368
北非	埃及	0.241	0.219	0.222	0.318	0.358	0.331	0.295	0.407	0.428
	阿尔及利亚	0.140	0.121	0.515	0.098	0.139	0.105	0.074	0.093	0.093
欧洲	塞尔维亚	0.148	0.127	0.367	0.580	0.512	0.517	0.596	0.601	0.602
	黑山	0.365	0.353	0.369	0.206	0.186	0.252	0.261	0.257	0.267
	克罗地亚	0.364	0.362	0.396	0.600	0.590	0.579	0.638	0.637	0.671
	斯洛文尼亚	0.177	0.185	0.183	0.761	0.671	0.635	0.729	0.723	0.704
	波黑	0.382	0.395	0.529	0.447	0.395	0.379	0.427	0.364	0.366

续表

地理区域	国家	2010年	2011年	2012年	2013年	2014年	2015年	2016年	2017年	2018年
欧洲	马其顿	0.279	0.305	0.286	0.289	0.232	0.231	0.264	0.270	0.276
	罗马尼亚	0.036	0.036	0.036	0.741	0.699	0.679	0.723	0.723	0.694
	保加利亚	0.066	0.083	0.086	0.624	0.614	0.605	0.667	0.673	0.673
	阿尔巴尼亚	0.554	0.581	0.581	0.164	0.224	0.329	0.226	0.210	0.190
	意大利	0.254	0.196	0.216	1.003	0.882	0.882	0.980	0.991	0.992
	西班牙	0.557	0.567	0.559	0.972	0.861	0.821	0.915	0.934	0.876
	葡萄牙	0.736	0.746	0.730	0.702	0.641	0.612	0.656	0.668	0.656
	希腊	0.426	0.428	0.459	0.488	0.474	0.462	0.501	0.491	0.504
	波兰	0.286	0.295	0.307	0.770	0.676	0.642	0.732	0.732	0.732
	捷克	0.649	0.675	0.706	0.853	0.753	0.729	0.829	0.818	0.809
	斯洛伐克	0.553	0.579	0.576	0.734	0.649	0.605	0.693	0.689	0.673
	匈牙利	0.148	0.175	0.149	0.838	0.742	0.709	0.811	0.828	0.837
	德国	0.947	0.982	0.987	1.330	1.323	1.276	1.290	1.289	1.285
	爱沙尼亚	0.879	0.898	0.932	0.725	0.715	0.677	0.737	0.729	0.693
	拉脱维亚	0.642	0.665	0.687	0.704	0.662	0.617	0.689	0.665	0.640
	立陶宛	0.526	0.523	0.483	0.731	0.718	0.674	0.745	0.735	0.766
	白俄罗斯	0.771	0.798	0.823	0.516	0.485	0.470	0.532	0.530	0.558
	乌克兰	0.853	0.848	0.852	0.409	0.385	0.348	0.363	0.363	0.343
	摩尔多瓦	0.731	0.742	0.725	0.304	0.227	0.261	0.288	0.281	0.260
	俄罗斯	0.831	0.850	0.864	0.403	0.426	0.418	0.509	0.519	0.503
	英国	1.274	1.299	1.311	1.023	0.979	0.910	1.020	1.019	1.024
	爱尔兰	0.489	0.506	0.527	0.396	0.357	0.330	0.361	0.366	0.354
	荷兰	0.658	0.718	0.693	0.930	0.918	0.894	0.996	1.003	0.940
	比利时	0.640	0.682	0.685	0.945	0.882	0.853	0.927	0.936	0.908
	法国	0.423	0.448	0.441	1.018	0.892	0.846	0.954	0.967	0.967
	瑞典	0.368	0.393	0.368	0.767	0.699	0.624	0.678	0.691	0.690
	丹麦	0.276	0.339	0.305	0.790	0.744	0.719	0.759	0.764	0.776
	芬兰	0.336	0.339	0.342	0.610	0.643	0.598	0.614	0.642	0.641

第四章 丝绸之路经济带生产网络与生态环境的协同性分析

表4-9 丝绸之路经济带生产网络与生态环境复合系统的协调度（T值）

地理区域	国家	2010年	2011年	2012年	2013年	2014年	2015年	2016年	2017年	2018年
东亚	中国	7.373	8.281	8.959	10.772	9.940	6.767	7.378	7.756	7.872
	日本	5.984	6.697	7.226	8.655	8.005	5.502	5.974	6.273	6.358
	韩国	5.365	6.022	6.518	7.821	7.233	4.955	5.389	5.651	5.733
	蒙古国	6.721	7.567	8.202	9.895	9.114	6.152	6.720	7.065	7.174
南亚	阿富汗	4.917	5.528	5.990	7.225	6.669	4.519	4.920	5.177	5.255
	尼泊尔	4.578	5.150	5.580	6.753	6.201	4.186	4.573	4.816	4.888
	印度	6.611	7.446	8.073	9.891	9.123	6.205	6.761	7.108	7.216
	巴基斯坦	6.700	7.523	8.137	9.616	8.865	5.985	6.533	6.878	6.982
	斯里兰卡	4.592	5.169	5.599	6.736	6.227	4.214	4.599	4.845	4.916
	马尔代夫	4.012	4.508	4.890	5.847	5.388	3.636	3.968	4.177	4.240
中亚	哈萨克斯坦	5.634	6.345	6.878	8.345	7.700	5.204	5.675	5.971	6.063
	吉尔吉斯斯坦	4.360	4.908	5.325	6.481	5.961	4.088	4.421	4.631	4.703
西亚	伊朗	3.614	4.072	4.412	5.345	4.942	3.361	3.661	3.849	3.905
	伊拉克	3.372	3.778	4.093	4.838	4.459	3.008	3.284	3.456	3.508
	阿塞拜疆	2.210	2.486	2.693	3.244	2.999	2.033	2.204	2.327	2.365
	土耳其	3.430	3.840	4.148	4.970	4.576	3.135	3.424	3.602	3.653
	约旦	2.957	3.320	3.592	4.317	3.975	2.710	2.957	3.110	3.157
	以色列	2.221	2.498	2.702	3.311	3.063	2.108	2.295	2.418	2.458
	巴勒斯坦	5.292	5.958	6.458	7.844	7.225	4.889	5.339	5.613	5.698
	沙特阿拉伯	2.795	3.146	3.410	4.121	3.809	2.590	2.824	2.992	3.032
	巴林	4.924	5.536	5.980	7.087	6.533	4.447	4.831	5.068	5.138
	卡塔尔	5.306	5.970	6.467	7.781	7.186	4.872	5.298	5.575	5.662
	阿曼	4.441	4.991	5.403	6.469	5.982	4.055	4.397	4.649	4.708
	阿联酋	3.643	4.083	4.421	5.286	4.902	3.354	3.635	3.850	3.910
	科威特	2.911	3.270	3.544	4.230	3.908	2.652	2.889	3.043	3.086
	黎巴嫩	2.673	3.003	3.253	3.907	3.602	2.437	2.786	2.924	2.965
	格鲁吉亚	3.250	3.659	3.977	4.845	4.461	3.042	3.319	3.499	3.547
	亚美尼亚	3.969	4.462	4.830	5.831	5.371	3.638	3.973	4.179	4.247
	塞浦路斯	3.888	4.372	4.741	5.826	5.356	3.633	3.962	4.178	4.223
北非	埃及	4.291	4.820	5.221	6.314	5.835	3.958	4.305	4.557	4.629
	阿尔及利亚	3.340	3.753	4.168	4.895	4.523	3.053	3.323	3.502	3.554

· 161 ·

续表

地理区域	国家	2010年	2011年	2012年	2013年	2014年	2015年	2016年	2017年	2018年
欧洲	塞尔维亚	2.519	2.827	3.124	3.807	3.502	2.409	2.640	2.771	2.810
	黑山	3.309	3.712	4.020	4.790	4.413	3.009	3.282	3.450	3.503
	克罗地亚	2.223	2.491	2.701	3.293	3.045	2.105	2.300	2.411	2.454
	斯洛文尼亚	2.555	2.874	3.111	3.900	3.585	2.469	2.707	2.836	2.870
	波黑	3.296	3.703	4.041	4.826	4.443	3.026	3.308	3.459	3.510
	马其顿	2.919	3.285	3.550	4.270	3.925	2.667	2.915	3.066	3.113
	罗马尼亚	2.546	2.867	3.107	3.934	3.629	2.507	2.732	2.865	2.896
	保加利亚	3.067	3.456	3.746	4.656	4.301	2.953	3.227	3.388	3.436
	阿尔巴尼亚	2.518	2.823	3.047	3.535	3.276	2.256	2.429	2.549	2.581
	意大利	4.416	4.951	5.368	6.674	6.138	4.219	4.611	4.843	4.911
	西班牙	3.950	4.433	4.791	5.863	5.392	3.703	4.049	4.254	4.298
	葡萄牙	3.333	3.731	4.023	4.806	4.427	3.035	3.311	3.479	3.525
	希腊	3.560	3.995	4.330	5.209	4.806	3.279	3.580	3.758	3.816
	波兰	1.059	1.185	1.281	1.669	1.527	1.095	1.207	1.256	1.271
	捷克	1.878	2.098	2.267	2.736	2.512	1.762	1.935	2.019	2.043
	斯洛伐克	1.620	1.811	1.948	2.363	2.169	1.514	1.664	1.739	1.756
	匈牙利	1.402	1.581	1.703	2.244	2.058	1.456	1.602	1.678	1.702
	德国	3.813	4.271	4.608	5.601	5.189	3.614	3.914	4.100	4.154
	爱沙尼亚	2.906	3.246	3.507	4.119	3.809	2.624	2.864	3.002	3.033
	拉脱维亚	2.301	2.575	2.782	3.322	3.065	2.116	2.315	2.419	2.445
	立陶宛	3.446	3.862	4.164	5.066	4.680	3.209	3.506	3.677	3.737
	白俄罗斯	3.110	3.483	3.764	4.412	4.067	2.782	3.043	3.195	3.248
	乌克兰	2.461	2.738	2.948	3.385	3.121	2.129	2.320	2.437	2.466
	摩尔多瓦	2.995	3.351	3.610	4.204	3.859	2.631	2.874	3.019	3.058
	俄罗斯	4.226	4.737	5.119	6.008	5.550	3.777	4.139	4.352	4.411
	英国	2.419	2.678	2.871	3.288	3.041	2.129	2.333	2.438	2.471
	爱尔兰	0.592	0.645	0.689	0.736	0.675	0.489	0.534	0.557	0.558
	荷兰	4.190	4.713	5.087	6.164	5.696	3.918	4.284	4.497	4.542
	比利时	3.200	3.593	3.880	4.716	4.348	3.007	3.282	3.443	3.482
	法国	1.775	1.991	2.146	2.733	2.504	1.767	1.940	2.030	2.055
	瑞典	0.611	0.680	0.717	0.993	0.912	0.693	0.755	0.782	0.788

第四章 丝绸之路经济带生产网络与生态环境的协同性分析

续表

地理区域	国家	2010年	2011年	2012年	2013年	2014年	2015年	2016年	2017年	2018年
欧洲	丹麦	1.169	1.324	1.418	1.839	1.699	1.222	1.325	1.382	1.403
	芬兰	0.787	0.874	0.940	1.199	1.133	0.829	0.889	0.934	0.944

表4-10 丝绸之路经济带生产网络与生态环境复合系统的耦合协调度（D值）

地理区域	国家	2010年	2011年	2012年	2013年	2014年	2015年	2016年	2017年	2018年
东亚	中国	0.817	0.817	0.815	0.815	0.815	0.816	0.820	0.820	0.821
	日本	0.892	0.890	0.886	0.884	0.888	0.889	0.886	0.886	0.884
	韩国	0.762	0.766	0.771	0.772	0.777	0.778	0.778	0.772	0.772
	蒙古国	0.384	0.384	0.384	0.384	0.378	0.378	0.382	0.373	0.376
南亚	阿富汗	0.693	0.689	0.689	0.690	0.697	0.702	0.695	0.695	0.696
	尼泊尔	0.470	0.467	0.466	0.490	0.464	0.461	0.465	0.468	0.469
	印度	0.353	0.354	0.356	0.526	0.522	0.524	0.524	0.524	0.527
	巴基斯坦	0.558	0.559	0.557	0.380	0.384	0.381	0.381	0.384	0.385
	斯里兰卡	0.599	0.602	0.601	0.592	0.606	0.603	0.605	0.610	0.610
	马尔代夫	0.628	0.624	0.629	0.592	0.593	0.594	0.592	0.593	0.593
中亚	哈萨克斯坦	0.709	0.709	0.709	0.739	0.744	0.739	0.737	0.737	0.739
	吉尔吉斯斯坦	0.437	0.437	0.444	0.506	0.489	0.533	0.502	0.484	0.487
西亚	伊朗	0.648	0.652	0.653	0.675	0.684	0.684	0.683	0.683	0.683
	伊拉克	0.654	0.647	0.650	0.582	0.583	0.583	0.582	0.582	0.582
	阿塞拜疆	0.657	0.657	0.657	0.657	0.662	0.662	0.652	0.658	0.661
	土耳其	0.705	0.705	0.705	0.705	0.693	0.690	0.701	0.706	0.706
	约旦	0.666	0.666	0.666	0.666	0.658	0.662	0.666	0.667	0.669
	以色列	0.678	0.681	0.681	0.726	0.727	0.728	0.731	0.738	0.741
	巴勒斯坦	0.467	0.465	0.464	0.515	0.508	0.510	0.515	0.510	0.512
	沙特阿拉伯	0.714	0.715	0.716	0.724	0.729	0.734	0.734	0.749	0.746
	巴林	0.632	0.641	0.636	0.557	0.554	0.569	0.554	0.542	0.537
	卡塔尔	0.596	0.596	0.596	0.585	0.596	0.603	0.589	0.589	0.593
	阿曼	0.646	0.646	0.646	0.620	0.633	0.630	0.611	0.630	0.622
	阿联酋	0.668	0.665	0.669	0.651	0.669	0.673	0.662	0.685	0.688
	科威特	0.666	0.664	0.667	0.639	0.647	0.651	0.649	0.652	0.650

·163·

续表

地理区域	国家	2010年	2011年	2012年	2013年	2014年	2015年	2016年	2017年	2018年
西亚	黎巴嫩	0.662	0.660	0.660	0.651	0.651	0.651	0.743	0.742	0.742
	格鲁吉亚	0.628	0.630	0.640	0.681	0.673	0.677	0.681	0.689	0.687
	亚美尼亚	0.564	0.560	0.557	0.564	0.559	0.563	0.567	0.567	0.571
	塞浦路斯	0.592	0.589	0.591	0.677	0.660	0.649	0.652	0.661	0.649
北非	埃及	0.667	0.663	0.663	0.681	0.689	0.684	0.677	0.698	0.702
	阿尔及利亚	0.578	0.574	0.657	0.568	0.577	0.570	0.563	0.567	0.567
欧洲	塞尔维亚	0.601	0.597	0.647	0.689	0.676	0.679	0.695	0.695	0.695
	黑山	0.609	0.606	0.609	0.573	0.569	0.584	0.586	0.585	0.587
	克罗地亚	0.657	0.657	0.663	0.703	0.702	0.703	0.714	0.713	0.720
	斯洛文尼亚	0.653	0.654	0.654	0.762	0.747	0.743	0.760	0.758	0.755
	波黑	0.661	0.663	0.689	0.673	0.662	0.660	0.670	0.657	0.657
	马其顿	0.629	0.634	0.630	0.631	0.619	0.619	0.626	0.627	0.628
	罗马尼亚	0.597	0.597	0.597	0.736	0.729	0.728	0.736	0.736	0.730
	保加利亚	0.579	0.583	0.583	0.693	0.691	0.692	0.703	0.704	0.704
	阿尔巴尼亚	0.733	0.737	0.737	0.657	0.668	0.689	0.669	0.666	0.662
	意大利	0.487	0.471	0.477	0.659	0.634	0.637	0.657	0.659	0.659
	西班牙	0.662	0.664	0.662	0.740	0.720	0.715	0.733	0.736	0.725
	葡萄牙	0.687	0.688	0.684	0.678	0.666	0.662	0.671	0.673	0.670
	希腊	0.629	0.629	0.635	0.641	0.638	0.637	0.645	0.642	0.645
	波兰	0.719	0.720	0.722	0.813	0.796	0.797	0.815	0.814	0.813
	捷克	0.777	0.781	0.786	0.811	0.794	0.795	0.813	0.810	0.808
	斯洛伐克	0.753	0.757	0.756	0.784	0.769	0.765	0.782	0.780	0.777
	匈牙利	0.687	0.692	0.687	0.817	0.800	0.800	0.819	0.822	0.823
	德国	0.742	0.747	0.747	0.807	0.807	0.806	0.807	0.806	0.805
	爱沙尼亚	0.745	0.747	0.753	0.711	0.710	0.706	0.717	0.715	0.707
	拉脱维亚	0.729	0.732	0.736	0.737	0.730	0.724	0.738	0.733	0.727
	立陶宛	0.631	0.630	0.621	0.672	0.669	0.663	0.677	0.675	0.681
	白俄罗斯	0.711	0.715	0.719	0.657	0.651	0.649	0.662	0.661	0.667
	乌克兰	0.759	0.756	0.756	0.667	0.663	0.656	0.659	0.659	0.655
	摩尔多瓦	0.759	0.760	0.756	0.676	0.662	0.669	0.674	0.672	0.668
	俄罗斯	0.791	0.793	0.795	0.713	0.718	0.717	0.734	0.735	0.732

第四章　丝绸之路经济带生产网络与生态环境的协同性分析

续表

地理区域	国家	2010年	2011年	2012年	2013年	2014年	2015年	2016年	2017年	2018年
欧洲	英国	0.734	0.735	0.734	0.664	0.656	0.649	0.673	0.671	0.672
	爱尔兰	0.774	0.775	0.777	0.738	0.730	0.729	0.736	0.737	0.733
	荷兰	0.414	0.432	0.424	0.492	0.489	0.488	0.515	0.516	0.498
	比利时	0.478	0.489	0.489	0.556	0.541	0.539	0.557	0.558	0.551
	法国	0.684	0.689	0.687	0.800	0.777	0.775	0.796	0.797	0.797
	瑞典	0.765	0.769	0.762	0.855	0.841	0.842	0.854	0.854	0.853
	丹麦	0.631	0.644	0.637	0.741	0.733	0.737	0.744	0.744	0.746
	芬兰	0.762	0.762	0.762	0.816	0.825	0.825	0.827	0.832	0.831

（二）丝绸之路经济带生产网络与生态环境复合系统的耦合协调类型划分

依据表4-7中对丝绸之路经济带生产网络与生态环境复合系统耦合类型的划分，这里对丝绸之路经济带生产网络中样本国家在复合系统中的耦合协调类型进行细分，结果如表4-11所示。

表4-11　丝绸之路经济带生产网络与生态环境复合系统耦合协调度及类型划分

国家	2010年 D值	类型	2011年 D值	类型	2012年 D值	类型	2013年 D值	类型	2014年 D值	类型	2015年 D值	类型	2016年 D值	类型	2017年 D值	类型	2018年 D值	类型
中国	0.817	I	0.817	I	0.815	I	0.815	I	0.815	I	0.816	I	0.820	I	0.820	I	0.821	I
日本	0.892	I	0.890	I	0.886	I	0.884	I	0.888	I	0.889	I	0.886	I	0.886	I	0.884	I
韩国	0.762	II	0.766	II	0.771	II	0.772	II	0.777	II	0.778	II	0.778	II	0.772	II	0.772	II
蒙古国	0.384	IV	0.384	IV	0.384	IV	0.384	IV	0.378	IV	0.378	IV	0.382	IV	0.373	IV	0.376	IV
阿富汗	0.693	II	0.689	II	0.689	II	0.690	II	0.697	II	0.702	II	0.695	II	0.695	II	0.696	II
尼泊尔	0.470	III	0.467	III	0.466	III	0.490	III	0.464	III	0.461	III	0.465	III	0.468	III	0.469	III
印度	0.353	IV	0.354	IV	0.356	IV	0.526	III	0.522	III	0.524	III	0.524	III	0.524	III	0.527	III
巴基斯坦	0.558	III	0.559	III	0.557	III	0.380	IV	0.384	IV	0.381	IV	0.381	IV	0.384	IV	0.385	IV
斯里兰卡	0.599	III	0.602	II	0.601	II	0.592	III	0.606	II	0.603	II	0.605	II	0.610	II	0.610	II
马尔代夫	0.628	II	0.624	II	0.629	II	0.592	III	0.593	III	0.594	III	0.592	III	0.593	III	0.593	III

· 165 ·

续表

国家	2010年 D值	类型	2011年 D值	类型	2012年 D值	类型	2013年 D值	类型	2014年 D值	类型	2015年 D值	类型	2016年 D值	类型	2017年 D值	类型	2018年 D值	类型
哈萨克斯坦	0.709	Ⅱ	0.709	Ⅱ	0.709	Ⅱ	0.739	Ⅱ	0.744	Ⅱ	0.739	Ⅱ	0.737	Ⅱ	0.737	Ⅱ	0.739	Ⅱ
吉尔吉斯斯坦	0.437	Ⅲ	0.437	Ⅲ	0.444	Ⅲ	0.506	Ⅲ	0.489	Ⅲ	0.533	Ⅲ	0.502	Ⅲ	0.484	Ⅲ	0.487	Ⅲ
伊朗	0.648	Ⅱ	0.652	Ⅱ	0.653	Ⅱ	0.675	Ⅱ	0.684	Ⅱ	0.684	Ⅱ	0.683	Ⅱ	0.683	Ⅱ	0.683	Ⅱ
伊拉克	0.654	Ⅱ	0.647	Ⅱ	0.650	Ⅱ	0.582	Ⅲ	0.583	Ⅲ	0.583	Ⅲ	0.582	Ⅲ	0.582	Ⅲ	0.582	Ⅲ
阿塞拜疆	0.657	Ⅱ	0.657	Ⅱ	0.657	Ⅱ	0.657	Ⅱ	0.662	Ⅱ	0.662	Ⅱ	0.652	Ⅱ	0.658	Ⅱ	0.661	Ⅱ
土耳其	0.705	Ⅱ	0.705	Ⅱ	0.705	Ⅱ	0.705	Ⅱ	0.693	Ⅱ	0.690	Ⅱ	0.701	Ⅱ	0.706	Ⅱ	0.706	Ⅱ
约旦	0.666	Ⅱ	0.666	Ⅱ	0.666	Ⅱ	0.666	Ⅱ	0.658	Ⅱ	0.662	Ⅱ	0.666	Ⅱ	0.667	Ⅱ	0.669	Ⅱ
以色列	0.678	Ⅱ	0.681	Ⅱ	0.681	Ⅱ	0.726	Ⅱ	0.727	Ⅱ	0.728	Ⅱ	0.731	Ⅱ	0.738	Ⅱ	0.741	Ⅱ
巴勒斯坦	0.467	Ⅲ	0.465	Ⅲ	0.464	Ⅲ	0.515	Ⅲ	0.508	Ⅲ	0.510	Ⅲ	0.515	Ⅲ	0.510	Ⅲ	0.512	Ⅲ
沙特阿拉伯	0.714	Ⅱ	0.715	Ⅱ	0.716	Ⅱ	0.724	Ⅱ	0.729	Ⅱ	0.734	Ⅱ	0.734	Ⅱ	0.749	Ⅱ	0.746	Ⅱ
巴林	0.632	Ⅱ	0.641	Ⅱ	0.636	Ⅱ	0.557	Ⅲ	0.554	Ⅲ	0.569	Ⅲ	0.554	Ⅲ	0.542	Ⅲ	0.537	Ⅲ
卡塔尔	0.596	Ⅲ	0.596	Ⅲ	0.596	Ⅲ	0.585	Ⅲ	0.596	Ⅲ	0.603	Ⅱ	0.589	Ⅲ	0.589	Ⅲ	0.593	Ⅲ
阿曼	0.646	Ⅱ	0.646	Ⅱ	0.646	Ⅱ	0.620	Ⅱ	0.633	Ⅱ	0.630	Ⅱ	0.611	Ⅱ	0.630	Ⅱ	0.622	Ⅱ
阿联酋	0.668	Ⅱ	0.665	Ⅱ	0.669	Ⅱ	0.651	Ⅱ	0.669	Ⅱ	0.673	Ⅱ	0.662	Ⅱ	0.685	Ⅱ	0.688	Ⅱ
科威特	0.666	Ⅱ	0.664	Ⅱ	0.667	Ⅱ	0.639	Ⅱ	0.647	Ⅱ	0.651	Ⅱ	0.649	Ⅱ	0.652	Ⅱ	0.650	Ⅱ
黎巴嫩	0.662	Ⅱ	0.660	Ⅱ	0.660	Ⅱ	0.651	Ⅱ	0.651	Ⅱ	0.651	Ⅱ	0.743	Ⅱ	0.742	Ⅱ	0.742	Ⅱ
格鲁吉亚	0.628	Ⅱ	0.630	Ⅱ	0.640	Ⅱ	0.681	Ⅱ	0.673	Ⅱ	0.677	Ⅱ	0.681	Ⅱ	0.689	Ⅱ	0.687	Ⅱ
亚美尼亚	0.564	Ⅲ	0.560	Ⅲ	0.557	Ⅲ	0.564	Ⅲ	0.559	Ⅲ	0.563	Ⅲ	0.567	Ⅲ	0.567	Ⅲ	0.571	Ⅲ
塞浦路斯	0.592	Ⅲ	0.589	Ⅲ	0.591	Ⅲ	0.677	Ⅱ	0.660	Ⅱ	0.649	Ⅱ	0.652	Ⅱ	0.661	Ⅱ	0.649	Ⅱ
埃及	0.667	Ⅱ	0.663	Ⅱ	0.663	Ⅱ	0.681	Ⅱ	0.689	Ⅱ	0.684	Ⅱ	0.677	Ⅱ	0.698	Ⅱ	0.702	Ⅱ
阿尔及利亚	0.578	Ⅲ	0.574	Ⅲ	0.657	Ⅱ	0.568	Ⅲ	0.577	Ⅲ	0.570	Ⅲ	0.563	Ⅲ	0.567	Ⅲ	0.567	Ⅲ

续表

国家	2010年 D值	类型	2011年 D值	类型	2012年 D值	类型	2013年 D值	类型	2014年 D值	类型	2015年 D值	类型	2016年 D值	类型	2017年 D值	类型	2018年 D值	类型
塞尔维亚	0.601	II	0.597	III	0.647	II	0.689	II	0.676	II	0.679	II	0.695	II	0.695	II	0.695	II
黑山	0.609	II	0.606	II	0.609	II	0.573	III	0.569	III	0.584	III	0.586	III	0.585	III	0.587	III
克罗地亚	0.657	II	0.657	II	0.663	II	0.703	II	0.702	II	0.703	II	0.714	II	0.713	II	0.720	II
斯洛文尼亚	0.653	II	0.654	II	0.654	II	0.762	II	0.747	II	0.743	II	0.760	II	0.758	II	0.755	II
波黑	0.661	II	0.663	II	0.689	II	0.673	II	0.662	II	0.660	II	0.670	II	0.657	II	0.657	II
马其顿	0.629	II	0.634	II	0.630	II	0.631	II	0.619	II	0.619	II	0.626	II	0.627	II	0.628	II
罗马尼亚	0.597	III	0.597	III	0.597	III	0.736	II	0.729	II	0.728	II	0.736	II	0.736	II	0.730	II
保加利亚	0.579	III	0.583	III	0.583	III	0.693	II	0.691	II	0.692	II	0.703	II	0.704	II	0.704	II
阿尔巴尼亚	0.733	II	0.737	II	0.737	II	0.657	II	0.668	II	0.689	II	0.669	II	0.666	II	0.662	II
意大利	0.487	III	0.471	III	0.477	III	0.659	II	0.634	II	0.637	II	0.657	II	0.659	II	0.659	II
西班牙	0.662	II	0.664	II	0.662	II	0.740	II	0.720	II	0.715	II	0.733	II	0.736	II	0.725	II
葡萄牙	0.687	II	0.688	II	0.684	II	0.678	II	0.666	II	0.662	II	0.671	II	0.673	II	0.670	II
希腊	0.629	II	0.629	II	0.635	II	0.641	II	0.638	II	0.637	II	0.645	II	0.642	II	0.645	II
波兰	0.719	II	0.720	II	0.722	II	0.813	I	0.796	II	0.797	II	0.815	I	0.814	I	0.813	I
捷克	0.777	II	0.781	II	0.786	II	0.811	I	0.794	II	0.795	II	0.813	I	0.810	I	0.808	I
斯洛伐克	0.753	II	0.757	II	0.756	II	0.784	II	0.769	II	0.765	II	0.782	II	0.780	II	0.777	II
匈牙利	0.687	II	0.692	II	0.687	II	0.817	I	0.800	I	0.800	I	0.819	I	0.822	I	0.823	I
德国	0.742	II	0.747	II	0.747	II	0.807	I	0.807	I	0.806	I	0.807	I	0.806	I	0.805	I
爱沙尼亚	0.745	II	0.747	II	0.753	II	0.711	II	0.710	II	0.706	II	0.717	II	0.715	II	0.707	II
拉脱维亚	0.729	II	0.732	II	0.736	II	0.737	II	0.730	II	0.724	II	0.738	II	0.733	II	0.727	II
立陶宛	0.631	II	0.630	II	0.621	II	0.672	II	0.669	II	0.663	II	0.677	II	0.675	II	0.681	II

丝绸之路经济带生产网络与生态环境协同发展研究

续表

国家	2010年 D值	类型	2011年 D值	类型	2012年 D值	类型	2013年 D值	类型	2014年 D值	类型	2015年 D值	类型	2016年 D值	类型	2017年 D值	类型	2018年 D值	类型
白俄罗斯	0.711	Ⅱ	0.715	Ⅱ	0.719	Ⅱ	0.657	Ⅱ	0.651	Ⅱ	0.649	Ⅱ	0.662	Ⅱ	0.661	Ⅱ	0.667	Ⅱ
乌克兰	0.759	Ⅱ	0.756	Ⅱ	0.756	Ⅱ	0.667	Ⅱ	0.663	Ⅱ	0.656	Ⅱ	0.659	Ⅱ	0.659	Ⅱ	0.655	Ⅱ
摩尔多瓦	0.759	Ⅱ	0.760	Ⅱ	0.756	Ⅱ	0.676	Ⅱ	0.662	Ⅱ	0.669	Ⅱ	0.674	Ⅱ	0.672	Ⅱ	0.668	Ⅱ
俄罗斯	0.791	Ⅱ	0.793	Ⅱ	0.795	Ⅱ	0.713	Ⅱ	0.718	Ⅱ	0.717	Ⅱ	0.734	Ⅱ	0.735	Ⅱ	0.732	Ⅱ
英国	0.734	Ⅱ	0.735	Ⅱ	0.734	Ⅱ	0.664	Ⅱ	0.656	Ⅱ	0.649	Ⅱ	0.673	Ⅱ	0.671	Ⅱ	0.672	Ⅱ
爱尔兰	0.774	Ⅱ	0.775	Ⅱ	0.777	Ⅱ	0.738	Ⅱ	0.730	Ⅱ	0.729	Ⅱ	0.736	Ⅱ	0.737	Ⅱ	0.733	Ⅱ
荷兰	0.414	Ⅲ	0.432	Ⅲ	0.424	Ⅲ	0.492	Ⅲ	0.489	Ⅲ	0.488	Ⅲ	0.515	Ⅲ	0.516	Ⅲ	0.498	Ⅲ
比利时	0.478	Ⅲ	0.489	Ⅲ	0.489	Ⅲ	0.556	Ⅲ	0.541	Ⅲ	0.539	Ⅲ	0.557	Ⅲ	0.558	Ⅲ	0.551	Ⅲ
法国	0.684	Ⅱ	0.689	Ⅱ	0.687	Ⅱ	0.800	Ⅰ	0.777	Ⅰ	0.775	Ⅰ	0.796	Ⅰ	0.797	Ⅰ	0.797	Ⅰ
瑞典	0.765	Ⅱ	0.769	Ⅱ	0.762	Ⅱ	0.855	Ⅰ	0.841	Ⅰ	0.842	Ⅰ	0.854	Ⅰ	0.854	Ⅰ	0.853	Ⅰ
丹麦	0.631	Ⅱ	0.644	Ⅱ	0.637	Ⅱ	0.741	Ⅱ	0.733	Ⅱ	0.737	Ⅱ	0.744	Ⅱ	0.744	Ⅱ	0.746	Ⅱ
芬兰	0.762	Ⅱ	0.762	Ⅱ	0.762	Ⅱ	0.816	Ⅰ	0.825	Ⅰ	0.825	Ⅰ	0.827	Ⅰ	0.832	Ⅰ	0.831	Ⅰ

注：Ⅰ、Ⅱ、Ⅲ、Ⅳ分别表示高级协调、中度协调、初级协调、濒临失调。

直观上不难看出，丝绸之路经济带生产网络与生态环境复合系统以中度协调类型为主，初级协调水平占据部分，而高级协调和濒临失调类型则较少，在研究中未发现严重失调的区域。较为典型的是，2010~2018年中国、日本始终处于高级协调类型，匈牙利、德国、瑞典和芬兰四国在2013年逐渐由中度协调转变为高级协调类型；罗马尼亚、保加利亚和意大利则在2013年由初级协调类型转为中度协调类型；然而，伊拉克在2013年由中度协调类型转为初级协调类型；印度在2013年由濒临失调类型转为初级协调类型。

进一步地，根据$g(E)$和$f(P)$的差值判断丝绸之路经济带生产网络与生态环境复合系统中子系统的发展演进类型，如表4-12和表4-13所示。

表4-12 丝绸之路经济带生态环境子系统综合指数与
生产网络子系统综合指数差值分析 $[g(E)-f(P)]$

地理区域	国家	2010年	2011年	2012年	2013年	2014年	2015年	2016年	2017年	2018年
东亚	中国	0.570	0.569	0.574	0.577	0.577	0.573	0.560	0.560	0.555

续表

地理区域	国家	2010年	2011年	2012年	2013年	2014年	2015年	2016年	2017年	2018年
东亚	日本	0.316	0.322	0.336	0.342	0.329	0.325	0.337	0.335	0.343
	韩国	0.331	0.320	0.304	0.303	0.285	0.283	0.283	0.301	0.301
	蒙古国	0.211	0.211	0.211	0.211	0.220	0.220	0.214	0.228	0.223
南亚	阿富汗	0.812	0.824	0.825	0.820	0.802	0.788	0.807	0.807	0.805
	尼泊尔	0.340	0.345	0.347	0.301	0.352	0.357	0.350	0.343	0.343
	印度	0.222	0.221	0.218	-0.082	-0.074	-0.078	-0.078	-0.077	-0.084
	巴基斯坦	-0.137	-0.139	-0.134	0.197	0.191	0.196	0.196	0.191	0.189
	斯里兰卡	0.526	0.520	0.521	0.542	0.509	0.517	0.513	0.499	0.499
	马尔代夫	0.608	0.618	0.606	0.696	0.695	0.693	0.696	0.695	0.695
中亚	哈萨克斯坦	0.995	0.995	0.996	0.908	0.893	0.907	0.913	0.913	0.908
	吉尔吉斯斯坦	0.297	0.298	0.286	0.167	0.202	0.112	0.175	0.212	0.205
西亚	伊朗	0.689	0.677	0.674	0.616	0.592	0.592	0.596	0.596	0.596
	伊拉克	0.494	0.510	0.502	0.670	0.668	0.668	0.670	0.670	0.670
	阿塞拜疆	0.749	0.749	0.749	0.749	0.734	0.736	0.761	0.745	0.739
	土耳其	0.282	0.282	0.282	0.282	0.316	0.324	0.294	0.280	0.280
	约旦	0.547	0.547	0.547	0.547	0.567	0.557	0.548	0.543	0.540
	以色列	0.684	0.676	0.676	0.551	0.546	0.545	0.535	0.516	0.505
	巴勒斯坦	0.424	0.428	0.429	0.330	0.344	0.340	0.330	0.339	0.336
	沙特阿拉伯	0.926	0.924	0.920	0.899	0.882	0.869	0.868	0.823	0.832
	巴林	0.132	0.110	0.122	0.312	0.318	0.284	0.317	0.344	0.355
	卡塔尔	0.496	0.496	0.496	0.522	0.496	0.480	0.513	0.512	0.504
	阿曼	0.470	0.469	0.468	0.534	0.502	0.509	0.558	0.511	0.531
	阿联酋	0.383	0.391	0.381	0.428	0.382	0.370	0.399	0.339	0.331
	科威特	0.665	0.669	0.662	0.734	0.715	0.703	0.709	0.702	0.706
	黎巴嫩	0.725	0.731	0.731	0.753	0.753	0.753	0.499	0.501	0.502
	格鲁吉亚	0.674	0.669	0.644	0.535	0.557	0.548	0.535	0.515	0.520
	亚美尼亚	0.476	0.484	0.492	0.475	0.486	0.478	0.468	0.470	0.459
	塞浦路斯	0.607	0.614	0.610	0.391	0.436	0.465	0.458	0.434	0.466
北非	埃及	0.645	0.656	0.655	0.606	0.585	0.598	0.617	0.559	0.548
	阿尔及利亚	0.526	0.536	0.331	0.548	0.527	0.544	0.560	0.550	0.550
欧洲	塞尔维亚	0.573	0.584	0.459	0.346	0.382	0.374	0.331	0.329	0.329
	黑山	0.366	0.373	0.365	0.450	0.460	0.425	0.421	0.423	0.418

续表

地理区域	国家	2010年	2011年	2012年	2013年	2014年	2015年	2016年	2017年	2018年
欧洲	克罗地亚	0.484	0.486	0.468	0.359	0.363	0.361	0.329	0.331	0.312
	斯洛文尼亚	0.672	0.668	0.669	0.361	0.409	0.421	0.369	0.374	0.385
	波黑	0.479	0.473	0.402	0.447	0.474	0.480	0.455	0.489	0.488
	马其顿	0.506	0.493	0.503	0.502	0.531	0.531	0.514	0.511	0.508
	罗马尼亚	0.676	0.676	0.676	0.304	0.326	0.328	0.305	0.306	0.323
	保加利亚	0.604	0.595	0.594	0.314	0.318	0.317	0.284	0.282	0.282
	阿尔巴尼亚	0.485	0.472	0.473	0.696	0.665	0.608	0.663	0.672	0.682
	意大利	0.216	0.246	0.236	-0.177	-0.113	-0.122	-0.174	-0.179	-0.179
	西班牙	0.299	0.295	0.300	0.080	0.139	0.152	0.101	0.092	0.125
	葡萄牙	0.163	0.160	0.171	0.189	0.221	0.231	0.208	0.202	0.209
	希腊	0.351	0.351	0.335	0.321	0.328	0.331	0.311	0.317	0.310
	波兰	0.725	0.721	0.715	0.435	0.492	0.488	0.429	0.434	0.436
	捷克	0.491	0.480	0.464	0.384	0.440	0.437	0.378	0.388	0.395
	斯洛伐克	0.524	0.512	0.516	0.428	0.476	0.488	0.436	0.441	0.452
	匈牙利	0.791	0.777	0.791	0.399	0.455	0.454	0.391	0.383	0.378
	德国	0.087	0.071	0.071	-0.116	-0.116	-0.113	-0.115	-0.111	-0.108
	爱沙尼亚	0.153	0.147	0.130	0.252	0.256	0.268	0.236	0.242	0.263
	拉脱维亚	0.367	0.357	0.346	0.341	0.364	0.379	0.339	0.355	0.371
	立陶宛	0.248	0.251	0.273	0.142	0.148	0.165	0.127	0.134	0.117
	白俄罗斯	0.185	0.173	0.161	0.332	0.348	0.352	0.319	0.321	0.306
	乌克兰	0.208	0.217	0.218	0.469	0.481	0.498	0.491	0.491	0.502
	摩尔多瓦	0.369	0.366	0.377	0.605	0.645	0.626	0.612	0.616	0.627
	俄罗斯	0.375	0.367	0.361	0.608	0.596	0.598	0.550	0.545	0.554
	英国	-0.431	-0.432	-0.431	-0.235	-0.213	-0.194	-0.259	-0.254	-0.256
	爱尔兰	0.509	0.508	0.499	0.618	0.642	0.644	0.624	0.623	0.633
	荷兰	-0.343	-0.374	-0.359	-0.484	-0.479	-0.476	-0.531	-0.533	-0.497
	比利时	-0.220	-0.240	-0.241	-0.381	-0.347	-0.344	-0.384	-0.387	-0.369
	法国	0.485	0.473	0.478	0.143	0.216	0.220	0.154	0.150	0.151
	瑞典	0.719	0.707	0.728	0.426	0.474	0.471	0.431	0.430	0.434
	丹麦	0.501	0.466	0.486	0.198	0.223	0.210	0.189	0.190	0.183
	芬兰	0.781	0.782	0.782	0.613	0.584	0.581	0.577	0.560	0.563

第四章 丝绸之路经济带生产网络与生态环境的协同性分析

表4-13 丝绸之路经济带生产网络子系统综合指数与
生态环境子系统综合指数差值分析 [$f(P)-g(E)$]

地理区域	国家	2010年	2011年	2012年	2013年	2014年	2015年	2016年	2017年	2018年
东亚	中国	-0.570	-0.569	-0.574	-0.577	-0.577	-0.573	-0.560	-0.560	-0.555
	日本	-0.316	-0.322	-0.336	-0.342	-0.329	-0.325	-0.337	-0.335	-0.343
	韩国	-0.331	-0.320	-0.304	-0.303	-0.285	-0.283	-0.283	-0.301	-0.301
	蒙古国	-0.211	-0.211	-0.211	-0.211	-0.220	-0.220	-0.214	-0.228	-0.223
南亚	阿富汗	-0.812	-0.824	-0.825	-0.820	-0.802	-0.788	-0.807	-0.807	-0.805
	尼泊尔	-0.340	-0.345	-0.347	-0.301	-0.352	-0.357	-0.350	-0.343	-0.343
	印度	-0.222	-0.221	-0.218	0.082	0.074	0.078	0.078	0.077	0.084
	巴基斯坦	0.137	0.139	0.134	-0.197	-0.191	-0.196	-0.196	-0.191	-0.189
	斯里兰卡	-0.526	-0.520	-0.521	-0.542	-0.509	-0.517	-0.513	-0.499	-0.499
	马尔代夫	-0.608	-0.618	-0.606	-0.696	-0.695	-0.693	-0.696	-0.695	-0.695
中亚	哈萨克斯坦	-0.995	-0.995	-0.996	-0.908	-0.893	-0.907	-0.913	-0.913	-0.908
	吉尔吉斯斯坦	-0.297	-0.298	-0.286	-0.167	-0.202	-0.112	-0.175	-0.212	-0.205
西亚	伊朗	-0.689	-0.677	-0.674	-0.616	-0.592	-0.592	-0.596	-0.596	-0.596
	伊拉克	-0.494	-0.510	-0.502	-0.670	-0.668	-0.668	-0.670	-0.670	-0.670
	阿塞拜疆	-0.749	-0.749	-0.749	-0.749	-0.734	-0.736	-0.761	-0.745	-0.739
	土耳其	-0.282	-0.282	-0.282	-0.282	-0.316	-0.324	-0.294	-0.280	-0.280
	约旦	-0.547	-0.547	-0.547	-0.547	-0.567	-0.557	-0.548	-0.543	-0.540
	以色列	-0.684	-0.676	-0.676	-0.551	-0.546	-0.545	-0.535	-0.516	-0.505
	巴勒斯坦	-0.424	-0.428	-0.429	-0.330	-0.344	-0.340	-0.330	-0.339	-0.336
	沙特阿拉伯	-0.926	-0.924	-0.920	-0.899	-0.882	-0.869	-0.868	-0.823	-0.832
	巴林	-0.132	-0.110	-0.122	-0.312	-0.318	-0.284	-0.317	-0.344	-0.355
	卡塔尔	-0.496	-0.496	-0.496	-0.522	-0.496	-0.480	-0.513	-0.512	-0.504
	阿曼	-0.470	-0.469	-0.468	-0.534	-0.502	-0.509	-0.558	-0.511	-0.531
	阿联酋	-0.383	-0.391	-0.381	-0.428	-0.382	-0.370	-0.399	-0.339	-0.331
	科威特	-0.665	-0.669	-0.662	-0.734	-0.715	-0.703	-0.709	-0.702	-0.706
	黎巴嫩	-0.725	-0.731	-0.731	-0.753	-0.753	-0.753	-0.499	-0.501	-0.502
	格鲁吉亚	-0.674	-0.669	-0.644	-0.535	-0.557	-0.548	-0.535	-0.515	-0.520
	亚美尼亚	-0.476	-0.484	-0.492	-0.475	-0.486	-0.478	-0.468	-0.470	-0.459
	塞浦路斯	-0.607	-0.614	-0.610	-0.391	-0.436	-0.465	-0.458	-0.434	-0.466
北非	埃及	-0.645	-0.656	-0.655	-0.606	-0.585	-0.598	-0.617	-0.559	-0.548
	阿尔及利亚	-0.526	-0.536	-0.331	-0.548	-0.527	-0.544	-0.560	-0.550	-0.550

· 171 ·

续表

地理区域	国家	2010年	2011年	2012年	2013年	2014年	2015年	2016年	2017年	2018年
欧洲	塞尔维亚	-0.573	-0.584	-0.459	-0.346	-0.382	-0.374	-0.331	-0.329	-0.329
	黑山	-0.366	-0.373	-0.365	-0.450	-0.460	-0.425	-0.421	-0.423	-0.418
	克罗地亚	-0.484	-0.486	-0.468	-0.359	-0.363	-0.361	-0.329	-0.331	-0.312
	斯洛文尼亚	-0.672	-0.668	-0.669	-0.361	-0.409	-0.421	-0.369	-0.374	-0.385
	波黑	-0.479	-0.473	-0.402	-0.447	-0.474	-0.480	-0.455	-0.489	-0.488
	马其顿	-0.506	-0.493	-0.503	-0.502	-0.531	-0.531	-0.514	-0.511	-0.508
	罗马尼亚	-0.676	-0.676	-0.676	-0.304	-0.326	-0.328	-0.305	-0.306	-0.323
	保加利亚	-0.604	-0.595	-0.594	-0.314	-0.318	-0.317	-0.284	-0.282	-0.282
	阿尔巴尼亚	-0.485	-0.472	-0.473	-0.696	-0.665	-0.608	-0.663	-0.672	-0.682
	意大利	-0.216	-0.246	-0.236	0.177	0.113	0.122	0.174	0.179	0.179
	西班牙	-0.299	-0.295	-0.300	-0.080	-0.139	-0.152	-0.101	-0.092	-0.125
	葡萄牙	-0.163	-0.160	-0.171	-0.189	-0.221	-0.231	-0.208	-0.202	-0.209
	希腊	-0.351	-0.351	-0.335	-0.321	-0.328	-0.331	-0.311	-0.317	-0.310
	波兰	-0.725	-0.721	-0.715	-0.435	-0.492	-0.488	-0.429	-0.434	-0.436
	捷克	-0.491	-0.480	-0.464	-0.384	-0.440	-0.437	-0.378	-0.388	-0.395
	斯洛伐克	-0.524	-0.512	-0.516	-0.428	-0.476	-0.488	-0.436	-0.441	-0.452
	匈牙利	-0.791	-0.777	-0.791	-0.399	-0.455	-0.454	-0.391	-0.383	-0.378
	德国	-0.087	-0.071	-0.071	0.116	0.116	0.113	0.115	0.111	0.108
	爱沙尼亚	-0.153	-0.147	-0.130	-0.252	-0.256	-0.268	-0.236	-0.242	-0.263

根据表4-7丝绸之路经济带生产网络与生态环境复合系统耦合协调类型的判断标准，整体上看，丝绸之路经济带生产网络中，绝大多数国家的$g(E)-f(P)>0.1$，即处于不同的次类型下，均存在生产网络发展滞后的态势；然而，鲜见出现$f(P)-g(E)>0.1$，反映出在研究期内，尽管丝绸之路经济带生产网络与生态环境复合系统内呈现出不同的次协调耦合类型，但均不存在生态环境风险增强的情形。概言之，丝绸之路经济带生产网络与生态环境复合系统耦合协调度的提高有赖于丝绸之路经济带生产网络发展水平的提高，继而促进沿线区域生态环境风险的降低，这是提升丝绸之路经济带生产网络与生态环境复合系统耦合协调度的有效途径。

第四章 丝绸之路经济带生产网络与生态环境的协同性分析

第四节 本章小结

本章在探索丝绸之路经济带生产网络与生态环境空间分布的相关性及集聚特征的基础上，从产业发展的视角阐释生产网络与生态环境协同发展演进中存在的主要矛盾，继而深入解析丝绸之路经济带生产网络与生态环境的协同动因与条件，进一步测评丝绸之路经济带生产网络与生态环境的协同度，并对主要协同类型进行划分。主要研究结论如下：

（1）伴随丝绸之路经济带建设的持续推进，丝绸之路经济带生产网络的快速演进促使其全球价值链地位和沿线区域生态环境风险二者间的协调发展格局变化显著。丝绸之路经济带生产网络发展演进与生态环境风险的非同步集聚，成为阻碍二者协同发展的主要矛盾，且二者的集聚特征具有较高的一致性。研究发现，尽管丝绸之路经济带生产网络全球价值链指数的集聚程度要大于沿线区域生态环境风险测度值的集聚程度，但丝绸之路经济带生产网络全球价值链指数集聚区域与丝绸之路经济带生态环境风险测度值的集聚区域具有同一性情况；总体上看，2010~2018年丝绸之路经济带生产网络全球价值链地位指数和丝绸之路经济带生态环境风险值的HH类型和LL类型的样本国家均保持稳定，表明丝绸之路经济带生产网络全球价值链地位集聚区域与生态环境风险的集聚区域具有较强的一致性，即丝绸之路经济带生产网络全球价值链地位与沿线区域的生态环境风险是密切相关和相互影响的。

（2）经济全球化背景下丝绸之路经济带生产网络的发展与沿线区域生态环境的自我平衡互促共生成为二者协同发展的动因。丝绸之路经济带生产网络在空间上的资本、劳动力和资源要素的流动性为二者协同发展提供了必要条件。研究认为，首先，伴随全球化进程的深度推进，丝绸之路经济带沿线国家市场化程度和区域开放程度随之深入，丝绸之路经济带生产网络作为一种新型的国际化分工组织形态，参与生产网络的国家间经济联系不断加强，各国在贸易流通、生产分工过程中等多个方面对可持续发展提出更高要求。丝绸之路经济带生产网络与生态环境的协同发展动力不仅源于生产网络参与主体的内在动力，也来源于包容性全球化背景下，共谋全球生态环境治理的外在动力，且内在动力与外在动力间相互依赖并协同并举。其次，丝绸之路经济带生产网络的形成与发展演进强化了区域间的互动性和制约性，促使不同地理空间呈现出资本、劳动力、资源要素的流动性特征，在一定程度上强化了地理环境及空间的动态特征。经济全球化背景下

丝绸之路经济带生产网络与生态环境协同发展研究

的"人地关系"已经逐渐演变为全球性地理环境空间中各参与主体之间的互动关系。丝绸之路经济带生产网络中参与主体为二者的协同发展提供了必要条件，主要体现在丝绸之路经济带生产网络中资本、劳动力和资源要素的流动性三个方面。

（3）基于复合系统协同度模型测评丝绸之路经济带生产网络与生态环境复合系统的协同度，2010~2018年丝绸之路经济带生产网络与生态环境复合系统以中度协调类型为主，复合系统耦合协调度的提高有赖于丝绸之路经济带生产网络发展水平的提高。研究发现，丝绸之路经济带生产网络与生态环境复合系统以中度协调类型为主，初级协调水平占据部分，而高级协调和濒临失调类型较少，在研究中未发现严重失调的区域。值得关注的是，研究期内，中国、日本始终处于高级协调类型，匈牙利、德国、瑞典和芬兰四国在2013年逐渐由中度协调转变为高级协调类型；罗马尼亚、保加利亚和意大利在2013年由初级协调类型转为中度协调类型；然而，伊拉克在2013年由中度协调类型转为初级协调类型；印度在2013年由濒临失调类型转为初级协调类型。进一步研究发现，尽管丝绸之路经济带生产网络与生态环境复合系统内呈现出不同的次协调耦合类型，但均不存在生态环境风险增强的情形。丝绸之路经济带生产网络与生态环境复合系统耦合协调度的提高依赖于丝绸之路经济带生产网络发展水平的提高，继而通过技术创新、产业升级等促进沿线区域生态环境承载力的提升、降低生态环境风险。

第五章　丝绸之路经济带生产网络与生态环境的协同机理研究

在新时代背景下，倡导共建绿色丝绸之路，此时单纯地强调各方共同参与构建丝绸之路经济带"共生协同转型机制"，以应对合作基础、"外围陷阱"、"大国威胁"和合作模式等现实问题已不合时宜，而应将丝绸之路经济带的生态环境考虑在内。如何实现丝绸之路经济带生产网络与生态环境相互融合、协同发展，已成为企业、政府乃至整个社会所必须尽快解决的重大问题，而解决这一问题的关键在于打开丝绸之路经济带生产网络与生态环境协同机理的"黑箱"，即掌握二者协同发展的主要影响因素以及运行规律。学者们对于复杂系统协同演进机理的解析主要从还原论、整体论和系统论这三个视角展开（钱学森等，1990）。其中，还原论和整体论具有局限性，只能够实现对复杂系统组成部分或者整体特征的认识，不能有效揭示出复杂系统整体的一般规律（熊志军，2006；刘劲杨，2014；肖显静和何进，2018），而系统论将还原论和整体论相结合，能够实现"自上而下"和"自下而上"对系统协同演进规律的结构剖析（刘晓平等，2008）。目前，关于丝绸之路经济带生产网络与生态环境协同机理的研究鲜见。由于生产网络与生态环境是相互作用相互联系的一个有机整体，可以看作一个动态的、复杂的复合系统，因此本章从系统论的角度出发研究丝绸之路经济带生产网络与生态环境的协同机理。

第一节　丝绸之路经济带生产网络对生态环境的影响分析

经济全球化背景下，生产网络的形成与快速发展，虽然会对生态环境造成一定影响；但同时，其有助于区域分工以及生态效率水平的提高，并对减少生态环境破坏有重要作用（丁凡琳等，2019）。

一、生产网络对生态环境的影响路径

作为生产网络对生态环境产生影响的媒介，企业通过参与国际生产分工嵌入生产网络，这一过程将促进企业全要素生产率的提升（郑玉等，2017），进而减少企业污染物的排放量（徐祯和吴海滨，2018）。原因是规模经济、资源要素配置、知识进步和非常规因素等会引起全要素生产率发生变化（Harrod and Denison，1969），其中非常规因素指影响全要素生产率的其他要素，本书主要指 FDI 和链变迁。利用全要素生产率理论分析生产网络对生态环境的影响路径，我们认为，生产网络主要通过技术进步、资源配置、规模经济、FDI 和链变迁这五大路径对生态环境产生影响，具体如图 5-1 所示。

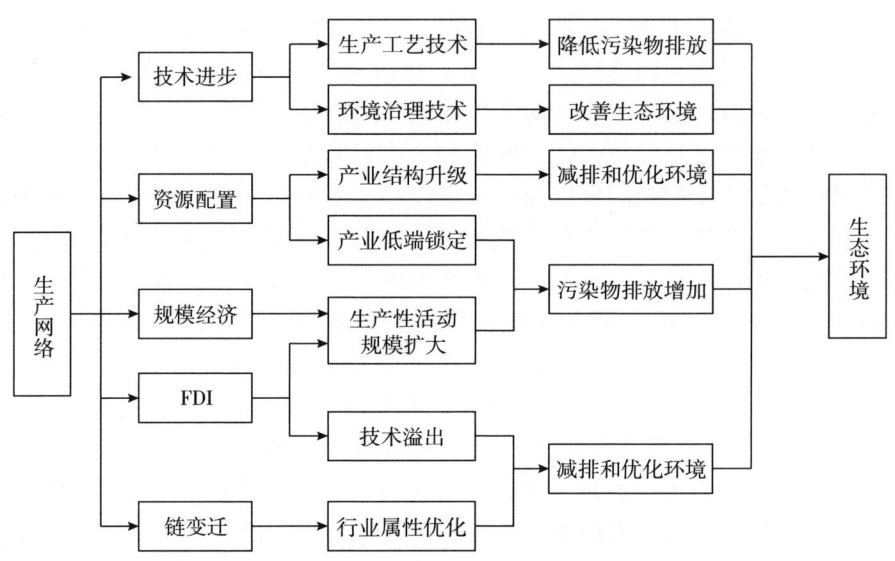

图 5-1　生产网络对生态环境的影响路径

（一）生产网络通过技术进步而改善生态环境

生产网络形成和发展过程中，将通过学习效应、倒逼效应和技术溢出效应提高一国或地区的技术水平（王燕梅和简泽，2013），进而促进节能减排，改善生态环境。从学习效应看，在参与生产网络过程中，各国将专注于生产网络中某个特定生产环节，高度专业化有助于经验、技能的积累，促进当期知识存量的扩大，从而有助于催生出新的知识；从倒逼效应看，在分工和集聚两种机制的作用下，参与生产网络有助于一国的经济增长，进而随着人均收入水平的提高，一国对良好生态环境的诉求增加,导致政府加强环境规制力度,倒逼企业进行绿色生产技术的研发,加快技术变革;从技术溢出效应看,在生产网络中,不同节点上的企业所拥有的知识类型和存量存在着差异,为了生产某种产品,各国企业必然存在着联系和互动,从而促进信息交流,提供给企业更多学习新知识和技术的机会。其中,中间品贸易和FDI引发的技术溢出效应是典型的例子,发达国家在技术先进性方面有着明显优势,通过吸引发达国家的外资和进口高质量的中间品,对发展中国家具有重要的意义。通常,技术进步将促进节能减排和降耗,也将促进生态环境治理和修复水平的提高。

(二) 生产网络通过资源配置而改变污染物排放规模或格局

生产网络的形成将促进区域资源配置的合理优化,为参与国的产业结构升级创造条件(姚志毅和张亚斌,2011),进而影响到其污染排放规模或格局(韩永辉等,2016)。经济全球化下,产业链被分割成若干个生产环节,每一个生产环节组成一个价值链,由于其技术和知识等含量不同,会获得不同的附加值。产业结构升级主要表现为从低附加值的生产加工环节向高附加值的研发和营销环节转移。然而,生产网络对参与国产业结构调整的作用具有不确定性。

一方面,生产网络带动该国或地区的产业结构升级,达到减排和优化生态环境的效用。在参与生产网络的过程中,各国依据自身的比较优势参与到产品生产分工中的某一环节。随着技术的进步,一国的生产将向低污染的高附加值环节转移,即在产业结构升级下,该国的污染物排放规模将下降,区域总体的污染物排放分布情况将发生变化。

另一方面,生产网络中进行的生产分工也可能将一些劳动力或能源密集的国家或地区长期锁定在价值链低端,从而使得污染物排放更多地集中在这些国家或地区。一些发展中国家主要出口具有低成本优势的劳动密集型或能源密集型产品,在参与生产网络中的生产分工时,容易被主导生产网络的发达国家的跨国公司和大购买商所"俘获",即遭受来自发达国家的"低端锁定",抑制了发展中国家的产业结构升级,且被"锁定"的产业通常都具有低附加值、高污染或高能耗的特性,因而将加剧发展中国家生态环境的恶化。

(三) 生产网络通过规模经济改变污染物排放规模

生产网络将促进一国或地区某产业形成规模经济,而生产性经济规模的扩大与污染物排放之间存在明显的正向影响(喻春娇和王雪飞,2012;马丽,2016)。伴随生产性经济活动规模的扩大,污染物排放量将增加,生态环境进一步恶化;反之则相反。企业的生产经营规模与经济效益直接相关,在规模经济作用下,产业链更加完整且资源配置效率更高,使得企业边际效益增加,导致企业为达到最大的经营效益,通常倾向于扩大生产规模,进而实现产业规模经济效益。一般而言，经济活动规模的扩张对生态环境将产生负面影响，但由于所处生产网络中节点的不同，企业的经济活动的污染强度会存在显著差异。通常，位于研发、设计、营销和售后服务等非生产性环节的企业经济活动扩张存在着相对较小的污染，而位于加工制造、组装等生产性环节的企业的经济活动扩张产生的污染强度相对较大。这意味着对在生产网络中占据非生产性环节的国家来说，规模经济给当地生态环境带来的影响会较小，而对于负责生产性环节的国家来说，影响较大。

(四) 生产网络通过 FDI 下的产业转移和技术溢出而改变污染物排放格局

FDI 是一国或地区参与生产网络的重要方式之一，伴随着产业转移和技术溢出，污染物的排放格局会发生改变。从产业转移看，FDI 是影响一国或地区生产性活动规模的重要因素。为了利用东道国廉价的生产要素，跨国公司会将产品的生产阶段和生产环节进行分解，通过对外直接投资将一些环节转移到低成本的东道国，从而扩大了东道国生产性活动的规模，进而可能恶化东道国的环境质量。同时，垂直 FDI 活动将通过减小国内生产性活动的规模来促进母国环境质量的改善。从 FDI 的技术溢出看，引进外资通常是欠发达国家获取最新技术，尤其是关键技术的重要途径（蒋殿春和张宇，2006），有助于外资引进国或地区的技术进步，而技术的进步将促进当地实现节能减排，从而改变当地的污染物排放格局。

(五) 生产网络通过链变迁下行业属性的变化而改变污染物排放规模

企业在全球价值链上参与行业属性的变化，亦称链变迁（胡飞，2016）。一国企业在参与生产网络过程中，本国企业的行业属性将发生变化，进而影响本国污染物排放规模。根据微笑曲线理论，在产业链中，附加值更多集中在设计和销售环节，分别位于曲线两端，而处于中间环节的制造附加值最低，且该环节通常伴随着高污染和高能耗。为了获取更高的附加值，一国或地区的产业会从高污染高能耗的低附加值行业向污染强度较低的高附加值行业转移，此时，产业结构得到优化升级，产业所在地区的污染物排放规模将随之减小；与此同时，该地经济将得到发展，并将有更多的资金用于治理和修复生态环境，从而使得生态环境质量得到优化和改善。

二、生产网络对生态环境影响的时空轨迹分析

丝绸之路经济带生产网络的形成和发展旨在带动沿线各国的经济增长。这里借助环境库兹涅茨曲线，分析丝绸之路经济带生产网络对生态环境影响的时空轨迹这一问题。

(一) 模型概述及设定

环境库兹涅茨曲线是普林斯顿大学的经济学家 Grossman 和 Krueger 在美国经

济学家 Kuznets 研究的基础上提出来的。Kuznets（1955）认为，在经济没有充分发展的阶段，收入分配会随着经济的发展而趋于不平等，之后，经历收入分配暂时没有大变化的时期，达到经济充分发展的阶段时，收入分配将会趋于平等。基于此，Grossman 和 Krueger 随后研究发现，环境污染程度和人均国民经济收入间呈倒"U"形关系，提出"EKC 假说"（Grossman and Krueger，1995）。继 Grossman 和 Krueger 之后，出现了大量关于环境污染与经济增长的研究，集中对二氧化硫、氮氧化物、二氧化碳、工业固体废弃物和工业废水等环境库兹涅茨曲线展开研究（Galeotti et al.，2006；林伯强和蒋竺均，2009；许广月和宋德勇，2010；李建，2019）。

国际上根据环境库兹涅茨理论所产生的计量模型有两大类：一类是基于时间序列数据分析的模型，该模型最具代表性的是二次多项式函数关系，这也是国际上常用的简化计量模型。但是由于有时候经济增长与环境污染之间并不仅限于"U"形和倒"U"形，而呈"N"形，因此，Grossman 和 Krueger 在 1995 年又将该模型进一步拓展成三次函数型，它可以包含这三种形态，这一计量模型在国际上也很常用。另一类是基于面板数据分析的模型，这类模型主要是由 Shafik 和 Bandyopadhyay（1992）提出，将二次、三次函数与对数形式相结合，并加入 GDP 以外的环境影响因素。

为解析丝绸之路经济带生产网络对生态环境影响的时空轨迹，本章采用 Grossman 和 Krueger 在 1995 年提出的三次函数时间序列计量模型，并采用对数形式，基本模型设定如下：

$$\ln CO_{2t} = \alpha + \beta_1 \ln GDP_t + \beta_2 (\ln GDP_t)^2 + \beta_3 (\ln GDP_t)^3 + \varepsilon_t \tag{5-1}$$

式中，$\ln CO_{2t}$ 为在 t 时刻的人均二氧化碳排放量的对数；$\ln GDP_t$ 为 t 时刻的人均 GDP 的对数；β_1、β_2 和 β_3 为待估参数；α 为常数项；ε_t 为误差项。

根据 β_1、β_2 和 β_3 取值不同，曲线形状也不同，分为六种情况：①$\beta_1 > 0$ 且 $\beta_2 = \beta_3 = 0$，环境与收入间成单调上升的线性关系，环境随收入增加而恶化；②$\beta_1 < 0$ 且 $\beta_2 = \beta_3 = 0$，环境与收入间存在单调下降的线性关系，环境随收入增加而改善；③$\beta_1 > 0$，$\beta_2 < 0$ 且 $\beta_3 = 0$，环境与收入间呈倒"U"形关系，即 EKC，拐点在曲线的最高处；④$\beta_1 < 0$，$\beta_2 > 0$ 且 $\beta_3 = 0$，环境与收入间呈"U"形关系，收入水平较低阶段，环境随收入增加而改善，收入水平较高阶段，环境随收入增加而恶化；⑤$\beta_1 > 0$，$\beta_2 < 0$ 且 $\beta_3 > 0$，环境与收入间呈"N"形关系，收入水平增加过程中，环境先恶化再改善，最后又恶化；⑥$\beta_1 < 0$，$\beta_2 > 0$ 且 $\beta_3 < 0$，环境与收入间呈与"N"形相反的关系，收入水平增加过程中，环境先改善再恶化，最后又改善。

（二）样本选择及数据来源

丝绸之路经济带沿线 72 个国家中有 19 个存在数据缺失，包括南亚的阿富汗、不丹和马尔代夫，西亚的伊朗、伊拉克、叙利亚、科威特和巴勒斯坦，欧洲的葡萄牙、斯洛文尼亚、波黑、爱沙尼亚、克罗地亚、立陶宛、拉脱维亚、摩尔多瓦、黑山、塞尔维亚，以及北非的利比亚，因此确定丝绸之路经济带沿线53个样本国家，具体如表5-1所示。

表5-1 样本选取范围

地理区域	国家
东亚（4国）	中国、日本、韩国和蒙古国
中亚（5国）	哈萨克斯坦、吉尔吉斯斯坦、塔吉克斯坦、乌兹别克斯坦和土库曼斯坦
南亚（5国）	印度、巴基斯坦、孟加拉国、尼泊尔和斯里兰卡
西亚（14国）	沙特阿拉伯、阿联酋、阿曼、土耳其、以色列、卡塔尔、约旦、黎巴嫩、巴林、阿塞拜疆、亚美尼亚、也门、格鲁吉亚和塞浦路斯
欧洲（23国）	俄罗斯、芬兰、意大利、西班牙、瑞典、丹麦、波兰、捷克、斯洛伐克、匈牙利、罗马尼亚、保加利亚、马其顿、阿尔巴尼亚、乌克兰、白俄罗斯、希腊、英国、爱尔兰、法国、德国、比利时和荷兰
北非（2国）	埃及和阿尔及利亚

数据时间序列为1990~2017年。各国二氧化碳排放量数据来自国际能源署数据库（2020年）；各国GDP和人口数据均来自世界银行数据库（2020年）。按人口加权计算丝绸之路经济带的人均二氧化碳排放量和人均GDP。

（三）EKC回归结果及分析

利用EViews10.0对模型进行回归，结果如表5-2所示。在1%的显著性水平下，回归结果通过了显著性检验，而且R^2和调整R^2都大于0.9，表明线性方程对真实数据的反映程度较好，拟合的效果比较好，具有统计学意义。因此，模型结果表示为：

$$\ln RCO_{2t} = 810.9308 - 276.2470 \ln RGDP_t + 31.3520(\ln RGDP_t)^2 - 1.1835(\ln RGDP_t)^3 + \varepsilon_t$$
$$(4.1646) \quad (-4.1275) \quad (4.0909) \quad (-4.0482)$$

(5-2)

表5-2 EKC回归结果

变量	系数	标准差	t统计量	P值
α	810.9308	194.7196	4.1646	0.0003
lnRGDP	-276.2470	66.9291	-4.1275	0.0004
ln²RGDP	31.3520	7.6638	4.0909	0.0004

续表

变量	系数	标准差	t 统计量	P 值
$\ln^3 RGDP$	-1.1835	0.2923	-4.0482	0.0005
R^2	0.9652	被解释变量均值		1.3412
调整 R^2	0.9609	被解释变量标准差		0.1454
回归标准差	0.0288	赤池信息量准则		-4.1273
残差平方和	0.0199	施瓦兹准则		-3.9370
最大似然估计	61.7826	汉南—圭因准则		-4.0691
F 统计量	221.9534	德宾—沃森统计量		0.7740
P 值	0.0000	—		—

从式（5-2）可以看出，人均收入的一次项系数为负，二次项系数为正，三次项系数为负。根据 EKC 曲线形状的判断标准，丝绸之路经济带人均二氧化碳排放与人均 GDP 间呈倒"N"形关系，符合环境库兹涅茨曲线假说，即随着人均收入的增加，人均二氧化碳的排放先减少再增加，而后又开始减少，环境质量得到改善，如图 5-2 所示。该曲线存在两个拐点，首先通过对式（5-2）求一阶导数，再令其等于 0，计算该方程的两个拐点分别位于人均 GDP 为 4536.90 美元和 10301.04 美元处，对应的人均二氧化碳排放量分别是 3.32 吨/人和 4.66 吨/人。

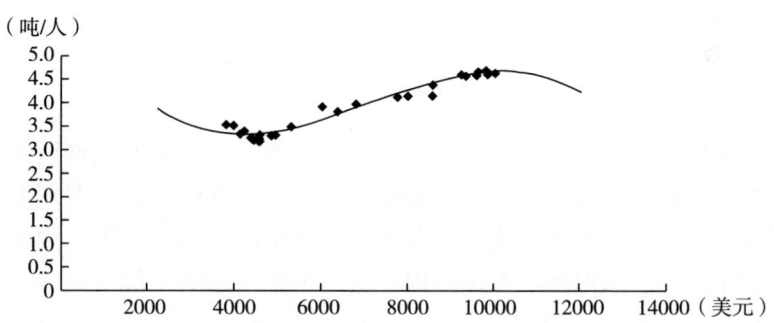

图 5-2　丝绸之路经济带二氧化碳的库兹涅茨曲线

研究结果表明，当丝绸之路经济带的人均收入小于 4536.90 美元时，人均二氧化碳的排放随着人均收入的增加而减少；当人均收入大于 4536.90 美元且小于 10301.04 美元时，人均二氧化碳的排放随着人均收入的增加而增加；当人均收入大于 10301.04 美元时，人均二氧化碳的排放再次随着人均收入的增加而减少；

且在10301.04美元处达到人均二氧化碳排放的极大值,为4.66吨/人,而在4536.90美元处达到人均二氧化碳排放的极小值,为3.32吨/人。这两个点是丝绸之路经济带二氧化碳排放的理论拐点,分别位于2000年和2014年左右。

1990~2017年,丝绸之路经济带的EKC曲线呈倒"N"形,究其原因,主要是在这一时期,丝绸之路经济带受经济危机、国际合作、环境规制和技术进步等多种因素的影响。新兴市场国家经济危机导致了EKC曲线上第一个理论拐点形成。

国际合作、环境规制和技术进步等因素促使EKC曲线上第二个理论拐点的形成。首先,2013年"一带一路"倡议的提出,促进了沿线各国之间的能源合作,弥补了沿线部分国家的能源资源短缺问题。能源资源的大量消费将伴随着二氧化碳的大量排放,而且随着人均收入水平的提高,日常生活中石油等资源的消费量保持在较高水平。其次,随着环境污染问题的加剧,各国加大了环境规制力度,倒逼企业技术创新和提高生产效率,使得生产过程中的二氧化碳排放量减少。此外,随着收入水平的提高,人们的环保观念和绿色消费意识将逐渐提高,这将促进二氧化碳的减排。因此,丝绸之路经济带在2014年前后出现第二个理论拐点。

从丝绸之路经济带的EKC曲线看,历史数据模拟结果显示其呈倒"N"形,且丝绸之路经济带的二氧化碳排放已经过了两个理论拐点。因此,从EKC曲线的走势和成因看,若未来仍延续当前的经济发展模式并加强环境监管力度,则随着人们收入水平的上升,丝绸之路经济带的二氧化碳排放将持续减少,有利于环境质量的改善。

三、生产网络与生态环境的相互影响力解析

生产网络与生态环境之间存在着双向作用关系。一方面,生产网络会通过技术进步、资源配置、规模经济、FDI和链变迁这五大路径影响生态环境质量的变化;另一方面,生态环境的变化反过来又将影响生产网络的发展,因而需要考虑变量的内生性问题。国内外学者在处理变量内生性问题时一般采用联立方程组估计法(吕政宝和杨艳琼,2018)和VAR模型(Sims,1980)。与联立方程组估计法相比,VAR模型可以较少地受到既有理论的约束,避免变量缺省问题,还可以方便地分析各变量之间的长期动态影响(彭水军和包群,2006),因此,本章用VAR模型对丝绸之路经济带生产网络与生态环境的关系进行定量分析。

(一)研究方法

Sims于1980年提出的VAR模型可以表述如下:

$$y_t = \Phi_1 y_{t-1} + \Phi_2 y_{t-2} + \cdots + \Phi_p y_{t-p} + H x_t + \varepsilon_t, \quad t=1, 2, \cdots, T \tag{5-3}$$

式中，y_t 为 k 维内生变量列向量；x_t 为 D 维外生变量列向量；p 为滞后阶数；T 为样本个数；$k \times k$ 维矩阵 Φ_1，…，Φ_p 和 $k \times d$ 维矩阵 H 为待估计的系数矩阵；ε_t 为 k 维随机扰动列向量。

假设 $\varepsilon_t \sim i.i.d(0, \Sigma)$，其中 Σ 为 k 维向量 ε_t 的协方差矩阵，ε_t 可以同期相关，但通常不与自己的滞后值相关，也不与等式右边的变量相关，则式（5-3）可以写为如下矩阵式：

$$\begin{pmatrix} y_{1t} \\ y_{2t} \\ \vdots \\ y_{kt} \end{pmatrix} = \Phi_1 \begin{pmatrix} y_{1t-1} \\ y_{2t-1} \\ \vdots \\ y_{kt-1} \end{pmatrix} + \cdots + \Phi_p \begin{pmatrix} y_{1t-p} \\ y_{2t-p} \\ \vdots \\ y_{kt-p} \end{pmatrix} + H \begin{pmatrix} x_{1t} \\ x_{2t} \\ \vdots \\ x_{dt} \end{pmatrix} + \begin{pmatrix} \varepsilon_{1t} \\ \varepsilon_{2t} \\ \vdots \\ \varepsilon_{kt} \end{pmatrix}, \quad t = 1, 2, \cdots, T \quad (5-4)$$

即含有 k 个时间序列变量的 $VAR(p)$ 模型由 k 个方程组成。

（二）指标选取、样本选择和数据来源

生产网络是以全球价值链为纽带将空间分散的组织和分工有机结合，涵盖了全球价值链分工的所有环节，不仅包括生产作业活动，还包括技术研发、采购、市场、销售等各类活动。由于各国在价值链中的参与度和地位都会对生态环境产生影响，因此选取价值链参与度和地位作为衡量生产网络发展水平的指标，前者衡量丝绸之路经济带生产网络嵌入全球价值链的深度，后者衡量丝绸之路经济带生产网络嵌入全球价值链的位置。生产网络对生态环境的影响主要体现在产业生产过程中排放的各类污染物对生态环境的破坏，如二氧化碳、二氧化硫、烟粉尘和废水等，考虑到污染物的代表性、广泛存在性和危害性强弱，因此选用二氧化碳排放量作为衡量生态环境恶化程度的指标，二氧化碳排放量越大，表明生态环境恶化越严重。

价值链地位和价值链参与度的数据获取基于 OECD 的贸易增加值数据库（https：//stats.oecd.org/）（2020 年），该数据库共包含全球 64 个经济体，其中属于丝绸之路经济带的有 33 个样本国家，具体如表 5-3 所示。各国二氧化碳排放量数据来自国际能源署数据库（2020 年）。考虑到数据的可获得性和可靠性，本章研究的时间区间为 2007~2016 年。

表 5-3 丝绸之路经济带生产网络国家样本

地理区域	涵盖的国家
东亚（3国）	中国、日本和韩国
中亚（1国）	哈萨克斯坦
南亚（1国）	印度

续表

地理区域	涵盖的国家
西亚（3国）	沙特阿拉伯、土耳其和塞浦路斯
欧洲（25国）	比利时、捷克、丹麦、爱沙尼亚、芬兰、法国、德国、希腊、匈牙利、爱尔兰、以色列、意大利、拉脱维亚、立陶宛、荷兰、波兰、葡萄牙、斯洛文尼亚、西班牙、瑞典、英国、保加利亚、克罗地亚、罗马尼亚、俄罗斯

（三）模型建立及基本检验

1. 单位根检验

VAR 模型估计的可靠性依赖于变量的平稳性，如果变量为平稳的时间序列，可以直接构建无约束 VAR 模型；否则需要对变量进行差分将其变为平稳变量。这里对 GVC_PARTICIPATION、GVC_POSITION 和 $lnCO_2$ 等变量进行 ADF 检验，以此判定各时间序列变量是否平稳。检验结果如表 5-4 所示。价值链参与度（GVC_PARTICIPATION）和二氧化碳排放量（$lnCO_2$）两个变量的原序列均非平稳，但一阶差分后进行 ADF 检验，在 5% 的显著水平下均显著地拒绝原假设，认为差分后的价值链参与度和二氧化碳排放量这两个变量均为平稳序列。价值链地位（GVC_POSITION）的原序列和一阶差分序列在 5% 的显著水平下均显著地拒绝原假设，因此为平稳序列。由此可知，价值链参与度、价值链地位和二氧化碳排放量均为一阶单整序列。

表 5-4 变量的 ADF 检验结果

变量	ADF 统计值	(C, T, K)	显著性	结论
GVC_PARTICIPATION	-0.811630	(N, N, 0)	0.3364	不平稳
DGVC_PARTICIPATION	-2.693935	(N, N, 0)	0.0141	平稳
GVC_POSITION	-2.055143	(N, N, 0)	0.0442	平稳
DGVC_POSITION	-11.427420	$(C, T, 1)$	0.0004	平稳
$lnCO_2$	-2.076483	(C, N, 1)	0.2556	不平稳
$DlnCO_2$	-6.115965	$(C, T, 1)$	0.0116	平稳

注：检验形式 (C, T, K) 分别代表截距项、趋势项和滞后项；N 表示没有相应的项。

2. 确定滞后期

滞后期的选择是 VAR 模型建立的重要前提。这里分别从价值链参与度与二氧化碳排放量、价值链地位与二氧化碳排放量这两个方面分析滞后期，以确定 VAR 模型形式。根据少数服从多数原则，可以采用 LogL、LR、FPE、AIC、SC、H-Q 六种检验法则的结果进行综合判断，具体如表 5-5 所示。结果显示，价值链参与度与二氧化碳排放量的最佳滞后期为1，价值链地位与二氧化碳排放量的最佳滞后期为2。

表5-5 VAR模型最佳滞后期检验结果

类别	滞后期	LogL检验	LR检验	FPE检验	AIC检验	SC检验	H-Q检验
价值链参与度与二氧化碳	0	48.58921	NA	$3.00×10^{-8}$	−11.64730	−11.62744	−11.78125
	1	59.26350	13.34287*	$6.10×10^{-9}$*	−13.31587*	−13.25629*	−13.71773*
价值链地位与二氧化碳	0	46.52259	NA	$1.03×10^{-8}$	−12.72074	−12.73619	−12.91175
	1	55.67377	10.45849*	$2.65×10^{-9}$*	−14.19251	−14.23887	−14.76554
	2	61.72991	3.46065	$2.70×10^{-9}$	−14.77997*	−14.85725*	−15.73503*

注：*表示在10%的显著性水平下显著。NA表示与情况不合的数据；LR检验为似然比检验（Likelihood Ratio），FPE检验为最终预测误差准则检验（Final Prediction Error Criterion），AIC检验为赤池信息量准则检验（Akaike Information Criterion），SC检验为施瓦兹准则检验（Schwarz Criterion），H-Q检验为汉南—奎因准则检验（Hannan-Quinn Criterion）。

3. 模型建立

根据前述单位根检验及滞后期选择结果，将检验通过的平稳序列代入模型中，利用最小二乘法估计模型中的参数，拟合出VAR模型的系数矩阵。

$$D\ln CO_2 = -2.221272 DGVC\_PARTICIPATION(t-1) + 1.163183 D\ln CO_2(t-1) - 0.010074C \quad (5-5)$$

$$D\ln CO_2 = 2.119412 DGVC\_POSITION(t-1) + 1.365161 DGVC\_POSITION(t-2) + 0.983272 D\ln CO_2(t-1) + 0.969947 D\ln CO_2(t-2) - 0.028299C \quad (5-6)$$

变量外生性检验结果如表5-6所示。如果VAR模型中某些变量的滞后值对被解释变量没有显著性影响，则此时建立的VAR模型就是不可靠的，这些没有显著影响的变量应被排除在模型外。通过外生性检验发现，对于被解释变量二氧化碳排放总量（$D\ln CO_2$）、价值链参与度（DGVC_PARTICIPATION）和价值链地位（DGVC_POSITION）在10%的显著性水平下拒绝原假设，即价值链参与度和价值链地位的滞后值均对被解释变量有显著性影响，均应纳入模型中。

表5-6 变量的外生性检验结果

被解释变量	解释变量	卡方统计量	自由度	显著性
DGVC_PARTICIPATION	$D\ln CO_2$	63.58437	1	0.0000
	All	63.58437	1	0.0000

续表

被解释变量	解释变量	卡方统计量	自由度	显著性
DlnCO$_2$	DGVC_PARTICIPATION	3.842408	1	0.0500
	All	3.842408	1	0.0500
DGVC_POSITION	DlnCO$_2$	76.06724	2	0.0000
	All	76.06724	2	0.0000
DlnCO$_2$	DGVC_POSITION	11.60909	2	0.0030
	All	11.60909	2	0.0030

4. 模型稳定性检验

模型的稳定性是进行脉冲响应分析和方差分解分析的前提。采用 AR 根估计的方法对 VAR 模型估计的结果进行平稳性检验。如果 VAR 模型所有根模的倒数都小于 1，即都在单位圆内，则该模型是稳定的；如果 VAR 模型所有根模的倒数都大于 1，即都在单位圆外，则该模型是不稳定的。

经检验，VAR 模型具有稳定性，得到的结果是有效的，AR 根估计所有的根模都小于 1，如表 5-7 所示。因此，可以在此基础上，对生产网络与生态环境指标间的相互影响进行基于 VAR 模型的广义脉冲响应分析和方差分解分析，这里选取滞后 10 期。

表 5-7　VAR 模型的稳定性检验结果

| 式（5-5） || 式（5-6） ||
根	模	根	模
0.289052	0.289052	0.666655	0.666655
−0.252545	0.252545	−0.612145	0.612145
—	—	−0.017852−0.371602i	0.372031
—	—	−0.017852+0.371602i	0.372031

（四）结果分析

1. 广义脉冲响应分析

脉冲响应函数可以较为完整而细腻地表达出变量之间的动态关系，它描述了系统内一个变量对其他变量的一个单位的冲击所产生的影响，可以提供冲击所产生响应的正负方向，调整滞后期限与稳定过程等信息。通过 EViews6.0 可以得到广义脉冲响应函数曲线图，其横轴代表滞后期数，纵轴代表变量之间的相互冲击响应程度，图中曲线部分为计算值。

价值链参与度与二氧化碳排放量对二氧化碳排放量的冲击效应以及系统的动态影响如图 5-3 所示。当 DGVC_PARTICIPATION 对 DlnCO$_2$ 有一个标准差信息的冲击时，DGVC_PARTICIPATION 在第 1 期冲击达到最大，为 0.009681，此后冲击逐渐减小，并在 5 期以后冲击响应的值最终收敛，接近于 0。这说明，随着时间的推移，价值链参与度对二氧化碳排放量的影响越来越小。此外，通过对比发现，在 5 期以前，二氧化碳排放量对自身的冲击要大于价值链参与度对二氧化碳排放量的冲击；但 5 期以后，基本相同；这说明，在前期，相比较价值链参与度，二氧化碳排放量对自身的影响更大。

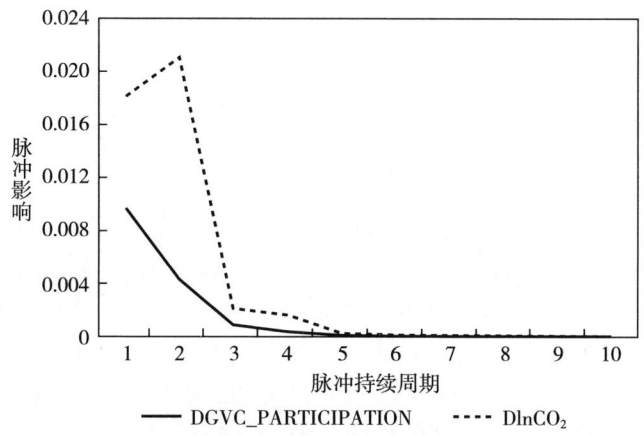

图 5-3　DGVC_PARTICIPATION 与 DlnCO$_2$ 对 DlnCO$_2$ 的脉冲响应函数

价值链参与度与二氧化碳排放量对价值链参与度的冲击效应及系统的动态影响如图 5-4 所示。当 DlnCO$_2$ 对 DGVC_PARTICIPATION 有一个标准差信息的冲击时，DlnCO$_2$ 在第 1 期的冲击为 0，在第 2 期冲击达到最大，为 0.010113，在第 3 期下降至 0.000369，在第 4 期又上升至 0.000752，此后从第 5 期开始，冲击响应的值最终收敛，接近于 0。这说明在第 1 期，二氧化碳的排放量对价值链参与度基本没有影响，但在第 2 期将对价值链参与度产生相对较大的影响，随着时间的进一步推移，此影响将越来越小。此外，通过对比发现，在前 5 期，二氧化碳排放量对价值链参与度的影响大于价值链参与度自身的影响；5 期之后基本相同，影响都很小，趋近于 0。

价值链地位与二氧化碳排放量对二氧化碳排放量的冲击效应以及系统的动态影响如图 5-5 所示。当 DGVC_POSITION 对 DlnCO$_2$ 有一个标准差信息的冲击时，DGVC_POSITION 在第 1 期的冲击为 -0.013312，负效应达到最大，此后逐渐降低，且冲击绝对值的降低幅度越来越小，最终收敛，接近于 0，在第 10 期的冲击

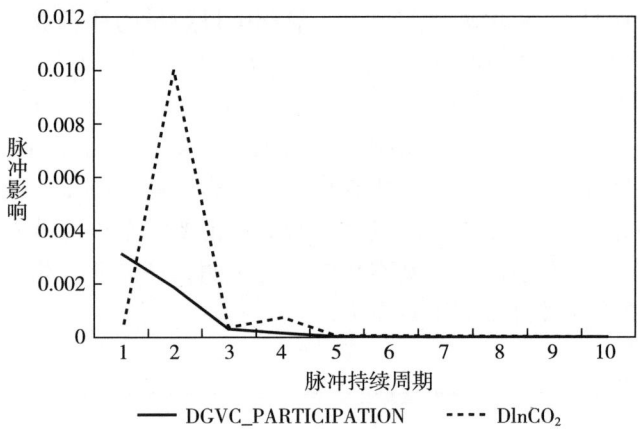

图 5-4 DGVC_PARTICIPATION 与 DlnCO$_2$ 对 DGVC_PARTICIPATION 的脉冲响应函数

为 -0.000220。这说明，价值链地位将对二氧化碳排放产生抑制作用，且在第 1 期的抑制作用最大，此后逐渐减弱。而二氧化碳排放量对自身的冲击效应为正，并在第 1 期达到最大，为 0.008978，此后逐渐降低，趋近于 0。通过对比发现，在第 1 期，价值链地位对二氧化碳排放量的影响大于二氧化碳排放量对自身的影响，但从第 2 期开始，二氧化碳排放量对自身的影响要大于价值链地位对二氧化碳排放量的影响，且 4 期之后逐渐趋同，影响都较小。

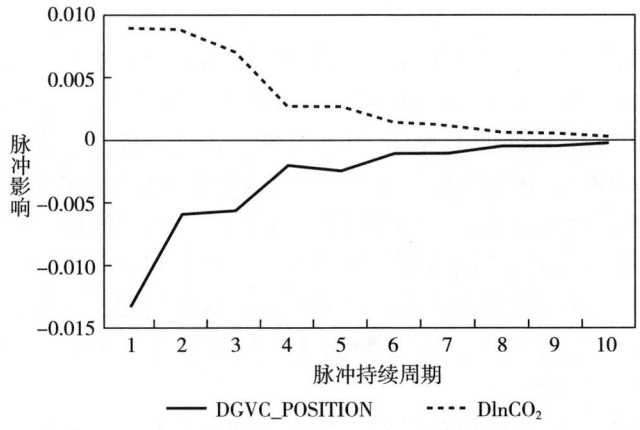

图 5-5 DGVC_POSITION 与 DlnCO$_2$ 对 DlnCO$_2$ 的脉冲响应函数

价值链地位与二氧化碳排放量对价值链地位的冲击效应及系统的动态影响如

图 5-6 所示。当 DlnCO$_2$ 对 DGVC_POSITION 有一个标准差信息冲击时，DlnCO$_2$ 在第 1 期的冲击为 0，第 2 期冲击效应为负，且最大，为-0.004898，此后冲击的绝对值逐渐下降，最终收敛，接近于 0。这说明当二氧化碳排放量发生变化时，其在第 1 期对价值链地位基本没有影响，但第 2 期会对价值链地位产生相对较强的抑制作用，随着时间的推移，这种抑制作用会逐渐减弱。而价值链地位对自身的冲击效应为正，并在第 2 期达到最大，为 0.004006，此后逐渐降低，趋近于 0。通过对比发现，在第 1 期，价值链地位的变化会对自身产生影响，而二氧化碳排放量于第 2 期开始对价值链地位产生影响，此后二氧化碳排放量对价值链地位的影响大于价值链地位对自身的影响，且 5 期之后逐渐趋同，影响都较小。

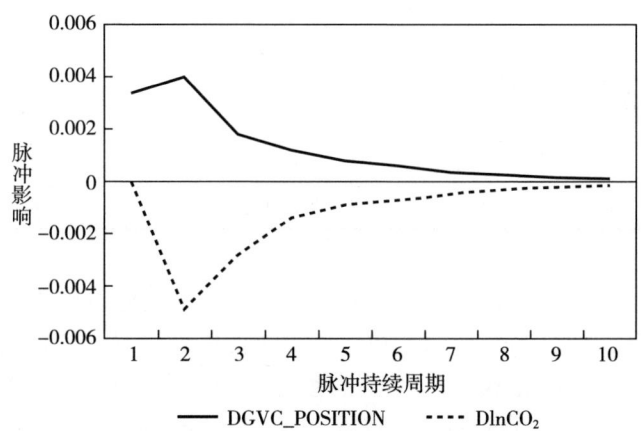

图 5-6　DGVC_POSITION 与 DlnCO$_2$ 对 DGVC_POSITION 的脉冲响应函数

2. 方差分解分析

为了更清楚地刻画和度量生产网络与生态环境之间相互影响的程度，进一步采用方差分解的方法，获得了序列中由其"自身"冲击与其他变量冲击而导致移动的比例，即相对方差贡献度。

价值链参与度对二氧化碳排放量的贡献度相对较低，而二氧化碳排放量对价值链参与度的贡献度相对较高，如表 5-8 所示。从首期看，价值链参与度对二氧化碳排放量的贡献度约为 22%，而二氧化碳排放量对价值链参与度的贡献度为 0；在第 2 期，价值链参与度对二氧化碳排放量的贡献度降至约 13%，而二氧化碳排放量对价值链参与度的贡献度升高至约 89%；此后，价值链参与度对二氧化碳排放量的贡献度稳定在 13%水平上，而二氧化碳对价值链参与度的贡献度稳定在 88%水平上。通过对比发现，二氧化碳排放量对价值链参与度的影响力要大于价值链参与度对二氧化碳排放量的影响力。这说明，从价值链参与度看，丝绸之路经济带生态环境对生产网络的影响力要大于生产网络对生态环境的影响力。

表 5-8　价值链参与度与二氧化碳排放量预期误差的方差分解结果

阶段	标准差	DGVC_PARTICIPATION 对 DlnCO$_2$ 贡献度（%）	标准差	DlnCO$_2$ 对 DGVC_PARTICIPATION 贡献度（%）
1	0.020572	22.14560	0.003130	0.00000
2	0.029793	12.65147	0.010750	88.50560
3	0.029879	12.66226	0.010760	88.45186
4	0.029924	12.63694	0.010787	88.49148
5	0.029925	12.63686	0.010788	88.49122
6	0.029926	12.63671	0.010788	88.49143
7	0.029926	12.63671	0.010788	88.49143
8	0.029926	12.63671	0.010788	88.49143
9	0.029926	12.63671	0.010788	88.49143
10	0.029926	12.63671	0.010788	88.49143

价值链地位对二氧化碳排放量的贡献度较高，二氧化碳排放量对价值链地位的贡献度也较高，如表 5-9 所示。在首期，价值链地位对二氧化碳排放量的贡献度为 69%，而二氧化碳排放量对价值链地位的贡献度为 0；在第 2 期，价值链地位对二氧化碳排放量的贡献度降至 57%，而二氧化碳排放量对价值链地位的贡献度上升至 47%；在第 3 期后，价值链地位对二氧化碳排放量的贡献度逐渐降低至 53%，而二氧化碳排放量对价值链地位的贡献度在逐渐增加至 52%，但变化幅度都很小。通过对比发现，价值链地位与二氧化碳排放量二者之间的相互影响力较大，贡献度都超过 50%。这说明，从价值链地位看，丝绸之路经济带生态环境与生产网络二者之间的影响力相当。

表 5-9　价值链地位与二氧化碳排放量预期误差的方差分解结果

阶段	标准差	DGVC_POSITION 对 DlnCO$_2$ 贡献度（%）	标准差	DlnCO$_2$ 对 DGVC_POSITION 贡献度（%）
1	0.016065	68.73799	0.003377	0.00000
2	0.019259	57.26245	0.007173	46.63636
3	0.021256	54.05427	0.007925	51.11282
4	0.021525	53.58730	0.008134	51.42192

续表

阶段	标准差	DGVC_POSITION 对 DlnCO$_2$ 贡献度（%）	标准差	DlnCO$_2$ 对 DGVC_POSITION 贡献度（%）
5	0.021827	53.38002	0.008222	51.53757
6	0.021900	53.25544	0.008277	51.64095
7	0.021958	53.20190	0.008297	51.68998
8	0.021972	53.18019	0.008307	51.70619
9	0.021983	53.17044	0.008311	51.71405
10	0.021986	53.16596	0.008313	51.71753

第二节 丝绸之路经济带生态环境对生产网络的反馈效应

生态环境对丝绸之路经济带生产网络的空间格局重塑起到了关键作用，使得生产网络发展进程中企业与流动性要素对环境质量偏好日益增加，激励其实现在全球空间的新布局。而生态环境要素使用中所产生的环境成本以及生态环境治理中所产生的代际成本，是一国参与国际生产分工的比较优势的基础之一（杨青龙，2011）。生产网络作为一种由跨国企业主导的国际生产分工形式，丝绸之路经济带生态环境的变化将影响生产网络中企业的比较优势，进而通过产业发展对生产网络造成影响。

一、反馈路径

环境污染和资源短缺等生态环境问题对生产网络的形成及发展产生了一系列影响。在环境规制和资源环境约束下，生态环境会通过技术进步、产业布局、环境治理、产业规模和产业结构五条路径影响产业发展（张畅，2016；袁晓玲等，2019），进而对生产网络形成反馈效应，如图5-7所示。

（一）丝绸之路经济带生态环境通过倒逼技术进步促进生产网络的可持续发展

基于资源约束、企业生产成本约束和绿色技术需求三个方面，生态环境倒逼产业整体技术水平的提升，从而确保生产网络的可持续发展。技术进步是以实现人类可持续发展为目标，促使生产技术和组织管理技术不断进化、提高和完善的

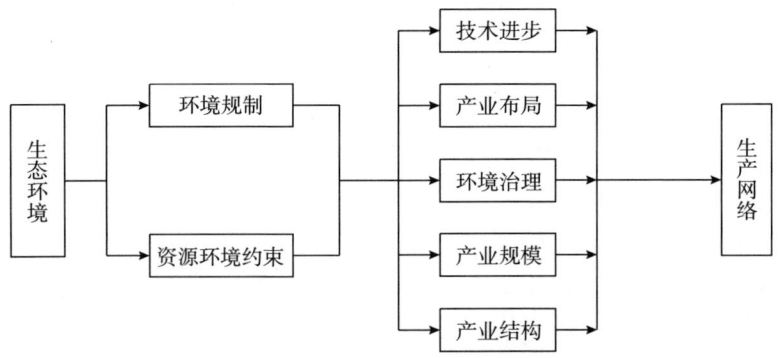

图 5-7　生态环境对生产网络的反馈路径

过程,它与生态环境具有密切的联系。从经济学意义上看,技术进步体现在生产效率的提高上,人类为了保护生态环境,一方面,会探寻自然规律而得到技术成果,像风力发电、太阳能发电等,这是自发的技术进步;另一方面,技术进步可以是引致的,即表现为社会对绿色技术的需求强度决定了技术的发明、研制和推广,当生产要素相对价格变动及其中间投入原料价格变动时,企业为了追逐经济利益而进行技术发明,通过将技术发明应用于实际生产中以实现其经济价值。这里的技术进步主要指生态环境保护所引致的,技术进步将促进产业整体技术水平的提升,从而间接促进生产网络的可持续发展。具体的作用路径如图 5-8 所示。

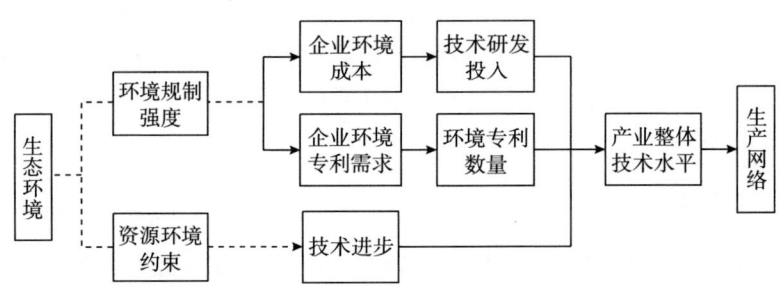

图 5-8　生态环境对生产网络的技术反馈路径

一方面,环境规制强度的提升将通过促进产业整体技术水平的提高而对生产网络产生积极的影响。学者们主要是基于"遵循成本说"和"波特假说"的角度分析这一现象的形成。首先,从"遵循成本说"理论的角度看,环境规制强度会直接影响政府和企业的环境成本,对企业竞争力产生负面影响,从而影响企业绩效,尤其是对于高污染密集型企业来说将更为显著。当实行严格的环境规制时，这些企业的环境成本更高，导致可用于技术研发的资金减少，从而制约企业的技术研发，对产业整体技术水平的进步产生消极作用。这一过程为：严格的环境规制→企业环境成本（＋）→技术研发投入（－）→产业整体技术水平（－）→产业发展（－）→生产网络（－）。其次，从"波特假说"的角度看，环境规制将促进技术创新，提升产业的整体技术水平，进而对生产网络产生积极的影响。"波特假说"是"创新补偿说"的代表理论，它认为环境规制可以促进技术创新（Porter and van der Linde，1995）。当一国或地区的环境规制强度增加时，企业为了保持收益，会增加对环境相关专利的需求，因而不仅会激发该地区相关企业内部的研发人员大力研发环境专利，也会促使其他相关机构或部门的研究人员参与其中，从而通过提升环境专利数量以促进技术的进步，提升企业的竞争力，进而推动产业的发展，即环境规制强度（＋）→企业环境专利需求（＋）→环境专利数量（＋）→产业整体技术水平（＋）→产业发展（＋）→生产网络（＋）。这一过程，实际上是企业通过技术创新而获得的增加的经济收益，弥补了因环境规制带来的高环境成本所导致的企业经济收益下降。因此，环境规制对产业发展的影响，要综合考虑这两种经济收益，当技术创新带来的经济收益的增加大于增加的环境成本时，则环境规制对产业发展的影响是正的，反之则为负。

另一方面，资源环境约束将有效促进产业整体技术水平的提升，尤其针对资源依赖型产业，进而对生产网络产生积极影响。自然资源既是人类生存和发展的基础，又是环境要素。自然资源可分为有限资源和无限资源，而无限资源主要指太阳能、风能、潮汐能和海水等，人类对这些资源的开发利用还处在初级阶段，当前人类生活生产过程中，大量利用的是矿石资源、土壤资源、煤、石油等有限的"非再生资源"。随着生产规模的不断扩大，自然资源被大量消耗，资源总储量逐渐减少，导致资源约束日益趋紧。在此状况下，企业必须提高投入产出率，其关键是提高生产技术和组织管理技术水平，进而促进产业的技术进步，使产业得到发展。这一过程为：生态环境→资源约束（＋）→技术进步（＋）→产业发展（＋）→生产网络（＋）。

（二）丝绸之路经济带生态环境通过倒逼产业布局的调整改变生产网络的中心

自然资源禀赋条件和企业生产成本是产业布局的基础，环境规制下企业生产成本的上升和资源约束将改变产业布局，影响产业的集聚情况，进而引起生产网络中心的改变（袁红林和辛娜，2019）。产业布局是一国或地区的产业在一定范围内的空间分布和组合结构，由区域属性和产业属性共同决定，其中，区域属性包括环境规制和地方保护，而产业属性包括产业污染密集度、产业国有化程度和产业利税率（田光辉等，2018）。当环境规制强度提高到一定水平后，将对污型产业的布局产生影响。除此之外，一个地区的要素禀赋条件也是产业在进行布局时需要重点考虑的一个因素，产业布局合理与否，将影响到产业未来的发展状况，进而通过产业集聚情况间接影响生产网络，导致生产网络中心位置的变化，如图 5-9 所示。

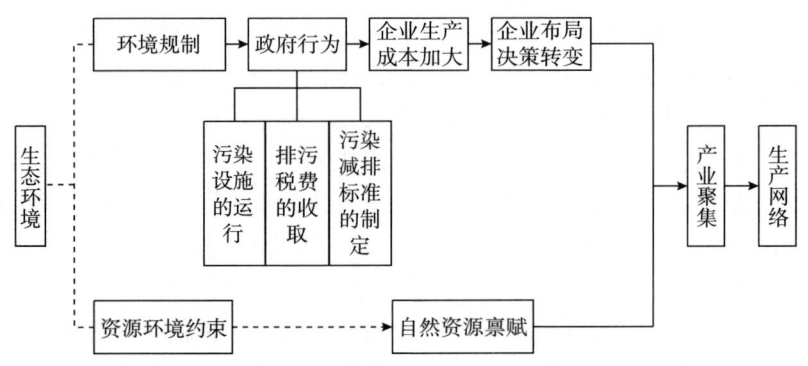

图 5-9　生态环境对生产网络的布局反馈路径

一方面，环境规制将通过政府行为使企业生产成本加大从而影响产业的布局，进而通过产业集聚情况的改变来影响生产网络的发展。学者们主要是基于"污染避难所假说"分析这一现象的形成。该假说认为，在环境规制水平低的国家或地区，污染型产业在生产成本上具有比较优势，能够吸引来自高环境规制水平地区的产业，进而成为污染型产业的避难所（Walter and Ugelow, 1979）。环境规制对污染程度高的产业有更强的约束力，对清洁产业的影响较小；同时，高污染产业的布局更容易受政府政策限制和民众抵制的影响。作为污染密集型产业布局调整的重要因素，环境规制对污染密集型产业向环境规制宽松的地区转移具有显著推动作用。当一个地区的环境污染问题凸显时，环保部门将出台一系列加强环境治理的政策，制定污染减排标准，加大对违规排污企业的"关、停、并、转"，倒逼企业增加治污设备和提升技术创新，同时，排污税费和污染设施运行也加大了企业生产成本。环境规制带来的直接环境投资成本和对企业生产以及创新资金的间接挤占，再加上环保法律的完善和执行能力的提升，约束了地方政府行为，减少了企业与地方政府在环境规制强度上"讨价还价"的空间，从而促使部分产业改变布局决策，向环境规制宽松的地区迁移。这一过程为：生态环境→环境规制→地方政府行为（减排标准的制定、排污税费的收取、污染设施的运行）→企业生产成本加大→产业布局决策转变→产业聚集→产业发展。

另一方面，资源约束会通过自然资源禀赋条件改变产业布局，进而通过产业集聚来影响生产网络的发展。新古典贸易理论强调要素禀赋是决定产业区位的重要因素。根据资源禀赋学说，在各国生产同一种产品技术水平相同的情况下，两国生产同一产品的价格差别来自产品的成本差别，这种成本差别来自生产过程中所使用的生产要素的价格差别，这种生产要素的价格差别取决于各国各种生产要素的相对丰裕程度，即相对禀赋差异，由此产生的价格差异导致了国际贸易和国际分工。自然资源是生态环境的组成部分，当过度消耗自然资源导致一个地区的生态环境遭到严重损害时，资源约束增加，而自然资源禀赋是产业布局形成的物质基础和先决条件，尤其对第一产业具有决定性的影响。一国或地区在自然资源禀赋上具有差异性，且社会资源配置具有非均匀性，经济发展的区域空间差异客观存在，因此，一国或地区在发展过程中，要根据自身条件，发挥区位优势，形成具有特色的产业组合。这一过程为：生态环境→资源约束→产业布局→产业集聚→生产网络。

（三）丝绸之路经济带生态环境通过环境治理影响改变生产网络在全球价值链中的嵌入情况

环境治理过程中各项环境规制政策将改变生产网络中企业这一参与主体的行为，进而影响丝绸之路经济带生产网络的全球价值链嵌入情况（王杰等，2019）。随着生态环境破坏的加剧，自然修复的过程漫长且有限，而且环境资源具有产权属性，必须通过外部干预的手段才能有效解决污染负外部性和环境保护正外部性问题（祁毓等，2019），即需要对生态环境进行治理。而生态环境治理又与产业发展相互促进，一方面在产业发展过程中进行的绿色加工、低碳运输、减排等可以实现环境治理的目标；另一方面生态环境治理如土地整治与改良、水污染治理、生态屏障建设、公益林与天然林管护、林业基地建设等可以培育相关绿色产业，实现产业的绿色发展（何寿奎，2019）。作为生态环境治理的重要手段，环境规制指以环境保护为目的、个体或组织为对象、有形制度或无形意识为存在形式的一种约束性力量，它分为显性环境规制和隐性环境规制两大类（赵玉民等，2009），如图5-10所示。

一方面，从显性环境规制看，其主要通过命令—控制型环境规制和以市场为基础的激励型环境规制来影响生产网络中的企业行为。显性环境规制指以环保为目标、个人和组织为规制对象、各种有形的法律、规定、协议等为存在形式的一种约束性力量，分为命令—控制型环境规制、以市场为基础的激励型环境规制和自愿型环境规制三种类型。其中，命令—控制型环境规制指立法或行政部门制定的、旨在直接影响排污者做出利于环保选择的法律、法规、政策和制度，包括为企业确立必须遵守的环保标准和规范、规定企业必须采用的技术等工具。在该环境规制的执行下，作为污染者的企业几乎没有选择权，被迫机械地遵守规章制

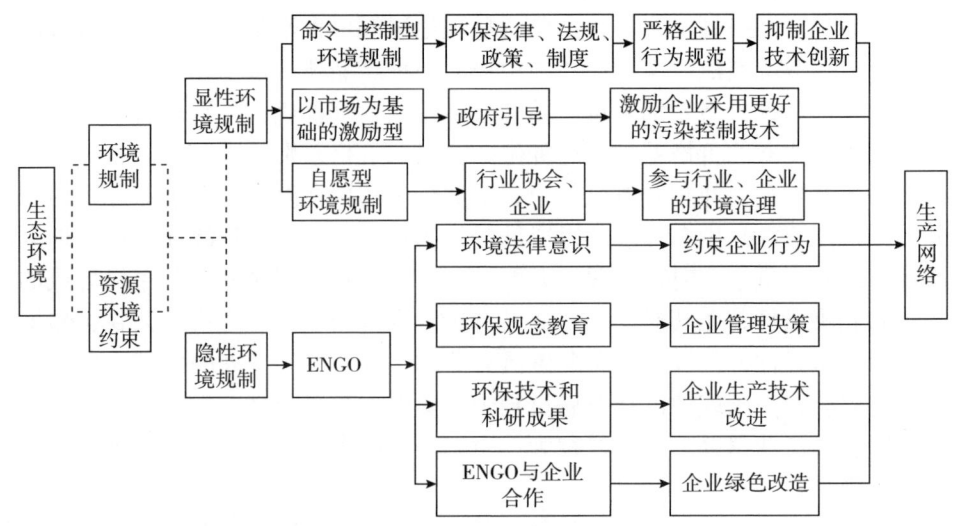

图 5-10　生态环境对生产网络影响的治理反馈路径

度，否则将面临严厉的处罚，这种过于刚性和"一刀切"的做法，可能会损害企业的效率，抑制企业技术创新的积极性，因而不利于产业的发展。这一过程为：生态环境→命令→控制型环境规制→环保法律、法规、政策、制度→严格规范企业行为→抑制企业技术创新→生产网络（-）。而以市场为基础的激励型环境规制指政府利用市场机制设计的，旨在借助市场信号引导企业排污行为，激励排污者降低排污水平，或使社会整体污染状况趋于受控和优化的制度，包括排污税费、使用者税费、产品税费、补贴、可交易的排污许可证、押金返还等工具。以市场为基础的激励型环境规制使经济主体获得一定程度选择和采取行动的自由，为企业采用廉价和较好的污染控制技术提供了较强的刺激，有利于产业的发展。这一过程为：生态环境→以市场为基础的激励型环境规制→政府引导（排污税费、使用者税费、产品税费、可交易排污许可证和补贴等）→激励企业采用更好的污染控制技术→生产网络（+）。自愿型环境规制指，由行业协会、企业自身或其他主体提出的、企业可以参与也可以不参与、旨在保护环境的协议、承诺或计划，包括环境认证、环境审计、生态标签、环境协议等工具。这一环境规制建立在企业自愿参与实施的基础上，一般不具有强制性约束力，更多强调的是企业、行业在环境治理中的主动性和主导作用。

另一方面，从隐性环境规制看，基于较强环保意识建立起来的具有监督、环保功能的环保非政府组织（Environmental Non-government Organization，ENGO）在对产业发展的作用中扮演着重要的桥梁角色（陈廷辉，2003），它主要通过影

· 196 ·

第五章 丝绸之路经济带生产网络与生态环境的协同机理研究

响到个体的、无形的环保思想、环保观念、环保意识、环保态度和环保认知等间接地影响生产网络中企业的行为,进而影响丝绸之路经济带生产网络参与全球价值链分工的模式与位置。ENGO 对生产网络的影响主要有以下四个路径:首先,ENGO 推动环境立法的进行,或者提供法律咨询、法律援助以提高民众的环境法律意识,进而对企业的行为具有一定程度的法律约束,这一过程为:生态环境→隐性环境规制→提高民众环境法律意识→约束企业行为→生产网络。其次,ENGO 通过举办研讨会、培训班、撰写科普读物等形式进行宣传教育,提高个体和组织的环保意识,使得环保观念深入人心,促使企业管理者在决定企业未来的发展方向时将环保考虑在内,这一过程为:生态环境→隐性环境规制→环保观念教育→企业管理者的决策→生产网络。再次,ENGO 通过提供环保技术和相关科研成果,可能会促进企业生产技术水平的提高,从而为丝路生产网络基于技术优势嵌入全球创新价值链这一模式提供基础,如"绿色和平组织",作为世界上最大的民间环保组织,雇用了一大批科学家进行环境保护的科学研究,将其研究成果传达给国际决策机构供其决策,这一过程为:生态环境→隐性环境规制→环保技术和科研成果→企业生产技术改进→生产网络。最后,ENGO 会与企业直接进行合作,对企业进行绿色改造,从而促进生产网络的可持续发展,这一过程为:生态环境→隐性环境规制→ENGO 与企业合作→企业绿色改造→生产网络。

(四)丝绸之路经济带生态环境通过改变产业规模而影响生产网络的空间布局

环境规制和资源约束影响产业规模,而产业规模扩张下的规模经济决定着生产网络的空间布局(刘德伟和李连芬,2016)。产业规模的扩大受生态环境的制约,原因是,生产过程中所需的生产要素来自生态环境,随着生产过程中消耗的资源以及排放污染物的数量增加,生态环境承载力下降,资源约束趋紧,制约产业规模的扩大(战焰磊,2014)。同时,环境规制在生态环境保护和治理过程中成为影响产业规模的重要因素(赵细康和王彦斐,2016)。足够的产业规模是形成规模经济的前提,规模经济可分为内部规模经济和外部规模经济两种,前者指单位产品成本取决于单个厂商规模,后者指单位产品的成本取决于行业规模。处于产业集聚区的企业比单个企业更有效率,当大量从事相关产业的企业集聚在一起时,每个企业的经济环境都将获得改善,整体竞争力将会增强,从而决定着国际生产网络的空间布局(Marshall,1920)。具体规模路径如图 5-11 所示。

一方面,环境规制会通过影响产业集聚和市场规模影响产业规模,进而通过规模经济影响生产网络的空间布局。首先,随着环境规制的实施,特别是人们对绿色产品的需求增加,扩大了绿色产品的市场,相应地,绿色企业会扩大生产规模,降低生产成本,提高资源配置效率,实现内部规模经济,进而强化比较优

· 197 ·

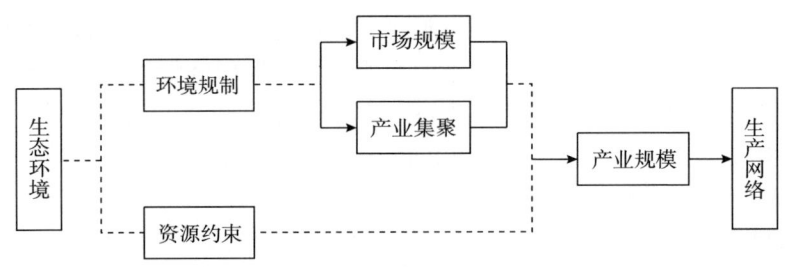

图5-11 生态环境对生产网络影响的规模反馈路径

势。而国际分工是把一种产品的生产分解成若干环节,并根据各环节的特点选择具有比较优势的区位,进而影响生产网络的空间布局。这一过程为:生态环境→环境规制→市场规模→产业规模→内部规模经济→生产网络。其次,环境规制类似于一种要素禀赋,由于不同地区的环境规制存在差异,污染企业倾向于转移到低环境规制地区,从而实现产业集聚,如发达国家会将本国的高污染、高消耗、高排放的产业转移到环境规制力度较低的发展中国家,对东道国来说,扩大了所迁移地区该产业的规模,形成外部规模经济。随着国际分工的不断深化和企业竞争的不断加剧,集聚区的产业将面临动态调整,企业无论处于价值链低端还是处于高端,都需要重新选择成本更低的区位,以形成新的产业集聚区,生产网络的空间布局随之发生改变。这一过程为:生态环境→环境规制→产业集聚→产业规模→外部规模经济→生产网络。

另一方面,资源约束制约着产业规模,将抑制规模经济效应,从而影响生产网络的空间布局。企业为了实现规模经济,会自觉地选择和控制生产规模。当企业的生产规模小于最优生产规模时,企业会扩大生产规模而使经济收益得到提高;当生产扩张到一定规模后,即超过最优生产规模时,生产规模的扩大会导致经济效益的下降,因而企业需要将生产控制在一个合适的规模。企业在需要扩大生产规模的信号刺激下,要想真的实现生产规模的扩大,还要充分考虑当地的自然资源和环境条件。尤其是针对资源依赖型产业来说,如采矿业、石油产业等,这些产业在发展过程中,不仅会对生态环境造成严重的损害,而且其产业规模受资源的严格约束。随着产业的发展,资源约束趋紧,自然资源对产业规模的影响会更大,进而影响生产网络的空间布局。这一过程为:生态环境→资源约束→产业规模→规模经济→生产网络。

(五)丝绸之路经济带生态环境通过专业化产业结构调整促进生产网络的发展

生态环境与产业结构之间存在着显著的相关性,产业结构优化升级有助于改善生态环境。随着经济全球化趋势的日益加剧及国际产业分工的网络化,产业结构的优化升级并非单纯追求层次上或技术上的先进性,而是为了进一步提高生产要素的配置效率。由于每个国家的生产资源都有一定的限制,因此理想的状况是把资源应用在最有生产力的领域,即进行专业化的产业结构调整(盛世豪和朱家良,2003),而产业专业化将深化国际分工,促进生产网络的发展。具体路径如图 5-12 所示。

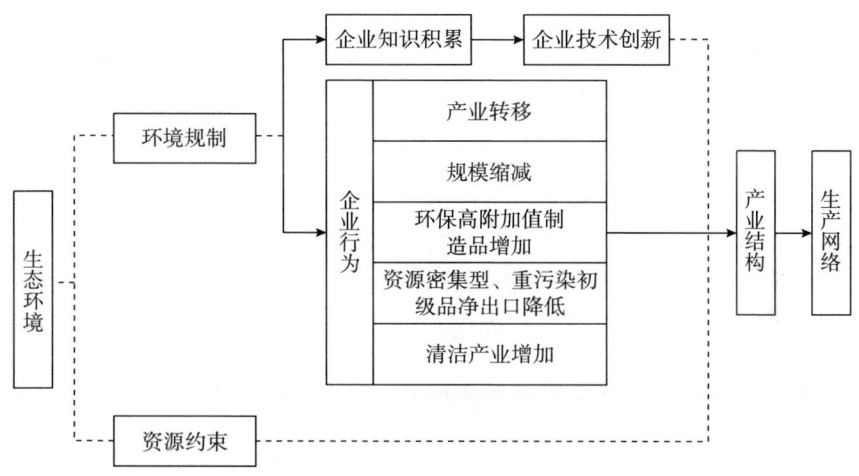

图 5-12　生态环境对生产网络的结构反馈路径

一方面,环境规制将激励企业技术创新,进而促进产业结构优化升级,并进一步通过产业专业化影响生产网络。学者们在分析这一相关问题时主要基于门槛效应和企业的成本约束以及利润最大化的角度。首先,环境规制与产业结构升级之间存在着基于科技创新的双门槛效应。在科技创新处于较低水平时,环境规制不利于推进产业结构的转型升级;当科技创新水平跨越一定的门槛后,环境规制调整的产业升级效应才能得以充分发挥,并伴随着科技创新程度的不断深化,环境规制对产业升级的激励作用逐步增强。由于科技创新水平低下,环境规制的"补偿"效应难以抵消"成本"效应,从而引起两者结合后对产业升级的负向影响;随着科技的不断创新发展,环境规制的"补偿"效应不断被强化,并将逐步超越"成本"效应,促使产业结构的优化升级(周柯和王尹君,2019)。合理的环境规制政策将给予企业环保节能技术创新的动力,刺激企业不断进行技术创新和清洁生产,从而提高产业结构升级水平。这一过程为:生态环境→环境规制→企业知识积累→企业技术创新→产业结构升级→生产网络。其次,环境规制的实施会在企业及产业集群内部进行一种强制性的"精洗",诱导企业不断调整生产行为和资源的再配置,以实现利润最大化。环境规制既可以通过增加企业生产成本、进入壁垒等措施限制企业进入数量及进入领域,降低污染密集型产业占比;还可以通过技术创新、国际贸易、创新补偿等传导机制影响微观企业行为,倒逼污染产业转移、规模缩减以及增加清洁产业。在严格的环境规制下,资源密集型、重度污染型初级产品的净出口降低,而环保高附加值的制造业产品有所增加,进而达到产业升级与生态环境优化的目的(尹显萍,2008)。这一过程为:生态环境→环境规制→企业行为→产业结构升级→生产网络。

另一方面,资源约束引起产业转型与优化升级的需求,进而影响生产网络。随着经济的快速增长以及工业化、城市化进程的加快,对资源的消耗日益增加,生态环境的压力逐渐增大。地区的经济发展对资源环境产生各种制约及影响,在资源环境的强约束下,迫切需要产业转型,不断优化产业结构,减少对资源的依赖和对环境的影响。产业转型有助于资源的合理配置以及资源利用效率的提高,缓解资源环境约束。依靠技术进步和科技创新促进资源的可持续利用,减少对环境的污染程度,加强对生态环境的治理,不断改善生态环境质量。这一过程为:生态环境→资源约束→产业转型与优化升级的需求→产业结构→生产网络。

二、生态环境对生产网络的影响力解析

生产网络体现了产业组织的网络化关系(柯颖和王述英,2007),生态环境对生产网络的影响表现在产业内企业间的组织关系上,其反馈效应包括以下四个方面:

(一)产业资源供给的失衡

生态环境的恶化会诱发可利用自然资源储量的减少,从而导致丝绸之路经济带生产网络中企业生产资源的供给短缺。从理论上看,地球上的资源总是有限的,而人类的需求则在不断扩大,随着经济社会发展,不断扩大的需求和有限的资源供给使产业资源出现供给的失衡。自然资源和环境状况是支撑经济发展的两大基础性条件,当农业文明社会向工业文明社会发展时,水电、土地、矿产等资源的大量消耗和环境的破坏导致资源型供给日趋紧张。当一个国家或地区的人均土地、能源、淡水等资源存量和环境容量显著低于世界平均水平,不能满足人类对产品和服务的生产与供给,进而对居民消费需求实现形成一种显著偏紧的限制和约束状态,即"资源性供给约束"(许进杰,2013)。这一约束尤其对丝绸之路经济带生产网络中资源型产业集群的发展具有阻碍作用,原因是资源型产业的发展依赖于地下矿产资源和地上动植物资源的大量消耗。

生态环境问题造成的产业资源供给失衡主要体现为土地资源、水资源和矿产资源的供给不足。首先,当前土地资源面临着退化、耕地流失、人口与耕地供需矛盾突出等问题,使得丝绸之路经济带土地资源供给不足。大面积的土壤侵蚀、

第五章　丝绸之路经济带生产网络与生态环境的协同机理研究

土地沙化和盐碱化不断发展，还有分布在工业比较集中的城镇附近的大片土地遭到固体废弃物和污水的污染，使得可利用的土地面积减少。

其次，水源性缺水、水质性缺水以及供需性缺水三个方面导致丝绸之路经济带水资源的供给不足，水资源困境已威胁到世界近80%的人口。一方面，自然原因造成水源性缺水。地球上可利用的淡水储量有限，气候影响着降水量和蒸发量，降水的季节性变化使水资源的时间分配不均，造成季节性缺水严重；地质条件也会影响水资源，如喀斯特地貌，土层薄、水渗透严重、蓄水条件差，不利于水利工程而造成缺水。另一方面，人为原因造成水质性缺水。过多的氮、磷等营养物质进入天然水体而使水质富营养化，工业生产中的汞、镉、铝、铜、铅、锌等重金属以及有机氯、有机磷等化工产品通过化工厂泄漏、农药残留等方式进入水中，造成水体污染；水浪费和水的不合理使用，如大水漫灌、工业用水回收率低、河流用水调配不合理、管理不善、水价太低等因素造成的缺水。除此之外，随着人口的增加、经济的发展，人们消费水平提高，用水量骤增，从而导致水资源的供需不平衡。目前，人类对水的利用以超过人口增长率2倍的速度增长，全球淡水需求量越来越大。据联合国环境规划署估计，在过去20年中，全世界灌溉面积增加1/3以上；而且，随着社会的发展，发展中国家工业化进程加快，工业和城乡居民生活用水的需求量呈迅速上升的趋势。

最后，矿产资源的不可更新特性，导致丝绸之路经济带矿产资源供给不足。矿产资源的蕴藏量不是固定的，不论可回收或不可回收的矿产资源，大部分属于不可更新的自然资源，其储量随时间的推移会日益贫化和枯竭。近代工业的发展和人口增长使得对矿产资源的需求日益增长，如炼钢技术的突破使得对金属矿产和冶金辅助原料的消费量急剧增加。在现代生产力发展水平下，人口增加1倍，资源（特别是能源）消耗将增加7倍，因而造成人口增长和资源供给间的矛盾不断扩大。一般而言，以工业为主的第二产业对资源性产品的消耗要高于第一产业和第三产业；而工业内部，重化工业对资源性产品的消耗又高于轻工业，重化工业领域中，原材料工业和高能耗工业快速增长，对能源和金属与非金属矿物等资源性产品需求旺盛。

（二）产业生态效率的降低

当生态环境发生恶化时，地区环境规制力度的变化、产业结构的不合理以及自身的区位差异性都将导致丝绸之路经济带生产网络中产业生态效率的降低。首先，随着生态环境的恶化，各国将加强环境规制力度，从而产生遵循成本效应和创新补偿效应，短期内，遵循成本效应大于创新补偿效应，从而抑制产业生态效率的提升，长期则相反。政府在实施环境规制之前，企业为追求利润最大化只考虑私人成本，而随着产出的增加，企业的污染排放量日渐增多，导致环境污染日益加重。环境规制政策开始实施，如提高污染排放标准和排污税率等，当企业所产生的污染排放量大于政府规定的最大污染排放量时，企业的平均成本和边际成本会显著提升，尤其是高污染产业，造成成本增加的部分便是环境规制带来的遵循成本。此时，企业在考虑自身利润最大化后，需缴纳一定的超额排污税，并相应减少产量，遵循成本效应占主导。随着环境规制的种类增加和强度增大，环境规制会产生创新补偿效应，激励企业通过绿色技术创新来抵消污染治理成本的增加。在长期，环境规制产生的边际遵循成本递减，持续产生的创新补偿效应会逐渐抵消遵循成本，与此同时，技术创新有利于降低资源消耗和污染物排放，从而产生促进作用，提高产业的生态效率。

其次，区位差异性和产业结构不合理将降低丝绸之路经济带生产网络中产业生态效率。从区位看，部分国家或地区，地理位置优越，对外开放程度高，容易吸收国外先进的生产技术与管理模式，工业生产过程中资源消耗与污染排放相对较少，因此产业生态效率较高；而一些国家或地区不具备区位优势，外资吸引力弱，经济基础薄弱，生产技术落后，自主创新能力偏低，环境保护不力。再加上长期地方保护主义盛行，导致市场分割，生产要素与先进技术无法有效实现跨区域转移，工业增长所付出的资源环境代价较大，因而产业生态效率较低。从产业结构看，有些地区产业结构欠合理，资源密集型产业比重过高，产业增长方式粗放，而且是高能耗、高污染产业转移的首选之地，无疑会加重节能减排与工业环保负担，导致较低的产业生态效率。

（三）绿色产业的需求增加

生态环境压力倒逼丝绸之路经济带生产网络中绿色产业的增加，因为绿色产业是壮大发展绿色经济的前提和基础，也是实现新型工业化以及促进可持续发展的重要手段。绿色产业指采用清洁生产技术，以及无害、低害的新工艺、新技术，大力降低原材料和能源消耗，实现少投入、高产出、低污染，尽可能把对环境污染物的排放消除在生产过程中的产业。绿色产业的兴起不是偶然的，它基于发展经济的同时兼顾生态环境这一时代背景产生。

资源供给、可持续发展战略、绿色产业竞争力和社会压力等客观因素是引起丝绸之路经济带生产网络中绿色产业需求增加的根本原因。首先，资源供给是产业发展的基础，丝绸之路经济带沿线各国，尤其是发展中国家，产业的"绿化"势在必行。其次，在生态环境的压力面前，丝绸之路经济带沿线各国政府都注重本国经济的可持续发展，对绿色产业的需求旺盛，不仅会采用倾斜的产业政策来大力扶植绿色产业，而且会积极鼓励企业转型升级来发展绿色产业。再次，近年来不可持续的发展方式给丝绸之路经济带的建设带来了环境和发展方面的诸多挑战，绿色产业竞争力成为沿线国家或地区赢得市场的核心竞争力，而且现在的产业发展是开放的,绿色产业竞争力提高的一个途径是扩大对绿色产业的需求,这有利于本国或本地区在国际上获得更大的市场,促进经济的发展。最后,从社会压力看,在气候变暖、水污染、土地污染等全球环境问题面前,世界各国都在努力为此做着各种努力,最直接的手段是促使企业转变生产方式,进行绿色生产,发展绿色产业,从源头上解决环境污染问题。

丝绸之路经济带沿线各国政府和民众价值观的转变和消费者绿色意识的增强等主观因素,也促进了生产网络中绿色产业需求的增加。"绿色化"是一种生产方式,也是一种生活方式。推动生活方式绿色化,形成勤俭适度、文明健康的绿色生活方式和消费模式是沿线各国政府在当前人民群众生活水平逐渐提高、国内需求不断改善的情况下倡导的一种先进的消费观。绿色消费内涵丰富,不仅包括消费绿色产品,还包括资源的回收利用、能源的有效使用、对生存环境和物种的保护等。绿色消费的理念能够引领消费者自觉做出有利于自然和未来发展的理性消费选择,降低奢侈消费和浪费式消费。绿色消费倡导消费者的生态社会贡献,强调每个社会成员的环境主体责任,将可持续的消费观念内化成为一种自然而然的生活方式。发展绿色消费,优化消费结构,不仅可以更好地满足消费者的需要,而且可以带动绿色产业的发展,促进产业结构的升级优化,形成生产与消费的良性循环(王苒和赵忠秀,2016)。

(四)产业技术标准的提升

为了解决环境污染问题的日益加剧,以强化环境规制为代表的环保措施对产业技术标准提出了更高要求,企业技术创新水平和技术标准提高,促进了丝绸之路经济带生产网络的发展。当今,技术标准已不再仅仅是对技术活动中需统一协调的事物制定的技术准则,对普遍性和重复性的技术问题的解决方案,其作用早已远远超越技术问题本身,成为决定竞争规则,影响企业、产业乃至国家竞争力的关键性因素(徐明华和史瑶瑶,2007)。原因是产业技术标准、技术创新与经济增长之间存在着长期动态均衡关系,技术创新促进技术标准水平的提高,经济增长对技术标准具有长期稳定的正向促进作用,而技术创新与技术标准在长期内可以促进经济增长(赵树宽等,2012)。因此,产业技术标准的提升对促进丝绸之路经济带生产网络发展具有十分重要的意义,不仅有助于阻止污染产业的进入,而且使生产网络中的企业以更高的标准参与全球生产分工,这成为丝绸之路经济带生产网络形成过程中沿线国家应对生态环境日益恶化的有效措施。

生态环境问题会在一定程度上促进环境质量标准和污染物排放(控制)标准等环境保护标准的提升,使企业生产过程中排放的废水、废气和废渣减少。为了保护自然环境、人体健康和社会可持续发展,促进自然生态系统良性循环,需要限制环境中有害物质和因素在一定时间及空间内的允许含量,这体现了人群健

丝绸之路经济带生产网络与生态环境协同发展研究

康、动植物和生态系统对环境质量的综合要求；再加上随着经济的发展，生活水平的提高，人们的环保意识显著增强，对良好环境质量的诉求越来越强，促进了环境质量标准的提升。为了限制排入环境中污染物的浓度、总量或限制对环境造成危害的其他因素，实现区域环境质量达标，需要结合区域技术经济条件和环境特点，提升污染物排放标准（李英杰等，2014）。

保护生态环境，最重要的环节是在企业的生产加工过程。只有在污染物产生的源头上实现控制，才能更有效地减少排入生态环境中的污染物。而要实现这一目标，需要提升丝绸之路经济带生产网络中产业的生产技术标准。产业生产技术标准的提升，一方面，有利于加速技术创新和技术扩散，促进技术的进步，提高产品的市场竞争力，有助于企业从生产中获益，获取产业竞争优势；另一方面，在资源性供给紧约束条件下，更为严格的技术标准可以促使企业在生产过程中杜绝不必要的原材料浪费，达到节约资源和提高生产效率的作用（赵树宽等，2004）。

第三节　丝绸之路经济带生产网络与生态环境协同发展的影响因素分析

学者们在研究协同发展的影响因素时，主要通过文献计量法（孙威和毛凌潇，2018）、因素分析法（李虹和张希源，2016）和以理论模型为基础的定性分析法（吴卫红等，2018）确定。其中，文献计量法是一种以各种文献外部特征为研究对象的量化分析方法，其特点是输出量必是量化的信息内容，具有科学性和客观性；而因素分析法虽简单易行，但无定量分析、主观影响大，以理论模型为基础的定性分析法是从事物的内在规定性出发，依据成熟的理论模型来研究事物的一种方法，往往具有概括性和较浓的思辨色彩，其科学性取决于所使用的理论模型。由于目前尚未有成熟的理论模型用于确定生产网络与生态环境协同发展的影响因素，为保证影响因素确定的科学性，通过对上述三种分析方法的比较，本节采用文献计量法确定影响生产网络与生态环境协同发展的因素，并在此基础上应用解释结构模型对这些影响因素进一步分析。

一、主要影响因素确定

文献计量学是利用数学、统计学和逻辑学的理论与方法，对各种类型文献的本质和结构进行数量、品质及运用上的研究与分析。目前鲜见直接针对生产网络

第五章 丝绸之路经济带生产网络与生态环境的协同机理研究

与生态环境协同发展的研究，因此不能直接以此为主题进行文献计量分析，可从生产网络与生态环境协同发展的内涵出发进行分析。

生产网络与生态环境协同发展需要同时满足区域生产网络发展和生态环境保护的要求，将"发展生产网络的同时保护好当地生态环境"作为出发点及最终落脚点。生产网络系统与生态环境系统相互作用，二者共同达到系统最佳状态，即生产网络实现最大化发展，而生态环境向着破坏最小化的方向发展。具体来说，生产网络是以跨国公司为主要载体所形成，由牵头企业与其分公司、子公司的跨境合作（公司内部的合作），以及牵头企业与外部供应商、分包商等企业的跨境合作所组成。合作的内容涉及产品生产、跨境贸易、跨境投资和技术研发等方面（陈勇，2006），这一系列跨境合作活动的开展与生态环境之间具有密切的关系，并且都在政策制度框架的约束下进行。实际上，生产网络与生态环境的协同发展包括贸易、投资、技术、生产和制度五个层面与生态环境之间的协同，任何一个层面的协同都将促进生产网络与生态环境的整体协同。

（1）生产网络与生态环境协同发展不仅强调要提高生产效率，更突出以提高产业生态效率的方式实现生产网络的发展和生态环境保护。传统国际分工中通常涉及两个国家，一国利用成本优势将产品部件生产后运往另一国去完成产品组装并在本地销售。然而全球经济一体化下区域生产网络涉及的国家较多，随着技术的复杂程度提高，产品的生产阶段被划分得更细，每个阶段的生产效率越来越高，一国倾向于专营某一阶段的生产。在这一过程中，生产规模扩大将导致污染物的排放或自然资源的消耗增加，这时需要更加强调生态效率，它可以同时反映经济增长与生态环境状况（李胜兰等，2014）。生产网络中参与国生态效率的提高预示着当地经济的增长以及生态环境问题的改善。

（2）生产网络与生态环境协同发展，不仅强调要加强参与国之间的跨境贸易合作，也突出以提高贸易质量的方式实现生产网络的发展和生态环境保护。通常来说，环境污染程度会随着跨境贸易质量的提升而下降（付鑫和张云，2019）。通过强调加强跨境贸易合作的同时突出贸易质量，可以在促进生产网络发展的同时达到生态环境保护的目的。

（3）生产网络与生态环境协同发展不仅强调要加强参与国间的跨境投资合作，也突出以提高引资质量的方式实现生产网络的发展和生态环境保护。引资质量将对一国的生态环境产生重要影响，引资质量越高，承载的技术越先进，越有利于污染减排（韩永辉和邹建华，2015）；而且高质量的FDI附带了更多的高新技术，FDI的技术外溢效应带来技术进步，为一国嵌入生产网络提供了机会。

（4）生产网络与生态环境协同发展，不仅强调通过技术进步来促进生产网络的发展，也突出以绿色技术创新的方式来实现生产网络的发展和生态环境保护。首先，绿色技术创新强调基于新知识和新技术来突破非可再生资源的高消耗瓶颈，实现资源高效利用、废弃物的资源化、可再生资源以及绿色产品的开发；其次，绿色技术创新在实现降低环境污染的同时给企业带来相应的经济效益；最后，绿色技术创新是跨国公司参与国际化竞争、建立可持续竞争优势的重要途径，而竞争优势是跨国公司参与国际生产分工的重要基础（杨东和柴慧敏，2015）。

（5）生产网络与生态环境协同发展，不仅强调要优化和完善相关的政策制度来促进生产网络的发展，也突出以融合了"绿色丝绸之路"理念的政策制度引领生产网络与生态环境协同发展。2016年，习近平主席在乌兹别克斯坦最高会议立法院的演讲中提出愿同沿线国家携手打造"绿色丝绸之路"①。首先，倡导重视环境保护，珍惜绿色资源；其次，倡导生态文明建设，发挥区域资源优势；再次，倡导绿色发展，推动经济转型升级；最后，倡导减贫和可持续发展，共同应对全球气候变化（何茂春和郑维伟，2017）。在出台相应的政策制度以促进生产网络的发展时，需融合该理念，为实现生产网络与生态环境的协同发展奠定制度基础。

基于此，本书将从上述五个层面出发，以中国期刊全文数据库为平台，以该数据库中收录的相关文献为统计对象，运用文献计量法从中筛选并确定影响生产网络与生态环境协同发展的主要因素。由于中国期刊全文数据库在1983年前没有收录生产网络与生态环境协同相关的文献，因此将检索时间范围设定为1983年1月至2019年11月，检索到生产网络与生态环境协同发展影响因素相关的论文统计如表5-10所示。据统计，共梳理2124篇文献，涉及各层面协同影响因素的文献688篇。其中，在生产层面，以"生产—生态环境"为篇名搜索出文献271篇，有关协同影响因素的文献84篇，以"产业—生态环境"为篇名搜索出文献399篇，有关协同影响因素的文献有149篇；在贸易层面，以"贸易—生态环境"为篇名搜索出文献51篇，有关协同影响因素的文献有49篇；在投资层面，以"投资—生态环境"为篇名搜索出文献70篇，协同影响因素的文献有50篇，以"FDI—生态环境"为篇名搜索出文献9篇，有关协同影响因素的文献有8篇；在技术层面，由于"技术"和"科技"这两个术语都从属于技术层面，二者很相似但是又存在着显著的差异，因此分别进行搜索，以"技术—生态环境"为篇名搜索文献827篇，有关协同影响因素的文献有134篇，以"科技—生态环境"为篇名搜索文献255篇，有关协同影响因素的文献有27篇；在制度层面，我们重点考虑各项政策与生态环境之间的协同，以"政策—生态环境"为篇名

---

① 习近平. 携手共创丝绸之路新辉煌——在乌兹别克斯坦最高会议立法院的演讲［EB/OL］. http://www.xinhuanet.com/world/2016-06/23/c_1119094900.htm.

第五章　丝绸之路经济带生产网络与生态环境的协同机理研究

搜索文献 242 篇，有关协同影响因素的文献有 187 篇。

表 5-10　有关生产网络与生态环境协同发展的论文统计

分类	搜索的关键词	论文总数（篇）	提到协同影响因素的论文数（篇）
生产层面	生产/产业—生态环境	670	233
贸易层面	贸易—生态环境	51	49
投资层面	投资/FDI—生态环境	79	58
技术层面	技术/科技—生态环境	1082	161
制度层面	政策—生态环境	242	187
合计	—	2124	688

在统计中，将一些异名同义或者相互包含的因素进行整理和合并，以便于研究。例如，将第一产业占比、第二产业占比和第三产业占比统一归为产业结构因素；将贸易壁垒和关税统一归为贸易便利化因素；将商品或服务的进出口量归为贸易规模因素；将普通高等院校师生总数、受教育水平、科研活动单位数、专利成果数和研发人员数等要素统一归为科技人才因素；将生态环境修复技术、生态环境恢复治理技术、生态环境重建技术统一归为环保治理技术因素；将环境治理政策和生态环境补偿制度统一归为环保政策。经过统计，得到影响协同的 21 个重要因素，并将它们归为 5 个层面，具体如表 5-11 所示。

表 5-11　生产网络与生态环境协同发展的影响因素在论文中的统计

分类	影响因素	研究或提及该影响因素的论文数（篇）	占论文总篇数的比例（%）
生产层面	经济增长方式*	412	412/688＝59.9
	产业结构*	578	578/688＝84.0
	生产效率*	415	415/688＝60.3
	产业集聚*	398	398/688＝57.8
	基础设施建设水平	275	275/688＝40.0
贸易层面	贸易规模*	435	435/688＝63.2
	贸易便利化水平*	453	453/688＝65.8
	贸易自由化程度*	423	423/688＝61.5
投资层面	FDI 规模*	471	471/688＝68.5
	FDI 质量*	422	422/688＝61.3
	环境治理投资*	398	398/688＝57.8

续表

分类	影响因素	研究或提及该影响因素的论文数（篇）	占论文总篇数的比例（%）
投资层面	人力资本投资	234	234/688 = 34.0
	投资效率*	401	401/688 = 58.3
技术层面	环保治理技术*	612	612/688 = 89.0
	生产工艺技术*	587	587/688 = 85.3
	研发支出*	454	454/688 = 66.0
	科技人才*	501	501/688 = 72.8
制度层面	环保政策*	612	612/688 = 89.0
	财税政策*	412	412/688 = 59.9
	贸易政策*	378	378/688 = 54.9
	投资政策*	413	413/688 = 60.0

注：*表示最终确定的影响因素。

根据文献计量法以及专家意见，将研究或提及影响因素的论文篇数占总篇数的比例大于50%的因素选出来，作为协同发展的主要影响因素。也就是说，超过50%的论文认为该因素是主要的影响因素（薛伟贤和刘骏，2008）。由表5-11可知，符合条件的因素共有19个，它们分别是经济增长方式S_1、产业结构S_2、生产效率S_3、产业集聚S_4、贸易规模S_5、贸易便利化水平S_6、贸易自由化程度S_7、FDI规模S_8、FDI质量S_9、环境治理投资S_{10}、投资效率S_{11}、环保治理技术S_{12}、生产工艺技术S_{13}、研发支出S_{14}、科技人才S_{15}、环保政策S_{16}、财税政策S_{17}、贸易政策S_{18}和投资政策S_{19}。

二、主要影响因素关系结构分析

影响生产网络与生态环境协同发展的因素众多，且这些因素间相互关联、相互作用，形成十分复杂的递阶因素链。应用解释结构模型进行分析，可以从众多影响因素中找出影响协同的表层直接影响因素、中间层影响因素和深层根本影响因素。

（一）确定各因素的相互关系

为了分析这些因素对协同发展的影响，建立解释结构模型，首先要清楚影响因素两两之间的逻辑关系。结合以往大量的研究成果，确定各因素之间的逻辑关系，据此可以得到各因素的邻接矩阵R，R为19阶方阵，R的元素定义为$r_{ij} = \begin{cases} 1, & S_i \text{直接影响} S_j \\ 0, & S_i \text{不直接影响} S_j \end{cases}$（$i, j = 1, 2, \cdots, 19$），则邻接矩阵如表5-12所示。

表 5-12 邻接矩阵 R

变量	S_1	S_2	S_3	S_4	S_5	S_6	S_7	S_8	S_9	S_{10}	S_{11}	S_{12}	S_{13}	S_{14}	S_{15}	S_{16}	S_{17}	S_{18}	S_{19}
S_1	0	1	0	0	0	0	0	0	0	0	0	0	0	0	0	0	0	0	0
S_2	1	0	0	0	0	0	0	0	0	0	0	0	0	0	0	0	0	0	0
S_3	1	0	0	0	0	0	0	0	0	0	0	0	0	0	0	0	0	0	0
S_4	1	1	1	0	0	0	0	0	0	0	0	0	0	0	0	0	0	0	0
S_5	1	0	0	0	0	0	0	0	0	0	0	0	0	0	0	0	0	0	0
S_6	0	0	0	1	0	0	0	0	0	0	0	0	0	0	0	0	0	0	0
S_7	0	0	0	1	0	0	0	0	0	0	0	0	0	0	0	0	0	0	0
S_8	1	0	0	0	0	0	0	0	0	1	0	0	0	0	0	0	0	0	0
S_9	1	0	0	1	0	0	0	0	0	1	1	0	0	0	0	0	0	0	0
S_{10}	0	0	0	0	0	0	0	0	0	0	1	0	0	0	0	0	0	0	0
S_{11}	0	0	0	0	0	0	0	0	1	0	0	0	0	0	0	0	0	0	0
S_{12}	0	0	0	0	0	0	0	0	0	0	0	0	0	0	0	0	0	0	0
S_{13}	0	0	1	0	0	0	0	0	0	0	0	0	0	0	0	0	0	0	0
S_{14}	0	0	0	0	0	0	0	0	0	0	0	1	1	0	1	0	0	0	0
S_{15}	0	0	0	0	0	0	0	0	0	0	1	1	0	0	0	0	0	0	0
S_{16}	1	1	0	0	0	0	0	0	1	1	0	0	0	0	0	0	0	0	0
S_{17}	1	0	0	0	0	0	0	0	1	0	0	0	1	0	0	0	0	0	0
S_{18}	0	0	0	1	1	1	0	0	0	0	0	0	0	0	0	0	0	0	0
S_{19}	0	0	0	0	0	0	0	1	1	1	1	0	0	0	0	0	0	0	0

（二）划分各因素的级间关系

基于布尔代数运算规则，由邻接矩阵可得到可达矩阵 $M=(R+I)^5$，其中 I 为 19 阶单位矩阵，通过 Excel 计算得到可达矩阵，如表 5-13 所示。

表 5-13 可达矩阵 M

变量	S_1	S_2	S_3	S_4	S_5	S_6	S_7	S_8	S_9	S_{10}	S_{11}	S_{12}	S_{13}	S_{14}	S_{15}	S_{16}	S_{17}	S_{18}	S_{19}
S_1	1	1	0	0	0	0	0	0	0	0	0	0	0	0	0	0	0	0	0
S_2	1	1	0	0	0	0	0	0	0	0	0	0	0	0	0	0	0	0	0
S_3	1	1	1	0	0	0	0	0	0	0	0	0	0	0	0	0	0	0	0

续表

变量	S_1	S_2	S_3	S_4	S_5	S_6	S_7	S_8	S_9	S_{10}	S_{11}	S_{12}	S_{13}	S_{14}	S_{15}	S_{16}	S_{17}	S_{18}	S_{19}
S_4	1	1	1	1	0	0	0	0	0	0	0	0	0	0	0	0	0	0	0
S_5	1	1	0	0	1	0	0	0	0	0	0	0	0	0	0	0	0	0	0
S_6	1	1	1	1	0	1	0	0	0	0	0	0	0	0	0	0	0	0	0
S_7	1	1	1	1	0	0	1	0	0	0	0	0	0	0	0	0	0	0	0
S_8	1	1	0	0	0	0	0	1	0	1	1	1	0	0	0	0	0	0	0
S_9	1	1	1	0	0	0	0	0	1	0	1	1	0	0	0	0	0	0	0
S_{10}	0	0	0	0	0	0	0	0	0	1	0	1	0	0	0	0	0	0	0
S_{11}	0	0	0	0	0	0	0	0	0	1	1	1	0	0	0	0	0	0	0
S_{12}	0	0	0	0	0	0	0	0	0	0	0	1	0	0	0	0	0	0	0
S_{13}	1	1	1	0	0	0	0	0	0	0	0	0	1	0	0	0	0	0	0
S_{14}	1	1	1	0	0	0	0	0	0	0	1	1	1	1	0	0	0	0	0
S_{15}	1	1	1	0	0	0	0	0	0	0	0	0	0	1	1	0	0	0	0
S_{16}	1	1	1	0	0	0	0	0	0	0	1	1	0	0	0	1	0	0	0
S_{17}	1	1	1	0	0	0	0	0	0	0	1	1	1	1	0	1	1	0	0
S_{18}	1	1	1	1	1	1	1	0	0	0	0	0	0	0	0	0	0	1	0
S_{19}	1	1	1	1	0	0	0	1	1	1	1	1	0	0	0	0	0	0	1

可达矩阵 M 的可达集 $R(S_i)$、先行集 $A(S_i)$ 和共同集 $C(S_i)$，如表5-14所示。根据 $R(S_i) = C(S_i)$ 原则，可找到影响生产网络与生态环境协同发展的主要因素第1级节点：$L_1 = \{S_1, S_2, S_{12}\}$。

表5-14 生产网络与生态环境协同发展各主要影响因素的第1级可达集、先行集和共同集

变量	$R(S_i)$	$A(S_i)$	$C(S_i)$
S_1	1, 2	1, 2, 3, 4, 5, 6, 7, 8, 9, 13, 14, 15, 16, 17, 18, 19	1, 2
S_2	1, 2	1, 2, 3, 4, 5, 6, 7, 8, 9, 13, 14, 15, 16, 17, 18, 19	1, 2
S_3	1, 2, 3	3, 4, 6, 7, 9, 13, 14, 15, 16, 17, 18, 19	3
S_4	1, 2, 3, 4	4, 6, 7, 9, 18, 19	4
S_5	1, 2, 5	5, 18	5

续表

变量	$R(S_i)$	$A(S_i)$	$C(S_i)$
S_6	1, 2, 3, 4, 6	6, 18	6
S_7	1, 2, 3, 4, 7	7, 18	7
S_8	1, 2, 8, 10, 11, 12	8, 19	8
S_9	1, 2, 3, 4, 9, 12, 13	9, 19	9
S_{10}	10, 12	8, 10, 11, 16, 17, 19	10
S_{11}	10, 11, 12	8, 11, 16, 19	11
S_{12}	12	8, 9, 10, 11, 12, 14, 15, 16, 17, 19	12
S_{13}	1, 2, 3, 13	9, 13, 14, 15, 17, 19	13
S_{14}	1, 2, 3, 12, 13, 14, 15	14, 17	14
S_{15}	1, 2, 3, 12, 13, 15	14, 15, 17	15
S_{16}	1, 2, 3, 10, 11, 12, 16	16	16
S_{17}	1, 2, 3, 10, 12, 13, 14, 15, 17	17	17
S_{18}	1, 2, 3, 4, 5, 6, 7, 18	18	18
S_{19}	1, 2, 3, 4, 8, 9, 10, 11, 12, 13, 19	19	19

将可达矩阵行和列所对应的 S_1、S_2 和 S_{12} 划掉，可以得到第 2 级的可达集 $R(S_i)$、先行集 $A(S_i)$ 和共同集 $C(S_i)$，进而得到第 2 级节点：$L_2 = \{S_3, S_5, S_{10}\}$，如表 5-15 所示。

表 5-15　生产网络与生态环境协同发展各主要影响因素的第 2 级可达集、先行集和共同集

变量	$R(S_i)$	$A(S_i)$	$C(S_i)$
S_3	3	3, 4, 6, 7, 9, 13, 14, 15, 16, 17, 18, 19	3
S_4	3, 4	4, 6, 7, 9, 18, 19	4
S_5	5	5, 18	5
S_6	3, 4, 6	6, 18	6
S_7	3, 4, 7	7, 18	7
S_8	8, 10, 11	8, 19	8
S_9	3, 4, 9, 13	9, 19	9

续表

变量	$R(S_i)$	$A(S_i)$	$C(S_i)$
S_{10}	<u>10</u>	8, 10, 11, 16, 17, 19	<u>10</u>
S_{11}	10, 11	8, 11, 16, 19	11
S_{13}	3, 13	9, 13, 14, 15, 17, 19	13
S_{14}	3, 13, 14, 15	14, 17	14
S_{15}	3, 13, 15	14, 15, 17	15
S_{16}	3, 10, 11, 16	16	16
S_{17}	3, 10, 13, 14, 15, 17	17	17
S_{18}	3, 4, 5, 6, 7, 18	18	18
S_{19}	3, 4, 8, 9, 10, 11, 13, 19	19	19

将可达矩阵行和列所对应的 S_3、S_5 和 S_{10} 划掉，可以得到第 3 级的可达集 $R(S_i)$、先行集 $A(S_i)$ 和共同集 $C(S_i)$，进而得到第 3 级节点：$L_3 = \{S_4, S_{11}, S_{13}\}$，如表 5-16 所示。

表 5-16　生产网络与生态环境协同发展各主要影响因素的第 3 级可达集、先行集和共同集

变量	$R(S_i)$	$A(S_i)$	$C(S_i)$
S_4	<u>4</u>	4, 6, 7, 9, 18, 19	<u>4</u>
S_6	4, 6	6, 18	6
S_7	4, 7	7, 18	7
S_8	8, 11	8, 19	8
S_9	4, 9, 13	9, 19	9
S_{11}	<u>11</u>	8, 11, 16, 19	<u>11</u>
S_{13}	<u>13</u>	9, 13, 14, 15, 17, 19	<u>13</u>
S_{14}	13, 14, 15	14, 17	14
S_{15}	13, 15	14, 15, 17	15
S_{16}	11, 16	16	16
S_{17}	13, 14, 15, 17	17	17
S_{18}	4, 6, 7, 18	18	18
S_{19}	4, 8, 9, 11, 13, 19	19	19

将可达矩阵行和列所对应的 S_4、S_{11} 和 S_{13} 划掉，可以得到第4级的可达集 $R(S_i)$、先行集 $A(S_i)$ 和共同集 $C(S_i)$，进而得到第4级节点：$L_4 = \{S_6, S_7, S_8, S_9, S_{15}, S_{16}\}$，如表 5-17 所示。

表 5-17　生产网络与生态环境协同发展各主要影响因素的第4级可达集、先行集和共同集

变量	$R(S_i)$	$A(S_i)$	$C(S_i)$
S_6	<u>6</u>	6, 18	<u>6</u>
S_7	<u>7</u>	7, 18	<u>7</u>
S_8	<u>8</u>	8, 19	<u>8</u>
S_9	<u>9</u>	9, 19	<u>9</u>
S_{14}	14, 15	14, 17	14
S_{15}	<u>15</u>	14, 15, 17	<u>15</u>
S_{16}	<u>16</u>	16	<u>16</u>
S_{17}	14, 15, 17	17	17
S_{18}	6, 7, 18	18	18
S_{19}	8, 9, 19	19	19

将可达矩阵行和列所对应的 S_6、S_7、S_8、S_9、S_{15} 和 S_{16} 划掉，可以得到第5级的可达集 $R(S_i)$、先行集 $A(S_i)$ 和共同集 $C(S_i)$，进而得到第5级节点：$L_5 = \{S_{14}, S_{18}, S_{19}\}$，如表 5-18 所示。

表 5-18　生产网络与生态环境协同发展各主要影响因素的第5级可达集、先行集和共同集

变量	$R(S_i)$	$A(S_i)$	$C(S_i)$
S_{14}	<u>14</u>	14, 17	<u>14</u>
S_{17}	14, 17	17	17
S_{18}	<u>18</u>	18	<u>18</u>
S_{19}	<u>19</u>	19	<u>19</u>

将可达矩阵行和列所对应的 S_{14}、S_{18} 和 S_{19} 划掉，得到第6级节点：$L_6 = \{S_{17}\}$，如表 5-19 所示。

表 5-19　生产网络与生态环境协同发展各主要影响因素的第 6 级可达集、先行集和共同集

变量	$R(S_i)$	$A(S_i)$	$C(S_i)$
S_{17}	14，17	17	17

根据上述分析可以建立生产网络与生态环境协同发展主要影响因素的解释结构模型，如图 5-13 所示。

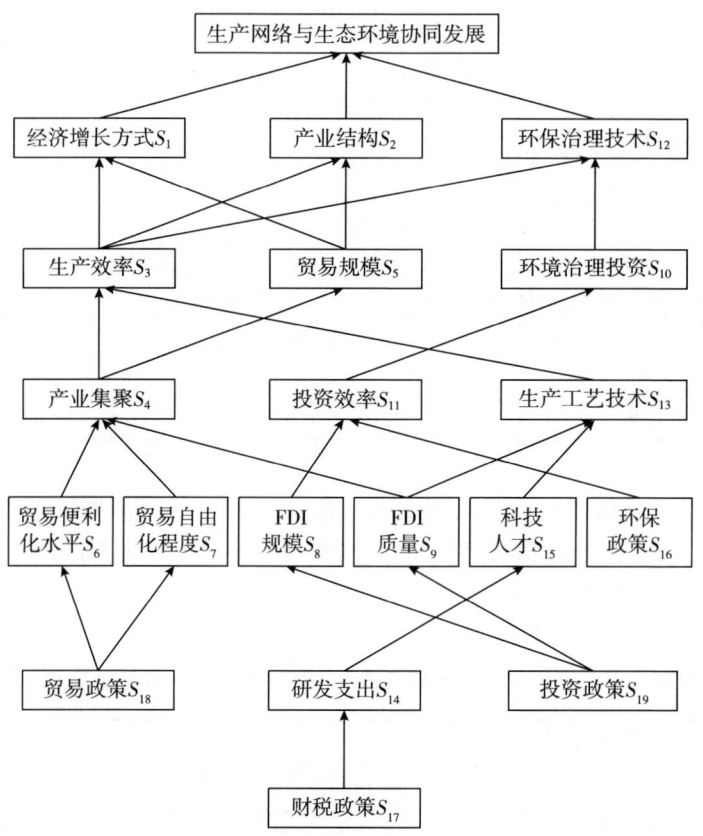

图 5-13　生产网络与生态环境协同发展主要影响因素的解释结构模型

（三）分析各级因素的级间关系

由图 5-13 可知，生产网络与生态环境协同发展的主要影响因素是具有 6 级的递阶结构。第 1 级影响因素是经济增长方式（S_1）、产业结构（S_2）和环保治理技术（S_{12}）；第 2 级影响因素是生产效率（S_3）、贸易规模（S_5）和环境治理投资（S_{10}）；第 3 级影响因素是产业集聚（S_4）、投资效率（S_{11}）和生产工艺技

术（S_{13}）；第4级影响因素是贸易便利化水平（S_6）、贸易自由化程度（S_7）、FDI规模（S_8）、FDI质量（S_9）、科技人才（S_{15}）和环保政策（S_{16}）；第5级影响因素是研发支出（S_{14}）、贸易政策（S_{18}）和投资政策（S_{19}）；第6级影响因素是财税政策（S_{17}）。其中，第1级因素是影响生产网络与生态环境协同发展的表层因素，是协同的直接影响因素；贸易政策（S_{18}）、投资政策（S_{19}）、财税政策（S_{17}）和环保政策（S_{16}）是影响生产网络与生态环境协同发展的底层因素，它们对协同发展的影响是基础性的、深远的。

（1）第1级与第2级影响因素的关系分析。经济增长方式（S_1）的直接影响因素是生产效率（S_3）和贸易规模（S_5）；产业结构（S_2）的直接影响因素是生产效率（S_3）和贸易规模（S_5）；环保治理技术（S_{12}）的直接影响因素是生产效率（S_3）和环境治理投资（S_{10}）。具体原因是：首先，从贸易规模看，随着丝绸之路经济带生产网络的形成，沿线国家间的贸易更加便利，而进出口贸易增长与经济增长之间具有显著的正相关关系，进出口贸易规模体现了一国或地区的外贸依存度，进出口贸易规模的扩大将有效促进经济增长方式的转变；贸易规模对产业结构的影响体现在一国倾向于更多地生产出口规模更大的产品，国外对某一产品需求的增加将刺激国内相应的产业扩大其规模，以满足有效需求。其次，从生产效率看，它是实现生产力发展质变的根源，经济增长方式又体现在生产力上，因而产业生产效率的改变是转变经济增长方式的重要源泉；产业生产效率的改变将进一步改变产业结构，随着某一产业生产效率的提高，将逐渐淘汰那些生产效率较低的产业，从而促进产业结构的优化升级；当一国或地区的生产效率较低时，将排放更多的污染物，导致环境破坏，将激励当地提高其环保治理技术水平，以保护和修复生态环境。

（2）第2级与第3级影响因素的关系分析。生产效率（S_3）的直接影响因素是产业集聚（S_4）和生产工艺技术（S_{13}）；贸易规模（S_5）的直接影响因素是产业集聚（S_4）；环境治理投资（S_{10}）的直接影响因素是投资效率（S_{11}）。原因是：首先，产业集聚将有效促进产业生产效率的提高，尤其是生产性服务业与制造业的协同集聚将对制造业全要素生产率产生显著的正向影响；而且产业集聚具有规模效应，产业集群和市场供给范围的扩大有正相关关系，产业高度集聚的地方出口能力一般也特别强，因而出口贸易规模比较大。与此同时，高产出必然伴随着高投入，投入要素的高需求将引起中间品进口贸易规模的扩大。其次，生产效率的提高源自技术进步，因而生产工艺技术的进步将改变产业的生产效率；投资效率指企业所取得的有效成果与所消耗或占用的投入额之间的比率，也就是企业投资活动所得与所费、产出与投入的比例关系，当环境治理投资效率较高时，为了获得更多的投资收益，将会有更多的企业在环境治理上投资。

(3) 第3级与第4级影响因素的关系分析。贸易便利化水平（S_6）、贸易自由化程度（S_7）和FDI质量（S_9）是影响产业集聚的直接因素；FDI规模（S_8）和环保政策（S_{16}）是影响投资效率（S_{11}）的直接因素；FDI质量（S_9）和科技人才（S_{15}）是影响生产工艺技术的直接因素。原因是：首先，贸易自由化将提高经济活动的集聚程度，它通过促进国际分工的专业化生产而促使产业在某个地区聚集；贸易便利化将降低贸易成本，进而增加地方产业集聚，而且这种调整有转移集聚中心的效果。其次，通过加大对资本、技术密集型产业FDI的引入，优化外资结构，提升FDI质量，将有效促进FDI的外溢能力，从而促进产业集聚。而且，高质量的FDI引入有利于提高本国技术水平，促进生产工艺技术的进步。此外，科技人才是技术进步的实践者，高素质的科技人才是技术创新和技术进步源源不断的动力。对于投资效率来说，环境规制将从整体上降低重污染行业的投资效率，当某地重污染行业的投资规模过大时，在严格的环境规制政策下，其投资收益将减少，此时，投资规模将影响到投资效率。

(4) 第4级与第5级影响因素的关系分析。贸易政策（S_{18}）是影响贸易便利化水平（S_6）、贸易自由化程度（S_7）的直接因素；投资政策（S_{19}）是影响FDI规模（S_8）和FDI质量（S_9）的直接因素；研发支出是科技人才（S_{15}）的直接影响因素。原因是：首先，一国的贸易政策和投资政策是该国贸易行为和投资行为的尺度，其贸易自由化、贸易便利化、FDI规模和质量将直接受到这些政策的影响。其次，科技进步不仅需要人力还需要财力，研发支出也是决定一国技术进步的重要因素，研发资金支持力度的提高，将通过购买先进的科研设备，以及为科研人才提供获取知识的资金支持等方式，提高科研人才的综合素质和能力，进而促进技术创新和技术进步。

(5) 第5级与第6级影响因素的关系分析。财税政策（S_{17}）是影响研发支出（S_{14}）的直接因素。原因是：优惠性的财税政策将激励技术创新，如通过加大研发方面的投入，扩大研发支出在国民经济中的比重，或实行研发支出和设备改造支出的税收减免政策，将有效促进技术创新。与此同时，财税政策也是影响生产网络与生态环境协同发展的最根本的基础性因素，一国的财政税收将为国内的基础设施建设、研发、教育和环境保护工作等提供支持，进而影响生产网络与生态环境的协同发展。

一国或地区在参与丝绸之路经济带生产网络的过程中，要实现其与当地生态环境的融合、协调发展，关键是以宏观经济和环保政策为基础，调整当地的经济增长方式，优化产业结构和提高环保治理技术。政府的财税政策、贸易政策、投资政策和环保政策等经济或环保政策是经济行为和环保行为的引领，指导着一国跨国公司或企业与其他国家或地区间的产品分工、中间品贸易、产业跨国转移、国内项目投资和环境保护活动的进行,这些经济或生产性活动将促进产业集聚、带动生产工艺技术的进步以及保证投资效率,并进一步提高企业的生产效率、贸易规模和环境治理投资,在这些中间环节的运行下,最终表现为经济增长方式、产业结构和环保治理技术的改变。通常,粗放型的经济增长方式伴随着大量的自然资源消耗和污染物排放,通过调整经济增长方式,由粗放型经济向集约型经济转变,从主要依靠增加资金、资源的投入来增加产品的数量推动经济增长的方式,转变为主要依靠科技进步和提高劳动者的素质来增加产品的数量和提高产品的质量来推动经济增长;通过产业结构的优化升级,促进产业的转型,向高附加值低污染的产业转型,并通过环保治理技术的进步,对生产活动造成的生态环境问题进行及时治理,将有效促进生产网络与生态环境的协同发展。

第四节 丝绸之路经济带生产网络与生态环境复合系统构建

生产网络与生态环境复合系统的协同发展过程是一个自组织演化的图景,系统中各要素协调配置,使系统达到一种整体、综合和内生发展的组合。其中,资源要素得到更加有效的利用,环境要素得以共生共享,促使生产网络系统与生态环境系统相互融合,不断向高水平有序跃迁。本节基于复杂系统研究范式,引入系统动力学理论构建丝绸之路经济带生产网络与生态环境复合系统,通过建立因果关系图分析系统构成及其主要循环路径,以真实反映影响丝绸之路经济带生产网络与生态环境协同发展的因素间相互耦合的动态演化过程,继而为调控丝绸之路经济带生产网络与生态环境协同发展提供决策参考。

一、建模目的及模型假设

(一)建模目的

丝绸之路经济带生产网络与生态环境的协同发展对于二者相互融合、相互促进的协调发展进程有重要作用。研究二者的协同发展问题,不仅要知道二者的协同效应是怎样的,也要知道二者如何形成协同效应。所要建立的系统动力学模型即从这一问题出发,以动态的、复杂性的视角建立起刻画生产网络与生态环境复合系统内部诸要素的定量关系模型,分析复合系统包含的要素之间如何相互作用、促进复合系统协同发展的,并通过系统动力学模拟的方法,观察系统内变量的变化规律,以此为依据分析生产网络与生态环境协同的运行规律。鉴于此,提出以下两个具体的建模目的。

首先,明确生产网络与生态环境复合系统包含的子系统及其结构和构成要素。从丝绸之路经济带生产网络与生态环境的发展状况看,丝绸之路经济带生产网络正在加速发展,面临的生态环境问题也在日益凸显,在二者的互动作用下,形成了一个复杂的复合系统,它包括生产网络与生态环境两个核心系统,其中生产网络又可进一步细分为若干个子系统,如贸易、投资、生产、科技和社会等。而且各个子系统都是多个要素构成的集合体,如生产子系统包括生产要素投入、产业结构和产业规模等。

其次,判别生产网络与生态环境复合系统中各变量间因果关系,深入探讨协同作用因果链。系统动力学把系统的行为模式看成是由系统内部各变量间的因果关系决定的,因此系统内部的因果关系分析尤为重要。在生产网络与生态环境协同发展过程中,哪些变量是"因",哪些变量是"果",关系到系统内部物质流和信息流的传递路径,对于理清协同过程有基础性作用。

(二) 模型假设

模型的建立都应具有一定的假设条件,本书中系统动力学模型的构建也需要以假设作为模型建立与分析的前提。有些假设条件是必需的,而有些是为了模型简化的需要。对模型构建提出合理的假设条件,不仅能够使模型更加贴合实际,而且有助于描述系统的行为。为了聚焦于核心研究问题,本书提出以下假设:

假设一:丝绸之路经济带生产网络与生态环境复合系统的状态变化具有连续性。根据系统状态的改变情况可将系统划分为连续型和离散型两类。系统动力学模型主要探索系统随时间推移而发生的变化,对于连续型系统中每一个系统行为而言,它是由某些变量的变化导致与其具有因果循环关系的变量随之发生改变而形成的。研究假设丝绸之路经济带生产网络与生态环境复合系统状态的改变具有连续性,这种变化是一个连续、渐进的行为过程。

假设二:丝绸之路经济带生产网络与生态环境复合系统边界的确定具有合理性。系统边界的确定影响到所构建的模型能否准确地揭示研究目标,而且对于正确揭示丝绸之路经济带生产网络与生态环境复合系统内部物质、能量、信息的循环过程具有重要影响。

二、系统边界确定

系统的边界规定哪些部分应该划入模型,哪些部分不应归入模型。系统边界是一个想象的轮廓,把建模目的所考虑的内容圈入,而与其他部分或环境隔开,在边界内部,凡涉及与所研究的动态问题有重要关系的概念与变量均应考虑进模型;反之,在界限外部的那些概念与变量均应排除在模型之外(王其藩,2009)。

第五章 丝绸之路经济带生产网络与生态环境的协同机理研究

基于系统边界的这一确定原则，以及生产网络与生态环境复合系统构建的目的，我们认为该复合系统的边界是由生产网络与生态环境内部主要构成要素间相互作用下所形成的闭合反馈回路。

生产网络与生态环境复合系统构建的目的是分析二者的协同发展问题，因此这个复合系统的边界应包括生产网络系统和生态环境系统，而生产网络系统是一个极复杂的系统，通过分析生产网络的形成过程，可将生产网络系统进一步细化。丝绸之路经济带生产网络是全球范围内生产分工格局内在矛盾激化下，区域生产网络的重要产物之一。结合生产网络与区域生产网络的概念，丝绸之路经济带生产网络的形成可归为三个环节：首先是分工关系的确立环节，国际贸易和跨国投资是分工关系得以建立的基础和必要环节。其中，贸易包括中间品贸易和最终产品贸易，跨国投资包含对当地已有产业的投资和通过在当地投资建厂而实现的产业跨境转移。其次是生产分工活动的开展环节，主要涉及产品研发和产品生产两个方面，产品研发是基于企业的科技创新能力。最后是生产过程、地理空间以及社会制度三个方面的融合环节，生产过程通过地理空间的天然联系与当地的社会制度相融合，才能保证生产的持续性、有效性和专业性。基于上述分析，本书认为，生产网络的形成和发展实际上是贸易、FDI、科技、生产和社会五个层面要素相结合而衍生的产物。

丝绸之路经济带生产网络的形成过程以及分工贸易体系如图 5-14 所示。丝绸之路经济带生产网络领导国的领导企业通过工序分工与贸易，将其产品生产的大部分工序外包给 A、B 和 C 三个东道国中的企业；通过国际工序分工与贸易的分工形式，三个东道国之间形成生产协作，各国专业化于某几类工序，形成网络分工；又通过工序贸易和领导国的厂商形成对接，最终完成产品生产，并形成了现实意义上的生产网络型的生产组织。由此，国际工序分工与贸易是丝绸之路经济带生产网络形成的基础，而丝绸之路经济带生产网络的形成和演进扩展了国际工序分工与贸易规模，并且深化了其分工程度。这一过程可进一步划分为研发环节、生产环节、贸易环节、FDI 环节以及政策制度的制定环节五个特定环节，每个环节由众多要素构成，各要素之间相互作用、相互依赖并结合生成一个有机的整体，履行特定的功能，即构成了科技系统、生产系统、贸易系统、FDI 系统和社会系统。

基于此，丝绸之路经济带生产网络与生态环境复合系统的边界是生产、贸易、社会、科技、FDI 和生态环境六大构成要素间通过相互作用所建立的一个闭合回路，将生产网络与生态环境复合系统与外部环境割裂开，在这个回路内部或者回路上的要素都是复合系统的构成要素，如图 5-15 所示。该复合系统的空间范围为丝绸之路经济带生产网络所涵盖的所有国家和地区。

· 219 ·

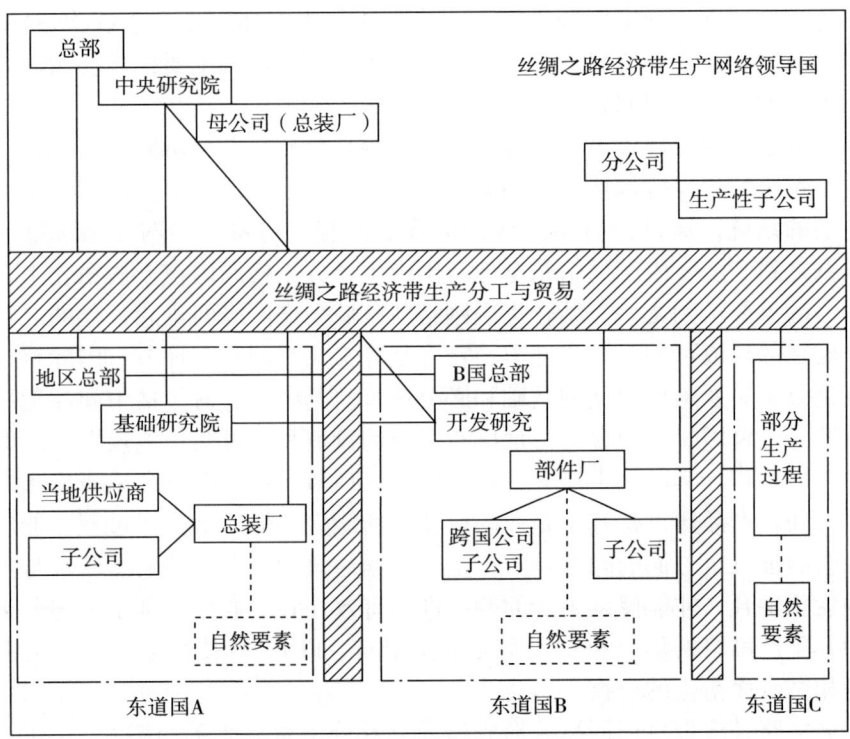

图 5-14　丝绸之路经济带生产网络的形成过程及分工贸易体系

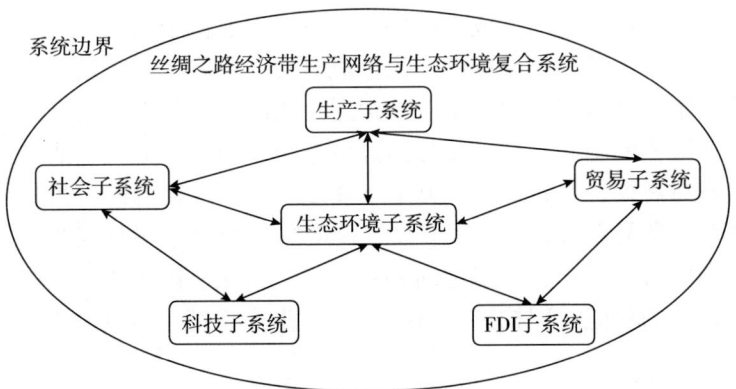

图 5-15　丝绸之路经济带生产网络与生态环境复合系统的边界

三、系统要素及其因果关系分析

丝绸之路经济带生产网络与生态环境复合系统由生产子系统、贸易子系统、社会子系统、科技子系统、FDI 子系统和生态环境子系统六大子系统构成，且各子系统具有特定的功能，在各子系统的共同作用下促使复合系统协同演进。先对生产、贸易、社会、科技、FDI 和生态环境子系统的功能进行分析，进而确定出各子系统的构成要素及其因果关系，建立因果链。

（一）生产系统

随着经济的发展和人们价值观念的变化，消费者的消费需求呈现出多样化，市场上销售的产品更新换代很快，企业间竞争激烈，但生产系统的功能并未发生变化，仍将现有的资源转换为期望产出，以满足人类的需求（王如松和欧阳志云，2012）。因此，可以从生产系统的功能出发，分析生产系统的组成要素及其相互关系，在此基础上构建生产系统。

1. 生产系统要素及因果关系分析

生产系统的功能具体表现在创新、质量、柔性、继承性和环境保护五个方面。其中，创新功能包括对产品的创新、生产技术和工艺的创新，只有以良好的生产设施为基础，以提升生产能力为方向，并在生产技术和产业集聚的驱动下，才能使生产系统的创新功能发挥作用；质量功能包括产品质量保证功能和工作质量保证功能；柔性功能指生产系统对环境变化的协调机制和应变能力，实现这一功能主要涉及产业结构要素；继承性功能指生产系统应该能够保证产品生产的连续性、可扩展性和兼容性，以满足产品持续发展和为用户提供服务的需要，实现这一功能主要涉及产品需求量和原材料储量两个要素；环境保护功能指生产系统在满足人类需求的产品生产过程中还需要优化和保护环境，这一功能的实现主要涉及经济增长方式要素。

在生产系统五个基本功能的基础上，可以将生产系统的构成要素分为结构化要素和非结构化要素两种。其中，结构化要素指生产系统中硬件及其组合关系，它是构成生产系统主体框架的要素，主要包含生产技术、生产设施、生产能力和生产系统集成等，也就是"技术"要素；非结构化要素指在生产系统中支持和控制系统运行的软件性要素，主要包含人员组织、生产计划、库存和质量管理等，属于"管理"要素。

生产系统的演化是系统内外部因素共同作用的结果。首先，从内部环境角度看，生产系统在经过了一段时间运转以后，需要改进完善。一方面，系统本身的缺陷会暴露出来；另一方面，系统最初的设计功能会因某些要素的老化使系统指标变劣，竞争能力减弱。在这里，重要的是如何发现企业的种种不良倾向，如产品老化、设备老化、质量指标下降、成本上升、工作效率降低和企业员工士气不高等，应及时采取改进措施。其次，从外部环境角度看，生产系统是一个开放的系统，与外部有着大量的信息、能量和物质的交换。企业的功能是从外部获取所需要的资源，按市场需求将资源转换成产品或劳务，返回市场进行交换。交换成功，则进行下一轮循环过程；如交换不成功，则意味着企业无法继续从外部获取维持再生产所必需的资源，生产不能继续，经营就会陷入困境。除企业必须要生产适销对路的产品以外，企业还有一些更复杂因素要适应，具体如下：一是顾客需求爱好变化。企业能否敏锐地觉察顾客的需求变化，并采取措施满足这种变化，这涉及生产系统的改进，使它具有提供新产品的能力。二是技术发展呈现出加速度规律。一项新的技术问世可能会使企业的现有产品变得落后过时，也可能使现有的加工手段变得很不经济，这时生产系统的改进迫在眉睫。三是竞争对手之间始终存在着一股无形的压力。在市场竞争中不进则退，对手的任何一项改进都会提高它的竞争优势，而给对方以新的压力，这就迫使企业不敢有丝毫的怠慢，不断地改进完善自己的生产系统，保持自己的竞争实力。四是政治和法律的原因。社会价值观念方面的变化，会反映在新制定的法律和政府的某些规定政策中，如环境规制对大多数企业的生产系统都会提出改进的要求。

2. 生产系统结构

通过以上分析，生产系统因果关系如图 5-16 所示，其中主要的反馈回路如下：

回路1：生产能力（+）→原材料储量（-）→生产能力（-）。这是一个负反馈回路，强调了原材料储量在生产系统中的关键作用。当生产系统的生产能力增加时，必然将消耗更多的原材料，从而促使原材料储量下降；随着原材料储量的下降，将对生产能力产生约束作用，抑制生产能力的不断扩大。即生产系统要想拥有稳定的生产能力，必须保证充足的原材料储量。对原材料储量来说，它除受生产能力影响外，还受到经济增长方式的影响，当经济增长由粗放型向集约型转变时，将有利于储存更多的原材料，从而为提高生产能力创造条件。

回路2：生产能力（+）→总产量（+）→运输限制（+）→生产能力（-）。这是一个负反馈回路，强调了交通运输条件在生产系统中的关键作用。当生产系统的生产能力增加时，总产量随之增加，将给产品运输形成负向压力，导致运输限制增强；若仍扩大生产，在有限的交通运输条件下，将导致产品积压，库存增多，不利于生产的进一步扩大。因此，既要保证生产系统的生产能力，还需优化交通运输条件，降低运输限制。影响运输限制的一个重要因素是基础设施建设投资，尤其是在交通设施上的投资，交通运输条件将随着交通设施建设投资的增加而优化，从而降低运输限制。

回路3：总产量（+）→居民生活水平（+）→产品需求量（+）→总产量（+）。这是一个正反馈回路，强调了产品需求在生产系统中的关键作用。当生产系统中总产量增加时，GDP 随之增长，进而将改善居民的生活水平，进一步表现为人均可支配收入的增长，促使产品需求量的增加，在需求的刺激下，总产量将会扩大。在这一循环过程中，产品需求是核心，即生产系统要想保证产量，除了要确保具有一定的生产能力，还需要产品需求量的刺激。

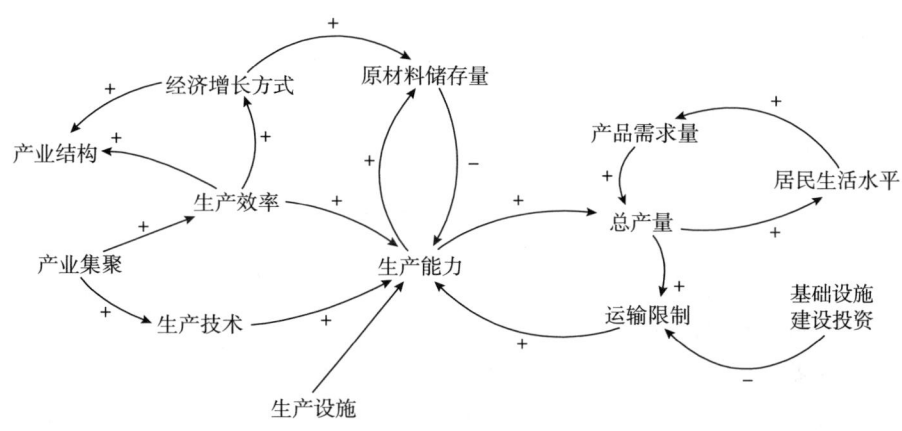

图 5-16 生产系统的因果关系反馈

（二）贸易系统

贸易是买卖或交易行为的总称，通常指以货币为媒介的一切交换活动或行为。其活动范围，不仅包括商业所从事的商品交换活动，还包括商品生产者或非商品生产者所组织的商品买卖活动；不仅包括国内贸易，还包括国际贸易。经济全球化背景下伴随国际生产分工体系的变革，传统最终产品的贸易设定已经不再适用，分阶段生产被引入对贸易关系的分析中，从而更好地反映全球生产网络以"任务贸易"模式运转的全球价值链分工（鞠建东和余心玎，2014）。随着经济的发展，贸易系统的功能呈现出多样性，不仅是满足人们的日常物质需求，而且成为丝绸之路经济带生产网络发展演进的重要引擎。因此，可以从贸易系统的功能出发，分析贸易系统的组成要素及其因果关系，以对贸易系统进行构建。

1. 贸易系统要素及因果关系分析

贸易系统具有商品交换、价值转移及增值等多个方面的功能。首先，贸易系统能实现国家或地区之间的商品交换联系，满足生产和生活的物质需求；而且，随着一国或地区经济和社会的发展，以及国际竞争力的日益加剧，对贸易交换的需求不再仅针对商品，更将先进的设备、专利和技术作为贸易交换中新的需求品，以加强其生产力构成中的薄弱环节，从而促进经济向高质量方向发展。其次，在日益加剧的国际竞争力面前，国际贸易的存在，将促使一国或地区充分利用国际分工，发挥本地的绝对优势和相对优势，节约社会劳动，并在国际市场上实现价值的转换和价值的转移及增值（李创荣，1988）。

贸易系统要实现上述功能，需要人、贸易需求、贸易品和管理等要素的共同作用，这些要素间也具有相互联系。"人"在贸易系统中扮演着核心角色，贸易需求的产生、贸易品交换的进行以及贸易管理的运营等环节的执行者都围绕着"人"而展开。首先，贸易需求主要来自生活和生产两个方面，一国在生活或生产物质资料上贸易需求的增加将促进本国贸易规模的扩大。一方面，居民日常生活需要各种物质生活资料，如衣服、食物和交通工具等，当一国的生产能力落后或者自然资源匮乏，供给不能满足居民的日常需求时，便需要通过贸易的手段弥补；另一方面，企业进行某种产品的生产，通常需要投入各种生产要素，其中有些是当地能够提供和满足的，而有些对当地来说是稀缺性资源，企业管理者会设法通过贸易来补给所需的生产资料。其次，人不仅是贸易品交换活动的执行者，而且也影响着贸易品的规模。一方面，贸易活动的进行需要人完成；另一方面，人口数量的增加将导致产品需求的上升，进而使得贸易规模扩大，与此同时将带动本国经济的发展。最后，只有在贸易人才的高效管理下，才能保障相关贸易活动的顺利开展，且贸易人才资本在这一过程中具有决定性作用。原因是贸易人才资本具有主导性和激活性，其中，主导性体现在贸易系统中的被动性资源要素都受到贸易人才资本的聚集、控制、支配和调节；激活性体现在贸易人才资本对其他资本的激活作用，以劳动资料、劳动对象、货币或自然物质为载体的其他资本只有与贸易人才资本相结合，才能成为贸易活动中的活资本，成为推动贸易发展的重要因素。此外，贸易自由化和贸易便利化是贸易管理下的产物，较高的贸易自由化水平和贸易便利化水平是良好的贸易管理环境的体现，将有效促进国家间贸易活动的开展以及贸易系统的可持续发展。

贸易系统的发展还与一国的经济发展水平密切相关，且贸易需求是这一关系得以存在的关键。首先，贸易系统对经济发展水平产生显著的促进作用。从出口看，国外对本国产品需求的增加将促进出口贸易规模的扩大，从而直接带动经济增长，这在外资比例高的行业中尤为明显；从进口看，一国对进口品需求的上升将导致进口贸易规模的扩大，在贸易的技术溢出效应下，将带动进口国技术水平的提高，使得进口国全要素生产率上升，从而带动进口国的经济增长，尤其是高技术密集型金融、保险和专利及特许费服务的进口将对一国的经济增长产生有利影响；此外，生产性服务贸易能够有效提升经济增长率，促进经济发展水平的提高（刘志雄，2016）。其次，当贸易需求与贸易供给发展不平衡时，贸易系统会对经济发展产生阻碍作用，且当贸易需求与贸易供给能力不匹配程度越大时，带来的经济阻碍作用越大。原因有三点：一是当一国贸易需求严重大于贸易供给时，会导致贸易品的价格上升，贸易利润下降，从而在一定程度上影响经济发展。二是当贸易需求长期很大时，会加剧资源压力，尤其是对于一些不可再生资源，如石油、矿产等，这些资源的大量消耗会严重影响国家经济的正常发展。三是当外贸供给长期处于比较大的规模时，必然使得一国经济发展的对外依存度不断变大，不利于该国经济的进一步发展。

贸易品来自生产系统，受生产系统的生产能力和产量的影响。首先，从生产系统的生产能力看，它决定了贸易品的质量和类型。通常来说，生产能力越高的系统，它所生产出来的产品种类越多、技术含量越高；亦即一国在国际贸易中可交换的产品类型越丰富、产品的质量越高，从而在贸易中越能获得更多的增加值。其次，从生产系统的产量看，它决定了贸易的规模。原因是一国对某产品的供给越大，相应地对国外同种或可替代产品的需求越低，即对外贸易依存度越低，越抑制贸易规模的扩大。此外，生产资本的扩张能力归根到底是人才资本提供的，离开了人才资本，生产资本就会失去资本的活力，不具有扩张能力，生产资本扩张能力的提高，可以在一定程度上克服货币资本有限性的限制，促进贸易的发展。

2. 贸易系统构建

通过上述分析，贸易系统因果关系如图5-17所示，其中主要的反馈回路如下：

回路1：经济发展水平（+）→贸易投入（+）→贸易人才资本投入（+）→贸易管理能力（+）→贸易规模（+）→经济发展水平（+）。这是一个正反馈回路，强调了贸易人才资本投入的重要性。随着经济发展水平的提高，一国或地区有更多的资本投入到贸易中，其中人才资本是贸易系统的决定性要素，因此，相应地会增加对贸易人才资本的投入，以获取更多的人才资本来提高贸易管理能力，从而在管理方面促进贸易规模的扩大，进而给经济带来新的增长点。

回路2：经济发展水平（+）→贸易需求（+）→资源压力（+）→经济发展水平（-）。这是一个负反馈回路，强调贸易需求增加所带来的资源压力对一国或地区经济发展的负面影响。随着贸易需求的增加，对自然资源的消耗量会日益增加，而部分自然资源具有非可再生性，或者即使可再生，但更新速度很慢，自然资源大量消耗会带来一系列生态环境问题，其治理难度和成本比较大，从而制约经济的发展。

回路3：经济发展水平（+）→贸易需求（+）→贸易对外依存度（+）→经济发展水平（-）。这是一个负反馈回路，强调在贸易需求增加情况下对外贸易依存度的提高对经济发展水平的负面影响。如果国民经济发展过于依赖国际市场，那么其受国外市场需求的制约程度高，出口企业风险大。一方面，国际市场需求的下降导致出口商品数量及国际价格下降，进而会使出口效益降低或遭受损失；另一方面,国内外向型企业受出口量下降的影响,产能过剩,开工不足,营运成本上升,导致企业裁员,失业率上升,给社会增加压力和负担,阻碍经济的发展(吴总建和陈妍,2012)。

回路4:经济发展水平(+)→贸易需求(+)→贸易成本(+)→贸易利润(-)→经济发展水平(+)。这是一个负反馈回路,强调贸易成本在贸易系统影响经济发展水平中的作用。贸易成本与经济发展水平间属于负相关关系,外贸需求的增加必然使得外贸成本总额不断加大,成本的低增长率导致外贸的实际供给能力欠缺,不能满足外贸需求的快速增长。企业要努力提高技术水平以及管理水平,才能降低贸易成本,增加利润,从而促进经济的发展。

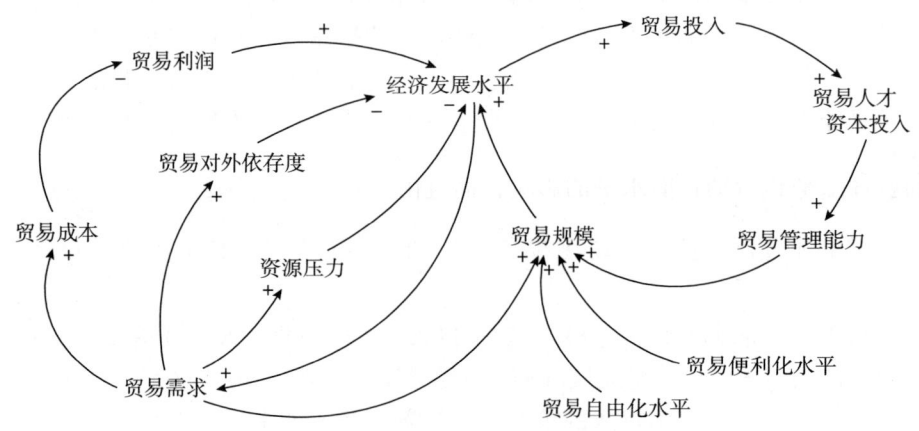

图 5-17 贸易系统的因果关系反馈

(三)社会系统

社会系统是在自然环境和社会环境的基础上,以人为元素,以文化信息库为核心,包含物质、人、文化信息三种生产要素和作为上层建筑的管理系统的远离平衡的非平衡态复杂系统。因此,以"人"为核心,从社会系统的功能出发而进行系统构建(闵家胤,2006)。

1. 社会系统要素及因果关系分析

社会系统具有适应、协调和自组织三大功能。其中,适应功能指社会系统可以通过以人为主体的社会实践去创造一个适应自身存在和发展的环境,而由主体结构和多层面结构表现出来的综合功能,如主体结构中的社会经济结构、社会生产力作为其基础层次,而社会生产力最重要的功能在于使社会能适应环境而存在和发展;社会多层面结构中的物质技术结构,其功能表现为不断地与环境进行物质、能量和信息的交流与转换,该层面中各层级构成的结构系统则直接实现社会

第五章　丝绸之路经济带生产网络与生态环境的协同机理研究

系统适应环境的功能。协调功能针对社会系统的内部环境，表现在通过社会结构的自发调整而协调人本身的生产与社会承受能力的关系，在更高层次上表现为协调物质生产与精神生活的平衡。自组织功能表现在系统与环境及系统内部各要素的相互作用中，社会系统能通过自身的结构调整，从一种结构向另一种新的结构转化，实现系统功能的最优。总的来看，无论是适应功能，还是协调功能和自组织功能，其本质都是为了对外部环境的变化做出响应，调整人的行为活动以适应环境的改变（张尚仁，1991）。

要实现社会系统的功能，需要建立相应的以人为核心的系统结构，并主要由人的认知、体制和文化三大类要素构成，它们之间也存在着相互促进和相互制约关系（王如松和欧阳志云，2012）。

首先，人的认知系统包括科学、技术、教育、人口等要素，人的认知对社会系统的发展具有重要的决定作用。人的认知程度直接影响着人口素质的高低，进而决定着社会系统的进化方向。提高人口素质能制约人口的增长，使人口数量与人口素质合理地结合，促进社会生产力的发展和社会进步。人口素质的高低不仅受到教育水平和劳动技能水平的影响，而且由一定的生产力发展水平和社会经济关系状况决定，即它是由一定的社会物质文明决定的。

其次，体制主要涉及法律、法规和政策等，构成社会系统的管理系统，其作用是建立健全机构，制定法律和规章制度，抵御外敌和维持社会秩序，保障人权和保护合法收入的私有财产，组织社会生活和各种活动，保证社会系统内部的各种活动能正常运行，维持社会系统的稳定和发展。体制中所涵盖的各种政策的制定建立在人的认知和文化的背景上，一项政策的制定需要一批专业人员的共同努力，而且要适应当地的文化底蕴。在这些政策中，贸易政策决定了国家间贸易的自由化程度、便利化水平以及贸易规模；财税政策将促进当地新兴产业的发展、培养经济增长点、优化生产力以及优化产业结构等；投资政策是政府进行宏观经济调控的必要手段，在社会投资和资源配置中起重要宏观导向作用，会对外资引进的质量和数量以及国内资本的流动去向产生重要影响；环保政策的实行有利于当地生态环境保护和修复等工作的顺利开展。

最后，文化主要表现为精神文明和物质文明，是社会系统的核心因素，是人在长期进化过程中形成的观念、伦理、信仰和文脉等。文化的外围部分是社会系统成员共同拥有的生产知识，在现代社会中是人类共同创造和享用的现代科学技术，人们利用这些知识和技术通过物质生产，创造出现代科技文明以满足自己的生活需要；而在一些特殊的情况下，文化的发扬和保护也需要以一定的政策为引导，并以相应的法律法规作为保障。

2. 社会系统结构

基于上述分析，社会系统因果关系如图 5-18 所示，其中主要的反馈回路如下：

回路1：人口素质（+）→精神文明（+）→人口素质（+）。这是一个正反馈回路，表明人口素质与精神文明之间的相互促进、相互作用关系。

回路2：人口素质（+）→物质文明（-）→人口素质（+）。这是一个负反馈回路，人口素质对社会生产力和经济关系的发展会起到一定的促进或延缓的作用，原因是人口素质需要与物质文明相适应。随着人类社会的不断发展，当人口素质水平适应于物质生产状况时，能对社会发展起促进作用；反之，当物质生产状况不能较好地匹配人口素质水平时，会对社会发展起阻碍作用。

回路3：人口素质（+）→人口发展（+）→社会进步（+）→经济发展水平（+）→物质文化生活水平（+）→人口素质（+）。这是一个正反馈回路，突出反映了人口素质提高对经济发展的作用，以及经济发展反向间接地促进人口素质的提升。

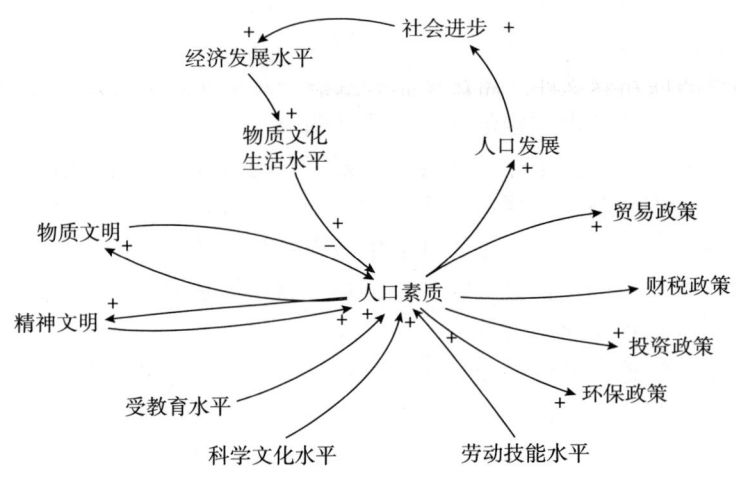

图 5-18　社会系统的因果关系反馈

（四）科技系统

科技系统是一个以功能聚类的组织系统，其范围主要包括从事科技管理工作的行政机构，从事研究开发、传播推广、成果应用等基本活动的技术机构，还包括保障科技生产要素供给、协调各类机构之间关系的服务部门。其中，研究开发、传播推广、成果应用是科技活动的主线，也是科技系统的主体结构（邹力行，1995）。经济全球化背景下，科技创新对一国参与全球生产分工中的地位及影响很关键，特别是内生的技术进步是保证丝绸之路经济带生产网络持续发展演进的决定因素。因此，本书基于内生经济增长理论的核心思想分析科技系统的构成要素及其因果关系,继而对科技系统进行构建。

1. 科技系统要素及因果关系分析

科技进步不仅是保证经济持续增长的决定因素,还是改善生态环境,实现区域生态经济可持续发展的关键(史丹和李晓斌,2004)。一方面,科技进步为产业发展提供了不竭的动力。通过技术研发,改进传统的生产模式、生产设备、生产工艺技术以及环保治理技术水平,以提高产业的生产能力;另一方面,科技进步会驱动科技产业化的形成。纵观世界高科技发展及其产业化的过程,实际上是一个从科学研究、实验发展、新产品开发(工程化、商品化)、新生产能力的形成、直到市场开发的动态过程,如图 5-19 所示。这一动态过程实际上描述了一个相对封闭系统的演化过程。系统中每个环节状态的改变,都会作用于其他环节及整个系统,驱使其他环节及系统的状态发生相应的改变。这些状态的变化会产生一定的信息,形成系统中的信息反馈回路。单就高技术产品开发及其产业形成和发展来说,从表面来看,其直接作用来源于高技术的实验与发展,但实际上更深层的起决定性作用的是科学研究和市场需求。市场需求决定着技术产品开发或产业发展的目的性和经济性,而科学研究决定着技术产品开发或产业发展的可能性和现实性。此外,科学研究和市场需求也是密切相关的。市场需求状况是科研选题的主要依据,而科学研究的深化与重大成就的产生必然有利于市场需求的满足或出现新的需求(胡实秋等,2001)。

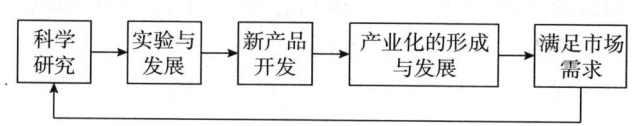

图 5-19 科技发展及其产业化过程

科技发展、市场需求、国际竞争构成了科技产业系统的内核,它们之间相互作用形成一个正负反馈交互作用的复杂动力系统。从科技产业发展的支撑条件看,资金、人才、管理、政府行为和基础设施等是一国或地区科技产业发展的制约因素。值得关注的是,新近一些研究认为,生产技术、科技人才、研发支出等因素既是科技系统发展的核心和关键,也是影响产业升级的传统因素。随着区域经济发展及其负外部性的形成,生态环境和政府行为成为驱动科技系统发展的重要动力,同时也成为影响产业升级的现代因素(张成等,2011)。

具体来说,首先,科技人才是科学技术发展的核心因素。一方面,科技人才通过突破关键技术,或革新管理运行模式,研发出新产品或创新运营模式,以推进科技发展;另一方面,科技人才通过改进传统工艺,实现对新旧技术的整合,助推科技发展。其次，高研发支出是科学技术发展的基本条件。高科技开发不仅具有很大的风险性，还需要耗巨资购买高质量的科研仪器、设备。再次，生产技术对科技发展具有推动作用。随着生产技术的开发应用，新产品市场占有率不断提高，生产成本出现规模递减效应，企业利润率快速提高，进而企业愿意投入更多的研发经费，推动新的技术进步，实现技术再创新的良性循环。又次，高效的管理体制有助于科学技术系统的有序发展。特别是高新技术企业，对相应的产业管理方式有更高的要求。相关科技企业的管理必须更新观念，不断进行管理革命，管理应与高技术同步发展，提高应变能力，以高技术（如计算机技术、信息技术、柔性技术等）管理高科技企业。另外，政府行为是决定一个国家或地区高技术产业发展成功与否的决定因素之一。政府行为在资本投入、制度建设、配套服务方面制约科学技术的发展。一方面，政府可以通过集中对共性技术与基础研究进行投资，以减少企业投入并降低企业的投资风险；另一方面，政府可以发挥财政资金的引导作用，引导社会资本跟进。最后，生态环境对科学技术的发展起到重要的支撑作用。良好的生态环境对科学技术发展中人才创造、员工健康以及设备维护等产生作用。

2. 科技系统结构

基于上述分析，科技系统因果关系如图 5-20 所示。其中主要的反馈回路如下：

回路 1：区域经济水平（+）→区域科教投资（+）→区域创新能力（+）→区域科技水平（+）→区域经济水平（+）。这是一个正反馈回路，强调了区域科教投资在科技发展中的重要性，科技水平的提升依赖于科教投资的合理分配。

回路 2：区域人力资本（+）→区域创新能力（+）→区域科技水平（+）→区域经济水平（+）→区域就业率（+）→就业人口数（+）→不同教育水平劳动力就业人口比（+）→劳动力平均接受教育年限（+）→人力资本变化量（+）→区域人力资本（+）。这个回路强调了有效的人力资本在科技发展中的重要性。

综上所述，人力资本和科教投资两者在科技发展过程中发挥着举足轻重的作用，因此，要发展科技，需要培养一批优秀的人才，并加大在科教上的投资力度，给予科技工作者充分的资源来进行科学实验和研究。

（五）FDI 系统

随着全球经济的日益融合和要素流动的国际化，FDI 作为资本和技术要素国际流动的综合体，对东道国经济和社会产生着越发显著的影响。一方面，根据传统的国际要素流动理论，FDI 的增加将给东道国带来诸如产出增加、技术提升、贸易扩大等正面效应；另一方面，近年来诸多学者对 FDI 与东道国自然环境关系的研究表明，FDI 的增加可能对东道国的自然环境产生一定的负面影响（李子豪

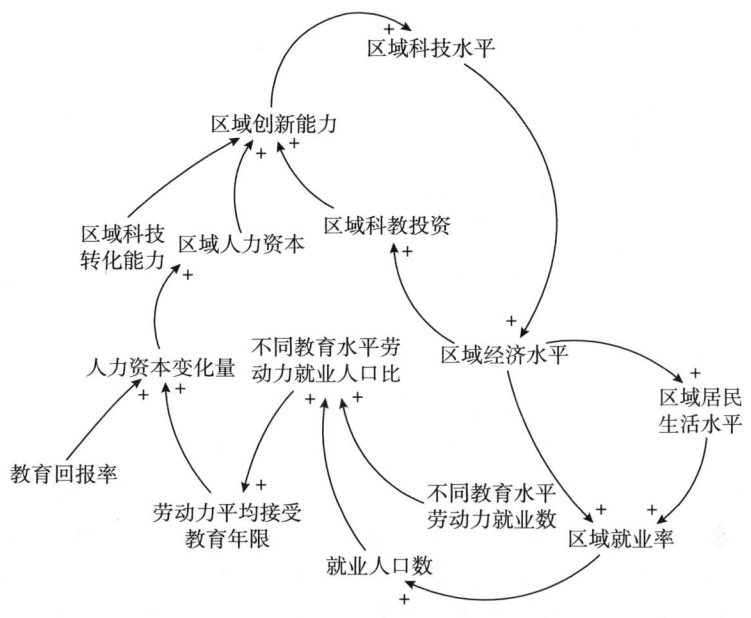

图 5-20 科技系统的因果关系反馈

和刘辉煌，2010）。经济全球化背景下，FDI 对一国参与全球生产分工中的地位及影响显得尤为重要。因此，从 FDI 对全球经济融合发展的影响出发，将 FDI 系统作为一个单独的子系统，分析其影响因素并构建该子系统。

1. FDI 系统要素及因果关系分析

作为生产要素国际流动的主要载体，FDI 的主要影响因素有东道国市场规模、双边贸易联系、汇率水平及其波动、东道国税收政策、国家治理基础、母国经济发展水平、公司技术等。其中，东道国市场规模和市场潜力是 FDI 的显著决定性因素，市场潜力包括总人口和购买力等因素，跨国公司预期通过规模经济和较低的边际生产成本在潜力大的市场中长期获利；双边贸易与 FDI 的关系是相互补充、相互替代的，FDI 与贸易之所以被认为是互相补充的战略，因为跨国公司对东道国市场的服务可以通过出口或者通过 FDI，或者通过二者结合实现，跨国公司会利用先前贸易联系积累起来的东道国市场的知识，在东道国市场进行投资；汇率变动是 FDI 流入发展中经济体及经济体相互之间 FDI 流动的重要决定性因素，国际投资从相对强势货币国家流向相对弱势货币国家，主要是因为升值货币的价值和购买力的增加；东道国的税收体制会影响 FDI 的净收益，因而对吸引和排斥 FDI 有影响；一个国家的经济发展及投资环境的形成，相当大的程度上决定于其政治、制度和法律环境，即国家的治理基础，国家治理基础建设对于 FDI

丝绸之路经济带生产网络与生态环境协同发展研究

的流入和流出来说是一个重要的决定因素；直接投资量的大小与该国的经济发展水平密切相关，随着经济发展水平的提升，其对外直接投资净额也会逐渐增加；技术是对外直接投资的微观影响因素，企业是否对外直接投资，部分取决于其是否拥有包括技术在内的垄断优势（方齐云和项本武，2005）。

伴随全球经济格局重构产生的一系列影响，包括世界经济力量对比的变化，贸易保护主义的重新抬头以及全球生态环境保护理念逐渐深入人心等，FDI 对全球经济格局的变化做出了重要贡献。新近研究表明，人口结构、产业结构、生态环境对 FDI 产生的一系列影响不容忽视。首先，人口结构变化可通过总储蓄与劳动力相对供给机制影响 FDI，总储蓄与 FDI 为正向影响关系，劳动力相对供给反向影响 FDI。一方面，人口结构会通过总储蓄机制影响 FDI。围绕"抚养负担假说"或"生命周期假说"的研究，都已证实人口结构变化可通过总储蓄影响资本流动，在开放条件中，总储蓄降低会导致该国减少对外直接投资，相反，总储蓄增加会促进 FDI；另一方面，人口结构通过劳动力供给影响 FDI。劳动力不易跨国转移，通常是资本要素流动到劳动力所在地，而不是劳动力主动转移与资本结合。劳动力数量的变化导致要素结构和工资水平发生改变，从而对 FDI 产生直接和间接效应（薛安伟和刘玉博，2017）。当母国劳动力供给相对于东道国增加时，增加的劳动力需要配置更多的资本要素，可能带来劳动力成本的降低，从而使得母国增加对本国而非对外投资。其次，FDI 不仅可以通过国际贸易渠道间接对投资国产业结构优化产生影响，还可以通过优化生产要素配置、外国先进技术传导效应、提升产业素质和促进产业互动演进等途径直接对投资国产业结构优化产生影响。随着国际投资引发的国际产业转移在不同发展水平国家之间的"梯度"推进，以及国际分工不断深化所导致的以"产品价值链"为基础的全球"生产网络"的形成与拓展，不仅发达国家的 FDI 形式不断创新、投资行为和动机日益多元化，而且发展中国家也在积极借鉴先行国家的经验，鼓励本国企业主动参与到跨国投资活动中。从产品生命周期理论的角度看，发达国家跨国公司一般在产品生命周期处于成熟阶段或标准化阶段时就开始进行 FDI，一方面是为了扩展产品销售市场、提升利润空间、延长产品生命周期；另一方面是为了给母公司让出更多的资源和市场进行新技术及新产品研发，其结果是不断推动跨国公司的技术进步、产品更新和生产结构优化。从边际产业扩张论的角度看，一国开展 FDI 应从本国已经或即将处于比较劣势的产业即"边际产业"开始，向该产业比较优势尚未显现且具有潜在比较优势的国家进行投资，如此，不仅有助于本国贸易的增加，而且能够促进双方产业结构的调整和升级，实现投资国与东道国产业结构调整的"双赢"（周升起，2011）。最后，FDI 的规模达到并维持一定的比例，有助于发挥其对环境的改善作用。"环境三效应"理论已经证明，FDI 通常会改善母国的生态环境,对东道国环境的影响将基于规模效应、结构效应和技术效应的综合结果来判断。在全球经济格局重构的新环境背景下,除"环境三效应"对FDI产生的影响外,需要注意的是,在引进FDI的过程中要注意其技术水平的适用性问题,尤其是在资本、技术密集型行业,要努力提高一国的行业技术水平,从而能够更加充分地利用FDI行业技术提高对环境的改良作用。

2. FDI系统结构

基于上述分析,FDI系统因果关系如图5-21所示,其中主要的反馈回路如下:

回路1:经济发展水平(+)→GDP(+)→净对外投资额(+)→对外投资(+)→贸易结构改善/供需结构优化(+)→产业升级(+)→经济发展水平(+)。这是一个正反馈回路,可以看出对外投资通过影响产业升级来影响经济的发展水平。

回路2:人口结构(+)→劳动力供给(+)→对外投资(-)→产业结构优化(+)→经济发展水平(+)→人口结构(+)。这是一个负反馈回路,强调了人口结构对对外投资的影响。要促进对外投资,可以通过合理地调整人口结构的方式实现。

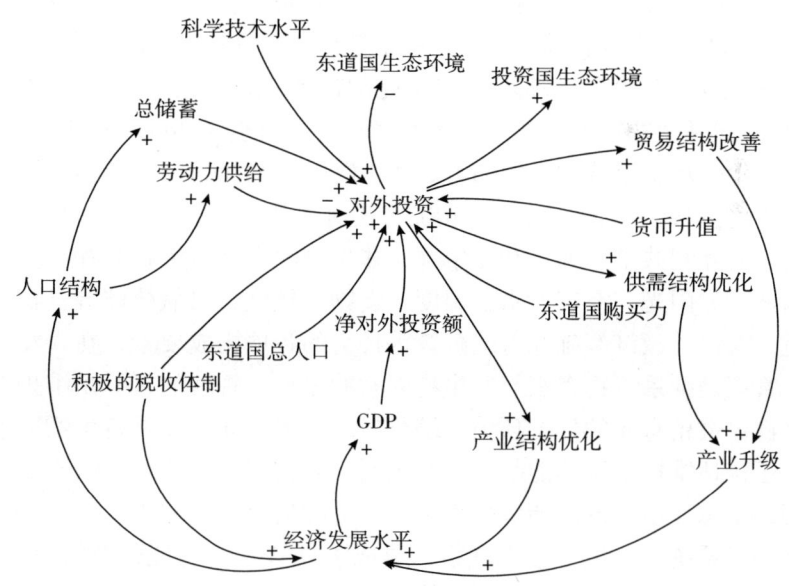

图5-21 FDI系统的因果关系反馈

在图5-21中可以看出,对外投资对生态环境的影响,通常来说,对外投资有利于母国生态环境的改善，但会加重东道国的生态环境污染状况。综上所述，我们在安排对外直接投资时，要综合考虑本国的经济治理基础和东道国的投资环境。

（六）生态环境系统

生态环境系统为人类社会提供一系列不可或缺的自然资源和生存环境两个方面的服务功能，这些功能的可持续供给是经济社会可持续发展的基础，包括提供土地资源、水资源、物质与能源，支撑人类居住环境以及保持生物多样性等（Costanza et al.，1997）。学术界普遍认为，生态环境系统由生命有机体赖以生存、发展、进化并繁衍的各种生态因子，以及由生态因子相互作用所形成的环境构成（王礼先，2004；Kamler et al.，2007；王如松和欧阳志云，2012），具有稳定持续性和协同演化性。因此，可以从生态环境系统的功能出发，分析生态环境系统的组成要素及其相互关系，在此基础上构建生态环境系统。

1. 生态环境系统要素及因果关系分析

生态环境系统由各种"生态"要素与"环境"要素共同构成，小到生物群落与其栖息环境构成的系统，大到全球生物体与环境相互作用形成的系统整体，具有明显的层次性和嵌套性（Levin，1998）。其中，生物体互相之间、生物体与其所在环境之间的养分循环和能量流动交互作用而形成"生态"，生态良好的最重要表现是自然资源与生物多样性的可持续；"环境"指与生物体存在相互作用的资源、外部条件等，其是围绕生物群落的生存和发展的各种要素的总称。以协调人类生存与发展的关系为生态环境系统研究的出发点，生态系统中的"生态"与"环境"构成包括生物因素、非生物因素以及社会因素（Hobbs et al.，2013）。

就构成生态环境系统的生物因素、非生物因素和社会因素具体来说，生物因素指影响生物生长、形态、发育和分布的任何其他动物、植物或微生物的活动，如生物之间的互利共生、捕食和竞争等；非生物因素指对生物的存在有间接影响的环境因素，如阳光、空气、水、温度、食物、氧气、二氧化碳等；社会因素指包括环境、人口、经济基础和上层建筑等社会的各项构成要素，在人类社会经济活动中，管理是维系生物因素与非生物因素的纽带，管理的目标是维护系统的功能，一个稳定健康有序的生态环境系统可持续发展，除需要具备生物因素和非生物因素，还包括维护系统功能的管理和规制。生物因素与非生物因素相互联系地综合作用，生态环境系统才能够得以维持可持续的自组织演进。

生态环境系统各个组分紧密联系，形成了具有一定功能的有机整体。其中，生物因素是一个生态环境系统的基础，其条件的好坏直接决定生态环境系统维持、繁殖、修复的动态平衡关系。

2. 生态环境系统结构

基于上述分析，生态系统因果关系如图5-22所示。其中主要的反馈回路如下：

回路1：生产制造（+）→"三废"排放（+）→环境（−）→自然资源（−）→生产制造（−），这是一个负反馈回路，主要针对资源依赖型产业的生产制造，如矿产资源开发等，该反馈回路突出了人类在进行生产制造活动中，所排放的污染物对生态环境所造成的负面效应，因此，人们在进行环境治理和生态环境保护中要注重减排，减少废弃污染物的排放。

回路2：生产制造（+）→人为有毒物质（+）→自然资源（−）→生产制造（−），这是一个正反馈回路，说明自然资源与生产制造之间是正相关关系，生产制造依赖于现存的自然资源，自然资源量会制约生产制造的进行，在这个回路中，我们要特别注意减少有毒物质的人为产生，有毒物质会危害部分自然资源的健康发展。

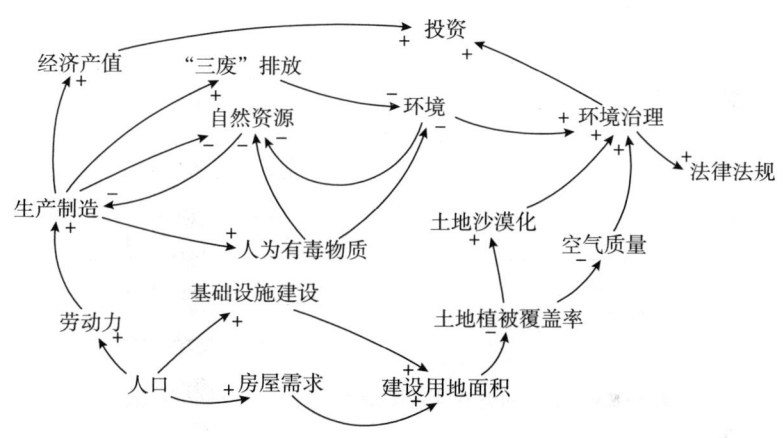

图 5-22 生态环境系统的因果关系反馈

四、循环路径解析

根据系统分解协调原理，生产网络与生态环境复合系统中的生产、贸易、社会、科技、FDI 和生态环境系统 6 个子系统相互联系、相互影响，该复合系统的循环路径如图 5-23 所示。

每一个子系统的运行既取决于其内部结构，同时受到其他子系统的关联作用（刘承良等，2013）。其主要的循环路径有：①生产系统中总产量的提高是技术改进以及管理优化的结果，同时总产量的增加也带来了资源消耗和环境污染，降低了生态水平和环境水平，不利于母国经济的发展，间接降低了贸易需求，进而限制了产量的提升，甚至削减下一期的总产量。②人口素质的高低在一定程度上取决于社会的文化水平以及社会的经济发展水平。一方面，高人口素质有助于培养

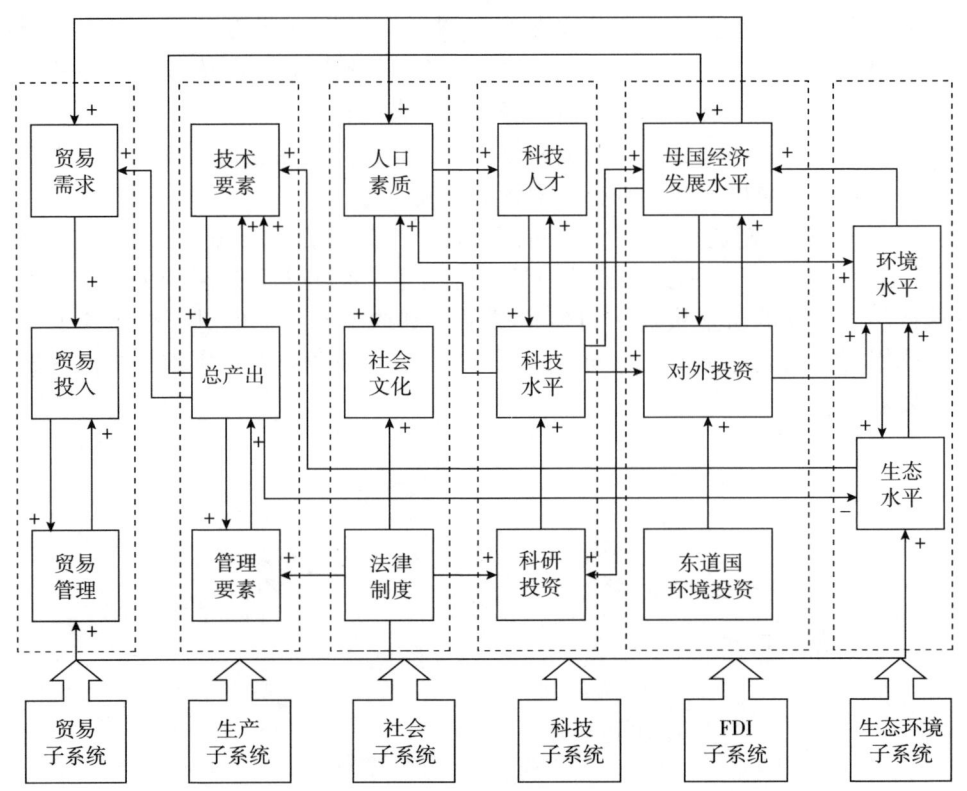

图 5-23　生产网络与生态环境复合协同系统循环路径

优秀的科技人才，而科技水平的高低直接取决于科技人才以及科研投资，发达的科技可以促进经济的高速发展；另一方面，高人口素质有助于建立起环境保护意识，这样就减少了国家在环保治理上的投资，有利于国家经济的发展。③一个国家对外投资的多少，取决于该国的经济发展状况以及东道国的投资环境、对外投资的结果。一方面，可以减轻本国的环境压力，增加本国的贸易；另一方面，有利于东道国吸收新技术进行产业结构的优化调整，实现资源的最优配置，带动经济发展。④生产所需的投入要素一部分直接从自然界获得，另一部分需要对自然资源进行生产。当资源消耗量超过资源条件阈值时，直接造成生态水平的降低，环境恶化，限制经济的发展，最终将降低生产能力。⑤社会系统中法律制度的存在是不可或缺的，它起着约束企业的生产行为、贸易管理的正常运行、科研上的投资行为以及划定生态环境红线的重要作用，是复合系统正常运行的重要保障。⑥复合系统中，社会子系统和生态环境子系统是基础，科技系统是辅助，生产系统是动力，FDI子系统和贸易子系统是举措。这六个子系统的协同配置，使复合

第五章　丝绸之路经济带生产网络与生态环境的协同机理研究

系统保持动态平衡，实现可持续发展。

第五节　丝绸之路经济带生产网络与生态环境协同发展的运行规律解析

生产网络与生态环境协同发展主要分为两种情况：一是在生态环境承载力约束下，生产网络保持较高水平的可持续发展；二是生产网络与生态环境相互融合、相互促进，协调同步向更高协同水平发展，从而促进生产网络与生态环境复合系统的健康和可持续发展。目前学术界主要从系统论视域出发，基于复杂系统理论和生态经济学理论，分析社会经济系统与生态环境系统的协调与优化，目的是为系统实现协同发展的有效调控提供理论依据（王秀山，2005；王玉芳和王梓铭，2011）。丝绸之路经济带生产网络与生态环境复合系统是一个正负反馈交错的复杂动态系统，运用涨落放大机制理论的原理，探索复合系统协同发展的自组织演进规律，有助于为丝绸之路经济带生产网络与生态环境复合系统协同发展提供优化及调控的方向。

一、复合系统内部各参与主体的有效衔接

系统PSR模型回答了"发生了什么—为什么发生—我们将如何做"这三个可持续发展研究的基本问题，揭示了系统打破原有状态、受到制约以及通过反馈建立新的状态这一动态链式关系。这里引入PSR模型的理论框架，解析丝绸之路经济带生产网络与生态环境复合系统中各参与主体相互作用的链式关系及有效衔接。

（一）PSR理论模型的构建

PSR模型最初是由加拿大统计学家Rapport和Friend（1979）提出，后由经济合作与发展组织和联合国环境规划署共同发展起来，作为研究可持续发展问题的框架体系。PSR模型由压力、状态和响应三类指标层构成。其中，压力指标表征人类社会经济活动给环境和自然资源施加的压力，如资源索取、物质消费以及产业运作过程产生的物质排放等对环境造成的破坏和扰动；状态指标表征在压力作用下环境和自然资源的改变情况；响应指标指通过社会和个人行动来减轻、阻止、恢复人类活动对生态环境造成的影响，以维持生态环境的可持续发展。以揭示系统有序演进规律为研究丝绸之路经济带生产网络与生态环境复合系统的出发点和落脚点，"压力"（Pressure）反映了丝绸之路经济带生产网络系统中人类社

会经济活动对生态环境系统的干扰，即系统负效应的形成过程；"状态"（State）反映出在生产网络的制约作用下，生态环境系统呈现出的状态；"响应"（Response）指复合系统对负效应的反馈，来源于包括政府、社会组织和其他系统参与主体，其通过有效行动来组织、减轻和补救负面影响，如制定战略计划和规章制度、技术改革、加强恢复和预防过程等举措，这一过程反映了系统中参与主体对系统状态变化的反馈形成过程。

丝绸之路经济带生产网络与生态环境复合系统的自组织演进过程，是复合系统在"压力—状态—响应"的循环往复中实现的，如图5-24所示。生态环境系统承受生产网络系统中人类社会经济活动引致的压力，状态会发生改变。为使复合系统再次建立起新的平衡状态，实现自组织演进，需要对生态环境系统呈现出的状态做出响应，采取一系列的措施，包括环境规制的建立、环保技术的改革等，使得生态环境系统得以可持续发展，继而对生产网络系统形成支撑作用，促使复合系统形成新的平衡状态并向高层级跃迁，实现复合系统由低级向高级、由无序向有序的发展演进。

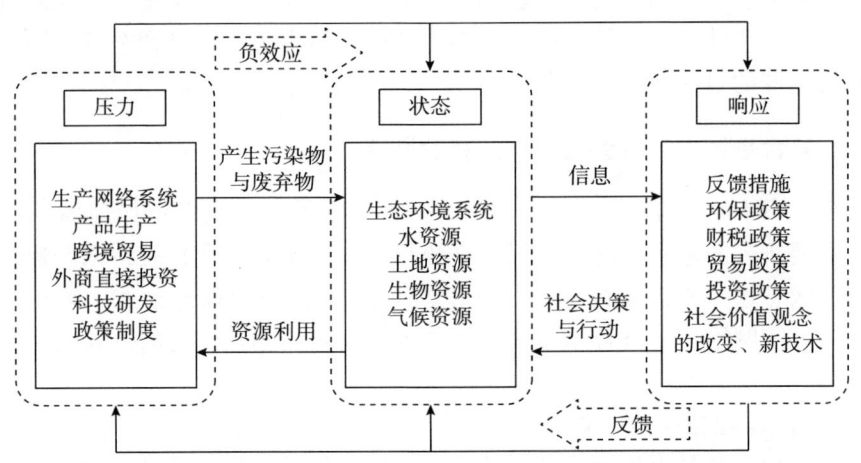

图5-24　丝绸之路经济带生产网络与生态环境复合系统PSR模型框架

进一步分析，在生产网络与生态环境复合系统"压力—状态—响应"模型中，压力指标来自该复合系统中的生产子系统、贸易子系统、FDI子系统和科技子系统，状态指标来自生态环境子系统，响应指标来自社会子系统和科技子系统。从压力层面看，生产网络中的产品生产、跨境贸易、外商直接投资、科技研发等经济活动给生态环境带来持续不断的压力；从状态层面看，生态环境系统受到生产网络中各项经济活动的胁迫，生态环境状态发生变化；从响应层面看，复

· 238 ·

合系统通过社会和科技层面的活动对系统做出反馈,以促进复合系统形成新的有序状态。

(二)复合系统内部各参与主体的衔接过程分析

生产网络与生态环境复合系统参与主体由生产网络系统和生态环境系统两者的参与主体共同构成。其中,生产网络的参与主体不仅包括领先企业、战略合作伙伴、专业供应商、普通供应商和消费者等经济行动者,还包括国家、国际组织和劳工团体等非经济行动者(王艳华等,2017)。在这些参与主体中,对生产网络与生态环境复合系统施加压力的主体主要是生产网络系统中经济活动的行动者。具体来说,领先企业主要起协调与控制作用,对市场和产品进行定位;战略合作伙伴主要为领先企业提供部分或者完整的解决方案,与领先企业共同设计和开发,提供高端制造和服务;专业供应商分为产业指定的供应商和跨产业的供应商两类,产业指定的专业供应商为领先企业或战略合作伙伴提供高附加值的组件、模块或产品,跨产业的专业供应商主要提供跨行业的中间产品或服务;普通供应商提供标准件和低附加值产品或服务;消费者为领先企业提供价值和利润,进行中间或最终消费。这些参与主体之间的相互作用影响着生产网络的形成与发展。

生态环境系统中的参与主体有政府、企业、公众和环保组织(田千山,2013)。其中,政府主要扮演着"设计者""引导者"和"培育者"的角色,即宏观经济政策、环保政策、法律法规等的制定,而且政府要引导企业、社会和公众自觉参与到生态环境保护的行动中;社会组织在生态环境治理中的作用需要政府在管理、技术、资金和人才等方面予以扶持及帮助;企业通过转变理念、技术革新和支持公益事业等方式参与生态环境治理;公众主要扮演着"践行者"和"监督者"的角色,从自身落实到生态环境保护中,并监督生态环境治理方面的法律、法规的制定和实施;环保组织是政府、企业、公众三者之间沟通的桥梁,在参与生态环境保护的过程中,主要从事环保宣传、决策咨询、协助政府化解生态环境危机和整合社会资源等工作。

生产网络系统与生态环境系统中参与主体之间为链式关系,形成有效衔接,促使复合系统在"压力—状态—响应"往复循环中实现演进,如图5-25所示。

生产网络参与主体与生态环境参与主体之间衔接的桥梁是人类活动和环境资源。这里的人类活动指生产网络形成和发展过程中的人为经济活动,包括:领先企业、战略合作伙伴和供应商的生产性活动和科技研发活动;领先企业与供应商之间的贸易活动;领先企业与战略合作伙伴的投资活动;消费者的商品消费活动。环境资源指各种资源的总和,它具有自然资源属性和环境资源属性,自然资源属性体现在自然环境因素提高人类当前和未来福利的价值,表现为由土地、

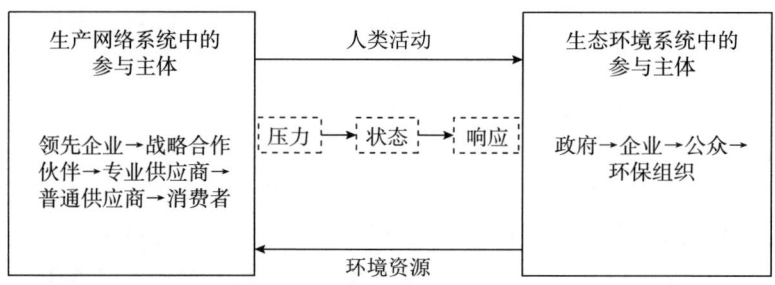

图 5-25　生产网络与生态环境复合系统内部参与主体的链式衔接

水、空气、动植物、矿产等自然资源及其按照一定的组合方式共同形成的环境状态；环境资源属性体现在环境所具有的纳污能力（环境自净能力），即自然环境可以通过大气、水流的扩散、氧化及微生物的分解作用，将污染物转化为无害物的能力。生产网络参与主体和生态环境参与主体将通过人类活动和环境资源来达到有效衔接，从而促进生产网络与生态环境的协同发展，而这一衔接过程的实现则基于污染压力和自然资源压力两个方面。

第一，在生产网络参与主体带来的污染物排放压力面前，生态环境质量面临着恶化压力，因而生态环境参与主体将从污染物减排、污染治理和修复的角度出发来对此做出响应，以促进生产网络与生态环境的协同发展。首先，生态环境参与主体通过调整生产网络参与主体的人为经济活动而间接地保护生态环境。例如，一国政府制定相关政策，将通过绿色或循环经济政策倾向来影响本国企业的发展战略方向，引导企业向绿色化转型，并激励企业进行技术创新；贸易政策将影响供应商与企业或消费者之间的中间产品或最终产品的贸易质量和数量，高技术高质量进口品的消费，相对排放的污染物更少；投资政策决定着引进外资的质量和数量，高质量 FDI 的流入对生态环境质量起着积极作用。其次，生态环境参与主体将直接参与到生态环境的治理和修复工作中。例如，政府将制定严格的环境规制政策以约束生产性企业的污染物排放行为，从源头控制污染物的排放；企业将改进自身的生产工艺技术以及减排技术，以降低污染物的排放；公众树立绿色消费理念，减少对高污染商品的消费，并对企业和地方政府在环境保护政策和法律法规方面的落实情况进行监督；环保组织将为政府提供生态环境治理和修复方面的政策咨询、为企业生产转型升级提供技术支持等。

第二，在生产网络中参与主体维持生产活动需要持续性资源供给的压力面前，生态环境面临着自然资源供给不足甚至枯竭的压力，因而生态环境参与主体将从资源保护和开发的角度对此做出响应，以促进生产网络与生态环境的协同发展。首先，生态环境参与主体将出于资源保护目的而调整生产网络参与主体的人

第五章　丝绸之路经济带生产网络与生态环境的协同机理研究

为经济活动。例如，政府将限制一些资源依赖型产业的生产活动，尤其是具有非可再生性的石油、矿产资源等，人为控制年开采量；企业可从资源丰裕的国家进口所需自然资源，减少对本国稀缺资源的进一步消耗；公众在自然资源消费过程中树立节约的观念，减少浪费；环保组织主要向消费者、企业或供应商倡导保护和节约资源的理念，应对资源危机。其次，生态环境参与主体将出于资源开发目的调整生产网络中参与主体的人为经济活动。例如，政府敦促领先企业带头开发新能源以替代非可再生资源，形成示范效应，或者提高领先企业与供应商之间的贸易质量，致使领先企业激励下游供应商，促进其技术创新，提供绿色产品；企业致力于开拓清洁能源市场，主动开发低廉的清洁能源以替代高污染的非可再生资源；公众关注清洁能源消费，推进清洁低碳转型；环保组织将发挥自身的灵活性和机动性，积极协助政府和企业进行新能源开发。

二、生产网络与生态环境交互的动态涨落机制

生产网络与生态环境交互指生产网络参与主体与生态环境参与主体间的相互促进与相互制约关系，是生产网络与生态环境复合系统内部互动的重要体现。生产网络与生态环境复合系统是由地理上相互分工与关联的生产网络参与主体和生态环境参与主体构成的区域性组织系统，各参与主体通过互动，构成复合系统的组织与空间结构，并在互动的过程中不断进行自我调整和组织，推动整个复合系统的演进与发展，为生产网络与生态环境二者协同关系的存在创造了基础。从涨落放大机制的观点看，丝绸之路经济带生产网络与生态环境的协同发展过程是复合系统向有序方向演进的过程。涨落是系统演化的内部诱因，系统的有序演化是通过涨落实现的。没有涨落，系统就无从认知新的有序结构，就没有非线性相干作用的关联放大以及序参量的形成，也就不可能有系统的进化（王崇梅和毛荐其，2007）。

（一）生产网络与生态环境复合系统中的主要涨落因素

循环经济理论的核心是资源的循环利用（Pearce and Turner，1990），具有观念先行、技术先导、物质循环、主体多元和效益综合五个方面的特征，且五大特征在循环经济的发展模式中具有重要带动作用。循环经济理念与 PSR 模型具有一致的理论内核，均认为人类社会经济活动对生态环境带来的制约和压力，可以通过反馈作用实现恢复、修复以及提升。具体到丝绸之路经济带生产网络与生态环境复合系统的协同发展过程中，不仅复合系统的参与主体具有多元性，而且发展理念、技术进步、经济增长方式、国际贸易、FDI 和政策等因素的共同作用对系统有序演进具有重要作用。基于此，从循环经济理论的核心观点出发，本书认为，发展理念、技术进步、经济增长方式、国际贸易、FDI 和政策是丝绸之路经

· 241 ·

济带生产网络与生态环境复合系统的主要涨落因素。

从发展理念因素看，可持续发展理念的树立和践行能有效促进生产网络与生态环境复合系统走向更高的协同状态。可持续发展理念是对整个人类社会处理人口、资源、环境与社会经济发展关系的一个总体指导体系，体现在两个方面：一是合理开发资源，包括开采、加工、形成产品、最终消费等各个环节的资源节约和合理利用；二是开发、加工过程与资源循环利用相结合。可持续发展理念实际上包括生产的可持续和消费的可持续两方面，其中，生产的可持续理念主要针对复合系统中的生产商，生产商要尽力实现生产过程中的物尽其用，可通过技术进步实现资源的多次循环再生利用，直到最后成为没有利用价值的废弃物，再对其进行焚化回收能量或填埋；消费的可持续理念主要针对复合系统中的消费者，消费者在消费过程中要树立可持续的绿色消费观，节约资源，多使用绿色商品，以敦促企业进行绿色技术创新。在可持续发展理念的引领下，将有效促进生产网络与生态环境的协同发展，实现复合系统的最佳功能，获取整体最大利益。

从技术进步因素看，技术进步是实现生产网络与生态环境复合系统走向高协同状态的关键核心要素。科研人员和管理人员在技术创新成果开发、试制、生产过程中存在诸多不确定因素，导致涨落普遍存在。首先，从研发方面看，人才的素质、学术水平以及研究开发能力将影响到创新成果的研发；其次，从试制和生产过程方面看，设备质量和资金投入充裕匮乏将影响到研发成果的商业化、产品质量和数量；最后，文化环境构成了技术进步的外部环境，文化环境的优劣将对技术进步产生约束作用，而且职工的调动、法规环境的健全偏颇以及政府政策的变化都会导致产品畅销与滞销的市场波动。其中，研究开发既是自组织创新的一个最基本的先决条件，也是引进技术消化吸收的重要环节，它作用的直接结果是不断产生新的知识，并在经济系统中产生新的不确定性，从而导致系统的涨落。

从经济增长方式因素看，经济增长方式的转变是生产网络与生态环境复合系统达到高协同状态的根本保证。传统的经济增长方式是单向流动的线性经济，即将资源加工成产品，其他没成为产品的一部分便成为废弃物，这种经济增长方式依靠的是高强度地开采和消耗自然资源，与此同时，伴随着大量的污染物排放，对生产网络与生态环境的协同发展产生消极作用；而循环经济增长方式，将有效改善这一问题，在产品生产过程中节约、有效、合理地使用资源，并将产生的废弃物多次循环利用，这一过程不仅可以提高生产效率，而且可以降低污染物排放，实现了在发展生产网络的过程中，在一定程度上保护了生态环境。这一经济增长方式的转变，由粗放单线式经济增长转变为多循环可再生性经济增长，将促进生产网络与生态环境复合系统达到新的更高的平衡态。

从国际贸易因素看，贸易引致的技术和贸易摩擦会通过打破贸易子系统的原

第五章 丝绸之路经济带生产网络与生态环境的协同机理研究

有平衡态而进一步引起生产网络与生态环境复合系统的涨落（夏晓军和祝宝江，2008）。Vernon（1966）认为，大多数新产品和技术在发达国家被开发并且生产出口，只有在标准化生产后，产品才有可能通过技术转移真正实现在发展中国家的低成本大规模生产，从技术引进国返销技术发明国。从技术角度分析，产品生命周期全过程是一个交错循环发展的过程，同时是发达国家和发展中国家之间贸易与技术转移的动态过程。这个过程是国家间不断地从对方引入负熵流进行"新陈代谢"，然而这种"代谢"一旦被远离平衡态开放系统中的技术壁垒等条件破坏，国际贸易就会窒息而死，因此技术交错发展负熵流的互动效应会使系统衰败，导致秩序的混沌。一个系统与另一个系统进行物质和能量交换的耗散期间，技术转移越活跃，国际贸易摩擦越多，政治化、国际化争端越加剧，从而打破贸易子系统的原有平衡态。贸易子系统的状态改变将引起生产网络与生态环境复合系统的涨落。

从FDI因素看，FDI相关政策、FDI质量、FDI规模、环境治理投资和人力资本投资的改变将引起生产网络与生态环境复合系统的涨落。其中，投资政策决定着资本的流入方向，当资本更多地流向高污染、高能耗产业时，将加剧自然资源消耗和污染物排放，打破生态环境子系统原有的平衡；相反，当资本更多地进入高技术产业或者环保行业，有利于生态环境的治理与防护，将促进生态环境子系统维持动态平衡并走向新的有序平衡态。FDI质量和规模的变化也会改变FDI子系统的状态，高质量的FDI指具有高技术、高附加值以及低污染的外商直接投资，更多地引进这些投资将有利于复合系统朝着更好的方向发展；FDI规模与污染物的排放规模正相关，特别是低质量FDI的引进规模越大，生产所排放的污染物越多，将阻碍生产网络与生态环境协同的实现。环境治理投资和人力资本投资是FDI的重要去向，环境治理投资的增加将直接改善生态环境，而人力资本投资将通过提高人才素质促进技术进步，间接促进生态环境的改善，从而促使复合系统走向更好平衡状态。

从政策因素看，财税政策、贸易政策、FDI政策和环保政策的变化将从宏观管理的角度出发，打破生产网络与生态环境复合系统原有的平衡态。财税政策倾斜情况的变化将通过影响复合系统内部子系统的平衡而改变整个系统的平衡态。通常来说，政策倾向性产业的发展势头会更好，如当一国或地区的财税政策更多地向环保行业和高科技行业倾斜时，将促进更多的环保企业进入当地市场，也将促进部分企业的绿色化转型，进而实现产业结构的优化升级，使生产子系统和生态环境子系统相互融合、协调发展。一国或地区贸易政策和FDI政策直接影响着当地与其他国家或地区间的商品及资本往来，贸易规模、质量和进出口商品类型直接受制于贸易政策，FDI规模、质量和流向直接受制于FDI政策，国际贸易和

FDI 在生产网络与生态环境协同发展过程中的作用及有效性直接受这两种政策的影响,且这两种政策也是生产网络与生态环境复合系统得以平稳有序运行必不可少的要素。环保政策直接影响生态环境子系统的发展走向,也会促进生产系统的改进升级,打破生产系统原有的平衡,促使生产系统在"涨落"中进化,进而引起生产网络与生态环境复合系统平衡态的改变。

除了上述涨落因素外,人为的环境污染和突发的自然灾害也是促使生产网络与生态环境复合系统发生"涨落"的重要因素之一。生态环境系统由生产者、消费者、分解者和无机环境等要素构成,这些要素通过非线性相互作用产生协同作用和相干效应,形成耗散结构。生产者、消费者和分解者之间,以及它们与无机环境之间具有非独立相干性、时空中的非均衡性以及多体间的非对称性的关系,而不是独立性、均衡性、对称性的线性关系。生产者、消费者和分解者都是由单个生命有机体通过非线性相互作用组成,其中任何一个要素的变化都不会单一影响另外一个因素,而是影响到多种因素。例如,水污染对生产者、消费者和分解者的影响,不仅使这一水域的生产者(藻类)、消费者(鱼类)和分解者与无机环境间的非平衡、非线性遭到破坏,也使以这一领域中消费者(鱼类)为食物的其他动物消失,水域周围的植物遭到污染,甚至对这一水域周围的人类健康也有损害,从而使整个生态系统非平衡、非线性结构遭到破坏。另外,突发的自然灾害不仅会对当地的生态造成巨大的危害,还会影响当地的环境状况,这对于生态环境系统的稳定来说,具有很大的压力,会促使系统开始进行自我重组,建立新的有序态(姜广举等,2011)。

(二)生产网络与生态环境复合系统微涨落放大的条件

为促使系统不断由无序向有序演化,必须使系统中众多的微涨落形成巨涨落。而要实现这一目的,必须使涨落放大,但涨落放大需要一定的条件。

1. 生产网络与生态环境复合系统的开放性是实现从无序到有序的必要条件

生产网络与生态环境复合系统要形成新的有序结构,必须是一个开放的系统,表现为丝绸之路经济带经济的一体化、国家间贸易和投资的自由化以及生产要素的自由流动。系统内、外环境之间要有人力、财力、物力、技术资源和信息的交换与流通,形成人员流动、成果流动、产品流动、资金流动以及信息的流动。也就是说,引入负熵,克服内部熵增,不断减少系统的总熵,促使系统有序度不断增强,创新能力才能够得以提升。一旦系统封闭,就会形成均匀化状态,也就不会实现系统的涨落,直至阻碍系统进化;这样系统只能自发地走向无序,因而复合系统实现从无序到有序的必要条件是保证系统是开放的。

开放的系统能实现自然资源、人才、资本和技术等生产要素的自由流动,继而促进丝绸之路经济带生产网络最大限度地扩张。丝绸之路经济带沿线国家或地区的自然要素禀赋、科技实力以及资本积累情况都具有显著的差异性,因此,开放系统中自然资源、人才、资本等才能在国家间和企业间流动,有利于区域内各方在不同时期、阶段对各种生产要素的需求。首先,开放的系统能满足国民生产和生活对自然资源的需求,自然资源是进行商品生产的物质基础,开放性可以保证自然资源的自由流动,为企业的正常生产提供条件;其次,开放的系统能满足企业对人才的需求,有利于区域内各方对不同层次人才的需求,保障科技成果迅速商品化和产业化;再次,开放的系统能满足企业对资金的需求,解决有些国家由于资本积累不足,对国内产业发展的支持力度有限,造成企业扩大再生产所需资金欠缺的问题;最后,最重要的是,开放的系统能促进科技的进步,科技是第一生产力,在封闭系统中,科研环境缺乏外界的信息,缺乏创新的动力和源泉,会限制科技的发展,而开放的系统为各方提供了信息交流的渠道和科技传播的通道,有利于各方提高本国的科技水平。

2. 生产网络与生态环境复合系统中各要素之间的非线性相互作用是实现从无序到有序的根本保证

丝绸之路经济带生产网络与生态环境之间的相互作用是非线性的,使得复合系统各要素之间产生相干效应和协调作用,进而促使复合系统从杂乱无章变成井然有序。线性系统发生变化时,往往是逐渐进行的;而非线性系统发生变化时,往往有性质上的转化和跳跃。受到外界影响时,线性系统会逐渐地做出响应;而非线性系统则很复杂,有时对外界信号拒不理睬,有时又反应激烈,但是,最终在系统内各要素之间的相干作用和协调作用之下,系统逐渐从无序走向有序。作为一个整体,线性系统连续变化,会随着时间而改变状态,这种连续的变化对于经济社会发展来说并不一定是有利的;非线性系统却可以长时间保持自己的稳定,这符合经济社会发展的一般规律。非线性相互作用是系统自组织演化的内在动力,涨落是系统自组织演化的原初诱因,循环是系统自组织演化的组织形式,相变和分叉体现了系统自组织演化方式的多样性,混沌和分形揭示了从简单到复杂的系统自组织演化的图景(魏宏森和曾国屏,1995)。因此,系统要素间的非线性相互作用是实现系统协同发展的根本保证。

生产网络与生态环境复合系统中要素间的竞争及合作关系主要体现在生产网络与生态环境构成要素之间的协同作用。一方面,生产、贸易、FDI、科技、社会和生态环境六个子系统要素间必须密切配合、协同工作,才能使生产网络与生态环境复合系统处于最优化运行状态,从而获得最大的整体利益。另一方面,复合系统的发展必然伴随生产和消费活动,对生态环境子系统产生大量的资源要素需要以及排放污染物,当超出生态环境子系统的承载力时,复合系统的发展会变得缓慢乃至衰退。生产网络与生态环境复合系统协同发展的目的是在生态承载力范围内，实现生产网络的发展最大化，其核心是生产，企业在生产过程中会造成大量的自然资源消耗以及污染物排放，导致生态环境状况严重损害，而生态环境是生产网络发展的最直接的影响因素，从而形成生态环境对生产网络的反馈作用。此外，复合系统中参与主体所拥有的自然要素、人力、科技和财力是有限的，而合理的资源配置可以产生相互间的非线性相干作用，促使微涨落放大为巨涨落，从而推动系统成功达到有序的结构，保证生产网络与生态环境的协同发展。

3. 生产网络与生态环境复合系统远离平衡态是实现从无序到有序的源泉

"非平衡态是有序之源"是普利高津的著名命题。系统的开放性和非线性作用通过在打破平衡态过程中不断创造新的增长点，从而使得系统远离平衡态，在涨落放大条件作用下达到有序状态（王崇梅和毛荐其，2007）。系统远离平衡态的原因具有多样性，例如，非均匀化技术创新思想导致新技术思想不断地形成与交流；人员分工和分配存在显著差异，导致人才的频繁流动，人才素质的不断提高；投资的非均匀化和多元化，导致资金的不断流动，保证产业发展对资金的需求；自然灾害或环境污染造成的生态环境的破坏，导致生产网络发展的自然基础的改变等。

生产网络与生态环境复合系统远离平衡态的过程实质上是复合系统由低协同向高协同演化的过程，复合系统要摆脱当前的低协同状态，必须引进竞争机制，以打破原始平衡，促进高协同的产生。这一竞争机制包括：开发新的清洁能源来代替传统的自然资源，或者限制某些非可再生资源的开发，从而改变能源的消费结构和能源消耗量；加强环境规制力度，促进生态环境的改善；改变产业结构，推进产业的优化升级；营造更加良好的投资环境，以吸引更多的外资等，从而使微小涨落形成经济新的增长点。同时，要具有危机意识，要认识到区域内、外存在科技水平的差距，要形成自觉的生态环境压力，以及来自国际市场的竞争压力。

（三）生产网络与生态环境复合系统的动态演化过程

系统的进化过程具有不稳定性，它是一种"创造性的破坏"，是从无序到有序，从旧结构到新结构的演化过程。旧结构失稳到新结构诞生存在临界状态，处于临界状态时，系统中活动行为对于系统失稳后的演化方向至关重要。系统在演化过程中受多种不确定性因素的影响，如科技创新、政策变化、自然灾害等，其存在着随机"涨落"力的作用。在临界点，随机"涨落"力决定系统在失稳后的演化路径，即在多种可供选择的要素组合状态间决定其中之一作为新的路径分支，如图5-26所示。因此，生产网络与生态环境复合系统的演化过程可以分为系统失稳、路径选择、新协同状态形成三个阶段。

第五章　丝绸之路经济带生产网络与生态环境的协同机理研究

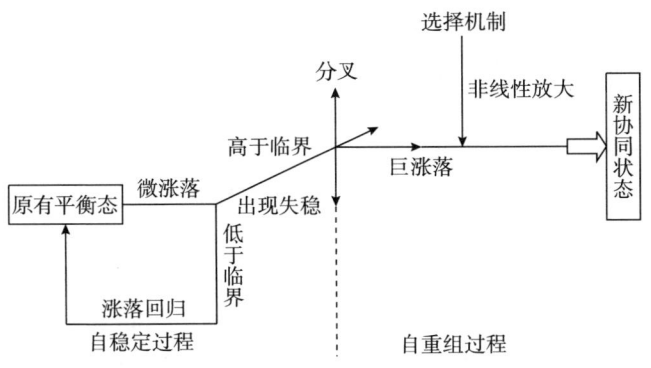

图 5-26　系统进化过程

第一阶段，生产网络与生态环境复合系统失稳，即在复合系统中的涨落因素作用下，微涨落形成，当涨落不发生回归时，会改变复合系统原有的协同状态，系统出现失稳。对于丝绸之路经济带生产网络与生态环境复合系统来说，它是一个由生产、贸易、科技、社会、FDI 和生态环境等子系统构成的复杂巨系统，因而，当系统内部出现涨落时，这些涨落不会简单地回归到原有的平衡态，而会使系统出现失稳。例如，丝路沿线一些国家进行产业结构调整，造成生产子系统的失衡；在国际市场上具有一定影响力的国家与其贸易伙伴国关系的改变，导致贸易子系统的失衡；中东地区的战争动荡影响社会子系统的稳定；运用技术发明成果成功开发出新产品，会打破科技子系统的平衡；一国投资环境的改善，会吸引更多外资进入，使得 FDI 子系统更加活跃；自然灾害或者意外事故等会直接造成生态环境子系统的失衡。由于各子系统之间具有相互联系，因此，引起某子系统状态发生改变的因素，最终会导致整个复合系统的状态发生改变，脱离原来的平衡状态。

第二阶段，生产网络与生态环境复合系统的状态达到临界点，在涨落力的驱动下，系统会出现多种可能走向，最终决定系统走向的是社会子系统的涨落力。基于生产网络与生态环境协同发展的目标，借助社会子系统的宏观调控功能，促使复合系统向着更高的协同状态发展。原因是社会子系统对于整个复合系统来说，具有适应功能、协调功能和自组织功能。从适应功能看，社会系统可以通过社会实践实现外部环境的改变与人的活动一致，即社会系统可以根据外部环境的改变来做出相应的调整，如当生态环境恶化时，进行严格的环境规制，或者当经济增长迟缓或者衰退时，积极采取各种政策措施来缓解这种下行压力等；从协调功能看，针对社会系统本身，即通过社会结构的自发调整来协调人类本身的生产与社会承受能力的关系，实现物质生产与精神生产的平衡；从自组织功能看，社

丝绸之路经济带生产网络与生态环境协同发展研究

会系统可以通过对自身结构的调整来协调社会系统内部各要素以及其他系统的关系，促使整个系统向最优化发展。因此，社会子系统通过系统涨落力的选择机制，促使生产网络与生态环境复合系统通过自组织打破临界点，之后发生突变，形成新的更高级的结构，向更高层级的协同状态演进。

第三阶段，生产网络与生态环境复合系统在延续新路径的过程中，微涨落继续放大，形成巨涨落，进而系统达到新的平衡态，实现更高水平的协同发展。随着生产网络与生态环境复合系统的进一步发展，新兴产业更加成熟，生产工艺更加科学化，研发出的新产品获得大批量的生产，环境规制更加严格和规范化，生态环境治理水平更加专业化和产业化，可替代资源和能源更加丰富和多样化，国际经贸合作更加平稳有序，社会更加稳定等。巨涨落的形成，不仅促进了生产网络的发展，也在一定程度上缓解了生态环境压力，推进二者的协同水平相比较原来更高。

第六节 本章小结

本章基于复杂系统理论，考察丝绸之路经济带生产网络与生态环境的相互影响，分析影响二者协同发展的主要因素，通过构建生产网络与生态环境复合系统模型，解析丝绸之路经济带生产网络与生态环境的协同发展规律，以揭示丝绸之路经济带生产网络与生态环境的协同机理。主要研究结论如下：

（1）以丝绸之路经济带生产网络发展演进中污染物的排放为切入点，从全要素生产率探析其对生态环境的影响路径，并实证检验影响机制，揭示丝绸之路经济带生产网络的不断发展演进对沿线区域生态环境的作用。研究发现，在规模、结构、技术、FDI 和链变迁五大路径的作用下，生产网络通过规模经济、资源配置、技术进步、产业转移与技术溢出以及行业属性的变化降低对环境的污染；目前，丝绸之路经济带的 EKC 曲线呈倒"N"形，已经过两个理论拐点，意味着伴随丝绸之路经济带生产网络的发展演进，沿线区域污染物排放将持续减少，沿线区域生态环境质量将得到改善；VAR 模型的进一步实证结果表明，丝绸之路经济带生产网络与生态环境之间存在双向作用关系。一方面，从短期看，丝绸之路经济带生产网络的发展演进对生态环境的改善作用不明显，然而伴随其参与全球价值链地位的提升，生态环境的改善作用增强。另一方面，丝绸之路经济带生态环境约束着生产网络的发展演进，然而伴随丝绸之路经济带生产网络全球价值链地位的提升，生态环境的约束作用逐渐减弱。

第五章　丝绸之路经济带生产网络与生态环境的协同机理研究

（2）从反馈路径和影响力两个层面阐释丝绸之路经济带生态环境对生产网络的反馈效应，揭示在环境规制和资源环境约束下，丝绸之路经济带生态环境通过倒逼产业发展进而影响生产网络的发展这一演进过程。研究发现，首先，在环境规制和资源环境约束下，丝绸之路经济带生态环境会通过技术进步、产业布局、环境治理、产业规模和产业结构五条路径影响产业发展进而对生产网络形成反馈效应，具体包括：第一，生态环境通过倒逼技术进步促进生产网络的可持续发展；第二，生态环境通过倒逼产业布局的调整而改变生产网络的中心；第三，生态环境通过环境治理影响和改变生产网络在全球价值链中的嵌入情况；第四，生态环境通过改变产业规模而影响生产网络的空间布局；第五，生态环境通过促进专业化型结构调整而促进生产网络的发展。其次，丝绸之路经济带生态环境对生产网络的影响反映在产业内企业间的组织关系上，在五大反馈路径的作用下，其影响结果主要体现在产业资源供给的失衡、产业生态效率的降低、绿色产业的需求增加和产业技术标准的提升四个方面。

（3）采用解释结构模型解析影响生产网络与生态环境协同发展的主要因素及其相互作用关系，揭示对系统协同发展影响最深远的直接因素和底层因素，以及其所发挥的主导作用。研究发现，从贸易、投资、技术、生产和制度五个层面出发，影响丝绸之路经济带生产网络与生态环境协同的主要因素有 19 个，且具有 6 级递阶结构，第一级影响因素是经济增长方式、环保治理技术和产业结构，第二级影响因素是生产效率、贸易规模和环境治理投资，第三级影响因素是产业集聚、投资效率和生产工艺技术，第四级影响因素是贸易便利化水平、贸易自由化程度、FDI 规模、FDI 质量、科技人才和环保政策，第五级影响因素是研发支出、贸易政策和投资政策，第六级影响因素是财税政策。从影响因素的关系结构看，第一级因素是影响生产网络与生态环境协同发展的表层因素，是协同的直接影响因素；贸易政策、投资政策、财税政策和环保政策是底层因素，它们对协同发展的影响是基础性的、深远的。

（4）引入系统动力学构建丝绸之路经济带生产网络与生态环境复合系统模型，明确影响丝绸之路经济带生产网络与生态环境协同发展的因素间相互耦合的动态演化过程，据此揭示复合系统的循环路径。研究发现，丝绸之路经济带生产网络与生态环境复合系统的建模目的有两点：一是明确生产网络与生态环境复合系统包含的子系统及其结构和构成要素；二是判别生产网络与生态环境复合系统中各变量间因果关系，深入探讨协同作用因果链。据此提出系统构建的两个假设：一是丝绸之路经济带生产网络与生态环境复合系统的状态变化具有连续性；二是丝绸之路经济带生产网络与生态环境复合系统边界的确定具有合理性。以明确丝绸之路经济带生产网络与生态环境复合系统的系统结构、要素构成以及协同演进路径为目标,通过丝绸之路经济带生产网络的形成过程以及分工贸易体系的五个环节,确定复合系统以科技系统、生产系统、贸易系统、FDI 系统和社会系统为边界,将研究中有重要关系的概念与变量考虑进模型;以子系统及其构成要素所发挥的功能为分析系统要素及其因果关系的依据,分别绘制子系统的主要因果关系反馈图,作为循环路径解析的理论依据;根据系统分解协调原理,认为在丝绸之路经济带生产网络与生态环境复合系统内有四条主要循环路径:总产量的提高→资源消耗和环境污染加重→抑制经济发展→贸易需求减少→抑制产量,经济文化水平和经济发展水平→人口素质→科技人才→科技进步→经济增长→人口素质,经济发展水平→对外投资→技术溢出→东道国技术进步→带动经济发展,法律法规力度→约束企业的生产行为→生态环境进一步恶化→完善法律法规或加大执法力度。

(5) 基于涨落放大机制理论,从参与主体的有效衔接和动态涨落机制两个方面明确复合系统的自组织演进规律,揭示在发展理念、技术进步等涨落因素的作用下,通过系统失稳、路径选择和新协同状态形成三个阶段复合系统向更高水平协同发展的演进规律。研究发现,通过引入 PSR 模型的理论框架,以人类活动和环境资源为桥梁,解析丝绸之路经济带生产网络与生态环境复合系统中各参与主体通过减少资源消耗和环境污染实现有效衔接的过程。其中,生产网络的参与主体不仅包括领先企业、战略合作伙伴、专业供应商、普通供应商和消费者等经济行动者,还包括国家、国际组织和劳工团体等非经济行动者。生态环境的参与主体包括政府、企业、公众和环保组织。生产网络参与主体和生态环境参与主体实现有效衔接的桥梁是人类活动和环境资源,具体有两个衔接过程:一是生产网络参与主体的经济活动给生态环境带来污染物排放压力,生态环境参与主体将从污染物减排、污染治理和修复的角度出发来对此做出响应;二是生产网络参与主体的经济活动造成大量的资源消耗给生态环境带来资源供给压力,生态环境参与主体将从资源保护和资源开发的角度来对此做出响应。进一步地,从涨落放大机制的观点来看,影响生产网络与生态环境复合系统涨落的主要因素是发展理念、技术进步、经济增长方式、国际贸易、FDI 和政策等;复合系统微涨落放大的条件是系统的开放性、非线性相互作用和远离平衡态;复合系统的动态演化过程分为系统失稳、路径选择和新协同状态形成三个阶段,随着微涨落的进一步放大形成巨涨落,在巨涨落的作用下,复合系统达到新的有序状态,生产网络与生态环境实现更高水平的协同发展。

第六章　丝绸之路经济带生产网络与生态环境协同发展的路径规划与政策保障

丝绸之路经济带生产网络与生态环境协同发展，要求以环境损耗最小化获得生产网络发展演进中的经济效益最大化，进而有效提升生产网络的可持续发展水平。已有对区域经济增长与生态环境协同发展的路径规划研究中，多以经济活动参与者的利益诉求为出发点展开（邱斌等，2016），从既有直接针对丝绸之路经济带沿线区域经济发展与生态环境协同发展的路径规划研究看，多聚焦于沿线国家的利益共享与规划对接等问题（刘国斌，2019；宁吉喆，2019）。现有研究的局限性在于：一是多以某一区域经济增长与生态环境协同度的测算结果为依据而规划协同发展路径，缺乏对该区域协同发展演进趋势的考虑；二是大多数文献将研究区域作为一个有机整体，缺乏对区域内子单元协同发展格局异质性的考虑，且所提出的路径规划缺乏目标性。本章在测评丝绸之路经济带生产网络发展演进水平和丝绸之路经济带生态效率的基础上，厘清丝绸之路经济带生产网络发展水平与生态效率的空间差异性，进一步引入脱钩理论，预判丝绸之路经济带生产网络与生态环境协同发展的演化格局，以探究丝绸之路经济带生产网络与生态环境协同发展的路径规划与保障措施。

第一节　丝绸之路经济带生产网络与生态环境的协同发展格局

基于脱钩理论的思想，透过丝绸之路经济带生产网络发展水平与丝绸之路经济带生态效率之间的数量关系，不仅能够有效表征丝绸之路经济带生产网络发展水平与区域生态效率二者间的内在联系，而且能够识别二者关系演化的具体阶段和变化。

一、丝绸之路经济带生产网络的发展水平评估

（一）测评方法

运用指数法对丝绸之路经济带生产网络发展水平进行测算，具体计算公式如下：

$$\theta = \sum_{j=1}^{n} \dot{x}_{ij} \times \omega_j \qquad (6-1)$$

式中，θ 为丝绸之路经济带生产网络发展水平指数；$\dot{x}_{ij}$ 为 i 国 j 指标的标准化数据；ω_j 为指标 j 的权重。

（二）测评指标体系的构建

依据数据的易得性、可比性和相关性等原则，借鉴郑智等（2019）研究成果，从参与全球价值链分工程度、价值增值能力和经济联系紧密度三个准则层出发，选取 3 个代理指标，构建丝绸之路经济带生产网络发展水平评价指标体系，如表 6-1 所示。其中，丝绸之路经济带生产网络参与全球价值链分工程度选取出口商品结构的相似度指数（ESI）作为代理指标，通过对比分析丝绸之路经济带沿线各国与世界先进国家的出口结构，反映一国与全球价值链高端环节的相对距离，可以作为该国所处全球价值链位置的间接证据；价值增值能力选取国内增加值（DVA）作为代理指标，反映一国参与丝绸之路经济带生产网络，生产单位最终产品时所实现的新增加值，一国所获增加值越多，表明其在参与国际生产分工中的增值能力越强；丝绸之路经济带生产网络的经济联系紧密程度以 GDP 作为代理指标，反映丝绸之路经济带生产网络在以生产要素流动和产业分工合作为基础的生产活动中所产生的直接经济效应。

表 6-1 丝绸之路经济带生产网络发展水平评价指标体系及权重

准则层	指标层（单位）	说明	指标属性	权重
参与全球价值链分工程度	出口商品结构的相似度指数（ESI）/X_1	以生产网络中各国的出口商品结构反映其与全球价值链高端环节的相对距离	正向	0.289
价值增值能力	被国外吸收的国内增加值部分（DVA）（百万美元）/X_2	反映一国参与生产网络生产单位最终产品时所实现的新增加值	正向	0.637
经济联系紧密度	GDP（亿美元）/X_3	反映了生产网络中生产活动所产生的直接经济效应	正向	0.074

（三）指标权重的确定

选用改进熵值法（杨丽和孙之淳，2015）对丝绸之路经济带生产网络发展水平评价指标体系的指标权重进行确定。具体计算步骤如下：

第一步，研究期为 k 年，有 n 个样本国家，指标体系中共有 m 个指标，则 x_{uij} 为 u 年 i 国的第 j 个指标。首先需要采用极值法对指标进行标准化处理。

负向指标标准化：

$$x_{uij}^{\cdot} = \frac{x_{uij} - x_{\min}}{X_{\max} - X_{\min}} \tag{6-2}$$

正向指标标准化：

$$x_{uij}^{\cdot} = \frac{x_{\max} - x_{uij}}{X_{\max} - X_{\min}} \tag{6-3}$$

第二步，确定指标权重：

$$y_{uij}^{\cdot} = x_{uij}^{\cdot} \Big/ \sum_u \sum_i x_{uij}^{\cdot} \tag{6-4}$$

第三步，计算第 j 项指标的熵值：

$$e_j = -l \sum_u \sum_i y_{ij} \ln(y_{uij}) \tag{6-5}$$

式中，$l>0$，$l = \ln(kn)$。

第四步，计算第 j 项指标的信息效用值：

$$g_j = 1 - e_j \tag{6-6}$$

第五步，计算各指标的权重：

$$\omega_j = g_j \Big/ \sum_j g_j \tag{6-7}$$

各指标权重的计算结果见表 6-1。

（四）样本选择与数据来源

丝绸之路经济带沿线 72 个国家中，数据缺失较为严重的国家包括：中亚地区的吉尔吉斯斯坦、塔吉克斯坦、乌兹别克斯坦、土库曼斯坦 4 国，南亚地区的阿富汗、尼泊尔、不丹、巴基斯坦、斯里兰卡、马尔代夫、孟加拉国 7 国，东亚地区的蒙古国 1 国，西亚地区的伊朗、伊拉克、阿塞拜疆、叙利亚、约旦、巴勒斯坦、巴林、卡塔尔、也门、阿曼、阿联酋、科威特、黎巴嫩、格鲁吉亚、亚美尼亚 15 国以及北非的埃及、利比亚和阿尔及利亚 3 国，欧洲的塞尔维亚、黑山、波黑、马其顿、阿尔巴尼亚、斯洛伐克、白俄罗斯、乌克兰、摩尔多瓦 9 国。考虑到数据的可获得性，选择丝绸之路经济带沿线 33 个国家作为样本国家，如表 6-2 所示。

表6-2 丝绸之路经济带生产网络样本国家

区域划分	国家	地理分布
核心区	中国	东亚
	哈萨克斯坦	中亚
重要区	俄罗斯	欧洲
	印度	南亚
	土耳其、以色列、沙特阿拉伯、塞浦路斯	西亚
	日本、韩国	东亚
拓展区	克罗地亚、斯洛文尼亚、罗马尼亚、保加利亚、意大利、西班牙、葡萄牙、希腊	南欧
	爱沙尼亚、拉脱维亚、立陶宛	东欧
	英国、爱尔兰、荷兰、比利时、法国	西欧
	波兰、捷克、匈牙利、德国	中欧
	瑞典、丹麦、芬兰	北欧

在表征丝绸之路经济带生产网络发展水平的三个指标中，GDP统计数据来自世界银行数据库（2011~2018年）；ESI指数在第一章中计算得到；DVA数据由DVA-FIN（最终产品出口中的国内增加值）、DVA-INT（被直接进口国吸收的中间出口）和DVA-INTrex（被间接进口国生产向第三国出口所吸收的中间品出口）三部分求和得到，三个指标数据来源于对外经贸大学全球价值链研究院构建发布的UIBE_GVC指标体系数据库中的ADB_MRIO2018（2010~2017年）贸易数据，原始数据如表6-3所示。

（五）测算结果

2010~2017年丝绸之路经济带生产网络发展水平指数测算结果如表6-4所示。

丝绸之路经济带生产网络发展水平指数的高值区主要分布在核心区，拓展区次之，重要区相对较低。各子区域间也存在地理分布的异质性，具体来说，拓展区中，南欧和东欧发展水平相对较高，而中欧和北欧的发展水平相对较低；重要区中，西亚以及东亚部分区域发展水平较高，南亚较低；核心区中，中国显著高于中亚区域。值得关注的是，中国不仅在核心区中首位优势明显，在整个丝绸之路经济带生产网络中也处于领先地位。丝绸之路经济带生产网络发展水平空间分布状况如图6-1所示。

第六章 丝绸之路经济带生产网络与生态环境协同发展的路径规划与政策保障

表6-3 丝绸之路经济带生产网络发展水平评价指标原始数据

国家	2010年 X_1	2010年 X_2（百万美元）	2010年 X_3（亿美元）	2011年 X_1	2011年 X_2（百万美元）	2011年 X_3（亿美元）	2012年 X_1	2012年 X_2（百万美元）	2012年 X_3（亿美元）	2013年 X_1	2013年 X_2（百万美元）	2013年 X_3（亿美元）	2014年 X_1	2014年 X_2（百万美元）	2014年 X_3（亿美元）	2015年 X_1	2015年 X_2（百万美元）	2015年 X_3（亿美元）	2016年 X_1	2016年 X_2（百万美元）	2016年 X_3（亿美元）	2017年 X_1	2017年 X_2（百万美元）	2017年 X_3（亿美元）
中国	0.627	18070.5	6090	0.661	19284.1	7550	0.675	27328.1	8530	0.676	27180.9	9570	0.676	25871.1	10400	0.676	23151.8	11000	0.696	14589.7	11100	0.713	12145.5	12100
哈萨克斯坦	0.311	132573.1	148	0.328	165429.9	193	0.327	207288.3	208	0.317	212010.5	237	0.297	214276.8	221	0.302	200986.1	184	0.268	172899.5	137	0.275	147990.5	167
俄罗斯	0.384	146169	1520	0.405	200595	2050	0.390	245884.3	2210	0.396	245593.9	2300	0.398	259088.8	2060	0.465	243558.7	1360	0.487	207548.5	1280	0.499	202845.2	1580
印度	0.536	77027.3	1680	0.564	82897.2	1820	0.559	94697.8	1830	0.552	106855.4	1860	0.541	108157.1	2040	0.511	112710.1	2100	0.503	101344	2290	0.516	96677.4	2650
土耳其	0.507	24740.9	772	0.533	29194	833	0.554	30388.3	874	0.543	30388.5	951	0.530	30791.2	934	0.528	33221.9	860	0.533	30601.6	864	0.546	29783.7	853
以色列	0.378	19491.1	234	0.398	25750.7	261	0.389	38516.6	257	0.379	37697.9	293	0.383	41310.9	310	0.368	41284	300	0.355	31712.4	319	0.364	34346.1	353
沙特阿拉伯	0.099	4878.4	528	0.105	4565.2	671	0.097	4833.6	736	0.110	4515.6	747	0.119	4929.6	756	0.150	5174.1	654	0.158	4404.7	645	0.162	4421.5	689
塞浦路斯	0.412	300467.4	25.7	0.433	398828.2	27.6	0.426	440984.4	25	0.431	428636.3	23.9	0.446	388890.1	23.1	0.451	401659.5	19.8	0.394	344601.1	20.9	0.404	335054	22.6
日本	0.477	257146.9	5700	0.503	334442.8	6160	0.496	428842.6	6200	0.498	439882.1	5160	0.495	437633.2	4850	0.470	436655.6	4390	0.475	362251.9	4930	0.487	337391.9	4860
韩国	0.626	7596.6	1090	0.659	8075.5	1200	0.657	8565.6	1220	0.639	7777.2	1310	0.632	8341.4	1410	0.591	8442.3	1380	0.583	7820.9	1410	0.598	8382.3	1530
克罗地亚	0.430	33145.1	59.8	0.453	37822	62.4	0.448	47708.1	56.5	0.445	48094.3	58.1	0.442	51184.1	57.6	0.446	50379.7	49.5	0.437	43505.3	51.6	0.448	45208.1	55.3
斯洛文尼亚	0.623	18075.4	48.2	0.656	22596.1	51.5	0.654	29369.5	46.6	0.655	28828.1	48.4	0.650	35902.9	49.9	0.643	38993.6	43.1	0.633	30687.8	44.7	0.649	32948.3	48.4
罗马尼亚	0.500	11256.5	166	0.526	13922.2	183	0.554	18919.7	171	0.558	17948.1	191	0.559	19521.1	200	0.504	19934.4	178	0.500	16998.8	188	0.512	16963.6	212
保加利亚	0.599	266695.9	50.6	0.631	300201.6	57.4	0.614	351218.6	53.9	0.610	331124.2	55.6	0.607	339722.7	56.8	0.597	345326	50.2	0.570	288635.3	53.2	0.585	290399.3	58.2

· 255 ·

丝绸之路经济带生产网络与生态环境协同发展研究

续表

国家	2010年 X_1	2010年 X_2(百万美元)	2010年 X_3(亿美元)	2011年 X_1	2011年 X_2(百万美元)	2011年 X_3(亿美元)	2012年 X_1	2012年 X_2(百万美元)	2012年 X_3(亿美元)	2013年 X_1	2013年 X_2(百万美元)	2013年 X_3(亿美元)	2014年 X_1	2014年 X_2(百万美元)	2014年 X_3(亿美元)	2015年 X_1	2015年 X_2(百万美元)	2015年 X_3(亿美元)	2016年 X_1	2016年 X_2(百万美元)	2016年 X_3(亿美元)	2017年 X_1	2017年 X_2(百万美元)	2017年 X_3(亿美元)
意大利	0.563	166877	2130	0.593	186425.2	2290	0.589	224631	2090	0.584	214934	2140	0.580	224952.8	2160	0.560	226144.1	1840	0.555	192377.3	1880	0.569	197365.6	1960
西班牙	0.533	31413.7	1420	0.562	34615.3	1480	0.564	42697.2	1320	0.558	41536.9	1350	0.552	44593.3	1370	0.535	45804.8	1200	0.532	39214.8	1230	0.545	39404.4	1310
葡萄牙	0.532	23669.2	238	0.56	29177.5	245	0.560	32972.4	216	0.553	33731.7	226	0.548	34660.8	230	0.539	33134.1	199	0.532	25757.8	206	0.545	23954.2	221
希腊	0.487	5114.6	299	0.512	6703.1	288	0.545	9449.4	246	0.547	9300.3	240	0.515	10158.5	237	0.495	10342.9	197	0.473	8098.4	195	0.485	8351.4	203
爱沙尼亚	0.564	3916.2	19.7	0.594	4583.6	23.4	0.595	5653	23.2	0.596	6167.2	25.3	0.590	6401.8	26.8	0.565	6374.5	24	0.558	5617.6	24	0.572	5634.9	26.8
拉脱维亚	0.473	6514	23.8	0.497	8774.6	28.2	0.509	11948.1	28.2	0.503	12775.4	30.3	0.501	13740	31.4	0.508	13272.5	27.1	0.482	10746.8	27.7	0.494	10633.6	30.2
立陶宛	0.501	247548.4	37	0.528	273670.7	43.4	0.514	322076.1	42.8	0.504	322789.5	46.5	0.494	328548.7	48.5	0.493	335352.9	41.4	0.455	303269.9	43	0.466	296055.8	47.6
英国	0.441	109402.5	2480	0.464	114773.7	2660	0.467	117339.3	2700	0.460	123942.5	2790	0.452	135973	3060	0.444	153684.4	2930	0.428	161003	2690	0.439	176116.3	2670
爱尔兰	0.520	148958.8	222	0.547	161209.2	237	0.595	196502.4	225	0.605	189370.4	239	0.598	197180.6	258	0.532	203506.3	291	0.534	179062.9	301	0.547	177162.5	335
荷兰	0.490	127588.7	847	0.516	144080.9	904	0.516	174971.3	839	0.509	167000.7	877	0.510	168740.5	891	0.509	169672.5	765	0.511	142428.6	784	0.524	143695.2	832
比利时	0.565	304077.3	481	0.595	336079.4	523	0.591	391858.8	496	0.578	371867.8	522	0.567	386010.6	535	0.552	392301.7	462	0.546	329970.6	476	0.560	328919.4	503
法国	0.513	78958.5	2640	0.540	96262.8	2860	0.536	115594.9	2680	0.529	111684.3	2810	0.525	122160	2850	0.506	127432	2440	0.514	111712.1	2470	0.527	115580.2	2590
波兰	0.552	62944.5	479	0.581	73597.6	529	0.573	88091.4	500	0.574	84631.6	524	0.565	85773.2	545	0.551	90557.9	478	0.549	79429	472	0.563	80717.1	526
捷克	0.592	52174.3	207	0.624	60921.2	228	0.619	69320.7	207	0.619	61225.2	209	0.615	63595.8	208	0.615	66397	187	0.596	55266.2	195	0.611	58059	216
匈牙利	0.605	517944.1	131	0.637	614372.4	141	0.629	726194.3	128	0.619	690024.4	135	0.613	709499.1	141	0.578	728384.5	125	0.589	613343.6	128	0.604	612571	142
德国	0.503	84848.8	3400	0.530	97633	3740	0.523	113686	3530	0.517	111144.1	3730	0.507	108202.9	3880	0.484	107951.4	3360	0.480	87423.7	3470	0.492	89223.8	3660
瑞典	0.492	64406.2	495	0.518	67890.7	573	0.519	79119.2	551	0.504	77403.6	585	0.500	78548.2	580	0.480	80839.9	504	0.465	67383.2	516	0.477	64129.5	541
丹麦	0.490	49106	322	0.515	51669.2	344	0.520	59526	327	0.503	56569.7	344	0.507	57002	353	0.500	54560.3	303	0.499	40627.5	313	0.512	41091.5	329
芬兰	0.563	18070.5	249	0.592	19284.1	275	0.600	27328.1	258	0.588	27180.9	271	0.586	25871.1	274	0.530	23151.8	235	0.545	14589.7	241	0.559	12145.5	254

· 256 ·

表 6-4　丝绸之路经济带生产网络发展水平指数测算结果

生产网络子区域	国家	2010年	2011年	2012年	2013年	2014年	2015年	2016年	2017年	地理区域	地理区域均值	子区域均值
核心区	中国	0.801	0.794	0.784	0.773	0.765	0.757	0.753	0.747	东亚	0.772	0.442
	哈萨克斯坦	0.138	0.145	0.144	0.132	0.112	0.094	0.066	0.066	中亚	0.112	
重要区	俄罗斯	0.506	0.492	0.467	0.447	0.435	0.408	0.398	0.400	欧洲	0.444	0.366
	印度	0.270	0.264	0.257	0.241	0.238	0.215	0.202	0.210	南亚	0.237	
	土耳其	0.310	0.309	0.298	0.300	0.296	0.291	0.277	0.276	西亚	0.393	
	以色列	0.392	0.394	0.406	0.403	0.398	0.354	0.337	0.335			
	沙特阿拉伯	0.421	0.424	0.401	0.396	0.391	0.380	0.357	0.356			
	塞浦路斯	0.590	0.558	0.545	0.512	0.505	0.474	0.454	0.443			
	日本	0.358	0.342	0.363	0.359	0.347	0.299	0.287	0.286	东亚	0.390	
	韩国	0.495	0.472	0.478	0.442	0.434	0.419	0.425	0.423			
拓展区	克罗地亚	0.466	0.466	0.453	0.447	0.433	0.415	0.401	0.397	南欧	0.464	0.392
	斯洛文尼亚	0.506	0.496	0.479	0.472	0.462	0.454	0.430	0.423			
	罗马尼亚	0.493	0.492	0.476	0.471	0.458	0.429	0.426	0.427			
	保加利亚	0.759	0.730	0.687	0.668	0.648	0.601	0.585	0.576			
	意大利	0.437	0.429	0.420	0.406	0.401	0.390	0.374	0.371			
	西班牙	0.429	0.432	0.425	0.408	0.415	0.376	0.369	0.374			
	葡萄牙	0.801	0.794	0.784	0.773	0.765	0.757	0.753	0.747			
	希腊	0.138	0.145	0.144	0.132	0.112	0.094	0.066	0.066			
	波兰	0.313	0.318	0.300	0.295	0.272	0.281	0.304	0.308	中欧	0.252	
	捷克	0.506	0.492	0.467	0.447	0.435	0.408	0.398	0.400			
	匈牙利	0.270	0.264	0.257	0.241	0.238	0.215	0.202	0.210			
	德国	0.027	0.028	0.027	0.024	0.022	0.024	0.026	0.047			
	爱沙尼亚	0.252	0.254	0.277	0.268	0.249	0.228	0.185	0.194	东欧	0.461	
	拉脱维亚	0.809	0.760	0.709	0.636	0.599	0.553	0.558	0.543			
	立陶宛	0.548	0.541	0.529	0.510	0.498	0.467	0.453	0.441			
	英国	0.421	0.424	0.401	0.396	0.391	0.380	0.357	0.356	西欧	0.419	
	爱尔兰	0.609	0.595	0.562	0.543	0.523	0.493	0.475	0.472			
	荷兰	0.538	0.524	0.509	0.496	0.480	0.447	0.429	0.430			
	比利时	0.410	0.409	0.402	0.390	0.379	0.358	0.337	0.337			
	法国	0.350	0.343	0.340	0.333	0.307	0.288	0.263	0.258	北欧	0.364	
	瑞典	0.417	0.414	0.408	0.414	0.406	0.381	0.369	0.364			
	丹麦	0.360	0.372	0.364	0.359	0.352	0.338	0.316	0.307			
	芬兰	0.376	0.383	0.367	0.363	0.358	0.340	0.310	0.306			

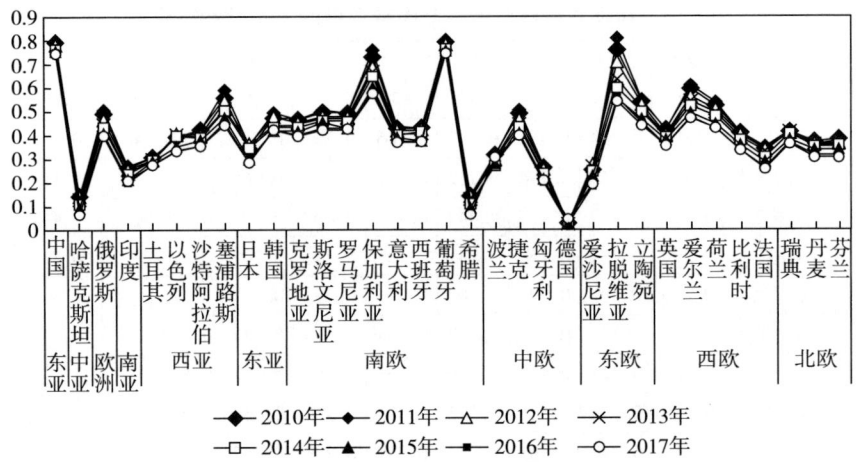

图 6-1 丝绸之路经济带生产网络发展水平空间分布

二、丝绸之路经济带生态效率测算

Schaltegger 和 Sturn（1990）首次提出生态效率的概念，认为生态效率即一定时期内增加的经济价值与增加的生态环境负荷的比值。世界可持续发展工商理事会（World Business Council for Sustainable Development，WBCSD）根据生态效率的含义，在 1992 年里约地球峰会上构建了生态效率的测度指标，即生态效率=产品和服务价值/生态环境负荷，在此基础上，将生态效率描述成单位生态环境负荷所对应的产品和服务价值。在区域范围内，"产品和服务价值"主要为该区域经济活动的产出和服务的市场价值，可使用地区生产总值或地区总产出等指标衡量；"生态环境负荷"包含两个部分，即资源消耗与污染排放，资源消耗可通过各种直接原料投入衡量，污染排放则可以通过各种污染物的排放量衡量，主要包括废气和废水的排放量等。从广义上看，"生态效率"可看成"产出"与"投入"的比值。其中，"产出"指企业、行业或经济体提供的产品和服务的价值，"投入"指企业、行业或经济体资源和能源利用及它们所造成的环境压力。目前，区域生态效率的测度主要基于三类视角展开：①依据研究区域的特性构建指标体系进行测度；②通过能值分析、物质流分析和生态足迹等方法反映物质和资源的转换效率，间接测算生态效率；③将研究区视为生态经济系统，运用数学模型进行测算，以 DEA 模型、TOPSIS[①] 模型最具代表性。其中，DEA 模型综合考虑决策单元间投入与产出的相对效率，与生态效率的核心思想一致，成为目前

---

① 即 Technique for Order Preference by Similarity to an Ideal Solution，逼近理想解排序法。

第六章 丝绸之路经济带生产网络与生态环境协同发展的路径规划与政策保障

学术界使用较多的模型之一。DEA 模型包括 CRS①、VRS②、SBM③、三阶段 DEA、Malmquist 指数、超效率 DEA 模型等，因 SBM 模型能较好地处理资源要素消耗过程中伴随的负向环境污染产出，在学界得到了广泛的应用，本书运用该模型对丝绸之路经济带的生态效率进行测算。

（一）基于非期望产出的 SBM 模型

Tone（2001）提出非期望产出 SBM 模型。相较于传统 DEA 模型，首先，该模型能够将经济发展过程中产生的包括废水、废气和固体废弃物等一系列环境污染非期望产出考虑在内，使得区域生态效率的测算结果更具有说服力和参考价值。其次，SBM 超越了径向和线性分段形式理论的限制，有效地解决了传统 DEA 模型在投入产出要素增多并考虑响应松弛时所遇到的困境。具体来说，假设有 n 个决策单元（DMU_j，$j=1,2,\cdots,n$），每一个 DMU 均有 m 种投入（$i=1,2,\cdots,m$），s_1 种期望产出和 s_2 种非期望产出，向量表达式为：$x \in R^m$，$y^g \in R^{s_1}$，$y^b \in R^{s_2}$。定义矩阵 X、Y^g、Y^b 分别为：$X=[x_1,\cdots,x_n] \in R^{m \times n}$，$Y^g = [y_1^g,\cdots,y_n^g] \in R^{s_1 \times n}$，$Y^b = [y_1^b,\cdots,y_n^b] \in R^{s_2 \times n}$，其中，$x_i>0$，$y_i^g>0$，$y_i^b>0$。定义生产可能性集合为

$$P = \{(x, y^g, y^b) \mid x \geq X\lambda,\ y^g \leq Y^g\lambda,\ y^b \geq Y^b\lambda,\ \lambda \geq 0\} \tag{6-8}$$

则基于规模收益可变的非期望产出 SBM 模型的数学规划可以表示如下：

$$\rho^* = \operatorname{Min} \frac{1 - \frac{1}{m}\sum_{i=1}^{m} S_i^- / X_{i0}}{1 + \frac{1}{S_1+S_2}\left(\sum_{r=1}^{s_1} S_r^g / y_{r0}^g + \sum_{r=1}^{s_2} S_r^b / y_{r0}^b\right)} \tag{6-9}$$

$$\text{s.t.} \begin{cases} x_0 = X\lambda + s^- \\ y_0^g = Y^g\lambda - s^g \\ y_0^b = Y^b\lambda + s^b \\ s^- \geq 0,\ s^g \geq 0,\ s^b \geq 0,\ \lambda \geq 0 \end{cases}$$

式中，变量 s^-、s^g、s^b 分别为松弛变量、期望产出松弛变量和非期望产出松弛变量；λ 为权重向量。

目标函数中的分子、分母分别表示生产决策单元实际投入与产出相对于生产前沿面的平均可缩减比例或可扩张比例，亦即投入无效率和产出无效率，目标函数关于 s^-、s^g、s^b 严格递减。目标函数 ρ^* 变化区间为 $[0, 1]$，当 $\rho^* = 1$，且 s^-、

---

① 即 Constant Returns to Scale，规模收益不变。
② 即 Variable Returns to Scale，规模收益可变。
③ 即 Slacks Based Measure，基于松弛变量的测量。

s^g、s^b 均等于 0 时，决策单元是综合技术效率有效，且纯技术效率和规模效率均有效；当 $\rho^* < 1$，或 s^-、s^g、s^b 不全为 0 时，决策单元是综合技术效率无效，为纯技术效率或规模效率无效，存在投入产出改进的空间。

（二）样本选择、投入产出指标选取与数据来源

丝绸之路经济带沿线 72 个国家中，数据缺失较为严重的国家包括：中亚地区的吉尔吉斯斯坦、塔吉克斯坦、乌兹别克斯坦、土库曼斯坦 4 国，南亚地区的阿富汗、尼泊尔、不丹、巴基斯坦、斯里兰卡、马尔代夫、孟加拉国 7 国，东亚地区的蒙古国 1 国，西亚地区的伊朗、伊拉克、阿塞拜疆、叙利亚、约旦、巴勒斯坦、巴林、卡塔尔、也门、阿曼、阿联酋、科威特、黎巴嫩、格鲁吉亚、亚美尼亚 15 国以及北非的埃及、利比亚和阿尔及利亚 3 国。考虑到数据的可获得性，选择丝绸之路经济带沿线 42 个国家作为样本国家。

充分考察丝绸之路经济带生产网络与生态环境协同发展推进过程中所面临的现实问题，参考成金华等（2014）、党廷慧和白永平（2014）、侯孟阳和姚顺波（2018）、马晓君等（2018）研究，结合世界可持续发展工商理事会的环境维度评价指标，本书选取以固定资产投资总额、实际利用外资、从业人员总数、淡水资源利用总量、能源消费总量 5 个指标作为投入要素指标，再以 GDP、工业总产值、废水排放量、固体废弃物产生量 4 个指标分别作为期望产出与非期望产出要素指标，如表 6-5 所示。需要明确的是，在 DEA 分析法的应用中，要有足够多的决策单元以供讨论，以避免评价结果的可信度降低，因而通常要求决策单元数目（N）、投入要素指标数目（M）以及产出要素指标数目（Q）之间满足 $3 \times (M+Q) \leq N$ 的关系。对应于本章的投入产出指标的选取情况，即 $3 \times (5+4) \leq 42$，满足模型的应用要求。

表 6-5 丝绸之路经济带生态效率测度指标体系

指标类型	一级指标	二级指标
投入指标	资本投入	固定资产投资总额（亿美元）、实际利用外资（亿美元）
	劳动投入	从业人员总数（百万人）
	自然资源投入	淡水资源利用总量（十亿立方米）
	能源投入	能源消费总量（亿美元）
产出指标	期望产出	效益产出	GDP（亿美元）、工业总产值（亿美元）
	非期望产出	污染产出	废水排放量（百万立方米）、固体废弃物产生量（万吨）

选择 2010~2017 年作为研究期，上述指标体系中固定资产投资总额、实际利用外资、从业人员总数、淡水资源利用总量、能源消费总量、GDP 和工业总

第六章 丝绸之路经济带生产网络与生态环境协同发展的路径规划与政策保障

产值7个指标数据均来自世界银行数据库（2011~2018年）；废水排放量数据来源于联合国统计司数据库（2011~2018年），固体废弃物产生量数据来源于欧盟统计局Eurostat数据库（2011~2018年），个别年份缺失数据采用线性插值法估算得到。

（三）测算结果

运用MaxDEA6.0软件，2010~2017年丝绸之路经济带沿线42个样本国家的生态效率测算结果如表6-6所示。

表6-6 2010~2017年丝绸之路经济带沿线国家生态效率值

子区域	国家	2010年	2011年	2012年	2013年	2014年	2015年	2016年	2017年	地理区域	地理区域均值	子区域均值
核心区	中国	0.51	0.5	0.51	0.47	0.66	0.72	0.59	0.40	东亚	0.55	0.32
	哈萨克斯坦	0.08	0.07	0.07	0.10	0.09	0.09	0.11	0.10	中亚	0.09	
重要区	俄罗斯	0.49	0.64	0.56	0.59	0.66	0.61	0.72	0.58	欧洲	0.61	0.41
	印度	0.27	0.28	0.27	0.32	0.31	0.33	0.38	0.39	南亚	0.32	
	土耳其	0.28	0.24	0.24	0.28	0.28	0.31	0.31	0.28	西亚	0.21	
	以色列	0.19	0.16	0.23	0.26	0.29	0.27	0.25	0.26			
	沙特阿拉伯	0.17	0.16	0.14	0.17	0.15	0.13	0.15	0.13			
	塞浦路斯	0.16	0.15	0.16	0.19	0.19	0.23	0.19	0.18			
	日本	0.49	0.64	0.56	0.59	0.66	0.61	0.72	0.59	东亚	0.51	
	韩国	0.37	0.36	0.36	0.37	0.42	0.43	0.44	0.56			
拓展区	克罗地亚	0.22	0.21	0.21	0.22	0.24	0.26	0.27	0.23	南欧	0.44	0.77
	斯洛文尼亚	0.32	0.3	0.33	0.39	0.47	0.41	0.43	0.37			
	罗马尼亚	0.39	0.4	0.37	0.43	0.56	0.42	0.43	0.4			
	保加利亚	0.4	0.31	0.23	0.26	0.25	0.32	0.33	0.36			
	意大利	0.84	0.81	0.76	0.81	0.82	0.89	0.8	0.79			
	西班牙	0.79	0.77	0.79	0.81	0.89	0.71	0.7	0.75			
	葡萄牙	0.52	1	0.44	1	1	0.47	1	1			
	希腊	0.60	0.61	0.63	0.44	0.31	0.44	0.60	0.41			
	塞尔维亚	0.16	0.15	0.16	0.19	0.23	0.23	0.19	0.18			
	黑山	0.38	0.39	0.36	0.42	0.54	0.41	0.42	0.39			
	波黑	0.28	0.24	0.24	0.28	0.28	0.31	0.31	0.28			
	马其顿	0.16	0.15	0.16	0.20	0.20	0.24	0.20	0.19			
	阿尔巴尼亚	0.37	0.38	0.36	0.41	0.54	0.40	0.41	0.38			

续表

子区域	国家	2010年	2011年	2012年	2013年	2014年	2015年	2016年	2017年	地理区域	地理区域均值	子区域均值
拓展区	波兰	0.63	0.63	0.6	0.81	0.87	1	1	1	中欧	0.76	0.77
	捷克	0.68	0.64	0.64	1	1	1	1	0.88			
	匈牙利	0.50	0.66	1	0.80	0.8	1	0.51	1			
	德国	0.76	0.74	1	1	0.61	1	0.6	1			
	斯洛伐克	0.57	0.53	0.54	0.52	0.60	0.40	0.44	0.42	东欧	0.66	
	爱沙尼亚	0.75	0.81	0.76	0.81	0.82	0.76	0.78	0.80			
	拉脱维亚	0.69	0.61	0.64	0.68	0.71	0.77	0.60	0.6			
	立陶宛	0.63	0.59	0.6	0.58	0.66	0.44	0.49	0.46			
	白俄罗斯	0.70	0.62	0.65	0.69	0.72	0.79	0.61	0.61			
	乌克兰	0.60	0.56	0.57	0.55	0.63	0.42	0.47	0.44			
	摩尔多瓦	0.48	0.63	0.95	0.76	0.76	0.95	0.48	0.95			
	英国	0.51	1	0.44	1	1	1	0.88	1	西欧	0.79	
	爱尔兰	0.46	0.34	0.42	1	1	0.53	0.37	0.32			
	荷兰	0.91	1	1	0.66	1	1	0.55	0.55			
	比利时	0.88	0.84	0.81	0.82	0.89	0.8	0.79	0.81			
	法国	0.84	1	1	0.8	1	1	1	0.71			
	瑞典	0.93	1	1	1	1	1	1	1	北欧	0.87	
	丹麦	0.90	0.79	0.76	0.81	0.79	0.84	0.76	0.84			
	芬兰	0.84	0.81	0.76	0.80	0.80	0.79	0.81	0.81			

丝绸之路经济带生态效率呈现出拓展区最高、重要区次之、核心区最低的分布格局。此外，从地理分布看，丝绸之路经济带生态效率的高值区主要分布在北欧、中欧、西欧和东欧地区，低值区主要分布在中亚、西亚和南亚地区。

三、丝绸之路经济带生产网络发展水平与生态效率的空间对比分析

脱钩理论是解释经济增长与污染排放是否存在同步变化关联性的理论。OECD（2002）提出，将经济增长与环境污染之间不再同步变化的关系描述为"脱钩"，在现有发展模式与生态环境承载力约束下，经济增长一般会伴随污染物排放，但并不必然表现为同比例的变化关系。基于"脱钩"理论的思想，对比分析2010~2017年丝绸之路经济带生态效率均值与生产网络发展水平指数均值同步变化的关联性，可以发现，两者具有正向关系，即两组数值既存在呈相同方向变动的区域，主要

第六章　丝绸之路经济带生产网络与生态环境协同发展的路径规划与政策保障

分布在核心区，也存在呈相反方向变动的区域，主要分布在重要区和拓展区，且相反方向的变动关系在拓展区表现得更为显著，如图 6-2 所示。

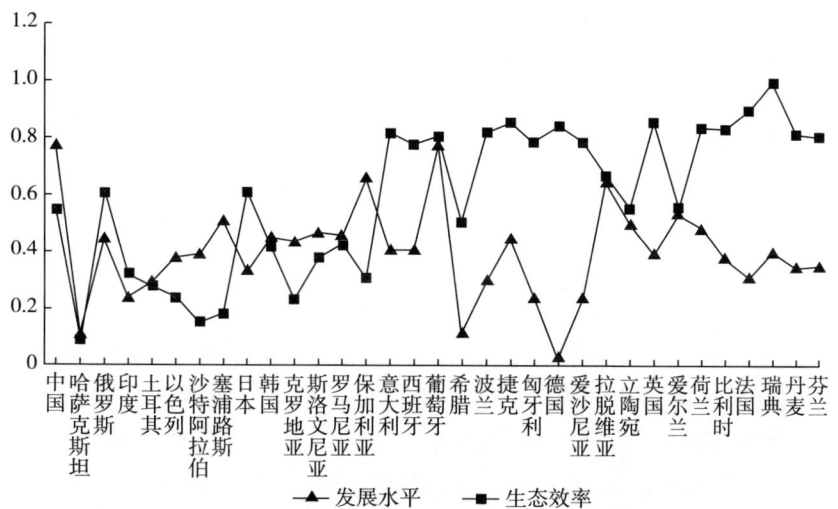

图 6-2　丝绸之路经济带生产网络发展水平与生态效率的空间分异

注：依据数据的可获得性选取丝绸之路经济带生产网络发展中的 33 个样本国家。

运用箱形图对研究期内丝绸之路经济带生产网络发展水平指数与生态效率这两组数值的分布特征进行分析，如图 6-3 所示。首先，从丝绸之路经济带生产网

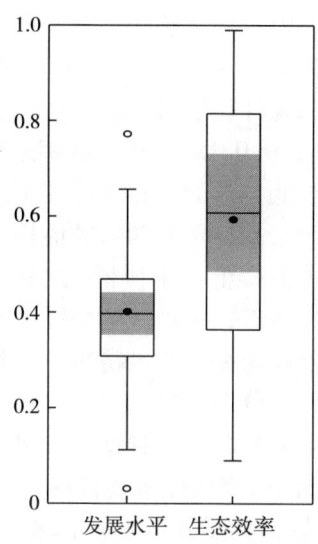

图 6-3　丝绸之路经济带生产网络发展水平指数与生态效率值的箱形图分布

· 263 ·

络发展水平指数与生态效率测算值的分散情况看，丝绸之路经济带生态效率的平均值较高，而丝绸之路经济带生产网络发展水平指数的平均值较低。其次，丝绸之路经济带生产网络发展水平指数分布较为集中，而生态效率值的分布则较为分散。最后，观察两组数值箱形图的中位数和上下四位数的间距，可以看出，丝绸之路经济带生态效率值的分布非常对称，而丝绸之路经济带生产网络发展水平指数值的分布较不均衡。值得关注的是，在丝绸之路经济带生产网络发展水平指数值对应的箱形图上出现了两个异常点，表明在丝绸之路经济带生产网络中存在发展水平指数的一个极大值和一个极小值，反映出丝绸之路经济带生产网络存在发展不均衡的现象。

四、丝绸之路经济带生产网络发展水平与生态效率协同发展态势预判

进一步地，运用高斯核密度函数分布对 2010~2017 年丝绸之路经济带生产网络发展水平与生态效率的收敛趋势与协同发展态势进行判断，如图 6-4 所示。其中，两组数值的高斯核密度分布曲线均呈现"多峰"的分布形态，表明丝绸之路经济带生产网络发展水平和生态效率皆存在梯度效应，具有多极化特征，发展水平不均衡；均存在明显的左拖尾现象，整体仍然偏低，并且水平差距较大；核密度函数中心向右移动，波峰高度不断平缓下降，表明两组数值在低水平阶段具有较高的一致性，呈收敛趋势，随着丝绸之路经济带生产网络发展水平的提高，其与生态效率发展趋势的不一致程度逐渐增强。这与前文中运用箱形图对两组数值的分布特征分析具有一致的结论，说明在研究期内，丝绸之路经济带生产网络发展水平与生态效率并未呈现同步变化的演进态势。

顺承上述分析，在研究期内丝绸之路经济带生产网络发展水平与生态效率存在着动态关联的演变关系。以 2010~2017 年丝绸之路经济带生产网络发展水平指数均值与生态效率值均值的统计特征看，核心区、重要区和拓展区两组数值的相关系数分别为 0.764、0.212 和 0.184，核心区两组数值的相关性较强，重要区和拓展区两组数值的相关性较低。丝绸之路经济带生产网络发展水平与生态效率二者间的正相关程度在核心区较高，然而两组数值均较低，表明两组数值在低水平上具有较强的关联性，表现为"低水平协同"；重要区的协同程度次之，生产网络发展水平较高而生态效率滞后；拓展区的协同发展程度最低，生产网络发展水平较低而生态效率较高。仅就丝绸之路经济带生态效率值看，呈现出拓展区最高，重要区次之，核心区最低的分布格局。继而，将研究期内丝绸之路经济带生产网络与生态环境的协同发展格局归为三种情景，可以对丝绸之路经济带生产网络与生态环境的协同演化格局作出判断，分别为："生产网络发展水平滞后、生态效率滞后"的"双低"情景，主要分布于核心区；"生产网络发展水平良好、

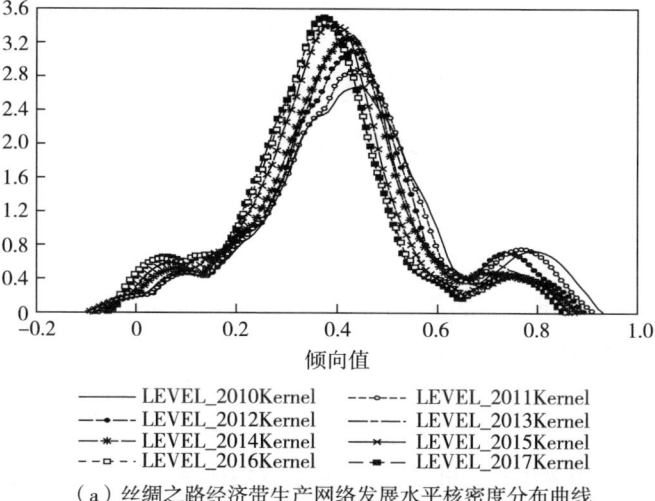

(a) 丝绸之路经济带生产网络发展水平核密度分布曲线

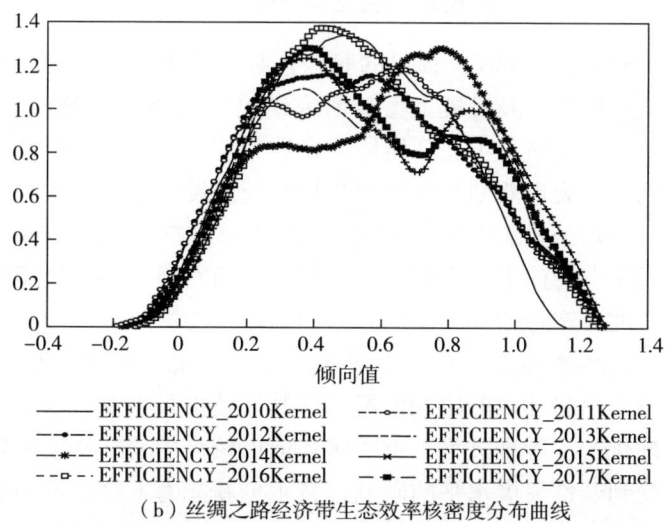

(b) 丝绸之路经济带生态效率核密度分布曲线

图 6-4 2010~2017 年丝绸之路经济带生产网络发展水平指数与生态效率的高斯核密度分布曲线

生态效率滞后"的"高—低"情景,主要分布于重要区;"生产网络发展水平滞后、生态效率良好"的"低—高"情景,主要分布于拓展区。

丝绸之路经济带生产网络与生态环境协同发展研究

第二节 丝绸之路经济带生产网络与生态环境协同发展的路径规划

本节以丝绸之路经济带生产网络和生态环境实现有机统一为出发点，设定"资源依赖""自然演进""环境保护"三种情景。继而从克服三种情景下丝绸之路经济带生产网络与生态环境协同发展中存在的阻碍因素出发，规划协同发展的路径，以沿线区域生态环境承载力为约束，一方面不断通过政策实施和技术进步促进生产网络的发展，继而提升环保水平和资源能源使用效率；另一方面以改善和优化区域生态环境为前提，抵消生产网络发展带来的负面环境影响。

一、丝绸之路经济带生产网络与生态环境协同发展的情景设置

本节基于 Tapio 等（2007）提出的脱钩指数测算思想，借鉴已有文献对经济增长与环境污染脱钩状态及发展类型的研究结论（夏勇和钟茂初，2016），认为丝绸之路经济带生产网络与生态环境协同发展的三种情景对应于二者所处的不同发展状态，分别为发展迟滞型、低效扩张型和挖潜发展型。具体来说，核心区的"双低"情景，反映出丝绸之路经济带生产网络与生态环境在协同发展过程中受到其迟滞型发展状态的约束。究其原因，核心区的发展主要依赖于其自然资源禀赋，当前仍以石油矿产等初级产品的开采和运输参与国际生产分工，经济发展水平相对滞后，并且环境污染严重；重要区的"高—低"情景，反映出丝绸之路经济带生产网络与生态环境的协同发展受到其低效扩张型发展状态的约束。具体地，在经济全球化的深度推进下，重要区当前以较高的发展速度和发展规模发展工业，但由于受到经济发展水平的限制，技术创新能力不高，资源能源利用效率较低，加之环保能力有限，生产效率较低，造成了资源过度消耗与环境污染；拓展区"低—高"情景，反映出丝绸之路经济带生产网络与生态环境的协同发展受到其挖潜发展型发展状态的约束。拓展区以欧洲国家为主，目前已基本实现工业化，在未来的发展演进中需要不断拓展发展潜力，推进生态现代化。

（一）情景1："资源依赖"情景

"资源依赖"情景指以丝绸之路经济带生产网络的发展对区域自然资源有较强的依赖性为前提，并且在沿线区域生态环境承载力范围内。在这一情景下，关注于丝绸之路经济带生产网络的发展，着重于在不超出区域生态环境承载力的前提下生产网络发展目标的实现。

第六章 丝绸之路经济带生产网络与生态环境协同发展的路径规划与政策保障

（二）情景2："自然演进"情景

"自然演进"情景指以丝绸之路经济带生产网络按照历史轨迹继续平稳发展为前提，沿线区域生态环境的发展也在其生态环境承载力范围内。在该情景下，实现丝绸之路经济带生产网络和生态环境的平衡制约与协同共生同等重要，关注于在"一带一路"倡议不断推进下，以不超过沿线区域生态环境承载力为前提，丝绸之路经济带生产网络中各国从自身的发展水平出发，提升其在生产网络中的生产分工程度，自然平稳地发展。

（三）情景3："环境保护"情景

"环境保护"情景是以提高丝绸之路经济带沿线区域的生态环境承载力为目标，通过丝绸之路经济带生产网络的发展，促进沿线区域生态环境有效改善，致力于发展生态现代化。关注于在丝绸之路经济带生产网络发展过程中，通过技术创新等不断提高该区域的生态环境承载力，并减少生态环境问题，进而提升生态系统服务功能，以实现生态现代化为二者的协同发展目标。

二、"资源依赖"情景下的协同发展路径

"资源依赖"情景下协同发展路径指一些区域或国家具有资源比较优势，主要通过自然资源的开采、初级加工，形成初级产品参与生产网络中的生产分工，并与生态环境协同的演进路径。

丝绸之路经济带核心区国家目前仍处于"生产网络发展水平滞后、生态效率滞后"的发展格局，加之核心区国家以自然资源为比较优势，适宜于"资源依赖"情景下的协同发展路径。丝绸之路经济带核心区有中国和中亚五国，中国拥有丰富的水资源和矿产资源，但人口密度较大，仍处于工业化进程中，生活和生产的污染物排放较为严重；中亚国家除矿产资源丰富外，还是世界范围内的石油大国，提供了世界约40%的石油出口。石油的开采、运输与使用过程中都会产生大量的污染物质，且容易诱发污染物的跨境传输。在未来应以控制环境污染为重任，引进更多有利于生态环境的发展项目，形成绿色经济产业链，发展绿色循环经济，重点发展生态农林业、旅游业、文化创意产业等低碳、环保、绿色产业，走内涵型、绿色化、低污染和低排放型发展道路，在保护环境中提高经济发展水平，促进生产系统与生态环境系统形成协同效应。基于以上分析，"资源依赖"情景下协同发展路径的实现依赖于丝绸之路经济带核心区国家建立高效生态经济模式、推进资源利用与环境保护、调整产业升级方向。

（一）以绿色发展为导向建立高效生态经济模式

以"一带一路"倡议为契机，建立高效的生态经济模式，需要以丝绸之路经济带经济建设与生态环境相互协调的要求为出发点，基于绿色发展、循环发展

和低碳发展实现高效生态经济。以重点的高效生态经济区建设为目标,充分发挥丝绸之路经济带核心区国家资源依赖型的发展特点,通过构建高效的生态经济产业体系,实现以高效农业为发展基础、环境友好型工业为发展重点、现代服务业为支撑的可持续发展的高效生态经济模式。另外,在高效生态农业方面,可以充分发挥核心区的土地资源优势、规避水资源匮乏劣势,以现代农业和节水农业为发展方向,以绿色种植业、生态畜牧业、生态渔业为发展目标,鼓励发展高科技农业、城郊农业和都市农业。把发展循环经济作为环境友好型工业的突破口,逐步发展循环型高新技术产业和加强传统工业的循环型高新技术改造,在自然资源消耗大和生态环境破坏严重的行业逐步推广工业循环经济,推进产品经济向功能经济转变。在现代服务业方面,以构筑结构合理、功能完备、特色鲜明的现代服务业体系为目标,以市场化、产业化、社会化为方向,重点发展现代物流业、生态旅游业、金融保险业、商务服务业。

(二) 以生态文明建设为指导推进资源利用与环境保护

经济增长与自然和谐发展新格局的形成,要求经济与环境协调发展高度一致,这与生态文明建设中尊重自然、顺应自然、保护自然与可持续发展的理念一脉相承。因此,以生态文明建设为指导的生态环境保护与资源高效利用对丝绸之路经济带生产网络的可持续发展具有积极影响。只有以生态环境条件为基础,牢牢把握"高效生态"主线,通过加强生态建设、大力保护环境、推进资源高效利用,才能促进丝绸之路经济带核心区脆弱的生态环境系统实现可持续发展。在生态建设方面,需要加强生态林、自然保护区、水源涵养区、湿地、草地和滩涂的保护,并且维护生物多样性和植物原生态,增强生态系统的服务功能;加强沿海防护林体系工程建设,构筑近海生态防护屏障;进行生态功能区划,为维护区域生态安全、资源合理利用与工农业生产优化布局提供科学依据;多渠道拓展绿化空间,提高林木覆盖率,拓展绿化空间,加强城乡园林绿化建设,构筑绿色大环境。在环境保护方面,严格执行环境保护标准和污染物排放总量控制制度,以改善和提高环境质量为目标,以工业污染防治、环境保护与建设、危险废弃物控制与辐射保护为基本领域。

(三) 以供给侧结构性改革为动力调整产业升级的方向

与需求侧相比,以要素最优配置、经济结构调整和制度供给为主要方向的供给侧是中长期潜在经济增长率的决定因素。丝绸之路经济带核心区是世界性生态脆弱区,以资源和能源供给为主,工业比重过大,产业结构性矛盾突出。以供给侧结构性改革为动力,调整产业升级方向是解决这一问题及实现丝绸之路经济带核心区可持续发展的有效路径。通过加快结构调整实现产业转型升级,同时融入可持续发展理念,推进产业结构生态化、经济形态高级化,从而进一步促进经济

第六章 丝绸之路经济带生产网络与生态环境协同发展的路径规划与政策保障

体系高效运转和高度开放。在产业布局优化方面，把生态环境承载力作为布局的基本依据，发挥重大项目的集聚效应和辐射带动效应，以产业集聚带动产业的调整优化；在清洁绿色生产方面，将清洁生产理念引入产业聚集地区和产业园区的生产建设中，在产品生产周期全过程控制资源与能源消耗，推动实现生产全过程的清洁无害化；在科技创新带动方面，大力发展高技术产业，开发具有资源优势的核心产品。

三、"自然演进"情景下的协同发展路径

"自然演进"情景下协同发展路径是指在国际社会经济平稳发展的条件下，生产网络在保持自然平稳发展态势的同时，其与生态环境的协同演进路径。

丝绸之路经济带重要区国家目前仍处于"生产网络发展水平良好、生态效率滞后"的发展格局，适宜于"自然演进"情景下的协同发展路径。丝绸之路经济带重要区以东亚、南亚、西亚国家为主，伴随经济全球化进程的不断推进，亚欧大陆区域经济一体化带给了东亚、西亚和南亚工业化进程加速的机遇。但这些国家在工业化进程中仍以粗放型发展模式为主，给生态环境带来严重污染。未来发展中，重要区国家应注重改善生态环境质量，调整产业结构，摒弃粗放型的经济发展模式，提升生产系统与生态环境系统的发展质量。基于以上分析，"自然演进"情景下协同发展路径的实现依赖于丝绸之路经济带重要区国家不断壮大优势产业、提升区域合作竞争力以及利用区域综合优势转型升级。

（一）不断壮大优势产业

首先，面临技术差距并具有后发优势。丝绸之路经济带重要区中国家具有不同于拓展区欧洲发达经济体的约束条件。拓展区中，欧洲国家处于世界技术前沿，主要依靠创新人力资本与较高的科研投入推动产业升级。而重要区以处于技术链条低端的发展中国家为主，其技术进步主要通过对发达国家先进技术的模仿与吸收实现。由于其所模仿的技术及相关产业在全球其他发达国家基本成熟，因而处于中低收入的发展中国家实现产业转型与升级的关键在于，能否以较为低廉的相对成本获得国际竞争力。其次，核心技术的创新具有渐进性。新结构经济学认为，由于技术结构内生于要素禀赋结构，从而技术变迁也应循序渐进。对于核心区中经济水平较低的国家而言，其比较优势决定于本国的要素禀赋，选择研发并引进适宜本地区的技术，以相对较低的成本实现技术升级；伴随着要素禀赋结构的升级，产业结构与技术结构相应提升，自主研发相对技术引进的重要性逐渐加强。

（二）提升区域合作竞争力

伴随"一带一路"倡议的不断推进，提高区域合作竞争力是丝绸之路经济

丝绸之路经济带生产网络与生态环境协同发展研究

带重要区提升自身经济发展水平的积极方案。丝绸之路经济带的重要区,作为连通中国和中亚五国的核心区与以欧洲国家为主的拓展区的"结构洞",其在丝绸之路经济带生产网络的形成与发展中发挥着重要的支撑作用。在世界各国竞争力不断增强的背景下,重要区国家需要强化与沿线国家的交流与合作,通过与沿线国家间的协同发展而提高自身的竞争力。此外,重要区国家在跨区域重点基础设施建设、推进产业对接合作、构建开放型经济格局等方面具有良好的资源禀赋和经济基础。通过强化重要区国家间的竞争优势,积极承接丝绸之路经济带生产网络中各国的产业转移,在更广阔的平台中提高自身竞争力,实现可持续发展。

(三)利用综合优势转型升级

从资源禀赋和经济发展水平看,丝绸之路经济带重要区国家的产业结构互补性最强。其中,西亚大部分地区为石油输出国,是西亚各国的经济命脉,而采矿业、制造业均比较薄弱;南亚国家资源密集度极高,石油、天然气和金属矿产资源丰富,形成了以石油产业、采矿业、有色金属冶炼为主导的重工业产业分布特征。从西亚与南亚及其周边地区产业发展需求看,多集中于电信、交通、能源为主的基础设施建设领域,还有纺织、服装、食品和医药为主的轻工领域。这一现状决定了丝绸之路经济带沿线其他区域及国家对重要区产生巨大的需求,以及国家间呈现出明显的互补关系。基于此,重要区国家可以通过综合优势,加强能源合作方面的科技创新能力,实现产业的转型升级,实现资源集约与降低环境污染。

四、"环境保护"情境下的协同发展路径

"环境保护"情境下协同发展路径指,既要采用"友善型"的方式集约利用生态要素,又要对环境的污染与破坏程度最低,实现丝绸之路经济带生产网络与生态环境的协同演进路径。

丝绸之路经济带拓展区目前已基本实现工业化,从其自身的发展潜力与发展增速看,处于"生产网络发展水平滞后、生态效率良好"的发展格局,其中,丝绸之路经济带生产网络中的南欧和东欧发展水平较高,中欧和北欧较低,甚至低于重要区中东亚和西亚部分区域。以拓展区实现生态现代化的发展目标来看,其适宜于"环境保护"情景下的协同发展路径。丝绸之路经济带拓展区以欧洲发达国家为主,其生产系统的发展对生态环境的制约性较小。在未来发展过程中,这些国家依托现有的基础和优势,借力良好的经济发展环境和环境保护政策支持,加速产业结构优化,发展绿色产业和科技密集型产业,同时加强生态环境保护,控制高污染和高耗能企业,促进生产系统与生态环境系统的协同发展。基于以上分析,"环境保护"情境下协同发展路径的实现依赖于在"一带一路"倡

· 270 ·

第六章 丝绸之路经济带生产网络与生态环境协同发展的路径规划与政策保障

议的深度推进下，丝绸之路经济带拓展区国家拓展绿色产业链、控制高污染企业进入、适应全球生产分工。

（一）加强科技创新，拓展绿色产业链

通过协同提升资源能源利用效率、提高环境治理效率以及优化资源配置效率，加强科技创新，拓展绿色产业链。首先，可以通过合理引导技术创新要素优化组合，提升资源能源的使用效率，建立绿色产业联盟，进而通过市场需求引导科技创新，促进科技成果转化。其次，拓展区欧洲国家目前以向创新型国家转型为主要发展目标，应积极制定环境保护政策，提升环境的治理效率，进而催化拓展绿色产业链，带动丝绸之路经济带生产网络中各国发展绿色产业。最后，不断优化拓展区国家的资源配置，引领丝绸之路经济带生产网络缩小与世界范围内其他国家科技创新活动的空间差异。通过加强政府转移支付的力度，完善激励约束机制，在生产网络内建立合理的技术流通机制，降低先进技术的流通成本，实现绿色技术在生产网络中的扩散。

（二）加强环境规制，控制污染企业进入

在经济活动表现为较突出的环境不友好性的情况下，依靠经济体自身的运作很难转变污染偏向的技术发展趋势，适当的环境规制对区域生态环境有显著的促进作用。因此，丝绸之路经济带拓展区中生态效率较低的南欧和东欧区域可以市场激励为主，加以政府行政管制手段，加快环境政策体系创新。首先，建立环境市场运营机制，以激发企业的社会责任。可以推行绿色价格政策，即根据资源环境的真实价值，逐步调整资源环境的价格；实施绿色税收政策，有效降低企业资源和能源消耗，促进企业形成保护环境意识；实施差别税收制度，建立稳定的环保信贷平台，发行长期债券，解决大型生态环保工程建设的基金问题；建立环境政策激励机制，积极鼓励企业自主研发清洁生产技术和末端治理技术，通过技术创新带动资源节约和环境优化，从而促进产业绿色生产效率的提高。其次，加快环境立法创新，强化政府监督力量。进一步明晰企业产权，根据"污染者付费"和"受益者补偿"原则建立补偿机制；构建信息披露环境规制政策，完善企业目标责任考核体系。由于政府对环境的监督力量有限，而扩展社会环境权益，则需要通过发动和利用社会各个阶层的力量，强化环境立法的市场观念。

（三）优化与调整产业结构，适应全球生产分工

目前，丝绸之路经济带拓展区的经济发展水平与生态效率呈现显著的负相关关系，表明丝绸之路经济带拓展区尚未发展达到环境库兹涅茨曲线的拐点，伴随生产网络不断发展，容易诱发严重的资源环境负荷和环境污染。因此，对于拓展区来说，在当前发展阶段，应不断优化与调整产业结构，实现规模经济，提高经济发展质量。首先，实施源头控制，建立"源头削减为核心，末端治理为辅助手

段"的经济可持续发展模式。拓展区国家的经济发展多以"先污染,后治理"的"末端治理"模式为主,这种"事后治理"模式投入多、运行成本高、经济效益低,企业严重缺乏社会责任,而且受技术水平的影响,有些污染根本无法治理。拓展区国家应从源头抓起,运用清洁能源、清洁技术,提高资源利用率,最大限度减少污染物产生。尤其是北非国家,以资源型产业为主,其末端污染处理率很高,必须加大源头清洁的力度。其次,进行过程控制,发展"循环经济"。循环经济的基本原则是"减量化—再利用—资源化—再循环",是具有较高生态效率的新型经济发展模式。在生产过程中,控制资源消耗、减少废弃物产生是实现经济与资源环境协调可持续发展最重要的环节。在将资源、环境要素纳入整个经济系统的前提下,以技术和知识创新为动力,本着近期"治理"、长期"构建"原则,将经济系统运行中形成的外部成本"内化",促进经济与资源环境的协调可持续发展。最后,终端控制,提供绿色产品。例如,欧洲国家可以利用自身有机农业生产条件,生产有机蔬菜和有机食品;发展新能源汽车行业,倡导绿色低碳出行;发展节能环保产业,解决干旱区水资源问题;等等。

第三节 拓展丝绸之路经济带生产网络与生态环境协同发展受益面的国际协调策略

丝绸之路经济带的国际协调策略包括经济、政治、军事、文化等多层面内容,其核心是保障沿线国家的宏观经济政策协调。基于国际宏观经济政策协调理论,国家间宏观经济政策协调策略的本质是达成实质性协议的合作模式(黄梅波,2004),主要内容包括宏观政策协调、信息交流政策协调、危机管理政策协调和特定目标政策协调(Oudiz et al., 1984;杨照东和王劲松,2004)。具体来讲,以循环经济为导向的互利合作协调各国经济政策、以碳排放权交易市场协调各国环境规制信息、以常态化气候谈判协调各国气候变化危机和以政府间生态补偿协调各国财政政策四项国际协调策略。拓展丝绸之路经济带生产网络与生态环境协同发展受益面的国际协调策略,如图6-5所示。

一、开展以循环经济为导向的互利合作

循环经济本质是通过模仿自然生态系统的物质循环机制和能量梯级利用规律而重构经济系统,促使经济活动的环境影响和生命周期成本最小化、价值最大化,从而以最低的资源和环境代价实现经济与环境协调发展的技术经济模式(杜

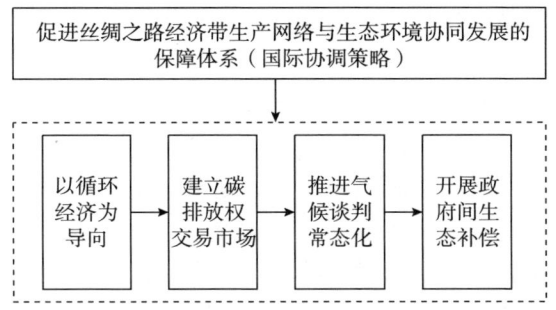

图 6-5　拓展丝绸之路经济带生产网络与生态环境协同发展受益面的国际协调策略

亦譞等,2016)。中国作为"一带一路"倡议的倡导者,应积极推进丝绸之路经济带沿线国家开展面向生态环境的技术创新,促进沿线各国开展循环经济互利合作,倒逼沿线各国以循环经济政策为导向开展面向生态环境的技术创新。从宏观经济政策整体协调角度出发,丝绸之路经济带沿线国家应构建以开展循环经济为导向的互利合作策略,其具体实施方案如图 6-6 所示。

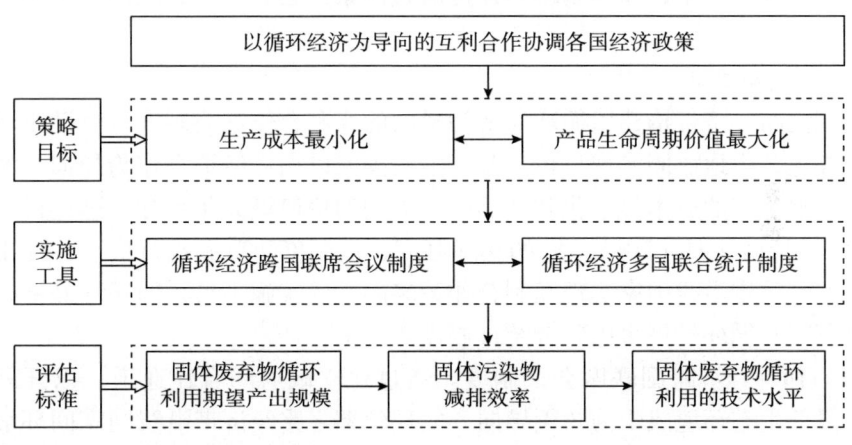

图 6-6　以循环经济为导向的互利合作策略实施方案

(一) 策略目标

循环经济政策最早在德国通过立法予以实施,2015 年,欧盟从生产、消费、废弃物管理和次生原材料市场四个方面正式提出国家间循环经济的互利合作策略。欧盟循环经济互利合作策略的目标是降低国家间经济活动对生态环境产生的负向影响,却忽略了其反馈作用。因此,基于生态环境系统的物质循环机制和能量梯级利用规律,从生产与生态环境关系的角度,提出丝绸之路经济带沿线国家

· 273 ·

循环经济互利合作策略的目标,即生态环境影响生产的成本最小化和产品生命周期价值最大化。

丝绸之路经济带生态环境影响生产的成本最小化,体现了沿线国家生产与生态环境系统的物质循环机制,即以最低的资源消耗和环境污染为代价,实现生产网络与生态环境协同发展的成本最小。该策略目标是把丝绸之路经济带当作有限的资源库和排污场,追求沿线国家生产的高效率发展,实现生产的非线性增长。同时,生产成本最小化还需要通过科技创新实现,推进丝绸之路经济带沿线各国经济增长与资源环境"脱钩",促使丝绸之路经济带向新型工业化、新型城市化和新型现代化的方向发展。

丝绸之路经济带沿线国家产品生命周期价值最大化,这一目标反映出沿线国家生产系统与生态环境系统的能量梯级利用规律,即以梯级环境资源和能量投入,实现生产系统与生态环境在相同周期内协同运作,创造"1+1>2"的价值。该策略目标旨在保障资源环境供给的阶段性,确保在资源环境消费过程中进行减量化、再利用,实现经济增长与环境保护的高质量协调。同时,产品生命周期价值最大化目标要求沿线国家在生态承载能力范围内和物质规模不变的前提条件下,提高资源利用率,以体制创新促进沿线国家社会、环境、经济三个方面的协同互利。

(二)实施工具

丝绸之路经济带构建以循环经济为导向的互利合作策略制度,有助于保障沿线国家互惠共生地协同实现目标。基于沿线国家以循环经济合作为导向,实现生态环境影响生产的成本最小化和产品生命周期的价值最大化目标,这里借鉴欧盟《循环经济行动计划(2015)》的实施制度,从制度防范和执行层面,提出构建丝绸之路经济带沿线国家实现互利合作策略的主要实施工具,即循环经济跨国联席会议制度和循环经济多国联合统计制度。

(1)循环经济跨国联席会议制度。通过建立政府间合作通道,以开展循环经济、降低生态环境成本为政策导向,实现丝绸之路经济带沿线国家间环境治理成本最小化的目标。针对这一需求,借鉴中国党政系统的联席会议制度(顾爱华和刘志超,2011),可以试行"丝绸之路经济带循环经济跨国联席会议制度",即丝绸之路经济带沿线国家和地区的同级政府,共同召开会议,互通各国循环经济情况,协商解决涉及跨国生产循环、生态环境保护以及二者协同权益的制度。丝绸之路经济带循环经济跨国联席会议制度,可以从制度防范层面,保障相关国家节约和高效利用资源(费茂清和肖盛勇,2013),继而加强环境资源多次循环利用水平、垃圾分类处理能力、废弃物回收以及综合利用水平和各国循环经济制度实施等,以减少或者消除生产过程及产品对人类和环境的可能危害,同时使经

第六章　丝绸之路经济带生产网络与生态环境协同发展的路径规划与政策保障

济效益最大化。

（2）循环经济多国联合统计制度。基于循环经济的产品生命周期研究侧重以科学的统计指标体系为依据（李士金，2016），丝绸之路经济带沿线国家循环经济模式下的产品生命周期中，要实现价值创造最大化这一目标，需要建立与循环经济统计指标体系相匹配的制度保障。针对这一需求，借鉴中国环境统计制度（吴琼等，2016），本书提出丝绸之路经济带循环经济多国联合统计制度，即沿线国家共同从循环经济数据的采集、申报、审核和应用等一系列流程，建立全面统计环境制度，继而实现生态环境的全过程管理。通过生态环境统计指标体系、报表制度和统计技术方法，建立循环经济和生态环境的衔接制度。具体地，循环经济导向下的多国联合统计制度，需从制度层面执行，以最少资源投入和环境污染为目标，兼顾提升生产效率，倡导沿线国家通过清洁生产方式，制造出科技含量高、环境污染少的清洁产品。

（三）评估标准

循环经济主要体现了固体废弃物的循环利用（陈帆等，2018），为保障丝绸之路经济带沿线国家以循环经济为导向的互利合作策略的实施效果，可以评估沿线各国固体废弃物的循环利用水平。借鉴德国《促进循环经济和确保合乎环境承受能力废弃物消除法》对固体废弃物循环利用的评估实践（沈鹏，2016），本书从规模效应、技术效应和结构效应三个维度（Grossman and Krueger，1995）提出丝绸之路经济带沿线国家固体废弃物循环利用的评估指标，分别对应于固体废弃物循环利用期望产出规模、固体污染物减排效率、固体废弃物循环利用的技术水平。

（1）固体废弃物循环利用期望产出规模。固体废弃物循环利用期望产出是生命周期结束的商品产生的固体废弃物再次循环利用的产出（杨忠直和晁博，2015）。现有对固体废弃物循环利用期望产出的研究集中于对产品生产局部环节生态效率的影响（Stevels，1999），而对产品生产过程与生态环境形成协同效应的研究较少。然而理论上，提升丝绸之路经济带固体废弃物循环利用率，可以降低各国生态环境对生产成本的影响，这意味着单位生态环境物资创造商品的价值增加（政策目标）。因此，提出"固体废弃物循环利用期望产出"这一评估方式，可把固体废弃物循环利用规模水平和固体废弃物循环利用增值水平作为深层考量的两个方面。

（2）固体污染物减排效率。固体污染物减排效率即固体污染物处理能耗与污染物去除规模的输入输出效率（佟庆远等，2019），是企业和区域实施循环经济统计制度的关键指标。现有文献中关于固体污染物减排主要关注污染物减排的影响因素、减排机制和污染防治潜力，以区域生产网络为研究对象分析固体废弃物减排的研究较少。丝绸之路经济带生产网络中污染物减排效率提升，可以消除非对称性技术进步，进而实现循环经济生命周期内价值创造最大化。测度污染物减排效率，需要规范统计沿线国家的污染物排放规模、污染物处理规模和污染物处理工艺。在一定程度上，污染物减排效率的测度结果能够间接反映循环经济统计制度所发挥的作用效果，同时反映出循环经济生命周期内的价值创造水平。

（3）固体废弃物循环利用的技术水平。固体废弃物循环利用的技术水平是环境规制与循环利用物资的生产技术（生产效率）的累积水平（庞加兰，2016），可以反映循环经济跨国联席会议制度和循环经济多国联合统计制度的组合效果。固体废弃物循环利用技术研究主要集中于将废弃物转化为基质材料的应用技术（李鹏等，2014）、农业废弃物循环利用技术（陈祺琪等，2016）、废弃物循环利用网络技术（王丽平和栾慧明，2017）等，但对固体废弃物循环利用技术在国家间空间溢出效应的研究较少。丝绸之路经济带循环经济跨国联席会议制度，有助于沿线国家改进固体废弃物循环利用技术，减少生产过程中要素的投入，实现一定对外开放水平下固体废弃物循环技术提升。同时，丝绸之路经济带沿线国家循环经济多国联合统计制度，有助于规范沿线国家固体污染物循环产业间技术、资本、劳动、资源要素的时序和空间作用，便于综合优化固体废弃物循环技术。

二、建设碳排放权交易市场

碳排放权交易是区域法律授予市场主体碳排放活动的权利所发生的交易行为，建立碳排放权交易市场的主要目的是解决交易成本高昂、技术革新迟缓、环境绩效不佳以及社会基础不足问题（朱德莉，2018）。丝绸之路经济带沿线国家积极参与建设碳排放权交易市场，有助于促进沿线国家环境规制信息透明，提升碳排放权交易理性，并通过碳排放权的市场行为影响各国的技术进步和环境效用，形成产业生态化。从环境规制信息协调角度，建议丝绸之路经济带沿线国家通过共同构建碳排放权交易市场，实现区域生产网络与生态环境的协同。该策略实施的具体方案如图6-7所示。

（一）策略目标

碳排放权交易市场是联合国针对全球气候变暖问题，在1997年由150多个成员国审议通过的《京都议定书》中予以明确，并在欧盟首先实施后迅速推广到全球（嵇欣，2014）。丝绸之路经济带沿线各国所面临的气候变暖和区域经济发展协同问题也需在《联合国气候变化框架公约》的统一框架下，由沿线各国政府联合起来并助推建立起丝绸之路经济带碳排放权交易市场。各国政府建立碳排放权交易市场的目标，旨在将丝绸之路经济带碳排放权交易市场作为沿线国家

第六章　丝绸之路经济带生产网络与生态环境协同发展的路径规划与政策保障

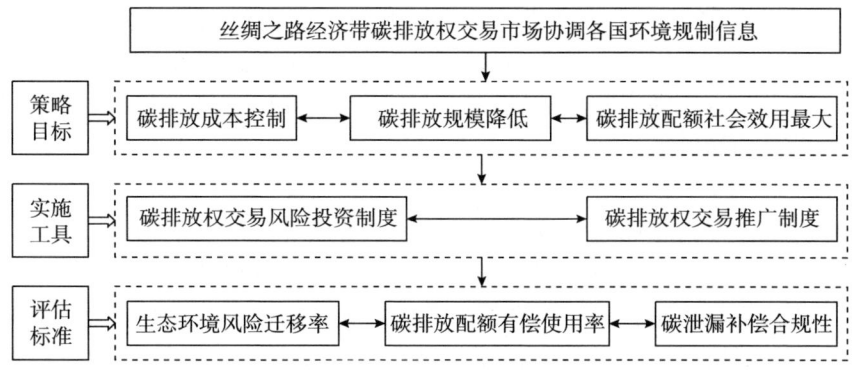

图 6-7　碳排放权交易市场建立策略实施方案

碳排放权份额交易的第三方代理机构，评估并公示沿线各国的实际碳排放规模，如果一国的配额有剩余或不足，则优先在沿线国家间互补交易，实现丝绸之路经济带沿线国家碳排放成本控制、碳排放规模降低和碳排放配额社会效用最大化。

碳排放成本控制的目的是防止碳排放配额交易价格的过度波动，因此碳排放成本控制成为碳排放权交易市场重点关注的问题之一（刘明明，2019）。市场规律主导下的碳排放配额价格可能存在偏离丝绸之路经济带沿线国家碳排放平均成本的情形，需要设立当期碳排放配额交易价格的上限、下限和排放配额抵消的限制，并根据不同时期丝绸之路经济带劳动生产率和生态环境平均水平而动态调整限值。对于丝绸之路经济带沿线国家碳排放配额的跨期、跨区域的灵活使用，可以通过多边协议、信息共享等渠道做出公示，减少配额需求的相关国家对碳价格波动和经济干扰的响应。

碳排放规模降低表现为各国在具体承诺期碳排放配额总量阈值的下降（孙睿等，2014）。根据《联合国气候变化框架公约》的减排目标设定，丝绸之路经济带沿线区域及多数国家会在约定的减排周期初始确定每年的配额总量上限。从具体实践看，每年发布丝绸之路经济带碳排放市场报告，不仅包括有履约责任的强制减排国家，还包括一些非强制减排的国家，并由第三方审核机构进行核查。

碳排放配额社会效用最大是实现具有稀缺性的碳排放配额资源的优化配置（蒋晶晶，2013）。碳排放配额社会效用研究均提出，碳排放权交易市场中供需均衡时，市场出清带来的社会效用最大（顾高翔和王铮，2015），需要碳排放权交易市场信息透明、各国碳排放份额供给和需求理性，而碳排放配额优化配置的社会效用最终将通过碳配额的市场交易价格调整。丝绸之路经济带碳排放权交易市场中碳排放配额实现公平交易，一方面，有助于降低沿线国家额外的配额成本，同时可以使沿线国家政府获得额外的收入，以减少国际贸易利得的扭曲，或将其投入到提高能源效率、补贴清洁能源等领域中，创造更大的社会效用；另一方面，对区域外国家来说，由于要通过透明公开的市场准则将碳排放配额分配到不同国家，外部需求的涉入会增加碳配额市场的竞争强度，可能对配额不足的国家产生较大的负面影响。

（二）实施工具

从丝绸之路经济带碳排放权交易市场协调各国环境规制信息出发，需要针对市场内的碳排放集中交易方式和区域性生态禀赋特征设计政策工具。丝绸之路经济带碳排放权交易市场，以集中交易方式控制碳排放市场的交易信息，降低全球碳排放市场的投资风险，进而为抑制全球气候变暖做出贡献；同时，碳排放权交易市场内的不同国家生态禀赋局部协同，便利碳排放权市场需求和供给信息的推广，可以提升丝绸之路经济带沿线国家碳排放市场的国际影响力和竞争力。由此，从协同碳排放权交易市场信息角度，提出丝绸之路经济带碳排放权交易市场的实施工具，包括碳排放权交易风险投资制度和碳排放权交易推广制度。

（1）碳排放权交易风险投资制度。碳排放集中交易被认为具有良好的发展前景，同时伴随着投资失败、推广困难的风险（胡根华等，2019）。丝绸之路经济带沿线国家作为战略投资者，应对本国利益和风险承受能力理性分析，特别是风投资本在介入碳排放交易过程中仍需十分谨慎，要多关注政策扶持力度较大的国家。沿线国家的碳排放交易风险投资机构须更加关注具有较高的认可度和关注度的新兴产业领域，如互联网金融、移动互联网、O2O 等，以此吸引具有发展潜力的国家进入。

（2）碳排放权交易推广制度。碳排放权交易市场推广依赖的是各国政府的财政补贴（刘惠萍和宋艳，2017），但随着碳排放交易规模的迅猛发展，导致政府方面存在巨大的支付压力。首先，很多碳排放市场交易企业将各国政府的财政补贴视作一种免费的资源，产生了极大的依赖性，甚至一些企业出现了"骗补"的现象，这对丝绸之路经济带碳排放权交易市场的长期运行产生极大的消极影响。其次，丝绸之路经济带沿线企业对碳排放交易配额的认可度较低，使得沿线国家在全面推广碳排放市场交易进程中面临较大的买方压力。最后，市场中企业在自身利益最大化的目标驱动下，没有承担社会环保责任的主观愿望，对碳排放权交易市场推广的积极性降低。

（三）评估标准

丝绸之路经济带碳排放权交易市场的建立，需要市场交易制度和测度指标对应。丝绸之路经济带沿线各国政府碳排放权交易市场投资风险的评价制度、决策咨询制度、审议制度等和交易市场推广的公众参与监督决策制度、环保监督法律

第六章 丝绸之路经济带生产网络与生态环境协同发展的路径规划与政策保障

法规等的综合制度评估，主要指标包括控制生态环境风险迁移、碳排放配额有偿使用率和对碳泄漏补偿合规性。

降低生态环境风险迁移率，需要完善的生态环境风险评价制度保障。借鉴程胜高和鱼红霞（2001）对生态环境风险迁移的分析，本书认为，丝绸之路经济带沿线国家生态环境风险迁移率是在碳排放交易期间测出的各国污染物浓度的迁移轨迹，分析该轨迹后可做出正确的生态保护和生产发展决策。环境与发展综合决策的主要途径是对环境、经济和社会发展进行统筹兼顾、综合平衡、科学决策，包括对碳排放技术政策、发展规划以及环境影响作出科学评价。

提升碳排放配额有偿使用率，是环境规制决策的研究、论证和环境审议制度的主要内容。碳排放配额有偿使用率的核心思想是在满足环境约束的前提下，设立合法的污染物排放权利，并允许这种权利以许可证形式被买卖。在这种机制设计下，减排成本低的企业将承担更多减排责任，并将富余的排放权出售给成本较高的企业。一方面使得减排能获得收益，另一方面降低了整个社会的减排成本，同时实现排放控制（赵子健等，2016）。对涉及公共环境权益的政策和立法建议、规划与建设项目，要充分听取公众和社会意见。重大建设项目的环境影响评价过程中，应重视公众的参与，避免项目建成后的环境问题。

加强碳泄漏补偿合规性，需要依托完善的国际环保监督规制。碳泄漏是碳排放的跨国外部性问题（马翠萍和史丹，2014），丝绸之路经济带碳排放市场交易规制制定时，需要考虑交易双方的碳排放效率，避免碳利用效率高的国家减排带来的整体碳排放规模提升。根据 WTO《补贴与反补贴措施协定》中关于碳排放补贴与反补贴协定（杜玉琼，2017），提出关于丝绸之路经济带碳排放市场碳泄漏补偿合规性的建议。碳排放效率高的发达国家可以对碳泄漏国提供一定的专项性补贴，帮助其发展循环经济、产业转型升级和生态环境治理。

三、推进气候谈判常态化

国际气候谈判由政府间气候变化专门委员会（Intergovernmental Panel on Climate Change，IPCC）设立，是当前全球保护生态环境最重要的多边谈判之一。一个国家生态产业发展得越好，越倾向于采取积极的气候政策，参与国际气候谈判的立场越积极（李慧明，2012）。研究表明，丝绸之路经济带的气候危机具有全球性和不确定性，气候变化显著影响沿线国家的生态环境质量，同时，生态环境反向影响沿线国家的经济发展。根据认知共同体理论的主要观点（Haas，1992），丝绸之路经济带沿线国家应开展常态化气候谈判，以共同协调解决气候变化问题。该策略实施的具体方案如图 6-8 所示。

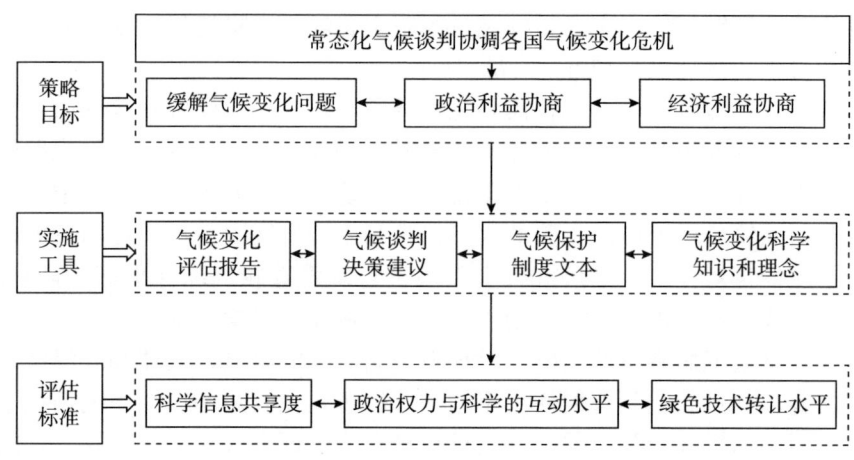

图6-8 常态化气候谈判策略实施方案

(一) 策略目标

气候是影响某一区域生态环境的重要因素,谈判是解决全球气候变化问题的主要手段,世界各国需要在协商一致的基础上携手解决全球气候变化问题(王文军和庄贵阳,2012)。丝绸之路经济带生产网络与生态环境协同发展的一个必要前提是沿线气候变化问题的解决,而气候变化问题在科学上还存在着不确定性。因此,丝绸之路经济带沿线国家需要建立气候谈判机制,定期进行能源发展战略、资金流量分配、投资活动次序、技术增长方向等方面的工作协调,共同为丝绸之路经济带沿线国家的气候变化问题缓解、政治利益协商和经济利益协商做出努力。

丝绸之路经济带气候谈判有助于缓解沿线国家气候变化问题。全球气候变化问题如冰川消融、极端气候、海平面上升、粮食减产、空气污染和物种灭绝等,不仅给海洋周边国家也对处于全球内陆的丝绸之路经济带沿线国家发展带来极大挑战。丝绸之路经济带沿线国家缓解气候变化问题,不仅需要遵循国际气候谈判的基本原则——《联合国气候变化框架公约》和《京都议定书》原则(丁金光和管勇鑫,2016),还需要平衡沿线国家异质性的经济禀赋和政治诉求。气候谈判表面上是减缓气候变化带来的环境问题,其实质是沿线国家经济利益和政治利益的协商。

丝绸之路经济带气候谈判有助于协商沿线国家的经济利益。丝绸之路经济带沿线国家均支持有约束性的环境污染减排目标,但发达国家和发展中国家参与气候谈判的经济诉求又存在差异。沿线发达国家接受以温室气体排放总量为减排标准,而发展中国家则建议以人均排放总量为减排标准。丝绸之路经济带沿线国家

第六章　丝绸之路经济带生产网络与生态环境协同发展的路径规划与政策保障

经济诉求虽然存在较大差异,但并非不可调和的矛盾,可以通过找到不同国家的利益诉求的平衡点而达成谈判成果。

丝绸之路经济带气候谈判有助于协商沿线国家的政治利益。丝绸之路经济带沿线国家由于发展历史、民族、语言、信仰、自然资源等差异,形成"基础四国"(中国、印度、巴西、南非)、"77国集团"(Group of 77, G77)、"东盟10国"、"阿拉伯国家联盟"、"石油输出国组织"等具有不同政治诉求的域内组织。不同区域组织的政治诉求对应不同的运行机制,增加了丝绸之路经济带气候谈判的难度。基于公平原则、共同但有区别的责任原则和各自能力原则是协调丝绸之路经济带沿线国家政治利益的关键。

(二) 实施工具

丝绸之路经济带沿线国家定期化组织气候谈判,应遵守《联合国气候变化框架公约》和《京都议定书》。从认知共同体政策实施的角度,常态化气候谈判的实施工具可以划分为对应的四阶段工具:气候谈判觉醒期的气候变化评估报告、气候谈判博弈期的气候谈判决策建议、气候谈判批准期的气候保护制度文本以及气候谈判坚持期的气候变化科学知识和理念(董亮和张海滨,2014)。

气候变化评估报告是气候谈判觉醒期的政策工具,强调各国政府参与气候谈判由被动转向主动。只有丝绸之路经济带沿线国家对区域污染具有共同感知,才能在其国内自发形成气候政策目标、工具及国家利益的评估报告。丝绸之路经济带沿线国家的共识性知识,一方面,改变各国政府的认知和形成丝绸之路经济带国际气候谈判的应对能力,引发协同的生态政策和更为综合性政策的出台,这一点在应对环境污染方面尤为突出;另一方面,显示出国际社会对国际气候谈判合法性的认可。

气候谈判决策建议是气候谈判博弈期的政策工具,强调国家的政治制度结构以及以国家名义制定和实施外交政策的个人对外交政策的影响。只有界定了丝绸之路经济带沿线国家气候变化问题的科学维度后,才能进一步衍生出国家利益的博弈,形成决策者应该选择的政策,各国政府从差异化运行转而协调一致。认知共同体通过自身的能力提出政策建议,并且加速政策选择过程。在具有高度复杂性的问题上,通过自身在知识上的权威性,说服决策者并使其达成认同,接受特定政策建议。这一方式往往会形成一种跨国力量,有助于观念向各种行为体扩散。

气候保护制度文本是气候谈判批准期的政策工具,强调国际体系内的权力分配。只有认知共同体成员积极参与国家和跨国的气候信息交换及共享,丝绸之路经济带沿线国家才能从怀疑、否定转向积极参与。一旦认知共同体成员在共同体内形成某一个问题的框架并扩散观念,他们会通过直接与间接两种途径,将正式

· 281 ·

文本传递给参加谈判的其他决策者。如果影响的是不同国家的机构，非正式的政策趋同就会形成，具有间接途径；如果被主要行为体接受，认知共同体的影响便是直接途径。

气候变化科学知识和理念是气候谈判坚持期的政策工具，聚焦于国家（地区）内部政治和文化协调。一旦观念、信条和目标机制化，便有助于维持认知共同体的可信性和权威性，进而成为维持其影响力的手段，因此，认知共同体会不懈努力实现这一目标。当认知共同体失去共识，其权威性就会下降，与此同时对政策制定者的影响力也必然会下降。

（三）评估标准

丝绸之路经济带沿线国家在不同气候谈判期政策工具的实施效果不同，整体上涉及气候科学知识、绿色技术和政治认知三个方面。丝绸之路经济带气候谈判需要选择正确的国际谈判策略，以促进沿线国家经济和政治的健康、有序增长。首先，丝绸之路经济带沿线国家生态环境复杂且异质性大，受气候变化的影响差异较大，由此需要向各国政府推广对气候科学知识的理性认识、理解和协调应用；其次，由于沿线国家经济发展水平悬殊，人为干预气候变化问题的能力差异巨大，需要推动沿线国家转让普及效率更高的绿色技术；最后，由于气候变化机制的溢出效应，沿线国家所面临的气候问题具有一致性，亟须寻求共同的解决方案，因此丝绸之路经济带的气候谈判效果取决于沿线国家间对气候科学信息的高度共享。

政治权力与科学的互动水平体现在丝绸之路经济带沿线各国政府参与和审核评估报告中，通过牺牲部分科学性以维持政治影响力（张丽华和李雪婷，2020）。丝绸之路经济带气候谈判中的政治利益和科学利益，是沿线国家承担减排责任引起的国家经济损失（即未参与治理的应得收益）、参与气候治理规则的制定权以及排他性的环境收益（即参与治理的公共产品收益）。丝绸之路经济带在气候治理合作大趋势下，气候谈判要合理分配沿线国家的减排责任，兼顾科学规律。

绿色技术转让水平是在联合国技术执行委员会（Technology Executive Committee，TEC）与气候技术中心和网络（Climate Technology Centre and Network，CTCN）技术机制支持下，丝绸之路经济带沿线国家间绿色技术的跨国转让规模（袁振华，2015）。沿线国家的绿色技术转让谈判至少关联两个主体，其主体多元性特征决定了绿色技术转让关联方的收益分摊均衡原则，即对绿色技术开发投入、绿色技术推广、绿色技术创新环境投入、绿色技术建设制度成本等核心要素形成共识。

科学信息共享度是气候变化科学信息扩散中的观念性作用和累积性效应（秦天宝，2012），推动丝绸之路经济带气候谈判由技术理性转向价值取向。累积效应具有极强的气候变化信息号召力,塑造了强大的全球舆论,为推动气候谈判的政策协调创造全球背景,成为全球气候变化议程设置的动力。如果未来的科学进步能够给予更多的共识自信,未来的国际气候谈判必然会发生重大转变。

四、开展政府间生态补偿

生态补偿的实质是生态与环境保护经济外部性的内部化以及生态破坏、环境污染和资源消耗成本收益的对称化(卢洪友等,2014)。要实现丝绸之路经济带生产网络与生态环境的协同发展,所采取的财政政策主要是生态补偿措施,须建立反映生态资源稀缺程度、体现生态价值和代际补偿的生态补偿模式,打造绿色产业链。丝绸之路经济带沿线国家通过政府间生态补偿,促进沿线发达国家与发展中国家间、生态资源禀赋异质国家间共享资源环境约束下生产网络发展演进的成果。处于不同地区的国家,在生产网络发展演进中生态效率差异较大且动态变化,加之商品贸易导致的环境污染转移日益破坏贸易的公平性,因而丝绸之路经济带沿线国家开展政府间生态补偿变得十分必要。根据生态补偿外部性内部化理论(李国平和刘生胜,2018),丝绸之路经济带沿线国家政府间生态补偿策略具体实施方案如图6-9所示。

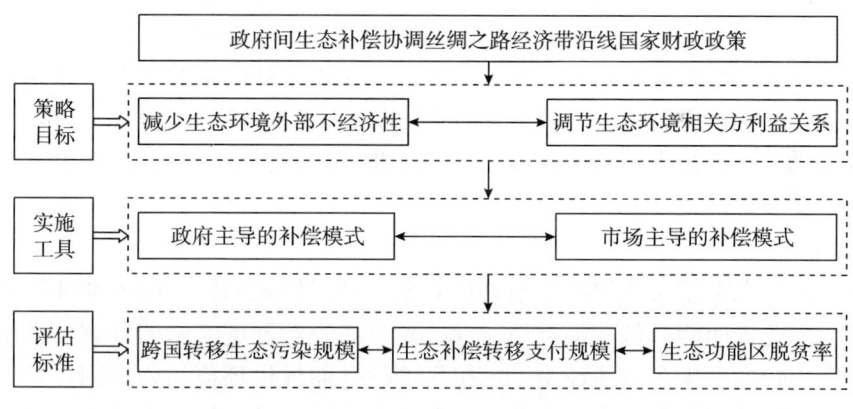

图 6-9 政府间生态补偿策略实施方案

(一)策略目标

政府间生态补偿是围绕政府和市场在生态补偿中的作用,实现国家生态治理的一种有效方式(Finlayson et al.,2005)。推行丝绸之路经济带政府间生态补偿策略,要以保护各国生态环境和人类福利为根本出发点,根据生态功能价值、生态保护成本、发展机会成本,按照"谁污染、谁保护,谁受益、谁补偿"的原则,建立生态补偿机制及相应策略。丝绸之路经济带沿线各国政府综合运用行政和市场手段,通过核算出口所导致的环境污染成本和治理环境污染所需的政策补贴,从生态环境行为的成本或收益均衡角度,协调进口国对出口国的生态补偿,从而激励沿线国家减少或增加因贸易行为所带来的生态环境外部不经济性或外部经济性,调节沿线国家生态环境相关方的利益关系。

政府间生态补偿减少生态环境外部不经济性。政府间生态补偿的实质是通过一定的行政和经济手段实行生态保护外部性的内部化,让生态保护的"受益者"支付相应的费用,使生态建设和保护者得到补偿,进而激励各国发起生态保护行为(彭本利和王彬,2019)。随着"一带一路"倡议的推进,丝绸之路经济带沿线国家间生产和贸易规模不断扩大,沿线区域生态环境的不平衡程度日益加大,面对这一困境,需要沿线各国政府介入补偿由生产和贸易等经济活动导致的生态失衡。究其原因,在一定环境技术水平下,出口国承接生产任务而给本国带来环境污染,进口国仅消费商品所导致的环境污染较低;同时,高标准的环境要求可能会给发展中国家带来压力,从而丧失许多发展机会、付出机会成本,政府间生态补偿则可以对第三方补偿生态环境外部不经济性。

政府间生态补偿调节生态环境相关方间利益关系。生态环境是一种公共品,一个具有良好生态环境的国家也会给相邻国家带来生态效益,同样,被破坏的生态环境也会影响到邻近区域的发展,产生生态产品溢出效应(黄志勇和苏勇,2012)。由于丝绸之路经济带沿线国家具有地理邻接的地域特征,沿线国家间生态产品溢出效应尤为显著。在这种情况下,如果生态环境相关方在经济利益方面不给予一定的补偿或惩罚,相关国家将失去保护生态环境的积极性,环境污染输出方将进一步扩大污染输出。因此,丝绸之路经济带必须建立有效的生态补偿机制,统筹区域协调发展。

(二) 实施工具

政府间生态补偿必须解决生态补偿对象和补偿模式问题,即由谁补偿谁和补偿方式的问题,明确补偿和被补偿对象,是生态补偿制度实施的基础。在生产和贸易活动中,商品生产方往往由于承接生产任务而导致环境污染加剧,其是补偿对象;作为被补偿对象,商品消费方消费过程中产生较少的污染(安虎森和周亚雄,2013)。丝绸之路经济带生态补偿对象包括为恢复和建设区域生态环境的利益付出者,以及为恢复和建设生态环境而丧失发展机会及机遇的利益损失者。生态环境的保护和建设以牺牲当前局部利益为代价,这些生态恢复和建设的成本以及机会成本都应当得到相应补偿。应选择合适补偿工具,获得稳定的生态补偿来源,分别构建以政府和市场主导的生态补偿模式。

在生态补偿中更好地发挥政府作用,关键是合理确定政府边界。政府主导模式指以国家或上级政府为实施补偿的主体,以区域、下级政府或农牧民为补偿对象,以财政补贴、政策倾斜、项目实施等为手段的补偿方式。也就是说,丝绸之路经济带沿线各国政府对污染小的贸易商品应设置较低的门槛,对污染大的贸易商品设置高门槛。首先,以包括财政补贴、政策倾斜、税费改革、项目实施和人才技术投入等非市场手段对贸易企业的污染减排行为进行补偿。其次,通过建立国际环境治理基金,使生态服务的市场交易可持续运行。政府应以组织者或参与者的身份出现,垫付项目启动资金,推进项目各方的信息交流等,并以政府信任担保生态服务和资金支付的持续进行。最后,通过推进各类环保技术有偿使用,矫正市场缺陷,确保生态补偿的健康运行。

市场主导模式指丝绸之路经济带沿线国家通过市场机制将环境保护、资源开发以及生态建设成本纳入到商品成本的分析和决策过程。首先,基于价格的工具主要包括拍卖、环境退税,其特点是直接设定和优化价格,虽然这类工具不能保证市场变化的程度,但它对政策成本具有总量控制的作用。其次,基于数量的工具主要包括限额交易,旨在建立一个关于破坏性活动或者获得稀缺性资源的权利市场。最后,市场摩擦机制。这类工具主要包括循环基金、生态认证和生态标签等,以消除制约生态服务市场形成和发展的障碍。

总之,在生态环境理论和福利经济学框架下,政府间生态补偿的架构由生态污染制造者、无污染的消费者、补偿工具及相互关系组成,如图6-10所示。

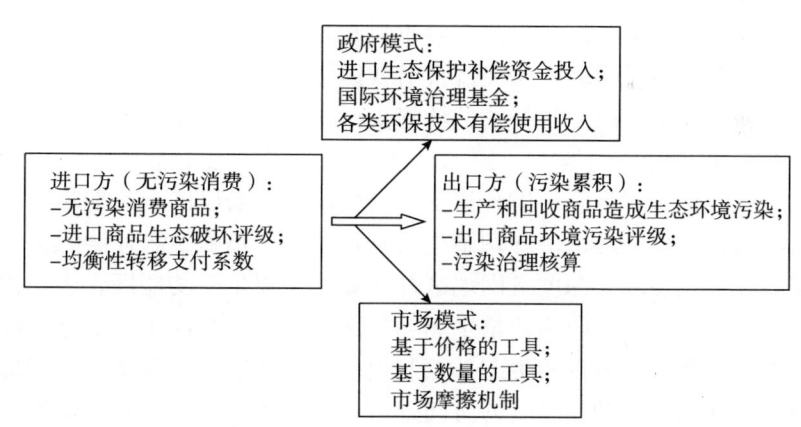

图 6-10 沿线国家政府间生态补偿工具

(三)评估标准

政府间生态补偿评估的核心指标是生态系统服务价值(范明明和李文军,2017),即一国生态环境损失被利益相关方政府补偿的满足程度,而各国生态环境损失的补偿程度直接影响各国政府的财政政策。丝绸之路经济带沿线地区生态系统服务功能差异较大，其损失主要表现为维持沿线国家赖以生存和发展所需的自然生态条件及环境效用受到损害，这给协调沿线国家财政政策，顺利实施生态补偿带来较大的难度。结合生态系统服务价值理论，丝绸之路经济带政府间生态补偿评估应关注评价补偿规模的跨国转移生态污染规模、生态补偿转移支付规模和生态功能区脱贫率三个指标。生态补偿的效果是以生态补偿的价值进行评估的，以生态平衡和人类生态利益及生态衍生利益的公平分配为目标。虽然可以通过自然资源和生态环境评价体系定量化测度生态补偿规模，但由于生态功能作为公共产品可以量化，因此需要考虑生态补偿的转移支出规模以及生态功能区脱贫的影响。

随着"一带一路"建设的不断推进，跨境环境污染问题已成为阻碍沿线国家参与国际分工的主要障碍之一。跨国污染实质是产生了国家间的环境不公平，即环境污染的外部不经济扩散到污染国之外的国家，而受害国没有得到应有的补偿，总体上可能有效率的经济收益被污染国独占。因此，需以跨国转移生态污染规模作为生态补偿规模的评价标准，协调利益相关者之间的矛盾。以跨国转移生态污染规模作为生态补偿规模的评价标准，需要强调系统性，将经济发展、社会福利和环境的可持续发展整合在同一框架中全面考量。

生态补偿转移支付规模旨在将基本农田、公益林、水源地等列入转移支付范围，综合考虑生态保护的面积、质量、投入等因素，科学安排转移支付资金，对实施生态建设和保护的各级地方政府给予财政补贴，促进地方政府提高生态保护质量，优化生态环境。丝绸之路经济带沿线区域是全球生态脆弱区，通过准确认识和正确评价沿线国家间生态补偿的转移支付规模，有助于将生态补偿资金合理地用在生态脆弱度较高的地区及国家，实现沿线国家间生态环境保护的协同开展。需要注意的是，对生态补偿转移支付规模的测评需以固定周期展开，这样有助于根据沿线各区域的环境治理调整生态补偿策略，增强生态补偿的实施效果。

根据调查研究发现，深度贫困地区往往处于重要生态功能区，生态保护同经济发展的矛盾比较突出。因而评估生态功能区的脱贫率有助于找准导致深度贫困的根本原因，采取有针对性的生态补偿制度。生态功能区脱贫率这一指标的设计初衷是为了实现生态保护与脱贫的协同推进，通过衡量该指标采取措施建立起协同推进的长效机制。在具体的考核中，应重点关注丝绸之路经济带沿线国家的产业、教育扶贫、基础设施以及公共服务等重要方面的扶贫力度，促进沿线国家构建市场导向的绿色技术创新体系，促进清洁生产，实现经济效益与环境保护的双赢。

第四节 强化丝绸之路经济带生产网络与生态环境内向协同增长动力的国内互补政策

政策设计指在策略制定过程中选择适当的政策工具，实现审慎确定的政策目标，涉及财政、金融、贸易和产业等方面的政策目标、政策工具和政策执行（Howlett and Mukherjee，2014）。国内政策设计依据"理论—情境—行动者"这一路径，即政策目标从规划转向咨询、政策工具从单一转向混合、政策执行从技术转向情境（朱伟，2018）。我国既是丝绸之路经济带生产网络中的核心节点，也处于沿线生态环境风险较高的区域，对国内政策的设计需要兼容沿线国家间可能出现的协同情景及各国政府的政策行为差异。因此，结合丝绸之路经济带生产网络与生态环境实现协同的目标需求，应以沿线国家的国际协调策略为出发点，提出适应于我国，并能有效推进沿线国家实现互补的政策调整方案。具体内容是与循环经济导向互利合作互补的生态产业链政策、与常态化气候谈判互补的公共资源信托政策、与碳排放权交易市场互补的国内资源公平交易政策、与政府间生态补偿互补的环境保护税政策四项国内政策。强化丝绸之路经济带生产网络与生态环境内向协同增长动力的国内互补政策如图 6-11 所示。

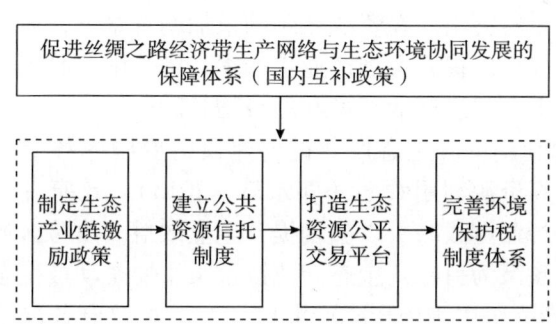

图 6-11 强化丝绸之路经济带生产网络与生态环境内向协同增长动力的国内互补政策

一、制定生态产业链激励政策

丝绸之路经济带生产网络和生态环境的协同，必须解决废弃物回收利用和能源消费之间的协同问题（孙丽文等，2018），构建生态产业链，制定适应我国产业发展和资源禀赋的生态产业链激励政策。从政策激励的角度，提出我国生态产业链的政策目标、政策工具和评估标准，如图6-12所示。

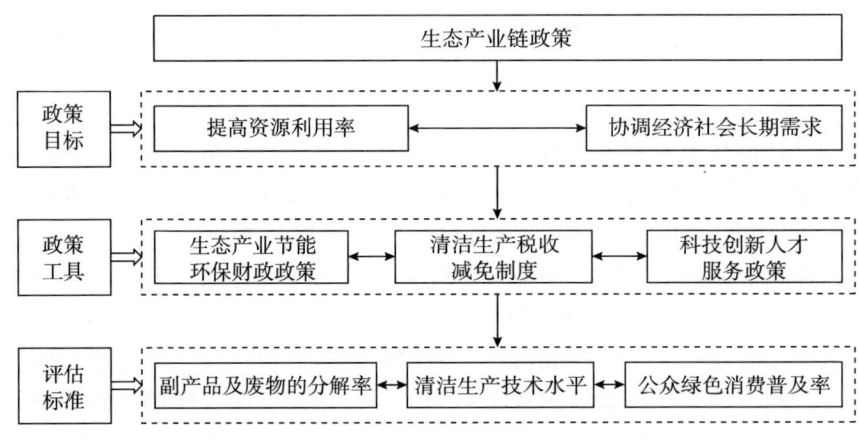

图6-12 生态产业链激励政策体系

（一）政策目标

生态产业链是从生态效益的角度出发，保护和扩大生态资源并提升资源生产率、协调社会长期需求的一种生产组织模式（唐晓华等，2007）。我国目前处于中等偏上收入阶段，居民的消费结构迅速升级，产业结构随之调整与升级，经济、环境、社会等矛盾突出。在资源瓶颈约束加剧背景下，生产网络和生态环境实现协同发展，不仅可以提升我国产业生产率，跨越中等收入陷阱，还可以协调经济社会的长期需求，促进产业转型和经济增长。

（1）提高资源利用率。生态产业链的建设需要国内各个部门、各个企业和公众的支持，以提高资源利用效率（郭永辉，2013）。政府带头组织工作，向企业和公众宣传生态产业链战略，以实现提升企业效益、改善区域环境和协调社会发展的生态产业链政策为目标。生态产业链政策主要是动员生态产业链的"关键种子企业"，由其牵头组织国内生态产业链，并动员政府各部门、企业和公众积极支持我国生态产业链规划与建设，进而通过产业链上下游的关联关系，带动沿线国家积极构建并扩展生态产业链。

（2）协调经济社会长期需求。生态产业链政策构建的前提，需要建立由领导小组和技术小组共同负责的生态产业链规划设计，协调经济社会的长期需求（韦惠兰和赵松松，2014）。领导小组由政府领导、规划项目负责人和"关键种子企业"领导组成，并指导规划设计，协调和组织各企业加入生态产业链建设。技术小组主要由承担生态产业链规划的设计人员组成，包括部分企业的管理者和

第六章 丝绸之路经济带生产网络与生态环境协同发展的路径规划与政策保障

技术专家，为生态产业链的规划设计提供市场风险评价和技术支持。同时，政府通过联合立法、规定等非市场途径对环境资源利用进行直接干预，设定环境质量指标，建立环境管理联合机制，解决产业发展过程中环境问题的治理体制。

（二）政策工具

生态产业链政策可以通过提高原材料和能源的使用效率、废弃物再生利用和规避政策处罚而降低商品的生产和生态成本，进而带动丝绸之路经济带生态产业化发展。要建立这一政策体系，需要充分利用经济手段和市场机制实现经济快速增长、保护环境和节约资源等目标，尤其要强化政策导向性。也就是说，促使经济行为参与主体联合起来，主动参与到环境保护中，避免"政府独奏"；依靠市场上的价格等经济信号作出最优经济决策，从而在实现一国利益最大化的同时实现丝绸之路经济带沿线各国社会利益的最大化。因此，这一政策具体表现为生态产业节能环保财政政策、清洁生产税收减免制度和科技创新人才服务政策。

通过生态产业节能环保财政政策，选择生态产业的主导产业链（和立道等，2018）。选出突出我国产业优势或反映生态产业建设主题的主导产业链，在分析其工艺流程及其工业代谢基础上，选择"关键种子企业"。主要步骤包括：首先，对生态产业链规划范围内的产业进行现状调查，主要调查和分析区域内的自然条件、社会经济背景、现有行业和企业状况、副产品和废弃物产生与处置、环境容量和环境规制标准；其次，分析可能的副产品和废弃物利用渠道、可能形成的生态产业链；最后，有重点地调查，明确能源、资源和水消耗较大，废弃物和副产品排放量大，对环境影响较大且带动和牵制着其他企业、行业发展的"关键种子企业"。

通过清洁生产税收减免制度，增加生态产业链附加收益（贾爱玲，2002）。生态产业链遵循一般企业获取价值的模式，同时，价值创造更多的来源于企业因充分利用副产品和废弃物而获得的附加收益。此外，企业在绿色生产网络内形成生态产业链，原材料、副产品和产成品的运输大多为短距离的门对门运输，费用大大降低，为企业生产提供便利，缩短交货及生产时间，甚至有些企业的原材料运输费用降到最低，从而获取附加收益。

通过科技创新人才服务政策，培养公众绿色消费意识（马建龙，2012）。生态产业链的制度环境建设，要把生态产业化和可持续发展理论植入产业政策制定和实施的全过程，把建立产业生态系统作为产业发展的目标，明确产业发展的方向。同时，通过各种产业政策措施，以利益激励为主导机制，发挥企业作为产业经济活动主体、污染防治主体的积极性、自觉性，真正从源头上控制和治理污染，实现产业发展与环境保护的协调。

（三）评估标准

提升生态产业链的现代化水平，将重塑产业发展新优势，推进产业优化升

· 289 ·

级,为实现高质量发展提供有力的支撑,因而推进生态产业链构建是建立现代产业体系的必然过程。现代产业体系涉及生态农业、循环经济以及环保产业等领域,而每一个领域又包含若干个子领域,其协同作用将促使污染物排放得到有效控制。因此,生态产业链政策需要加大生态产业副产品及废物的分解,发展清洁生产技术,培养消费者绿色消费意识,以建立良好的制度环境和市场运行机制。

首先,生态产业链以副产品及污染废弃物为突破口,有针对性地引进"补链"项目,对以"关键种子企业"为核心的主导产业链进行规划设计。对于生产过程中产生垃圾这一普遍性问题,引入"分解者"进行回收利用与处置,构建生态产业链。

其次,生态产业链的发展,要鼓励推广清洁生产技术、降低清洁产品价格、提升消费者环保意识,进而减少生态产业链中企业对政府补贴的依赖。随着清洁产业规模的加大,企业承担社会环保责任的愿望增强,上下游企业对于清洁技术产品的认可度提升,整个生态产业链的技术水平和生态效率提升。

最后,培养消费者绿色消费意识,解决产业发展过程中的生态环境外部性问题,使产业发展的外部效应和环境成本内在化,进而企业的生产活动向环境负荷减少的方向转变。

二、建立公共资源信托制度

公共资源信托制度是信托理论在公共资源领域的应用,不仅实现了政府对自身行为的约束,还限制商业利益,同时起到保护生态环境的作用(李琳莎和王曦,2015)。我国建立丝绸之路经济带公共资源信托制度,可以帮助国内企业参与到丝绸之路碳排放权交易市场中,在有效提升国内公共资源利用效率的同时带动沿线国家公共资源的集约利用。公共资源信托制度以行政方式实现公众为委托人、政府为受托人的角色转变,公众享有公共资源的收益权和有保留的所有权,政府拥有对公共资源的统一管理权,以促进公共利益最大化为前提行使处分权。从公共资源信托法律关系角度,提出政策目标、政策工具和评估标准,协调委托人、受托人和受益人三方权利主体与权利客体的信托财产方案,如图6-13所示。

（一）政策目标

公众委托人权益和政府受托管理水平密切相关。在我国,作为集合体的公众,是公共资源共同的所有者,但个人无法直接行使其管理和处分的权力,公众将此权力赋予政府(李琳莎和王曦,2015),要求其以促进全体公众利益最大化为目的保护公共资源。这是政府的一项重要职责,也是其得以合法存在的理由之一。作为环保公共信托的委托人,公众可以通过行政复议或诉讼,要求恢复原状、补偿损失或者对政府的不当行为进行调整或撤销,甚至通过要求处罚直接主

第六章 丝绸之路经济带生产网络与生态环境协同发展的路径规划与政策保障

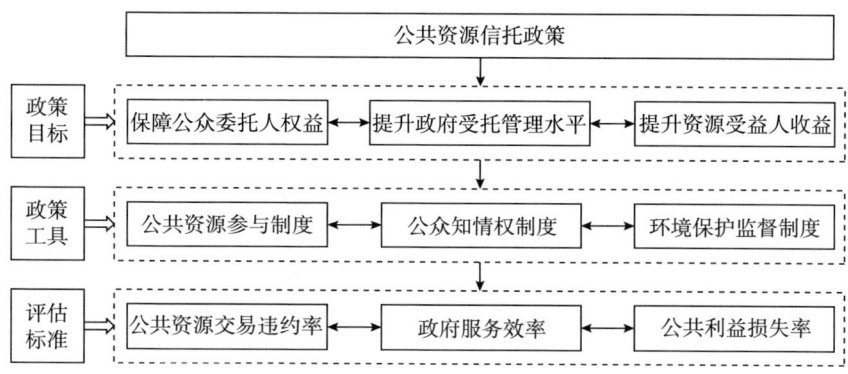

图 6-13 公共资源信托政策体系

管人员而实现解任权。在公共信托理论的影响下，我国以保障公众委托人权益、提升政府受托管理水平、提升资源受益人收益为目标，建立以国内为主，兼顾沿线各国的公共资源信托体系，并逐步推广扩展到沿线他国。

信托受益指受益人在信托中享受信托的利益。在受益人为多人的环保公共信托中，环境信托利益应被所有主体共同、平等地享有。由于环境的外部性，其被污染和破坏造成的恶果常常不只局限于一时或一地。公众赋予政府行政管理权力，是因为相信政府能够成为公正的代表，掌握丰富的信息，具有完备的能力，并能以较高的道德标准进行自我约束。政府对公众具有忠诚义务，因政府行政人员的管理不当而造成公共资源的破坏或损失，可以追究直接人员的责任，但尚需进一步规定具体有效的可操作补救措施。

(二) 政策工具

在环保公共信托法律关系中，委托人的最重要权利是环境信息知情权、行政事务参与权和环境保护监督权 (黄忠顺，2016)。知情是环境信息获得的基础，参与是政府合法行政的实质，监督是公众权利实现的保障。因此，公共资源信托政策实施需要在丝绸之路经济带建设这一背景下，沿线各国共同践行公共资源参与制度、公众知情权制度和环境保护监督制度。

公众知情权制度和公共资源参与制度协同并举。在环境问题集中爆发前，往往会有较长的"潜伏期"，这需要通过公共知情权制度和公共资源参与制度两方面协同并举，对跨越不同时期的受益主体所具有的受益权予以长远保护，使其关注生态环境的可持续发展。一方面，公众拥有通过公开的信息获取有关信托财产管理运用、处分与收支等情况的调查权，并可以申请政府或企业就未公开的环境信息作出说明；另一方面，作为信托财产的真正所有者，公众有权全程参与环境决策的各个环节，包括环境影响评价、环境风险预防、替代方案比较、环境决策制定等。

环境保护监督制度保障公众知情和公共资源参与。一方面，政府的环境保护监督制度应成为实现公众享有环境知情权和参与权的重要保障；另一方面，作为公共信托受托人的政府，其最重要的义务是主动、及时、全面地公开环境信息。然而，委托人的监督权和受益人的参与权都建立在公众知情权的基础上。鉴于环境负效应的滞后性，以及对环境效应数据监测的专业性和调查取证的困难性，普通公众难以获取准确的环境信息，往往仅凭直觉、猜疑，甚至引发的病症推测自身生活环境的优劣。此外，环境破坏和污染的始作俑者更不会主动坦白，为自己欠下的环境账买单。

（三）评估标准

现代政府的功能主要有三点：一是在于通过不断完善公共服务进而增进公众的共同利益，及时回应公众所反映的问题或关注的事项；二是在政策制定过程中为公众参与提供引导，进而获得在执行阶段中的广泛支持；三是增加社会公众对政府的信任，保障公共利益，打造"服务型政府"。因此，在公共信托实践中，公共资源交易违约率、政府服务效率、公共利益损失率成为现代政府功能的主要评估指标。

（1）公共资源交易违约率。合理构建信任体系，是公共信托理论提出的首要要求。公众基于信任而授予政府管理和处分公共资源的权利，寄希望于在实现公共利益最大化的同时获取个人利益（蒋大兴和王首杰，2017）。Jefferson 等（1987）认为，一个人接受了公众的信任后，应该把自己看作公共财产。但政府中的个别人懈怠履职，甚至损公肥私，不断侵蚀着政府公信力，以致产生信任危机。随着公众环境意识的不断提高，清新的空气、洁净的水源、绿化的环境已经成为衡量政府公共服务水平的重要指标，用脚投票是公众以迁入或迁出当地的方式对政府作出的最直接评价。

（2）政府服务效率。公共信托理论认为，政府作为受托人，仅拥有管理和处分的权利，并且其目的是促进公共利益的最大化（孙德梅等，2013）。由于公共物品的使用具有非竞争性和非排他性，其往往在使用过程中落入低效甚至无效的资源配置状态，造成"公地的悲剧"，而且环境资源被损耗的后果常常经过很长时间的潜伏期后才显现。作为特殊的权利客体，环境资源不能由个人独占，需要政府制定相应的法规和政策保护公众平等地享有权利；很多资源一旦耗竭便不可再生，需要政府制定长期规划、统筹进行科学合理的利用；环境污染具有负外部性，可能造成一人得利众人遭殃，需要政府严格监管，处罚违法行为，震慑不法分子；环境保护和修复成本高昂，需要政府以公共资金承担相关费用，使公众及其后代持续受益。

（3）公共利益损失率。作为委托人和受益人的公众，享有信托财产的收益权和有保留的所有权，作为受托人的政府则具有对信托财产的统一管理权，以维护公共利益为前提行使处分权（乔引花和游璇，2015）。公众拥有对公物的特定权利，超越与之相冲突的人和私人权利，甚至包括政府的权力在内。政府只是这些公共权利的受托人，不能仅凭自己的意愿进行处分。对于环境资源这一信托财产，政府有义务以维护最大公共利益为目标依法行政，接受公众的全面监督。

三、打造生态资源公平交易平台

从公平价格视角出发，生态资源公平交易主要需要交易平台制度公平、交易标的价值补偿公平、交易主体行为公平（毕占天和杨群，2012）。生态资源公平交易政策目标的关键是解决分级管理中的部门利益偏差问题。生态资源市场的分级管理会形成国家利益和部门利益壁垒，阻碍不同区域的产业合作和污染治理。

作为"一带一路"倡议的提出国，中国应秉承公正的立场，从公平交易的角度提出我国生态资源公平交易政策的目标、工具和评估标准，并通过沿线各国政府或公共组织推广这一政策，如图6-14所示。

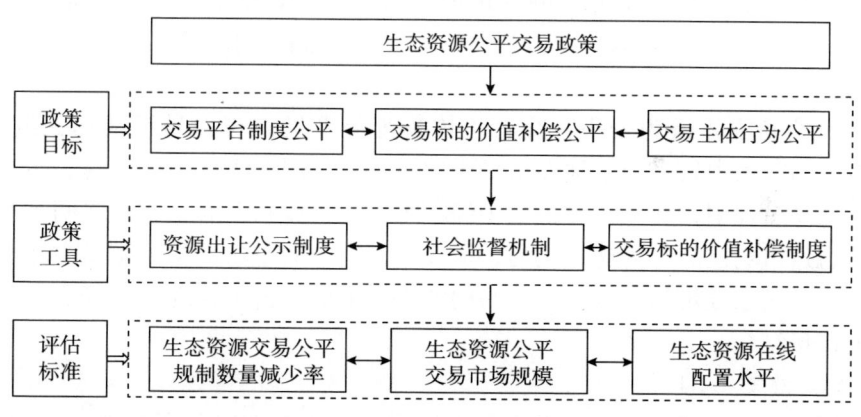

图6-14 生态资源公平交易政策体系

（一）政策目标

生态资源公平交易政策的主要目的在于，探索出一种能够调节资源产品价格的机制，使其趋近于均衡价格。供需平衡的价格仅是一个时点价格，只体现了结果的公平，公平价格还应包括起点和过程的公平（毕占天和杨群，2012），即在前提条件公平的基础上，在交易各项条件得到满足的过程中达到结果的公平。作为非完全竞争的新兴市场，我国资源公平价格的形成、运行以及管理机制，主要通过交易平台制度公平、交易标的价值补偿公平以及交易主体行为公平实现。

（1）交易平台制度公平。交易平台制度公平指在生态资源交易活动中对交易双方的交易行为进行规范约束，以达到保护交易主体正当合理利益的目的（段德智，2010）。交易平台制度从基本原则、交易领域和交易救济三个方面规范和约束交易主体行为。保障生态资源公平交易制度的具体措施主要包括公平贸易基本原则、贸易保障规则、贸易争端解决机制及例外措施。以交易平台的公平为基础条件，才能进一步探讨交易标的内在价值以及交易主体的公平性，进而达到三者的相对公平，形成比较公平的价格机制，最终获得交易标的的公平价格。

（2）交易标的价值补偿公平。交易标的价值补偿公平指在交易过程中，交易标的的显性和隐性成本能够合理地被市场补偿（毕占天和杨群，2012）。一般来说，交易物品的生产成本都能在交易过程中得到相对合理的补偿，但生产之外的隐性成本未必能够被合理地包含在交易标的的价格中。交易标的价值补偿公平的研究主要以资源价值补偿理论以及物质流理论为基础。资源内在价值公平补偿，主要基于资源内外部成本按照生产过程及对自然界的影响进行核算；同时，生态资源物质流动遵循物理和化学反应的拉瓦锡质量守恒定理，即物质交易前后的质量不变。生态资源交易标的的价值，以货币形式抵补生产过程中发生的修复、弥补或者替换资源消耗和环境污染以及生态破坏费用，获得生态资源产出的剩余价值。

（3）交易主体行为公平。交易主体行为公平指参与交易活动的人或组织，能够在交易行为中较为公平地在市场供求机制的作用下实现公平交易。生态资源在进行交易过程中，交易主体主要为经济组织、企业和政府，它们之间是非完全竞争，通过市场供需行为达成交易，形成适度竞争的市场结构。交易主体群体层面体现的是国家政策与企业交易行为的博弈，形成了公平合理的市场交易环境与双赢的市场结构。

（二）政策工具

资源交易中心建立资源公平交易运行机制，应着力完善资源出让公示制度，健全社会监督机制和交易标的价值补偿制度，实现资源所有者的权益公平，确保"招、拍、挂"的市场配置方式，增强资源出让程序的透明度和公正度，提高自然资源配置的公平性和效率性，增加资源收益。

（1）资源出让公示制度。生态资源出让公示制度能够保证交易起点公平。交易平台的起点公平主要体现在基本原则、具体的交易领域以及交易救济三个层面，可以对交易主体的交易行为进行规范和约束。

（2）社会监督机制。生态资源市场作为准公共品市场，形成以政府为垄断买方、特许经营企业为卖方的生态资源市场结构（刘承毅和王建明，2014）。但

第六章 丝绸之路经济带生产网络与生态环境协同发展的路径规划与政策保障

由于生态资源开发的资金投入有限和政府管理体制僵化,导致生态资源处理设施不足、处理技术落后和运营效率低下等问题。市场双方重复博弈情境下,对生态环境质量有最直接感知的社会主体成为市场双方关注的重点。社会监督以消费机制为载体,逐步影响政府机构和特许经营企业的市场行为,最终实现质量规制效果。

(3) 交易标的价值补偿制度。资源交易中心作为实施交易补偿的中介机构,应着力落实资源出让的约束条件,进而保障交易过程公平(王彬彬和李晓燕,2018)。在现实的非完全竞争条件下,交易标的的价值补偿分为显性生产成本补偿和隐性生产成本补偿。交易物品的显性生产成本在交易过程中能通过社会监督制度保障;而生产之外的隐性成本,如生产过程中所造成的环境成本或者资源消耗的机会成本等,由于准确核算的难度较大,需要通过严禁随意设置出让条件保障。

(三) 评估标准

生态资源交易平台的产品价格由生态资源交易公平规制数量减少率、生态资源公平交易市场规模和生态资源在线配置水平三个方面共同评估,并传导至生态资源的供给和需求两个方面的配置均衡,最终有助于实现生态资源高效供给。生态资源交易价值具有准公共品的特性,依托公平价格的博弈均衡理论,在国际交易制度及市场信息等约束下调节交易主体间的契约性交易。

(1) 生态资源交易公平规制数量减少率。规制数量减少,可以在短时间内转变存在过多限制生态资源竞争与效率的局面,但也会伴随出现一些问题,如社会性规制被简单废除而没有采取任何替代措施,造成利益相关群体的不满甚至爆发社会危机(吴英慧和高静学,2009)。生态资源交易公平规制数量减少,应以资源价值得到公平补偿为前提条件,发挥资源产品内在价值市场补偿、产业组织协调机制和国家政策的整体调节效应。

(2) 生态资源公平交易市场规模。生态资源市场规模是环境约束下的生态资源交易规模,具体是对大气、水、土壤等生态环境的不良影响,所提供的测量、预防、削减或优化的产品和服务的总和(曹信孚,2001)。生态资源市场公平交易的规模受生态资源定向技术进步、商业周期与生态资源政策理论影响(任力和梁晶晶,2013),需要发挥资源作为准公共品及代际特性的调节效应。

(3) 生态资源在线配置水平。生态资源在线配置水平指生态资源的线上要素与线下要素的匹配效率,集中表现为线上与线下生态资源价值比(刘刚,2019)。生态资源线上的网络空间聚集着知识、技术和解决方案等服务要素,线下的地理空间聚集着生态资源要素和市场需求。生态资源缺乏线上导向,可能导致线下资源开发与所需获取的生态环境要素不相匹配,进而导致丝绸之路经济带生产网络的生态资源交易失衡。一般而言，生态资源服务要素在线化，有助于使实体资源摆脱服务要素配置的地理空间限制，提升经济活动的组织效率和改善资源配置方式。

四、完善环境保护税制度体系

环境保护税政策主要包括政府对环境污染排放企业征税和对企业治理污染投入补贴（税收减免），政府与企业的协作配合是解决环境污染问题的关键（孙少芹和邢戬，2019）。环境保护税政策的实施，不仅可以为政府间生态补偿提供资金来源和法理基础，还可以激励丝绸之路沿线国家政府对企业环境污染的治理。我国自2018年开始实施环境保护以来，存在污染者排污标准模糊、不同省区环境保护征收差异、环保产业环境保护减免等问题（吴茵茵等，2019），阻碍环境保护政策效果的体现。从绩效角度完善环境保护政策，提出政策目标、政策工具和评估标准，如图6-15所示。

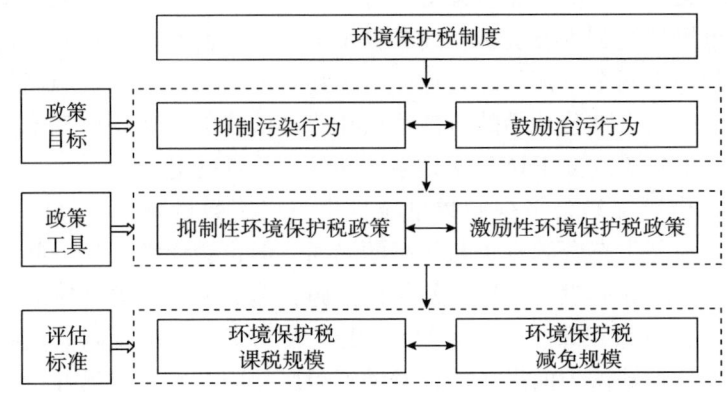

图6-15 环境保护税制度体系

（一）政策目标

环境保护政策是探寻经济发展、环境保护和税制建设的最佳结合点，其目标是抑制污染行为和鼓励治污行为。我国由于环境保护执行时间短，税目所涉及的范围不广，不足以支撑生态环境补偿，因此，应按照补偿原则，完善现行环境保护制度。在丝绸之路经济带建设中，中国应积极倡导扩大环境保护的征收范围，抑制污染行为，既要考虑当前经济建设与生态环境保护的协调同步，也要兼顾未来经济社会发展中可能面临的环境污染风险。环境保护征税范围包括大气污染物、水污染物、固体污染、建筑施工噪声、工业噪声、挥发性有机物以及其他污染物（孙少芹和邢戬，2019），而矿产、水、森林、土地、草场、地热以及不可

第六章 丝绸之路经济带生产网络与生态环境协同发展的路径规划与政策保障

再生资源和濒临灭绝的可再生资源应征收相应的资源税,确定以普遍征收为主的征收机制,设置不同的税目,实行一般性质的环境保护,弱化环境保护的调节功能。

适量减免环境保护,鼓励治污行为。在实际应用中,环境保护的征收应考虑税后会导致企业治污成本的上升和居民可支配收入的减少（唐明和明海蓉,2018）。因此,在税率的制定过程中,要考虑到企业治污行为的经济承受能力和居民对生态产品价格上涨的心理,依据企业治污投入规模,阶梯性降低企业应税污染物的税率。

（二）政策工具

在环境保护制建设过程中,中国应带头根据实际情况的变迁对环境保护收政策的课税范围和税率进行调整,逐步建立抑制性环境保护税政策、激励性环境保护税政策,实现生态环境保护的目的,并激励丝绸之路经济带沿线国家积极践行这一政策工具。

（1）抑制性环境保护税政策。对各类污染环境的工业垃圾、工业废水、二氧化硫、二氧化碳、生活污水等进行课税,纳税主体包括直接向自然环境排放污染物的所有单位和自然人（范庆泉和张同斌,2018）。应税企业对于污染源能够清晰辨识且固定的,则在生产环节进行课税;对于污染源分散且众多,但污染物和产品消费之间的联系清晰,则更应该在消费环节课税。产品附属污染物的含量和浓度相同的情况,应按照污染数量来规定税率,浓度不同的污染物则按照浓度高低来确定税率,超过一定范围则用超额累进税率,加重污染严重企业的纳税负担,以减少污染物排放。

（2）激励性环境保护税政策。激励性环境保护税政策的建立依据是"谁污染,谁纳税"的原则,为了改变环境损害行为而课征（杨志勇和何代欣,2011）。根据国家产业政策及结构调整规划,逐步削减高排污的许可量,重新分配给新上的低污染项目。严格总量控制,特别在环境质量超标地区严格执行总量削减的政策,新上项目的排污量应通过淘汰或被取代老项目的排污削减量获得,确保实现增产减污。推动环境在线检测、快速分析、网络化管理建设等。同时,为了鼓励企业加大环保投入,应建立退税制度。对于排污水平低于规定标准的按一定退税率给予退税;对低能耗、无污染的生产和消费行为,通过税收减免等形式,加以鼓励和提倡。

（三）评估标准

企业作为市场经济中的"理性经济人",所追求的是"利润最大化",面对生态产品损益外部性的内部化,必定选择以经济效益优先。我国环境保护税收制度虽然在生态环境保护领域发挥了一定的作用,但毕竟是有限的,因此将环境保护税收制度与其他经济手段、行政手段和法律手段结合起来非常必要。

（1）环境保护税减免规模。利用环境保护税收政策优化资源配置，推动区域产业结构的优化。通过对生产网络中不同区域产业和行业制定不同的环境保护税收政策，有效地推动资源在不同行业之间的配置，引导生产网络中各区域及国家的人才、信息、技术以及自然资源等从高能耗高污染的产业向节能减排、战略性新兴产业流动，积极培育新型绿色经济增长点，严格限制高能耗、高污染行业在当地发展。以农业环境保护为例，生态农业的发展具有很强的优势，通过农业环境保护的优惠政策促进生态农业和生态示范区的建设，如对企业用于农业高新技术开发但国内又不能生产的进口农业设施及设备，免征进口关税和增值税；对进行环保产品技术开发和生产的企业采取减免一定的所得税、加速折旧固定资产、提高计税工资标准等一系列优惠；对生态农业产业化的重点龙头企业或项目给予企业所得税减税甚至免税的优惠。

（2）环境保护税课税规模。从外部性理论入手，企业作为环境保护税的承担者，追逐"利润最大化"的内在要求，必定选择降低外部成本或使环境保护税成本内部化。不同区域生态环境和经济发展阶段不同，应税污染物的环境保护税征收税率和范围不同，环境保护税的课税规模也存在差异（徐诗举，2016）。理论上，相同生态环境和生产要素禀赋下，环境保护税课税规模越大，对污染企业的商品成本增加越显著，进而降低企业生产商品的市场竞争力，而在完全竞争的市场中受环境保护税影响大的企业将逐步被淘汰。在实践中，环境保护税课税规模虽然对保护生态环境发挥了一定的作用，但区域生产要素和区域资源禀赋差异较大，环境保护收制度还需与排污收费制度、财政信贷制度、污染权交易制度、押金退款制度、签订自愿协议以及环境损害责任保险制度、专项环保奖励基金等经济手段、行政手段和法律手段结合起来，最大化环境保护税效用。环境保护税课税规模能很好地反映环境保护税收制度抑制污染行为的目标。

第五节 本章小结

本章从丝绸之路经济带生产网络与生态环境协同发展的演化格局出发，提出以沿线区域生态环境承载力为约束的协同发展路径，构建形成包含拓展协同发展受益面的国际协调策略和强化内向协同增长动力的国内互补政策的全方位保障体系。主要研究结论如下：

（1）丝绸之路经济带生产网络发展水平与沿线国家的生态效率间存在着动

第六章　丝绸之路经济带生产网络与生态环境协同发展的路径规划与政策保障

态关联的演变关系，依据脱钩理论判断二者的协同演化格局，在核心区、重要区和拓展区三个子区域分别呈现出发展迟滞、低效扩张和挖潜发展三类协同发展特征。研究结果表明，基于脱钩理论的思想对比分析2010~2017年丝绸之路经济带生态效率均值与生产网络发展水平指数均值同步变化的关联性，核心区呈"生产网络发展水平滞后、生态效率滞后"的"双低"情景，表现为发展迟滞态势；重要区呈"生产网络发展水平良好、生态效率滞后"的"高—低"情景，表现为低效扩张发展态势；拓展区呈"生产网络发展水平滞后、生态效率良好"的"低—高"情景，表现为挖潜发展态势。

（2）以丝绸之路经济带生产网络与生态环境实现相互依存有机统一为出发点，考虑到三个子区域的协同状态及协同目标，规划"自然演进""资源依赖""环境保护"三种协同情境下的实现路径，促使丝绸之路经济带生产网络各子区域在生态环境承载力范围内不断拓展发展潜力。具体来说，"自然演进模式"协同发展路径的实现以摒弃粗放型的经济发展模式，改善生态环境质量为导向，依赖于重要区国家不断壮大优势产业，提升区域合作竞争力以及利用区域综合优势转型升级；"资源依赖模式"协同发展路径的实现要以生态文明建设为导向，以保护资源能源、控制环境污染为重任，依赖于核心区国家建立高效的生态经济模式，推进环境保护，调整产业升级方向；"环境保护模式"协同发展路径的实现依赖于拓展区国家依托现有的基础和优势，借助良好的经济发展环境和环境保护政策支持，通过发展与加强科技创新拓展绿色产业链，通过加强环境规制控制高污染与高耗能企业进入，以及通过不断优化与调整产业结构适应全球生产分工。

（3）丝绸之路经济带国际协调策略的核心是保障沿线国家的宏观经济政策协调，达成实质性协议的合作模式，包括宏观政策协调、信息交流政策协调、危机管理政策协调和特定目标政策协调。具体地，从策略目标、实施工具和评估标准三个方面提出拓展丝绸之路经济带生产网络与生态环境协同发展受益面的国际协调策略，主要政策措施包括四个方面：以循环经济为导向的互利合作协调各国经济政策，丝绸之路经济带沿线国家开展面向生态环境的技术创新，倒逼沿线各国开展面向生态环境的技术创新；以碳排放权交易市场协调各国环境规制信息，通过碳排放权的市场行为影响各国的技术进步和环境效用，形成产业生态化；以常态化气候谈判协调各国气候变化危机，解决气候变化问题；以政府间生态补偿协调各国财政政策，促进沿线发达国家与发展中国家间、生态资源禀赋异质国家间共享资源环境约束下生产网络发展演进的成果。

（4）国内政策设计需要兼容丝绸之路经济带沿线国家间可能出现的协同情景及各国政府的政策行为差异，作为"一带一路"的倡导者，中国应实现从规划转向咨询、政策工具从单一转向混合、政策执行从技术转向情境。具体地，从政策目标、政策工具和评估标准三个方面提出强化丝绸之路经济带生产网络与生态环境内向协同增长动力的国内互补政策,主要政策措施包括四个方面:制定生态产业链激励政策,形成适应我国产业发展和资源禀赋的激励政策;建立公共资源信托制度,以有效提升国内公共资源利用效率的同时带动沿线国家公共资源的集约利用;打造生态资源公平交易平台,以有效解决分级管理中的部门利益偏差问题;完善环境保护税制度体系,不仅可以为政府间生态补偿提供资金来源和法理基础,还可以激励丝绸之路沿线国家政府对企业环境污染的治理。

第七章　研究与展望

第一节　主要研究结论

在当前"一带一路"倡议深度推进与中国开放型经济发展的重要历史时期，中国已事实上成为国际分工网络的重要枢纽国。在此背景下，中国一方面不断积极融入发达国家主导的全球价值链，另一方面建立并加深与亚欧大陆诸多处于全球价值链分工边缘的发展中国家的贸易往来，提升国际分工枢纽地位，面临着"被俘获"和资源环境约束趋紧的双重困境。为此，基于全球生产网络分工新格局构建形成中国主导、亚欧大陆诸多发展中国家为主体的丝绸之路经济带生产网络，对于中国与亚欧大陆广大发展中国家破局"低端锁定"和"污染天堂"的困境有着重要意义。本书正是在这一特定时期，基于中国立场，从系统论研究视域出发，基于全球价值链理论探索丝绸之路经济带生产网络的形成与发展趋势，评估丝绸之路经济带生态环境质量及风险，解析丝绸之路经济带生产网络与生态环境的协同性，以及阐释二者的协同机理，提出丝绸之路经济带生产网络与生态环境协同发展的路径规划与保障措施，得到以下研究结论。

（1）丝绸之路经济带生产网络具有专业化、分散化、网络化和联结化的特征，在价值维度上呈现出东高西低的空间分布特征，组织维度上表现为参与主体联系强度的显著提升，其发展演进有助于提升沿线国家全球价值链地位，在全球经济"再平衡"的约束下，受到核心产业、产业结构以及产业布局三个方面的制约。具体来讲，丝绸之路经济带沿线国家凭借劳动力、资源禀赋、技术水平等要素参与国际分工，嵌入全球价值链的不同生产环节，将参与国家从事的各生产环节连接起来，构成以"共生协同"为目标的丝绸之路经济带生产网络。从全球价值链参与度和地位两个方面看，丝绸之路经济带生产网络中东亚和欧洲地区占据价值链高端，西亚和北非位于价值链中间位置，中亚和南亚位于价值链低端。经贸往来和技术知识流动显著促进了生产网络内参与主体联系强度的提升，且中国的首位优势不断增强。要素禀赋、技术及知识的积累、贸易关系、FDI活动、政策制度是促进沿线国家价值链地位提升的背后机制，丝绸之路经济带生产网络的发展促进了沿线国家全球价值链地位的提升这一推论得到实证检验。丝绸之路经济带生产网络呈现沿线国家产业结构持续优化、农业占一二三产业比重逐渐降低、服务业占比逐年上升的发展演进趋势。

（2）丝绸之路经济带生态环境系统整体较为脆弱，沿线国家生态环境质量参差不齐，高生态环境风险区分布于中亚和南亚大部分地区，低生态环境风险区主要分布于欧洲国家，沿线国家的生态环境与经济增长仍处于不协调状态。具体讲，丝绸之路经济带生态环境系统的脆弱性表现在生态承受水平较低、生态脆弱程度较高以及自净能力有限三个方面。丝绸之路经济带生态环境质量指数测度值呈现出"两头小、中间大"的分布形态，生态环境质量指数测度值居中的国家较多。以水体为环境受体，干旱气候灾害和人口增长这两类生态自然风险是目前丝绸之路经济带主要生态风险源，自然资源本底较差是中亚和南亚等高生态环境风险区的短板，而处于低生态环境风险区的欧洲国家，整体气候条件优渥，并且环保措施和环保制度较为完善，生态环境水平整体较高。以丝绸之路经济带沿线国家经济增长与生态环境质量协调的动态演进趋势作为丝绸之路经济带生态环境发展趋势预判的依据，从人均GDP和生态环境质量指数的高斯核密度函数分布形态分析得到，丝绸之路经济带沿线国家的经济增长水平整体偏低，生态环境质量有待提升，实现生态现代化的目标任重而道远。

（3）丝绸之路经济带生产网络与生态环境风险空间分布的非同步集聚成为阻碍二者协同发展的主要矛盾。丝绸之路经济带生产网络中参与主体的互促共生成为二者协同发展的动因，也提供了必要的条件，研究期内丝绸之路经济带生产网络与生态环境复合系统以中度协调类型为主。具体来讲，虽然丝绸之路经济带生产网络的集聚程度大于区域生态环境风险的集聚程度，但两者空间集聚区域具有较强的空间相关性。丝绸之路经济带生产网络发展与区域生态环境系统自我平衡的互促共生是二者协同发展的动因，丝绸之路经济带生产网络在空间上资本、劳动力和资源要素的流动性为二者协同发展提供了必要条件。2010~2018年，丝绸之路经济带生产网络中样本国家在生产网络与生态环境复合系统中以中度协调类型为主，初级协调水平占据部分，而高级协调和濒临失调类型较少。丝绸之路经济带生产网络与生态环境复合系统耦合协调度的提高有赖于丝绸之路经济带生产网络发展水平的提高，通过技术创新、产业升级等促进沿线区域生态环境的有效改善，进而使生态环境风险降低。

（4）丝绸之路经济带生产网络与生态环境存在制约与约束的相互作用关系，影响生产网络与生态环境协同发展的 19 个主要因素具有 6 级递阶结构，这些因素在涨落机制的作用下共同推进复合系统循环往复地向高协同水平演进。具体来讲，丝绸之路经济带生产网络与生态环境间的作用与反馈主要通过技术、布局、治理、规模和结构五大路径实现，短期看，丝绸之路经济带生产网络与生态环境之间的相互促进与改善作用不明显，然而伴随其全球价值链地位的提升，二者间相互促进与支撑的作用关系不断加强。在影响二者协同发展的因素中，经济增长方式、环保治理技术和产业结构是直接影响因素，贸易政策、投资政策、财税政策和环保政策是底层影响因素。以国际分工的研发、生产、贸易、FDI 以及政策制度的制定五个特定环节为出发点，构成丝绸之路经济带生产网络与生态环境复合系统。影响该复合系统涨落的因素有发展理念、技术进步、经济增长方式、经济和环保政策、自然灾害、人为环境污染、贸易摩擦、FDI 规模和质量，在微涨落放大条件下，复合系统形成巨涨落，实现从低级有序向高级有序的更高水平的协同状态。

（5）丝绸之路经济带生产网络与区域生态效率存在空间关联的异质性，核心区、重要区和拓展区呈现出低效扩张、粗放扩张和挖潜发展三类协同情景，三个子单元应分别践行"资源依赖型""自然演进模式""环境保护模式"的协同发展路径，以拓展协同发展受益面的国际协调策略和强化内向协同增长动力的国内互补政策作为路径实现的政策保障措施。具体来讲，丝绸之路经济带生产网络发展水平与沿线区域生态效率的脱钩状态反映出二者存在"双低""高—低""低—高"三类情景，将其归纳为低效扩张型、粗放扩张型和挖潜发展型。以三个子单元的发展趋势与生态环境现状为出发点，核心区以资源禀赋为比较优势参与生产网络分工，应以内涵发展为目标，践行"资源依赖型"协同发展路径；重要区以改善粗放型发展模式带来的环境污染为目标，践行"自然演进模式"协同发展路径；拓展区以发展生态现代化为目标，践行"环境保护模式"协同发展路径。以保障丝绸之路经济带生产网络发展演进中生态资源收益的提高为落脚点，构成包含拓展协同发展受益面国际协调策略和强化内向协同增长动力的国内互补政策的全方位保障体系。其中，国际协调策略包括以循环经济为导向的互利合作协调各国经济政策，以碳排放权交易市场协调各国环境规制信息，以常态化气候谈判协调各国气候变化危机，以政府间生态补偿协调各国财政政策；国内互补政策包括制定生态产业链激励政策，建立公共资源信托制度，打造生态资源公平交易平台，完善环境保护税制度体系。

第二节 创新之处

第一,揭示了丝绸之路经济带生产网络的形成和发展有助于沿线国家全球价值链地位的提升,阐释了一国参与丝绸之路经济带生产网络对其价值链提升的影响路径、影响因素及作用机制。首先,立足于"成本发现"理论,扩展生产模型,构成"生产网络—全球价值链位置"理论模型,从发展中国家视角出发,以提升国际生产分工活动中发展中国家出口部门的生产率水平为着眼点,通过"生产网络—价值链位置"理论模型探寻相关因素对丝绸之路经济带沿线各国全球价值链地位提升的影响机理。其次,探寻发展中国家提升全球价值链地位的直接渠道和间接渠道,继而阐释发展中国家全球价值链地位提升的背后机制。研究提出并验证了"丝绸之路经济带生产网络的发展有助于提升沿线国家全球价值链分工地位"这一推论,明确了参与丝绸之路经济带生产网络有利于促进沿线国家的优势互补,推进发展中国家深度嵌入全球生产网络并实现协同共生发展的进程。

第二,系统阐释生产网络与生态环境的协同发展机理,探明了生产网络与生态环境协同演进过程中长期存在的制约与约束关系、系统关系结构及一般演进规律。一方面,立足于复杂系统研究视角,引入开放的复杂系统视域,能够实现自上而下和自下而上对系统协同演进规律的结构剖析,克服了以往从还原论和整体论研究中只能够实现对复杂系统组成部分或者整体特征的认识,不能有效揭示出复杂系统整体的一般规律的局限性;另一方面,从系统交互耦合的动态关联关系促使多种因素往复作用产生协同效应这一研究假设出发,基于"影响作用→反馈作用→协同机制"逐步递进并具有较强系统性的逻辑,解析丝绸之路经济带生产网络与生态环境协同实现的过程"黑箱",弥补了已有研究存在单项性假定的研究局限。研究结论有助于厘清经济全球化背景下生产网络这一新型国际生产分工与组织形式发展演进中与生态环境相互作用的长期耦合关系结构及协同演化格局,探寻打破二者既已形成的制约与约束关系的关键问题。

第三,破解了阻碍丝绸之路经济带生产网络与生态环境协同的主要矛盾,识别出二者间的非同步集聚是阻碍丝绸之路经济带生产网络与生态环境协同发展的关键。跳出了以往经济与环境协调发展研究中,普遍关注于测算协同度、判断协同阶段以及分析协同态势的一般性"外部化"认知过程。首先,以丝绸之路经济带生产网络参与全球生产分工为出发点,测算丝绸之路经济带生产网络的经济

第七章 研究与展望

活动诱发区域生态环境系统产生的风险，继而立足于丝绸之路经济带生产网络嵌入全球价值链中的地位与区域生态环境风险的空间分布特征，揭示丝绸之路经济带生产网络与生态环境风险的空间关联性和二者协同发展存在的矛盾。其次，运用物理学中重心的核心观点，探寻对丝绸之路经济带生产网络与生态环境风险起到"牵一发而动全局"作用的地理位置重心，深入探寻二者空间关联的演进特征，进一步揭示矛盾的变化趋势。研究结论有助于揭示丝绸之路经济带生产网络中产业的集中布局、产业空间布局不合理、生态经济关系错配等的深层次原因和状态是影响经济发展与生态环境之间不协同、不均衡的主要矛盾。

第三节 研究不足与展望

尽管本书对丝绸之路经济带生产网络与生态环境协同发展研究这一科学问题进行了详尽的论证与探讨，达到了预期研究目标，具有较强的理论价值、实践意义和创新性，但伴随全球经济格局的不断调整，须在未来研究中继续探索和深化，主要表现在三个方面：

第一，考虑国内循环和国际循环"双轮"驱动不断发挥的重要作用及其对丝绸之路经济带生产网络与生态环境协同发展产生何种影响。自 2020 年 5 月以来，面临新冠肺炎疫情对全球经济体系造成的巨大冲击，党中央指出要向"以国内大循环为主体、国内国际双循环相互促进的新发展格局"转变，进一步明确了国民经济内循环的重要性和形成全球价值链与国内价值链双循环格局的必要性。已有研究提出，在新冠肺炎疫情得到控制、全球发展进入"疫后时期"后，全球产业重组会比"正常时期"更为密集活跃。为此，伴随"一带一路"倡议的不断推进，双循环新发展格局对丝绸之路经济带生产网络与生态环境协同发展将会产生怎样的影响值得关注。

第二，考虑愈演愈烈的中美贸易摩擦对丝绸之路经济带生产网络发展演进带来的冲击以及应从中国立场出发提出应对策略。从全球价值链视角出发，中国主导的丝绸之路经济带生产网络在全球价值链体系中的竞争力在不断提升，丝绸之路经济带生产网络中诸多发展中国家与发达国家的差距正逐渐缩小。在全球价值链体系中边缘化中国，成为美国遏制以中国为代表的广大发展中国家实现经济纵深发展的主要手段。着眼于推动形成全面开放新格局，中国如何以中美贸易摩擦为契机，积极应对中美贸易摩擦对丝绸之路经济带生产网络产生的冲击，重新定位丝绸之路经济带生产网络的角色以及如何通过调整价值链嵌入战略做出有效应

· 305 ·

对值得深入探究。

　　第三，考虑丝绸之路经济带国内段省区在丝绸之路经济带生产网络的发展演进中如何发挥作用及其对国内国际双循环提供怎样的政策支持。从中国立场出发，在深度融入全球生产网络、构建丝绸之路经济带生产网络以及国内区域经济一体化加快的背景下，中国省级区域事实上面临着全球价值链与国内价值链的双重嵌入。未来值得研究的一系列重要问题是，各省级区域在双重价值链分工中各自发挥着怎样的作用，省级区域如何通过双重价值链的联动促进中国乃至带动丝绸之路经济带生产网络价值链地位提升，以及各省级区域应怎样发挥政策支持促进两种价值链的分工协调等，这些问题有待深入探索。

参考文献

[1] 安虎森,周亚雄. 区际生态补偿主体的研究:基于新经济地理学的分析[J]. 世界经济,2013,36(2):117-136.

[2] 毕占天,杨群. 国际贸易公平价格形成的机理分析[J]. 江西社会科学,2012,32(4):80-83.

[3] 曹信孚. 日本计划扩大生态商业规模[J]. 上海环境科学,2001(3):148.

[4] 陈爱莲,朱博勤,陈利顶,等. 双台河口湿地景观及生态干扰度的动态变化[J]. 应用生态学报,2010,21(5):1120-1128.

[5] 陈帆,姚卫新,李翼. 基于规模收益最大化方向的固体废弃物再利用系统效率评价模型[J]. 系统工程,2018,36(6):13-23.

[6] 陈利顶,傅伯杰. 干扰的类型、特征及其生态学意义[J]. 生态学报,2000,20(4):581-586.

[7] 陈祺琪,张俊飚,蒋磊,等. 基于农业环保型技术的农户生计资产评估及差异性分析——以湖北武汉、随州农业废弃物循环利用技术为例[J]. 资源科学,2016,38(5):888-899.

[8] 陈述彭,岳天祥,励惠国. 地学信息图谱研究及其应用[J]. 地理研究,2000,19(4):337-343.

[9] 陈廷辉. 民间环保组织在环境保护中的作用[J]. 中山大学学报论丛,2003(4):138-140.

[10] 陈勇. 区域生产网络:东亚经济体的新分工形式[J]. 世界经济研究,2006(2):82-88.

[11] 成金华,孙琼,郭明晶,等. 中国生态效率的区域差异及动态演化研究[J]. 中国人口·资源与环境,2014,24(1):47-54.

[12] 程胜高,鱼红霞. 环境风险评价的理论与实践研究[J]. 环境保护,2001,29(9):23-25.

[13] 戴翔,金碚. 产品内分工、制度质量与出口技术复杂度 [J]. 经济研究, 2014, 49 (7): 4-17, 43.

[14] 党廷慧,白永平. 区域生态效率的测度:基于非期望产出的SBM模型的DEA窗口分析 [J]. 环境与可持续发展, 2014, 39 (2): 39-42.

[15] 丁凡琳,陆军,赵文杰. 新经济地理学框架下环境问题研究综述 [J]. 干旱区资源与环境, 2019, 33 (6): 23-32.

[16] 丁金光,管勇鑫. "基础四国"机制与国际气候谈判 [J]. 国际论坛, 2016, 18 (6): 19-23, 77.

[17] 丁宋涛,刘厚俊. 要素禀赋结构视角下的东亚生产网络:演化规律与中国的战略选择 [J]. 江海学刊, 2013(4): 218-225.

[18] 董亮,张海滨. IPCC如何影响国际气候谈判——一种基于认知共同体理论的分析 [J]. 世界经济与政治, 2014(8): 64-83, 157.

[19] 杜婷,焦继宗,颉耀文,等. 甘肃省庆阳市2000—2015年生态环境状况变化分析 [J]. 兰州大学学报(自然科学版), 2019, 55 (1): 26-32.

[20] 杜譞,李宏涛,李丹,等. 循环经济发展的国际最新进展和案例研究 [J]. 环境保护, 2016, 44 (17): 31-35.

[21] 杜玉琼. "一带一路"背景下我国发展可再生能源补贴的合规性解析 [J]. 四川师范大学学报(社会科学版), 2017, 44 (6): 40-45.

[22] 段德智. 试论阿奎那公平价格学说的理论基础和基本维度及其现时代意义 [J]. 晋阳学刊, 2010(4): 32-41.

[23] 范明明,李文军. 生态补偿理论研究进展及争论——基于生态与社会关系的思考 [J]. 中国人口·资源与环境, 2017, 27 (3): 130-137.

[24] 范庆泉,张同斌. 中国经济增长路径上的环境规制政策与污染治理机制研究 [J]. 世界经济, 2018, 41 (8): 171-192.

[25] 方创琳,鲍超. 黑河流域水—生态—经济发展耦合模型及应用 [J]. 地理学报, 2004, 59 (5): 781-790.

[26] 方齐云,项本武. 对外直接投资决定因素的实证研究综述 [J]. 经济学动态, 2005(10): 105-108.

[27] 方燕,高静. 外商直接投资对产业结构的影响分析——基于向量误差修正模型的实证研究 [J]. 北京工商大学学报(社会科学版), 2010, 25 (1): 49-52, 58.

[28] 费茂清,肖盛勇. 支持绿色技术创新的财税政策研究 [J]. 财政经济评论, 2013(1): 78-84.

[29] 付鑫,张云. 中国对外贸易的区域差异及环境效应分析——基于贸易

规模与贸易质量的面板回归［J］．地域研究与开发，2019，38（4）：15-20．

［30］付在毅，许学工，林辉平，等．辽河三角洲湿地区域生态风险评价［J］．生态学报，2001，21（3）：365-373．

［31］高志刚．经济与环境协调发展研究综述［J］．经济学动态，2009(3)：89-91．

［32］顾爱华，刘志超．论党政联席会议制度的管理创新［J］．社会科学辑刊，2011(6)：42-46．

［33］顾高翔，王铮．全球性碳税政策作用下多国多部门经济增长与碳排放的全球治理［J］．中国软科学，2015(12)：1-11．

［34］郭永辉．利益相关者视角下我国生态产业链治理困境与治理模式研究［J］．工业技术经济，2013，32（6）：150-158．

［35］韩永辉，黄亮雄，王贤彬．产业结构优化升级改进生态效率了吗？［J］．数量经济技术经济研究，2016，33（4）：40-59．

［36］韩永辉，邹建华．引资转型、FDI质量与环境污染——来自珠三角九市的经验证据［J］．国际贸易问题，2015(7)：108-117，167．

［37］何茂春，郑维伟．"一带一路"战略构想从模糊走向清晰——绿色、健康、智力、和平丝绸之路理论内涵及实现路径［J］．新疆师范大学学报（哲学社会科学版），2017，38（6）：77-92．

［38］何寿奎．长江经济带环境治理与绿色发展协同机制及政策体系研究［J］．当代经济管理，2019，41（8）：57-63．

［39］和立道，王英杰，张鑫娜．财政分权、节能环保支出与绿色发展［J］．经济与管理评论，2018，34（6）：25-35．

［40］洪大用．经济增长、环境保护与生态现代化——以环境社会学为视角［J］．中国社会科学，2012(9)：82-99，207．

［41］洪俊杰，商辉．国际贸易网络枢纽地位的决定机制研究［J］．国际贸易问题，2019(10)：1-16．

［42］侯孟阳，姚顺波．中国城市生态效率测定及其时空动态演变［J］．中国人口·资源与环境，2018，28（3）：13-21．

［43］胡飞．制造业全球价值链分工的环境效应及中国的对策［J］．经济问题探索，2016(3)：151-155．

［44］胡根华，朱福敏，邱甲贤．基于列维过程的碳排放权价格跳跃行为研究［J］．南开经济研究，2019(3)：62-75．

［45］胡辉．国际贸易背景下的国际市场营销策略研究［J］．中国商贸，2011(33)：195-196．

[46] 胡实秋，宋化民，成金华．高技术产业发展的系统动力学研究[J]．科技进步与对策，2001，18（12）：87-89．

[47] 黄梅波．宏观经济政策协调的进展和成效：回顾和展望[J]．世界经济，2004，27（3）：76-79．

[48] 黄永春，石秋平．中国区域环境效率与环境全要素的研究——基于包含R&D投入的SBM模型的分析[J]．中国人口·资源与环境，2015，25（12）：25-34．

[49] 黄志勇，苏勇．西部生态补偿机制创新研究[J]．经济纵横，2012（4）：59-62．

[50] 黄忠顺．环境公益诉讼制度扩张解释论[J]．中国人民大学学报，2016，30（2）：32-42．

[51] 嵇欣．国外碳排放交易体系的政策设计对我国的启示[J]．上海经济研究，2014，26（2）：92-101．

[52] 贾爱玲．环境管理中引入绿色税制的构想[J]．环境保护，2002，30（10）：12-14．

[53] 贾妮莎，韩永辉，邹建华．中国双向FDI的产业结构升级效应：理论机制与实证检验[J]．国际贸易问题，2014(11)：109-120．

[54] 简兆权，刘荣，马琦．产业网络中关系镶嵌、结构镶嵌与创新绩效的关系——基于华南地区的实证研究[J]．科技进步与对策，2010，27（9）：42-46．

[55] 姜广举，林国标，史晓平．从耗散结构看我国生态系统的破坏与生态文明建设[J]．沈阳农业大学学报（社会科学版），2011，13（4）：487-491．

[56] 蒋大兴，王首杰．共享经济的法律规制[J]．中国社会科学，2017（9）：141-162，208．

[57] 蒋殿春，张宇．行业特征与外商直接投资的技术溢出效应：基于高新技术产业的经验分析[J]．世界经济，2006，29（10）：21-29，95．

[58] 蒋晶晶．基于有限理性重复博弈理论的碳配额分配机制研究[J]．开放导报，2013(3)：18-35．

[59] 蒋子龙，樊杰，陈东．2001—2010年中国人口与经济的空间集聚与均衡特征分析[J]．经济地理，2014，34（5）：9-13，82．

[60] 金碚．科学发展观与经济增长方式转变[J]．中国工业经济，2006（5）：5-14．

[61] 荆林波，袁平红．全球价值链变化新趋势及中国对策[J]．管理世界，2019，35（11）：72-79．

[62] 鞠建东, 余心玎. 全球价值链研究及国际贸易格局分析 [J]. 经济学报, 2014, 1 (2): 126-149.

[63] 卡斯特, 夏铸九, 王志弘. 网络社会的兴起 [M]. 北京: 社会科学文献出版社, 2001: 1-527.

[64] 柯颖, 王述英. 模块化生产网络: 一种新产业组织形态研究 [J]. 中国工业经济, 2007(8): 75-82.

[65] 李创荣. 对外经贸系统的特征与内部结构初探 [J]. 广州对外贸易学院学报, 1988, 4 (1): 79-83.

[66] 李丹, 崔日明. "一带一路"战略与全球经贸格局重构 [J]. 经济学家, 2015(8): 62-70.

[67] 李二玲, 李小建. 论产业集群的网络本质 [J]. 经济经纬, 2007, 24 (1): 66-70.

[68] 李国平, 刘生胜. 中国生态补偿40年: 政策演进与理论逻辑 [J]. 西安交通大学学报 (社会科学版), 2018, 38 (6): 101-112.

[69] 李虹, 张希源. 区域生态创新协同度及其影响因素研究 [J]. 中国人口·资源与环境, 2016, 26 (6): 43-51.

[70] 李慧明. 气候政策立场的国内经济基础——对欧盟成员国生态产业发展的比较分析 [J]. 欧洲研究, 2012, 30 (1): 81-99, 2.

[71] 李建. 基于 BIM 技术在水利工程中的运用研究 [J]. 黑龙江水利科技, 2019, 47 (5): 171-173.

[72] 李健, 靳泽凡, 苑清敏. 京津冀空气质量环境库兹涅茨曲线及影响因素——基于 2006—2017 年面板数据的分析 [J]. 生态经济, 2019, 35 (2): 197-201, 218.

[73] 李琳莎, 王曦. 公共信托理论与我国环保主体的公共信托权利和义务 [J]. 上海交通大学学报 (哲学社会科学版), 2015, 23 (1): 57-64.

[74] 李鹏, 张俊飚, 颜廷武. 农业废弃物循环利用参与主体的合作博弈及协同创新绩效研究——基于 DEA-HR 模型的 16 省份农业废弃物基质化数据验证 [J]. 管理世界, 2014(1): 90-104.

[75] 李胜兰, 初善冰, 申晨. 地方政府竞争、环境规制与区域生态效率 [J]. 世界经济, 2014, 37 (4): 88-110.

[76] 李士金. 循环经济统计评价研究综述 [J]. 科技资讯, 2016, 14 (33): 154-155.

[77] 李晓钟, 何建莹. FDI 对我国高新技术产业技术溢出效应分析 [J]. 国际贸易问题, 2012(7): 87-95.

[78] 李英杰, 裴钰, 张蓓, 等. 中国环境保护标准发展方向探讨研究 [J]. 环境科学与管理, 2014, 39 (7): 186-187, 191.

[79] 李子豪, 刘辉煌. 外商直接投资的环境效应——基于中国36个工业部门数据的实证研究 [J]. 系统工程, 2010, 28 (11): 59-64.

[80] 林伯强, 蒋竺均. 中国二氧化碳的环境库兹涅茨曲线预测及影响因素分析 [J]. 管理世界, 2009(4): 27-36.

[81] 林毅夫, 孙希芳. 经济发展的比较优势战略理论——兼评《对中国外贸战略与贸易政策的评论》[J]. 国际经济评论, 2003(6): 12-18.

[82] 刘承良, 颜琪, 罗静. 武汉城市圈经济资源环境耦合的系统动力学模拟 [J]. 地理研究, 2013, 32 (5): 857-869.

[83] 刘承毅, 王建明. 声誉激励、社会监督与质量规制——城市垃圾处理行业中的博弈分析 [J]. 产经评论, 2014, 5 (2): 93-106.

[84] 刘德伟, 李连芬. 国际生产网络的空间布局与组织选择 [J]. 财经科学, 2016(7): 71-79.

[85] 刘刚. 基于网络空间的资源配置方式变革（下）[J]. 上海经济研究, 2019, 31 (6): 38-48.

[86] 刘国斌. "一带一路"建设的推进思路与政策创新研究 [J]. 东北亚论坛, 2019, 28 (4): 71-86, 128.

[87] 刘惠萍, 宋艳. 启动全国碳排放权交易市场的难点与对策研究 [J]. 经济纵横, 2017(1): 40-45.

[88] 刘劲杨. 论整体论与还原论之争 [J]. 中国人民大学学报, 2014, 28 (3): 63-71.

[89] 刘明明. 论碳排放权交易市场失灵的国家干预机制 [J]. 法学论坛, 2019, 34 (4): 62-70.

[90] 刘晓平, 唐益明, 郑利平. 复杂系统与复杂系统仿真研究综述 [J]. 系统仿真学报, 2008, 20 (23): 6303-6315.

[91] 刘志雄. 环境规制与双边贸易对中国经济增长的影响——基于1990—2013年中国与东盟的数据 [J]. 生态经济, 2016, 32 (4): 24-27, 36.

[92] 刘中伟. 东亚生产网络、全球价值链整合与东亚区域合作新走向 [J]. 当代亚太, 2014(4): 126-156, 160.

[93] 刘中伟. 东亚服务生产网络的演进与变迁——基于全球价值链的视角 [J]. 辽宁大学学报（哲学社会科学版）, 2015, 43 (4): 185-192.

[94] 卢洪友, 杜亦譞, 祁毓. 生态补偿的财政政策研究 [J]. 环境保护, 2014, 42 (5): 23-26.

[95] 陆大道,樊杰.区域可持续发展研究的兴起与作用[J].中国科学院院刊,2012,27(3):290-300,319.

[96] 陆建军.FDI对中国国内投资影响的实证分析[J].财经问题研究,2003(9):36-40.

[97] 吕越,黄艳希,陈勇兵.全球价值链嵌入的生产率效应:影响与机制分析[J].世界经济,2017,40(7):28-51.

[98] 吕政宝,杨艳琼.产业结构调整与环境污染的联动效应——基于中国省际面板数据联立方程组的实证研究[J].科技管理研究,2018,38(21):243-248.

[99] 马翠萍,史丹.开放经济下单边碳减排措施加剧全球碳排放吗——对碳泄漏问题的一个综述[J].国际经贸探索,2014,30(5):4-15.

[100] 马建龙,刘兵,张培.新兴工业区人才聚集关键影响因素实证研究——以曹妃甸工业区为例[J].科技进步与对策,2012,29(7):147-151.

[101] 马丽.基于LMDI的中国工业污染排放变化影响因素分析[J].地理研究,2016,35(10):1857-1868.

[102] 马世骏.环境保护与生态系统[J].环境保护,1978(2):9-11.

[103] 马述忠,任婉婉,吴国杰.一国农产品贸易网络特征及其对全球价值链分工的影响——基于社会网络分析视角[J].管理世界,2016(3):60-72.

[104] 马晓君,李煜东,王常欣,等.约束条件下中国循环经济发展中的生态效率——基于优化的超效率SBM-Malmquist-Tobit模型[J].中国环境科学,2018,38(9):3584-3593.

[105] 马一丁,付晓,吴钢.锡林郭勒盟煤电基地大气环境容量分析及预测[J].生态学报,2017,37(15):5221-5227.

[106] 迈克尔·波特.竞争优势[M].陈小悦译.北京:华夏出版社,1997:1-519.

[107] 孟庆松,韩文秀,金锐.科技—经济系统协调模型研究[J].天津师范大学学报(自然科学版),1998(4):8-12.

[108] 闵宏.模块生产商主导型生产网络中的竞争与技术创新[J].华东经济管理,2018,32(8):152-162.

[109] 闵家胤.社会系统的新模型[J].系统科学学报,2006,14(1):29-34.

[110] 闵庆文,刘伟玮,谢高地,等.首都生态圈及其自然生态状况[J].资源科学,2015,37(8):1504-1512.

[111] 宁吉喆.进一步加强政策规则对接 共促"一带一路"走深走实行

稳致远[J].宏观经济管理,2019(5):3-4.

[112] 庞加兰.工业绿色生产率改进及其影响因素的统计检验[J].统计与决策,2016(18):136-140.

[113] 彭本利,王彬.跨行政区生态补偿的实践反思与立法完善[J].广西社会科学,2019(10):108-112.

[114] 彭水军,包群.中国经济增长与环境污染——基于广义脉冲响应函数法的实证研究[J].中国工业经济,2006(5):15-23.

[115] 祁毓,陈建伟,李万新,等.生态环境治理、经济发展与公共服务供给——来自国家重点生态功能区及其转移支付的准实验证据[J].管理世界,2019,35(1):115-134,227.

[116] 钱学森,于景元,戴汝为.一个科学新领域——开放的复杂巨系统及其方法论[J].自然杂志,1990,12(1):3-10,64.

[117] 乔小勇,吴晓雪,李翔宇.增加值贸易与反倾销网络的结构特征及关联效应——基于社会网络分析视角[J].商业研究,2019(12):76-86.

[118] 乔引花,游璇.内部控制有效性与环境信息披露质量关系的实证[J].统计与决策,2015(23):166-169.

[119] 覃成林,姜文仙.区域协调发展:内涵、动因与机制体系[J].开发研究,2011(1):14-18.

[120] 秦趣,张美竹,杨琴.重庆三峡库区生态经济区县域生态系统健康评价[J].长江科学院院报,2013,30(12):14-19.

[121] 秦天宝.扬弃"技术理性"回归伦理谈判——科技知识背景下全球气候谈判法律模式之展望[J].中国地质大学学报(社会科学版),2012,12(2):23-28,138.

[122] 邱斌,尹威,杨帅.全球生产网络背景下的企业创新与经济增长——"FDI、企业国际化与中国产业发展学术研讨会"综述[J].管理世界,2007(12):136-139.

[123] 邱斌,周勤,刘修岩,等."一带一路"背景下的国际产能合作:理论创新与政策研究学术研讨会综述[J].经济研究,2016,51(5):188-192.

[124] 任力,梁晶晶.环境宏观经济学的兴起与发展[J].经济学动态,2013(9):129-143.

[125] 沈鹏.发达国家循环经济发展经验及启示[J].环境保护,2016,44(23):68-71.

[126] 盛世豪,朱家良.产业结构演变模式与专业化竞争优势——兼论粤苏浙三省产业结构演变特点[J].浙江社会科学,2003(3):46-52.

[127] 史丹，李晓斌．高技术产业发展的影响因素及其数据检验［J］．中国工业经济，2004(12)：32-39.

[128] 苏桂富，刘德学，卜国琴．全球生产网络治理机制分析［J］．经济问题，2005(2)：41-43.

[129] 苏振兴．论拉美国家产业结构调整的必要性和紧迫性［J］．拉丁美洲研究，2015，37（3）：3-10，33，79.

[130] 孙德梅，王正沛，孙莹莹．我国地方政府公共服务效率评价及其影响因素分析［J］．华东经济管理，2013，27（8）：142-149.

[131] 孙东琪，张京祥，朱传耿，等．中国生态环境质量变化态势及其空间分异分析［J］．地理学报，2012，67（12）：1599-1610.

[132] 孙慧，刘媛媛．丝绸之路经济带在全球价值链中的地位与作用［J］．经济问题，2016(1)：8-14.

[133] 孙丽文，杜娟，王丹涪，等．基于哈肯模型的生态产业链演化研究［J］．科技管理研究，2018，38（18）：227-231.

[134] 孙睿，况丹，常冬勤．碳交易的"能源—经济—环境"影响及碳价合理区间测算［J］．中国人口·资源与环境，2014，24（7）：82-90.

[135] 孙少芹，邢戬．环保税开征下的政府补贴和企业行为再选择［J］．经济与管理，2019，33（5）：87-92.

[136] 孙威，毛凌潇．基于CiteSpace方法的京津冀协同发展研究演化［J］．地理学报，2018，73（12）：2378-2391.

[137] 唐海燕，张会清．产品内国际分工与发展中国家的价值链提升［J］．经济研究，2009，44（9）：81-93.

[138] 唐明，明海蓉．最优税率视域下环境保护税以税治污功效分析——基于环境保护税开征实践的测算［J］．财贸研究，2018，29（8）：83-93.

[139] 唐晓华，王广凤，马小平．基于生态效益的生态产业链形成研究［J］．中国工业经济，2007(11)：121-127.

[140] 陶锋，杨文婷，孙大卫．地方产业集群、全球生产网络与企业生产率——基于双重网络嵌入视角［J］．国际经贸探索，2018，34（5）：19-34.

[141] 田光辉，苗长虹，胡志强，等．环境规制、地方保护与中国污染密集型产业布局［J］．地理学报，2018，73（10）：1954-1969.

[142] 田千山．生态环境多元共治模式：概念与建构［J］．行政论坛，2013，20（3）：94-99.

[143] 佟庆远，孙傅，董欣，等．污水处理厂减排效率的统计评价及影响因素分析［J］．中国人口·资源与环境，2019，29（4）：49-57.

[144] 汪颖．制度边界下文明冲突对"一带一路"沿线国家双边贸易的影响［J］．当代财经，2019(5)：96-107．

[145] 王宝伟．我国贸易顺差问题研究［M］．北京：中国商务出版社，2014：1-119．

[146] 王彬彬，李晓燕．基于多中心治理与分类补偿的政府与市场机制协调——健全农业生态环境补偿制度的新思路［J］．农村经济，2018(1)：34-39．

[147] 王崇梅，毛荐其．基于涨落机理探析技术创新自组织进化［J］．科技进步与对策，2007，24（7）：17-20．

[148] 王海运．丝绸之路经济带建设的大构想［J］．新疆师范大学学报（哲学社会科学版），2014，35（6）：39-44．

[149] 王厚双，李艳秀．全球经济失衡与全球经济再平衡研究新进展［J］．经济学家，2015(3)：84-92．

[150] 王虎．产品差异性界定研究——基于产业内贸易理论框架内的分析［J］．中国工业经济，2013(1)：38-50．

[151] 王杰，段瑞珍，孙学敏．环境规制、产品质量与中国企业的全球价值链升级［J］．产业经济研究，2019(2)：64-75，101．

[152] 王礼先．生态环境建设的内涵与配置［J］．资源科学，2004，26（S1）：26-33．

[153] 王丽平，栾慧明．工业废弃物循环利用网络联动脆弱性与解决机制［J］．科技进步与对策，2017，34（23）：84-91．

[154] 王璐，刘曙光，段佩利，等．丝绸之路经济带沿线国家农产品贸易网络结构特征［J］．经济地理，2019，39（9）：198-206．

[155] 王其藩．系统动力学（2009年修订版）［M］．上海：上海财经大学出版社，2009：1-299．

[156] 王勤．东南亚国家产业结构的演进及其特征［J］．南洋问题研究，2014(3)：1-9．

[157] 王苒，赵忠秀．"绿色化"打造中国生态竞争力［J］．生态经济，2016，32（2）：208-210．

[158] 王如松，欧阳志云．社会—经济—自然复合生态系统与可持续发展［J］．中国科学院院刊，2012，27（3）：337-345，403．

[159] 王少剑，方创琳，王洋．京津冀地区城市化与生态环境交互耦合关系定量测度［J］．生态学报，2014(7)：2244-2254．

[160] 王文军，庄贵阳．碳排放权分配与国际气候谈判中的气候公平诉求［J］．外交评论（外交学院学报），2012，29（1）：72-84．

[161] 王秀山. 复杂系统演化过程的有序性和无序性 [J]. 系统辩证学学报, 2005, 13 (1): 44-47.

[162] 王艳华, 郝均, 赵建吉, 等. 从 GPN 1.0 到 2.0: 全球生产网络理论研究进展与评述 [J]. 地理与地理信息科学, 2017, 33 (6): 87-93.

[163] 王燕梅, 简泽. 参与产品内国际分工模式对技术进步效应的影响——基于中国 4 个制造业行业的微观检验 [J]. 中国工业经济, 2013(10): 134-146.

[164] 王永齐. 外商直接投资对国内资本形成的挤出效应分析 [J]. 世界经济文汇, 2005(6): 39-51.

[165] 王永瑜, 王丽君. 甘肃省生态环境质量评价及动态特征分析 [J]. 干旱区资源与环境, 2011, 25 (5): 41-46.

[166] 王玉芳, 王梓铭. 国有林区经济生态社会系统协同发展形态及趋向 [J]. 生态经济, 2011, 27 (3): 152-156.

[167] 韦惠兰, 赵松松. 自然保护区中的生态产业链系统模型构建——基于自然保护区发展转型期的市场保护分析 [J]. 生态经济, 2014, 30 (10): 38-41, 86.

[168] 卫玲, 戴江伟. 丝绸之路经济带: 超越地理空间的内涵识别及其当代解读 [J]. 兰州大学学报 (社会科学版), 2014, 42 (1): 31-39.

[169] 魏宏森, 曾国屏. 系统论——系统科学哲学 [M]. 北京: 清华大学出版社, 1995.

[170] 魏科技, 宋永会, 彭剑峰, 等. 环境风险源及其分类方法研究 [J]. 安全与环境学报, 2010, 10 (1): 85-89.

[171] 吴琼, 赵学涛, 杨威杉. 将污染源条码管理纳入环境统计制度的研究 [J]. 环境保护, 2016, 44 (12): 52-55.

[172] 吴卫红, 丁章明, 王建英, 等. 高耗能产业技术创新—节能效率—减排效率协同发展的影响因素 [J]. 科技管理研究, 2018, 38 (21): 233-242.

[173] 吴茵茵, 徐冲, 陈建东. 不完全竞争市场中差异化环保税影响效应研究 [J]. 中国工业经济, 2019(5): 43-60.

[174] 吴英慧, 高静学. 从规制数量到规制质量——韩国规制改革及其启示 [J]. 亚太经济, 2009(1): 58-61.

[175] 吴总建, 陈妍. 对外依存度过高的原因及其对我国经济发展的不利影响 [J]. 西部经济管理论坛, 2012, 23 (4): 70-72.

[176] 夏晓军, 祝宝江. 耗散结构下国际贸易技术演化突变的非线性实证研究 [J]. 国际贸易问题, 2008(10): 3-8, 52.

[177] 夏勇, 钟茂初. 经济发展与环境污染脱钩理论及 EKC 假说的关

系——兼论中国地级城市的脱钩划分[J].中国人口·资源与环境,2016,26(10):8-16.

[178] 肖显静,何进.生态系统生态学研究的关键问题及趋势——从"整体论与还原论的争论"看[J].生态学报,2018,38(1):31-40.

[179] 肖泱,吕洪德.潍坊市生态环境状况动态变化研究[J].环境科学与管理,2017,42(4):156-159.

[180] 谢高地,鲁春霞,冷允法,等.青藏高原生态资产的价值评估[J].自然资源学报,2003,18(2):189-196.

[181] 谢婷婷,李玉梅,潘宇.外商直接投资、技术进步与产业结构升级——基于中国省域空间计量分析[J].工业技术经济,2018,37(8):35-43.

[182] 熊志军.论超越还原论[J].系统科学学报,2006,14(3):36-39.

[183] 许广月,宋德勇.中国碳排放环境库兹涅茨曲线的实证研究——基于省域面板数据[J].中国工业经济,2010(5):37-47.

[184] 徐明华,史瑶瑶.技术标准形成的影响因素分析及其对我国ICT产业标准战略的启示[J].科学学与科学技术管理,2007,28(9):5-9.

[185] 徐诗举.对完善主体功能区差别化税收政策的建议[J].税务研究,2016(9):101-104.

[186] 徐祯,吴海滨.全要素生产率与环境污染——基于省级面板数据的实证研究[J].生态经济,2018,34(4):104-107,113.

[187] 许冠南,潘美娟,周源.基于QAP分析的国际知识流动影响要素研究——以光伏产业为例[J].科学学与科学技术管理,2016,37(10):49-62.

[188] 许进杰.资源性产品供给紧约束条件下的公共绿色消费、经济增长与消费公平[J].商业研究,2013(11):23-28.

[189] 薛安伟,刘玉博.工资与劳动力对中国OFDI的影响机制——基于省际面板数据的分析[J].软科学,2017,31(5):34-37.

[190] 薛伟贤,董艳丽,刘巧云.陕西省沿丝绸之路经济带出口竞争力分析[J].西安理工大学学报,2017,33(1):113-118.

[191] 薛伟贤,刘骏.数字鸿沟主要影响因素的关系结构分析[J].系统工程理论与实践,2008,28(5):85-91.

[192] 薛伟贤,杨羽萍.绿色丝绸之路指数与评价报告[A]//冯宗宪,汪涛.欧亚经济论坛发展报告.西安:西安交通大学出版社,2017.

[193] 薛伟贤,郑玉雯.生态文明视角下丝绸之路经济带复合生态系统构建研究[J].经济问题,2017(5):15-20,62.

[194] 杨东,柴慧敏.企业绿色技术创新的驱动因素及其绩效影响研究综述

[J]. 中国人口·资源与环境, 2015, 25 (S2): 132-136.

[195] 杨丽, 孙之淳. 基于熵值法的西部新型城镇化发展水平测评 [J]. 经济问题, 2015(3): 115-119.

[196] 杨青龙. 国际贸易的全成本观: 一个新的理论视角 [J]. 国际经贸探索, 2011, 27 (2): 21-27.

[197] 杨汝岱, 朱诗娥. 珠三角地区对外贸易发展的国际比较 [J]. 国际贸易问题, 2007(12): 60-67.

[198] 杨晓妮, 李延平, 陈英, 等. 兰州市城市环境质量综合评价 [J]. 水资源与水工程学报, 2010, 21 (5): 43-46.

[199] 杨新房, 任丽君, 李红芹. 外国直接投资对国内资本"挤出"效应的实证研究——从资本形成角度看FDI对我国经济增长的影响 [J]. 国际贸易问题, 2006(9): 74-78.

[200] 杨照东, 王劲松. 国际宏观经济政策协调理论研究综述 [J]. 经济学动态, 2004(2): 72-76.

[201] 杨志勇, 何代欣. 公共政策视角下的环境税 [J]. 税务研究, 2011(7): 29-32.

[202] 杨忠直, 晁博. 资源循环利用的物质积累和产值增值研究 [J]. 生态经济, 2015, 31 (11): 101-103.

[203] 姚志毅, 张亚斌. 全球生产网络下对产业结构升级的测度 [J]. 南开经济研究, 2011(6): 55-65.

[204] 叶灵莉, 王志江. 进口贸易结构、人力资本与技术进步 [J]. 科研管理, 2008, 29 (6): 82-88.

[205] 叶选挺, 张剑, 刘云, 等. 产业创新国际化知识流动测度研究——基于专利跨国引用网络的视角 [J]. 科学学与科学技术管理, 2014, 35 (9): 14-23.

[206] 叶亚平, 刘鲁君. 中国省域生态环境质量评价指标体系研究 [J]. 环境科学研究, 2000, 13 (3): 33-36.

[207] 尹显萍. 环境规制对贸易的影响——以中国与欧盟商品贸易为例 [J]. 世界经济研究, 2008(7): 42-46, 88.

[208] 喻春娇, 王雪飞. 东亚生产网络分工提高了我国制造业的出口竞争力吗? [J]. 国际贸易问题, 2012(5): 53-63.

[209] 袁红林, 辛娜. 全球生产网络下我国先进制造业集群的国际经验与政策建议 [J]. 国际贸易, 2019(5): 61-68.

[210] 袁金秋. 国际贸易中的文化壁垒解析及消除 [J]. 中国商贸, 2011

(35)：225-256.

[211] 袁晓玲，李浩，邸勍．环境规制强度、产业结构升级与生态环境优化的互动机制分析［J］．贵州财经大学学报，2019(1)：73-81.

[212] 袁振华．国际气候谈判技术转让议题的最新进展和展望［J］．管理现代化，2015，35（4）：58-60.

[213] 曾繁清，叶德珠．金融体系与产业结构的耦合协调度分析——基于新结构经济学视角［J］．经济评论，2017(3)：134-147.

[214] 占绍文，辛武超．文化差异对文化创意产业双边贸易影响的实证研究［J］．国际商务研究，2013，34（1）：76-87.

[215] 战炤磊．资源禀赋型产业全要素生产率变化：优势还是诅咒？［J］．产业经济研究，2014(6)：9-20.

[216] 张畅．产业发展与生态环境的关系研究文献综述［J］．中国市场，2016(51)：171-172.

[217] 张成，陆旸，郭路，等．环境规制强度和生产技术进步［J］．经济研究，2011，46（2）：113-124.

[218] 张杰，刘志彪．需求因素与全球价值链形成——兼论发展中国家的"结构封锁型"障碍与突破［J］．财贸研究，2007，18（6）：1-10.

[219] 张丽华，李雪婷．利益认知与责任分摊：中美气候谈判的战略选择［J］．东北师大学报（哲学社会科学版），2020(3)：34-41.

[220] 张瑞萍．生态环境与经济增长协调发展研究综述［J］．经济问题探索，2016(12)：179-183.

[221] 张尚仁．论社会系统结构的功能［J］．思想战线，1991，17（4）：12-16.

[222] 张思锋，刘晗梦．生态风险评价方法述评［J］．生态学报，2010，30（10）：2735-2744.

[223] 张伟，仲伟俊，梅姝娥．基于差异产品的外资渗透、私有化程度与社会福利研究［J］．中国管理科学，2016，24（11）：11-18.

[224] 张晓民．新兴市场国家的经济危机及结构性改革研究［J］．金融发展研究，2014(9)：55-58.

[225] 张屹．东亚跨国公司主体性建构与国家转型［J］．湖北社会科学，2018(6)：89-92.

[226] 赵树宽，鞠晓伟，陆晓芳．我国技术标准化对产业竞争优势的影响机理研究［J］．中国软科学，2004(1)：13-17，78.

[227] 赵树宽，余海晴，姜红．技术标准、技术创新与经济增长关系研

究——理论模型及实证分析［J］. 科学学研究, 2012, 30（9）: 1333-1341, 1420.

［228］赵细康, 王彦斐. 环境规制影响污染密集型产业的空间转移吗?——基于广东的阶段性观察［J］. 广东社会科学, 2016(5): 17-32.

［229］赵炎, 冯薇雨, 郑向杰. 联盟网络中派系与知识流动的耦合对企业创新能力的影响［J］. 科研管理, 2016, 37（3）: 51-58.

［230］赵玉民, 朱方明, 贺立龙. 环境规制的界定、分类与演进研究［J］. 中国人口·资源与环境, 2009, 19（6）: 85-90.

［231］赵增耀, 沈能. 垂直专业化分工对我国企业价值链影响的非线性效应［J］. 国际贸易问题, 2014(5): 23-34.

［232］赵子健, 顾缤琪, 顾海英. 中国排放权交易的机制选择与制约因素［J］. 上海交通大学学报（哲学社会科学版）, 2016, 24（1）: 50-59.

［233］郑玉, 郑江淮, 王高凤. 国际生产分割生产率效应的空间溢出——基于跨国空间面板杜宾模型的实证分析［J］. 产业经济研究, 2017(6): 103-116.

［234］郑智, 刘卫东, 宋周莺, 等. "一带一路"生产网络及中国参与程度［J］. 地理科学进展, 2019, 38（7）: 951-962.

［235］仲嘉亮, 贺华, 王永嘉. "十一五"期间新疆生态环境质量综合评价分析［J］. 干旱环境监测, 2011, 25（2）: 99-102.

［236］周柯, 王尹君. 环境规制、科技创新与产业结构升级［J］. 工业技术经济, 2019, 38（2）: 137-144.

［237］周民良. 经济重心、区域差距与协调发展［J］. 中国社会科学, 2000(2): 42-53, 206.

［238］周升起. OFDI与投资国（地区）产业结构调整: 文献综述［J］. 国际贸易问题, 2011(7): 135-144.

［239］朱德莉. 碳排放权交易机制的风险挑战及其法律应对［J］. 自然辩证法研究, 2018, 34（4）: 78-83.

［240］朱海强, 贡璐, 赵晶晶, 等. 丝绸之路经济带核心区城镇化与生态环境耦合关系研究进展［J］. 生态学报, 2019, 39（14）: 5149-5156.

［241］朱妮娜, 叶春明. 全球及东亚区域生产网络研究文献综述［J］. 云南财经大学学报（社会科学版）, 2011, 26（6）: 18-23.

［242］朱蓉, 张存杰, 梅梅. 大气自净能力指数的气候特征与应用研究［J］. 中国环境科学, 2018, 38（10）: 3601-3610.

［243］朱伟. 西方政策设计理论的复兴、障碍与发展［J］. 南京社会科学, 2018(5): 75-81, 68.

[244] 祝树金, 戢璇, 傅晓岚. 出口品技术水平的决定性因素: 来自跨国面板数据的证据 [J]. 世界经济, 2010, 33 (4): 28-46.

[245] 邹力行. 浅谈科技系统结构调整的基本思路 [J]. 中国科技论坛, 1995(5): 28-29.

[246] 邹星琪, 杨青. 基于项目网络支配和扩散关系的研发项目组合选择 [J]. 中国管理科学, 2019, 27 (4): 198-209.

[247] 邹长新, 王丽霞, 刘军会. 论生态保护红线的类型划分与管控 [J]. 生物多样性, 2015, 23 (6): 716-724.

[248] 左其亭, 郝林钢, 马军霞, 等. "一带一路"分区水问题与借鉴中国治水经验的思考 [J]. 灌溉排水学报, 2018, 37 (1): 1-7.

[249] Ando M. Fragmentation and vertical intra-industry trade in East Asia [J]. The North American Journal of Economics and Finance, 2006, 17 (3): 257-281.

[250] Ando M, Kimura F. How did the Japanese exports respond to two crises in the international production networks? The global financial crisis and the great east Japan earthquake [J]. Asian Economic Journal, 2012, 26 (3): 261-287.

[251] Athukorala P C, Yamashita N. Production fragmentation and trade integration: East Asia in a global context [J]. The North American Journal of Economics and Finance, 2006, 17 (3): 233-256.

[252] Balassa B. Tariff reductions and trade in manufacturers among the industrial countries [J]. American Economic Review, 1966, 56 (3): 466-473.

[253] Barabási A-L, Albert A, Jeong H. Mean-field theory for scale-free random networks [J]. Physica A: Statistical Mechanics and Its Applications, 2000, 272 (1/2): 173-187.

[254] Bonchi F, Castillo C, Gionis A, et al. Social network analysis and mining for business applications [J]. ACM Transactions on Intelligent Systems and Technology, 2011, 2 (3): 1-37.

[255] Borrus M, Emst D, Haggard S. International production networks in Asia: Rivalry or riches [J]. ASEAN Economic Bulletin, 2002, 19 (20): 223-224.

[256] Coase R H. The nature of the firm [J]. Economica, 1937, 4 (16): 386-405.

[257] Coase R H. The nature of the firm [M]. Oxford: Oxford University Press, 1991.

[258] Coe D T, Helpman E, Hoffmaister A W. North-south R&D spillovers

[J]. The Economic Journal, 1997, 107 (440): 134-149.

[259] Costanza R, d'Arge R, de Groot R, et al. The value of the world's ecosystem services and natural capital [J]. Nature, 1997, 387 (61): 253-260.

[260] Costinot A, Rodríguez-Clare A. Trade theory with numbers: Quantifying the consequences of globalization [A] //Handbook of International Economics. Amsterdam: Elsevier, 2014.

[261] Drysdale P. Japan, Australia, New Zealand: The prospect for Western Pacific economic integration [J]. Economic Record, 1969, 45 (3): 321-342.

[262] Ernst D, Guerrieri P. International production networks and changing trade patterns in East Asia: The case of the electronics industry [R]. DRUID Working Papers, 1997.

[263] Finlayson M, Cruz R D, Davidson N, et al. Millennium ecosystem assessment: Ecosystems and human well-being: Wetlands and water synthesis [J]. Data Fusion Concepts & Ideas, 2005, 656 (1): 87-98.

[264] Fontana R, Nuvolari A, Verspagen B. Mapping technological trajectories as patent citation networks. An application to data communication standards [J]. Economics of Innovation and New Technology, 2009, 18 (4): 311-336.

[265] Fuest C. The relative sophistication of Chinese exports: Comment on peter schott [J]. Economic Policy, 2008, 23 (53): 5-49.

[266] Galeotti M, Lanza A, Pauli F. Reassessing the environmental Kuznets curve for CO_2 emissions: A robustness exercise [J]. Ecological Economics, 2006, 57 (1): 152-163.

[267] Gereffi G. The organization of buyer-driven global commodity chains: How U. S. retailers shape overseas production networks [A] //Gereffi G, Korzeniewicz M. Commodity chains and global capitalism. Westport: Praegen Publisher, 1994.

[268] Gereffi G. International trade and industrial upgrading in the apparel commodity chain [J]. Journal of International Economics, 1999, 48 (1): 37-70.

[269] Gereffi G, Sturgeon T. Global value chain-oriented industrial policy: The role of emerging economies [A] //Elms D K, Low P. Global Value Chains in a Changing World Geneva. WTO, 2013.

[270] Gress B. Properties of the USPTO patent citation network: 1963-2002 [J]. World Patent Information, 2010, 32 (1): 3-21.

[271] Grossman G M, Helpman E. Integration versus outsourcing in industry equilibrium [J]. The Social Quarterly Journal of Economics, 2002, 117 (1): 85-120.

[272] Grossman G M, Krueger A B. Economic growth and the environment [J]. Quarterly Journal of Economics, 1995, 110 (2): 353-377.

[273] Grubel H G, Lloyd P J. Intra-industry trade: The theory and measurement of international trade in differentiated products [J]. The Economic Journal, 1975, 85 (339): 646-648.

[274] Ha N T. Catching-up industrial development of east Asian economies and its application to vietnam [J]. The Journal of Developing Areas, 2005, 39 (1): 71-98.

[275] Haas P M. Knowledge, power, and international policy coordination banning chlorofluorocarbons: Epistemic community efforts to protect stratospheric ozone [J]. International Organization, 1992, 46 (1): 187-224.

[276] Hanson G H, Mataloni Jr R J, Slaughter M J. Vertical production networks in multinational firms [J]. Review of Economics and Statistics, 2005, 87 (4): 664-678.

[277] Harrod R F, Denison E F. Why growth rates differ: Post war experience in nine western countries [J]. Economica, 1969, 36 (143): 323-325.

[278] Hausmann R, Hwang J, Rodrik D. What you export matters [J]. Journal of Economic Growth, 2007, 12 (1): 1-25.

[279] Helpman E. International trade in the presence of product differentiation, economies of scale and monopolistic competition: A Chamberlin-Heckscher-Ohlin approach [J]. Journal of International Economics, 1981, 11 (3): 305-340.

[280] Hobbs R J, Higgs E S, Hall C M. Novel ecosystems: Intervening in the new ecological world order [J]. Ecological Management & Restoration, 2013 (3): 58-60.

[281] Howlett M, Mukherjee I. Policy design and non-design: Towards a spectrum of policy formulation types [J]. Politics and Governance, 2014, 2 (2): 57-71.

[282] Humphrey J. Upgrading in global value chains [R]. International Labour Office Working Paper, 2004.

[283] Humphrey J, Schmitz H. How does insertion in global value chains after upgrading in industrial clusters? [J]. Regional Studies, 2002, 36 (9): 1017-1027.

[284] Jefferson R A, Kavanagh T A, Bevan M W. GUS fusions: Beta-glucuronidase as a sensitive and versatile gene fusion marker in higher plants [J]. The EMBO Journal, 1987, 6 (13): 3901-3907.

[285] Jones R W, Kierzkowski H. International trade and agglomeration: An al-

ternative framework [J]. Journal of Economics, 2005, 86 (1): 1-16.

[286] Kamler J F, Ballard W B, Wallace M C, et al. Diets of swift foxes (vulpes velox) in continuous and fragmented prairie in northwestern texas [J]. The Southwestern Naturalist, 2007, 52 (4): 504-510.

[287] Kimura F, Ando M. Fragmentation and agglomeration matter: Japanese multinationals in Latin America and East Asia [J]. The North American Journal of Economics and Finance, 2003, 14 (3): 287-317.

[288] Kimura F, Ando M. Two-dimensional fragmentation in East Asia: Conceptual framework and empirics [J]. International Review of Economics & Finance, 2005, 14 (3): 317-348.

[289] Kogut. Designing global strategies: Comparative and competitive value-added chains [J]. Sloan Management Review, 1985, 26 (4): 15-28.

[290] Koopman R, Powers W, Wang Z, et al. Give credit where credit is due: Tracing value added in global production chains [R]. NBER Working Paper, 2010.

[291] Koopman R, Wang Z, Wei S J. How much of Chinese exports is really made in China? Assessing foreign and domestic value-added in gross exports [R]. NBER Working Paper, 2008.

[292] Krugman P R. Increasing returns, monopolistic competition, and international trade [J]. Journal of International Economics, 1979, 9 (4): 469-479.

[293] Krugman P. Scale economies, product differentiation, and the pattern of trade [J]. American Economic Review, 1980, 70 (5): 950-959.

[294] Kumakura M. What's so special about China's export? A comment [J]. China & World Economy, 2007, 15 (5): 18-37.

[295] Kuznets S. Economic growth and income in equality [J]. American Economic Review, 1955, 45 (1): 1-28.

[296] Lall S, Weiss J, Zhang J K. Regional and country sophistication performance [J]. International Journal of Physical Distribution & Logs Management, 1991, 21 (4): 32-41.

[297] Lancaster K. Intra-industry trade under perfect monopolistic competition [J]. Journal of International Economics, 1980, 10 (2): 151-175.

[298] Landis W G, Wiegers J A. Design considerations and a suggested approach for regional and comparative ecological risk assessment [J]. Human and Ecological Risk Assessment an International Journal, 1997, 3 (3): 287-297.

[299] Landis W G, Wiegers J A. Ten years of the relative risk model and regional

scale ecological risk assessment [J]. Human and Ecological Risk Assessment an International Journal, 2007, 13 (1): 25-38.

[300] Levin S A. Ecosystems and the biosphere as complex adaptive systems [J]. Ecosystems, 1998, 1 (5): 431-436.

[301] March J G. Exploration and exploitation in organizational learning [J]. Organization Science, 1991, 2 (1): 71-87.

[302] Marshall A. The principles of economics [M]. London: Macmillan Press, 1920.

[303] Marshall A. The principles of economics [J]. Political Science Quarterly, 2004, 77 (2): 519-524.

[304] Montagna C, Grossman G M, Helpman E. Innovation and growth in the global economy [J]. Scottish Journal of Political Economy, 1993, 40 (2): 231-232.

[305] Newman E I. Applied ecology and environmental management [J]. Applied Ecology & Environmental Management (Second Edition), 2008, 29 (7): 48-78.

[306] Nunn N. Relationship-specificity, incomplete contracts, and the pattern of trade [J]. The Quarterly Journal of Economics, 2007, 122 (2): 569-600.

[307] Oudiz G, Sachs J, Blanchard O J, et al. Macroeconomic policy coordination among the industrial economies [J]. Brookings Papers on Economic Activity, 1984 (1): 1-65.

[308] Pack H, Saggi K. Vertical technology transfer via international outsourcing [J]. Journal of Development Economics, 2001, 65 (2): 389-415.

[309] Pearce D W, Turner R K. Economics of natural resources and the environment [M]. London: Harvester Wheatsheaf, 1990.

[310] Porter M E. Competitive advantage: Creating and sustaining superior performance [M]. New York: The Free Press, 1985.

[311] Porter M E, van der Linde C. Toward a new conception of the environment-competitiveness relationship [J]. Journal of Economic Perspectives, 1995, 9 (4): 97-118.

[312] Rapport D, Friend A. Towards a comprehensive framework for environmental statistics: A Stress-response approach [M]. Ottawa: Statistics Canada, 1979.

[313] Reyes J, Schiavo S, Fagiolo G. Assessing the evolution of international economic integration using random walk betweenness centrality: The cases of East Asia and Latin America [J]. Advances in Complex Systems, 2008, 11 (5): 685-702.

[314] Robinson E A G. Economic consequences of the size of nations [M]. London: Palgnave Macmillan, 1960.

[315] Roodman D. How to do xtabond2: An introduction to difference and system GMM in stata [J]. The Stata Journal: Promoting Communications on Statistics and Stata, 2009, 9 (1): 86-136.

[316] Schaltegger S, Sturm A. Environmental rationality [J]. Die Unternehmung, 1990, 4 (4): 117-131.

[317] Schmitz H. Collective efficiency: Growth path for small-scale industry [J]. The Journal of Development Studies, 1995, 31 (4): 529-566.

[318] Shafik N, Bandyopadhyay S. Economic growth and environmental quality: Time series and cross-country evidence [R]. World Bank Policy Research Working Paper, 1992.

[319] Sims C A. Macroeconomics and reality [J]. Econometrica, 1980, 48 (1): 1-48.

[320] Stevels A. Eco-efficiency of take-back systems of electronic products [C] //IEEE International Symposium on Electronics and the Environment. Danvens: IEEE, 1999.

[321] Sturgeon T, van Biesebroeck J, Gereffi G. Value chains, networks and clusters: Reframing the global automotive industry [J]. Journal of Economic Geography, 2008, 8 (3): 297-321.

[322] Tapio P, Banister D, Luukkanen J, et al. Energy and transport in comparison: Immaterialisation, dematerialisation and decarbonisation in the EU15 between 1970 and 2000 [J]. Energy Policy, 2007, 35 (1): 433-451.

[323] Tone K. A slacks-based measure of efficiency in data envelopment analysis [J]. European Journal of Operational Research, 2001, 130 (3): 498-509.

[324] Vernon R A. International investment and international trade in the product cycle [J]. The Quarterly Journal of Economics, 1966, 80 (2): 190-207.

[325] Walter I, Ugelow J L. Environmental policies in developing countries [J]. Ambio, 1979, 8 (2/3): 102-109.

[326] Wang Z, Wei S J. What accounts for the rising sophistication of China's export [R]. NBER Working Paper, 2008.

[327] Williamson O E. Markets and hierarchies: Analysis and antitrust implications: A study in the economics of internal organization [J]. Social Science Electronic Publishing, 1975, 86 (343): 619.

[328] Young A. Learning by doing and the dynamic effects of international trade [J]. The Quarterly Journal of Economics, 1991, 106 (2): 369-405.

[329] Zhang Y, Wan G H. What accounts for China's trade balance dynamics? [J]. Journal of Policy Modeling, 2007, 29 (6): 821-837.

后 记

本书是笔者在主持完成国家社会科学基金项目"丝绸之路经济带生产网络与生态环境协同发展研究"（项目编号：17BJL005）研究报告的基础上，进一步修改完善而成的。在研究过程中，从资料查询、数据处理、图表制作、会议研讨以及初稿写作，博士研究生郑玉雯、刘敏、秦东方、李海翔、顾菁和硕士研究生杨羽萍、高艺娜、师澜、石仁丹、陈莎、杨文瀚、蒋杨芳、王迪、李晨等做了大量工作，博士后石涵予和孙赵勇博士也参加了课题研讨。他们的辛勤劳动对本书的完成有很大帮助。

笔者及其研究团队多年从事"一带一路"相关问题研究，先后主持完成陕西省创新能力支撑计划项目"陕西省与'一带一路'沿线科技合作模式研究"（软科学重点项目编号：2020KRZ016）和"'一带一路'建设背景下陕西省高技术产业转型升级研究"（项目编号：2017KRM022）、陕西省社会科学基金项目"'一带一路'国家贸易便利化水平测算及陕西的应对"（项目编号：2016D044）和"陕西省沿丝绸之路经济带对外贸易竞争力研究"（项目编号：13SC015）、西安市软科学重点项目"西安开展'一带一路'科技创新合作交流研究——基于科技创新中心平台视角"（项目编号：XA2020-RKXYJ-0114）等，在此对这些项目给予资助以及有关部门的支持表示衷心感谢。

在本书出版之际，感谢西安理工大学及经济与管理学院的支持，感谢经济管理出版社相关工作人员的付出。

由于可供借鉴的研究经验和研究成果有限，受时间和条件限制，本书难免存在不足与疏漏之处，敬请广大读者批评指正。

薛伟贤
2021年5月于西安理工大学曲江校区